Schriftenreihe

Schriften zur Sozialpsychologie

Band 10

ISSN 1618-2715

Verlag Dr. Kovač

Angelika Kümmerling

Der Einfluss von Familienpolitik und intergenerativem Einstellungswandel auf geschlechtsspezifische Partnerwahlmuster

Ein internationaler Vergleich

Verlag Dr. Kovač

Hamburg
2006

VERLAG DR. KOVAČ

Leverkusenstr. 13 · 22761 Hamburg · Tel. 040 - 39 88 80-0 · Fax 040 - 39 88 80-55

E-Mail info@verlagdrkovac.de · Internet www.verlagdrkovac.de

Bibliografische Information Der Deutschen Bibliothek
Die Deutsche Bibliothek verzeichnet diese Publikation
in der Deutschen Nationalbibliographie;
detaillierte bibliografische Daten sind im Internet
über http://dnb.ddb.de abrufbar.

ISSN: 1618-2715
ISBN-13: 978-3-8300-2532-0
ISBN-10: 3-8300-2532-7

Zugl.: Dissertation, Universität Wuppertal, 2005

© VERLAG DR. KOVAČ in Hamburg 2006

Printed in Germany
Alle Rechte vorbehalten. Nachdruck, fotomechanische Wiedergabe, Aufnahme in Online-Dienste
und Internet sowie Vervielfältigung auf Datenträgern wie CD-ROM etc. nur nach schriftlicher
Zustimmung des Verlages.

Gedruckt auf holz-, chlor- und säurefreiem Papier Alster Digital. Alster Digital ist
alterungsbeständig und erfüllt die Normen für Archivbeständigkeit ANSI 3948 und ISO 9706.

Inhaltsverzeichnis

Vorwort 9

1 Einleitung 11

2 Theoretische Erklärungsansätze zu geschlechtsspezifischen Unterschieden in Partnerpräferenzen 15
   2.1 Der evolutionspsychologische Erklärungsansatz 15
      2.1.1 Grundlagen: Die Evolutionstheorie Charles Darwins 16
      2.1.2 Sexuelle Selektion 16
      2.1.3 Evolutionspsychologie – ein neues Forschungsparadigma 17
      2.1.4 Die Theorie der sexuellen Strategien 21
      2.1.5 Homogenität von Partnerpräferenzen innerhalb der Geschlechter? 25
      2.1.6 Zusammenfassung 28
      2.1.7 Exkurs: Evolutionspsychologische Annahmen 29
      2.2.1 Soziostrukturelle Erklärungsansätze: Die Theorie der strukturellen Machtlosigkeit 31
      2.2.2 Implikationen für die Partnerwahl 33
      2.2.3 Exkurs: Historische Bedingungen 35
   2.3 Theoriediskussion 37

3 Konzeptionelle Vorüberlegungen zur Überprüfung der Gültigkeit evolutionspsychologischer und soziostruktureller Theorien 43
   3.1 Aktueller Forschungsstand 46
      3.1.1 Ergebnisse aus interkulturellen Vergleichen 47
      3.1.2 Ergebnisse aus Kontaktanzeigen 52
      3.1.3 Auswirkungen der Wahrnehmung eigener Fähigkeiten zur Ressourcenakquisition auf die weibliche Partnerpräferenz 53
      3.1.4 Gesellschaftlicher Wandel 56
   3.2 Zusammenfassende Würdigung und Diskussion 57
   3.3 Konzeptionelle Vorüberlegungen zu den Möglichkeiten eines Erkenntnisgewinns durch internationale Vergleiche 61
   3.4 Familienpolitik als relevante Einflussgröße auf die Partnerwahl 62
   3.5 Untersuchung des Einflusses der Generationszugehörigkeit auf die Partnerpräferenz von Männern und Frauen 64
   3.6 Beschreibung der Untersuchungsländer nach ausgewählten familienpolitischen Maßnahmen und herrschendem Familienleitbild 66
      3.6.1 Die Familienpolitik Westdeutschlands und der heutigen Bundesrepublik 68
      3.6.2 Die Familienpolitik der DDR 69
      3.6.3 Die Familienpolitik Frankreichs 70
      3.6.4 Die Familienpolitik Irlands 71
      3.6.5 Überblick über ausgewählte Strukturmerkmale der Untersuchungsländer 73
   3.7 Zusammenfassung der Hypothesenableitung 75
   3.8 Hypothesen 76

4 Anmerkungen zur Durchführung von internationalen Vergleichen ... 79
4.1 Methodische Aspekte bei der Durchführung internationaler Befragungen ... 80
    4.1.1 Interkulturelle Forschung als Quasi-Experiment ... 80
    4.1.2 Das Äquivalenzproblem ... 81
    4.1.3 Fragebogenkonstruktion ... 84
    4.1.4 Stichprobenziehung ... 84

5 Methode ... 87
5.1 Fragebogenübersetzung ... 87
5.2 Pretestdurchführung ... 87
5.3 Messsituation ... 88
5.4 Beschreibung des Messinstrumentes ... 88
    5.4.1 Fragebogeninhalte ... 89
    5.4.2 Beschreibung der zusätzlich erhobenen Konstrukte ... 94

6 Datenaufbereitung ... 101
6.1 Altersgruppierung ... 101
6.2 Beschreibung der Stichprobe ... 102
6.3 Missing Data Analyse ... 102
6.4 Interkulturelle Differenzen im Skalengebrauch ... 104
6.5 Beschreibung der Stichprobe ... 105
6.6 Überprüfung von geschlechtsspezifischen Unterschieden in Partnerpräferenzen für die Gesamtstichprobe ... 110
    6.6.1 Darstellung des Geschlechtereffekts für die Wichtigkeitseinschätzung bestimmter Merkmalsausprägungen für die Partnerwahl über die gesamte Stichprobe ... 111
    6.6.2 Mittelwertunterschiede für die Gesamtstichprobe für „materielle Sicherheit" (Townsend-Items) ... 114
    6.6.3 Mittelwertunterschiede für die Gesamtstichprobe für „materielle Sicherheit" (Bailey et al.-Items) ... 115
    6.6.4 Mittelwertunterschiede für die Gesamtstichprobe für „physische Attraktivität" (Bailey et al.-Items) ... 115
    6.6.5 Überprüfung des Geschlechtereffektes für die Sprecher et al.-Items ... 116
6.7 Skalenkonstruktion ... 117
6.8 Faktorenanalytische Ermittlung von Partnerpräferenzen zugrundeliegende Faktoren über alle Untersuchungsländer ... 119
    6.8.1 Ländervergleich von Faktorenstrukturen ... 123
    6.8.1.1 Frankreich ... 123
    6.8.1.2 Ostdeutschland ... 124
    6.8.1.3 Westdeutschland ... 124
    6.8.1.4 Irland ... 125
    6.8.2 Zusammenfassung der Ergebnisse ... 126
    6.8.3 Vergleich der Merkmalsstruktur auf Basis der gewählten Faktoren ... 126
    6.8.3.1 Ländervergleich der Faktorenstruktur für das Konstrukt „materielle Sicherheit" ... 128
    6.8.3.2 Vergleich der Merkmalsstrukturen für den Faktor „Liebe und beziehungsstabilisierende Eigenschaften" ... 129

6.8.3.3 Vergleich der Faktorstruktur für den Faktor „physische Attraktivität"......130
6.8.4.4 Zusammenfassung der Ergebnisse......131
6.9 Analyse der Sprecher et al.-Items......132
    6.9.1 Skalenkonstruktion......133
        6.9.1.1 Frankreich......133
        6.9.1.2 Ostdeutschland......134
        6.9.1.3 Westdeutschland......134
        6.9.1.4 Irland......134
    6.9.2 Zusammenfassung und Diskussion der Ergebnisse der länderweisen Faktorenanalysen......134

7 Hypothesenprüfung......137

7.1 Hypothesentestung: Partnerpräferenz „materielle Sicherheit"......138
    7.1.1 Präferenz für „materielle Sicherheit": Einfluss von gesellschaftlichem Wandel......140
    7.1.2 Präferenz für „materielle Sicherheit": Einfluss der länderspezifischen Familienpolitik......142
7.2 Hypothesentestung: Partnerpräferenz „Physische Attraktivität"......145
    7.2.1 Partnerpräferenz für „physische Attraktivität": Einfluss von gesellschaftlichem Wandel......146
    7.2.2 Partnerpräferenz für „physische Attraktivität": Einfluss der länderspezifischen Familienpolitik......147
7.3 Hypothesentestung: Partnerpräferenz „Liebe und beziehungsstabilisierende Eigenschaften"......149
7.4 Effekte der Familienpolitik oder Kultur?......153
    7.4.1 Statistische Prüfung eines möglichen „kulturellen" Einflusses auf die Partnerwahl......155
7.5 Heiratsbereitschaft......157
7.6 Hypothesen zu Partnerpräferenzen aus der Theorie der konditionalen Strategien......159

8 Zusammenfassende Ergebnisdiskussion......161

8.1 Zusammenfassung der Fragestellung......161
8.2 Operationalisierung von Partnerpräferenzen......163
8.3 Untransformierte vs. transformierte Daten......163
8.4 Diskussion der Ergebnisse in Hinblick auf die Hypothesen......165
    8.4.1 Allgemeine Befunde......165
    8.4.2 Gesellschaftlicher Wandel und präferierte Partnermerkmale......166
8.5 Familienpolitik und Partnerwahl......173
8.6 Diskussion der Sprecher et al.-Items......178
8.7 Diskussion der Hypothesen zur Theorie des strategischen Pluralismus (TSP) 180
8.8 Kritische Reflexion......181
8.9 Abschließende kritische Würdigung und Ausblick......184

9 Literaturverzeichnis......189

Anhang......214

Vorwort

Auf der Partnersuche – wer war das nicht schon einmal, und wer hat nicht schon viel Zeit und Geduld damit verbracht (und leises Amusement dabei empfunden), anderen bei der Beschreibung eines neuen Partnerschaftsanwerbers zuzuhören; wer hat die Äußerungen (meist weiblicher Gesprächspartner) noch nicht gehört: „Er sieht zwar nicht besonders gut aus, aber es ist was auf Dauer" oder solche (meist männlicher Gesprächspartner) wie „Sie ist zwar noch ein bisschen jung, aber sie ist sehr lieb und sieht sehr gut aus" und sich still seine Gedanken über die scheinbare Unergründlichkeit geschlechtsspezifischer Unterschiede gemacht. Auf der Partnersuche – das war jeder von uns früher oder später, seltener oder häufiger in seinem Leben. Nur sehr wenige Menschen entscheiden sich freiwillig dauerhaft für ein Leben ohne Partner, und es existiert vermutlich sehr wenig, was das individuelle Leben so nachhaltig beeinflusst, wie die Entscheidung für einen geeigneten Partner. Dies mag ein Grund dafür sein, dass sich auch die Sozialwissenschaft seit ihrem Bestehen mit der Partnerwahl, seien es Partnerpräferenzen oder Partnerwahlverhalten, bis heute ausführlich beschäftigt. Die Schwerpunkte der verschiedenen Disziplinen der Sozialwissenschaft sind dabei unterschiedliche: Während die Soziologie sich fast ausschließlich mit dem tatsächlichen Partnerwahlverhalten beschäftigt und dieses in Beziehung zu makrostrukturellen Bedingungen stellt, setzt die Psychologie bereits einen Schritt früher an und fragt danach, welche Vorstellungen Individuen von einem Partner haben, wobei die konkrete Partnerentscheidung in den Hintergrund tritt.

Mit der vorliegenden Arbeit möchte ich – meinem interdisziplinären Ausbildungsweg entsprechend – eine Verbindung von makrostrukturellen Gegebenheiten, hier die länderspezifische Familienpolitik, und individuellen Partnerwünschen aufzeigen, wofür sich meiner Meinung nach der sozialpsychologische Rahmen als „missing link" zwischen Soziologie und Psychologie besonders gut eignet. Die hier vorgestellte Studie stellt also gewissermaßen einen Brückenschlag zwischen der vergleichenden makrostrukturellen Perspektive der Soziologie und der auf interindividuelle Unterschiede (oder Ähnlichkeiten) fokussierenden Psychologie dar. Vertreter beider Disziplinen mögen dies kritisch sehen: Interdisziplinarität bedeutet immer auch einen Kompromiss einzugehen sowie die Gefahr zugunsten der Schwerpunktlegung auf der einen Seite, die andere zu vernachlässigen – aber sie kann auch gewinnbringend sein und Zusammenhänge aufzeigen, die ohne diese Anleihe bei benachbarten Disziplinen nicht zu Tage getreten wären.

Der Schwerpunkt der vorliegenden Arbeit liegt auf den Auswirkungen, die Makrostrukturen und die Veränderung derselben auf die Partnervorstellungen des Einzelnen haben. Dabei wird eine geschlechtsvergleichende Perspektive eingenommen und einmal mehr die Frage aufgeworfen, inwieweit Unterschiede zwischen Männern und Frauen das Resultat von – im weitesten Sinne – sozialisierenden Instanzen oder geschlechterimmanent sind.

Die Versuchung ist immer groß das romantische Bild zu bemühen, nach dem Dissertationen in „Einsamkeit und Freiheit" entstehen. In meinem Fall war jedoch von Einsamkeit keine Rede; neben mir haben eine Reihe von Menschen bewusst oder unbewusst zu dem Gelingen dieser Arbeit beigetragen, entsprechend vielen habe ich zu danken.

Mein Dank geht zunächst an alle, die bereit waren, mir ihre Zeit für das Ausfüllen meines Fragebogens zur Verfügung zu stellen.

Dr. Dorothee Dickenberger ermutigte mich bereits während meines Studiums zu promovieren und legte damit den Grundstein für diese Arbeit. Prof. Dr. Manfred Hassebrauck förderte diese Pläne schließlich ideell und materiell sowie nicht zuletzt durch die Gewährung flexibler Arbeitszeiten – beiden herzlichen Dank.

Außerdem möchte ich meinen Wuppertaler Kollegen für ihre unermüdliche Ermunterung und die vielen weisen Ratschläge, basierend auf ihren Erfahrungen als Expromovierende, danken.

Marie-Lise Wiesmann und Semka Thorvaldson haben mir sehr sorgfältig die Fragebogen übersetzt. Natalie Wiesmann, Anna Lewandowski, Inga Budde, Lars Hanisch, Silvia Lauble und vor allen Melanie Denk haben mir bei der Rekrutierung der Versuchspersonen geholfen und sich auch durch Ablehnung und Zeitdruck (durch mich initiiert) nicht einschüchtern lassen. Alexandra Alex hat mich nach Frankreich gefahren – ohne sie wäre ich da wohl nie angekommen. Tim Suckau hat mir ohne zu Klagen sein Zimmer überlassen und auch damit zu dem Gelingen meiner Promotion beigetragen.

Herzlichen Dank und ein Abendessen an meine tapferen und immer humorvollen KorrekturleserInnen und RatgeberInnen Alexandra Economou, Dr. Beate Küpper, Dr. Oliver Benjamin Hemmerle, Meggi Thölking und Anne Amma, die nicht nur fleißig und zeitnah gelesen und optimiert haben (obwohl sie auch besseres und schöneres zu tun hatten), sondern auch meine nicht enden wollenden Diskussionen geduldig über sich ergehen lassen haben. Besonderen Dank auch meinen Freundinnen – fürs geduldige Zuhören – und meinen Großeltern, die mir das Reisen ins Ausland erheblich erleichtert haben.

Ich widme diese Arbeit meinen Eltern und meiner Schwester, die mich immer bedingungslos unterstützt haben – Danke.

Köln, Mai 2004   Angelika Kümmerling

1 Einleitung

Männer wünschen sich junge, schöne Frauen, Frauen suchen ältere, möglichst reiche Männer – eine Binsenweisheit? Bilder von der jungen und schönen Catherine Zeta-Jones und dem älteren, sehr wohlhabenden Michael Douglas erscheinen sofort vor unserem geistigen Auge. Wir alle kennen das Phänomen, dass sich Schülerinnen in ihre Lehrer verlieben. Der umgekehrte Fall, dass Schüler ihre Lehrerinnen anbeten, kommt uns jedoch schon viel unwahrscheinlicher vor. Treten solch unübliche Alterskonstellationen bei Paaren dennoch auf, wie z.B. bei Madonna, die mit einem mehr als zehn Jahre jüngeren Mann verheiratet ist, oder Cher, deren Liebhaber immer jünger zu werden scheinen, je älter sie wird, erstaunt niemanden das hässliche Gerede, das sich sogleich entfacht. Dagegen scheint es weniger überraschend, dass der mit über 60 Jahren immer noch attraktive Harrison Ford mit einer knapp 25 Jahre jüngeren Frau zusammen lebt. Dieses Altersverhältnis erscheint „natürlicher". Wir können uns vorstellen, dass ältere Männer jüngeren Frauen etwas zu bieten haben: neben Geld auch Lebenserfahrung und Geborgenheit. Bei älteren Frauen ist das schon schwerer. Es fällt uns zwar leicht, anzunehmen, dass ein junger Mann vom Reichtum einer Frau geblendet werden kann; da sie ihm aber ansonsten als ältere Frau nicht viel zu bieten hat, assoziieren wir genau so leicht, dass er sie betrügt und sie nur finanziell ausnutzen will.

Oder ist doch alles ganz anders und solche Oberflächlichkeiten spielen jenseits von Hollywood nur eine untergeordnete Rolle – ist es nicht vielmehr so, dass im wirklichen Leben nur die Liebe, ein empfindsamer Charakter, gleiche Interessen und Humor bei der Partnerwahl zählen?

Das Ziel der vorliegenden Arbeit ist, zu überprüfen, ob es sich bei den oben in etwas überspitzter Weise formulierten Geschlechterunterschieden in der Partnerwahl um reine Klischees handelt oder ob sich eine empirische Entsprechung finden lässt. Es soll daher untersucht werden, welche Kriterien bei Männern und Frauen bei der Partnerwahl tatsächlich eine Rolle spielen. Dabei liegt der Fokus auf der Frage, inwieweit Partnerpräferenzen universalen Charakter haben, das heißt sich unabhängig von Generation und Kulturkreis finden lassen. Mögliche gesellschaftliche Faktoren, die Einfluss auf die Partnerwahl von Männern und Frauen nehmen, werden herauskristallisiert und ihre Richtungswirkung diskutiert. Um Antworten auf die Frage zu finden, inwieweit die kulturelle Herkunft und Sozialisationsinstanzen geschlechtsspezifische Partnerwünsche determinieren, wurden Männer und Frauen aus drei Generationen in den Ländern Deutschland, Frankreich und Irland zu den Merkmalen befragt, die sie bei einem Partner präferieren.

Das Thema Partnerwahl nimmt bereits seit Jahrzehnten einen festen Platz in der sozialpsychologischen Literatur und Forschung ein. Das ist verständlich, wenn man sich vergegenwärtigt, dass die Wahl des geeigneten Partners nicht nur für das persönliche Glück entscheidend ist, sondern auch auf den Lebensstandard der Partner und die Qualität eventueller Nachkommen Einfluss nimmt. „Sobald Sexualität eine Rolle fürs Überleben spielt, drängt sich auch das Problem der Partnerwahl in den Vordergrund" (Grammer, 1996, S. 38).

Wer sucht wen und warum? Diese Fragen sind auch nach über 70 Jahren empirischer Forschung über Partnerwünsche und Partnerwahl aktuell. Inzwischen können jedoch folgende Erkenntnisse als gesichert angesehen werden: Männer und Frauen zeigen eine hohe Übereinstimmung in der Bewertung der Wichtigkeit allgemeiner Persönlichkeitseigenschaften wie „Verlässlichkeit", „Humor" und „ausgeglichener Charakter". Sie unterscheiden sich aber in anderen Dimensionen deutlich in ihren Wünschen und Ansprüchen an einen Partner voneinander. Während Frauen einen Partner bevorzugen, der etwas älter ist als sie, präferieren Männer eine jüngere Partnerin, die zudem ein hohes Niveau an physischer Attraktivität aufweist. Im Vergleich zu Männern ist Frauen die physische Attraktivität ihres Partners eher gleichgültig. Ihnen liegt vielmehr daran, dass der Partner Attribute besitzt, die mit hohem gesellschaftlichen Status und beruflichen Erfolg verknüpft sind; Eigenschaften, die Männer wiederum bei der Suche nach einer Partnerin eher vernachlässigen (u.a. Allgeier & Wiederman, 1991; Borkenau, 1993; Buss, 1989; Buss et al., 1990; Grammer, 1996; Hassebrauck, 1990; Kenrick, Sadalla, Groth & Trost, 1990; Symons, 1979; Townsend & Wasserman, 1998).

Während diese Befunde mittlerweile als gut erforscht und unstrittig gelten, ist die Frage nach dem „warum" bislang noch offen. Die Versuche, das menschliche Verhalten bei der Partnerwahl ursächlich zu erklären, wurden in den letzten 15 Jahren von einer starken Kontroverse zwischen Anhängern soziokultureller und evolutionspsychologischer Theorien beherrscht (Buss & Barnes, 1986; Buss & Schmitt, 1993; Hatfield & Sprecher, 1995; Howard, Blumstein & Schwartz, 1987; Sprecher et al., 1994; Townsend, 1989). Die Vertreter der soziokulturellen Ansätze scheinen sich allerdings in den letzten Jahren zunehmend aus der laufenden Diskussion zurückgezogen und der Evolutionspsychologie das Feld der wissenschaftlichen Forschung und Erkenntnis überlassen zu haben. Der Anstieg von Publikationen aus dem evolutionspsychologischen Bereich, insbesondere zu dem Thema Partnerwahl, weist jedoch darauf hin, dass das Thema nichts von seiner Relevanz für die Wissenschaft verloren hat[1].

Kurz umrissen führen soziobiologische bzw. evolutionspsychologische Ansätze[2] empirisch nachweisbare geschlechtsspezifische Partnerpräferenzen auf die un-

---

[1] Dies wird deutlich, wenn man sich allein die Anzahl der Veröffentlichen zu diesem Thema in der Zeitschrift „Evolution and Human Behavior" ansieht.
[2] Der Begriff Evolutionspsychologie ist relativ jung, zu Beginn ihrer Entwicklung nannte sich diese Forschungstradition „Soziobiologie". Spätestens seit der Namensänderung der führenden Zeitschrift

terschiedliche Aufgabenverteilung von Männern und Frauen bei der Reproduktion und den damit verbundenen differierenden sozialen und biologischen Konsequenzen zurück (Archer, 1996; Buss, 1995a, 1998; Trivers, 1972). Dabei gehen sie davon aus, dass alle von Lebewesen herausgebildeten Eigenschaften und Präferenzen ihren Ursprung in den Umweltbedingungen ihrer Vorfahren im Pleistozän besitzen, in dem sie sich durch die Prozesse von Selektion und Adaption entwickelt haben (Buss, 1995b).

Der in dieser Arbeit vertretene theoretische Rahmen folgt – in Abgrenzung zu evolutionspsychologischen Theorien – den lern- und sozialisationstheoretischen Annahmen soziokultureller Theorien, insbesondere der Theorie der strukturellen Machtlosigkeit. Diese postuliert, dass Unterschiede in Verhalten und Präferenzen der Geschlechter nicht sui generis existieren, sondern auf die ungleiche Verteilung von Lebenschancen für Männer und Frauen in einer Gesellschaft zurückzuführen sind (Bleier, 1984; Buss & Barnes, 1986; Howard et al., 1987; Oliver & Hyde, 1993; Sprecher & Hatfield, 1995; Tavris & Wade, 1984). Eine zunehmende Egalität der Geschlechter in einer Gesellschaft hätte konsequenterweise die Neutralisierung gegenwärtig nachzuweisender Partnerpräferenzunterschiede zufolge. Partnerpräferenzen stellen demnach nichts anderes als Anpassungsleistungen an die aktuellen soziostrukturellen Gegebenheiten, denen Individuen in einer Gesellschaft ausgesetzt sind, dar. Entsprechend wird davon ausgegangen, dass die unterschiedlichen Partnerwahlstrategien von Männern und Frauen rational sind und ein Mittel darstellen, um diese Ungleichverteilung zu kompensieren.

Die vorliegende Studie versucht mittels eines internationalen Vergleichs zwischen den Ländern Deutschland, Frankreich und Irland aufzuzeigen, dass und inwieweit gesellschaftliche Strukturen das individuelle Partnerwahlmuster ursächlich beeinflussen. Als entscheidende Komponente wird die Sozial- und Familienpolitik identifiziert. In ihr manifestieren sich gesellschaftliche Leitbilder über das Zusammenleben von Mann und Frau. Durch Instrumente wie Ehegattensplitting, Steuervorteile für Alleinverdienerhaushalte und die Regelung des Kinderbetreuungsangebots nimmt die Familien- und Sozialpolitik direkt Einfluss auf die innerfamiliäre Lebensgestaltung, indem sie es z.B. Frauen erleichtert oder erschwert, Beruf und Kinder zu vereinbaren.

Die gewählten Untersuchungsländer sind sich als westliche Industrienationen mit christlich-jüdischem Erbe sowohl in ihrer geschichtlichen Entwicklung als auch in ihrer heutigen Zivilisation sehr ähnlich. Sie unterscheiden sich aber bezüglich ihrer Familienpolitik diametral voneinander, wobei Frankreich im hier vorgenommenen Ländervergleich als das Land mit der „progressivsten" Famili-

---

„Ethology and Sociobiology" in „Evolution and Human Behavior" Mitte der 1990er Jahre hat sich jedoch die Terminologie „Evolutionspsychologie" bzw. „evolutionary psychology" durchgesetzt. Ausführlich mit der Entwicklung der Evolutionspsychologie aus der Soziobiologie beschäftigen sich z.B. Rose und Rose (2000).

enpolitik gilt und Irland die „konservativste" vertritt. Die bewusste Auswahl von Ländern, die sich wirtschaftlich und kulturell nur wenig unterscheiden, erleichtert es, Rückschlüsse auf die Ursachen eventueller Unterschiede zu ziehen.
Ein weiterer Schwerpunkt dieser Studie bildet die Untersuchung des Einflusses von gesellschaftlichem Wandel auf die Partnerwahl. Das letzte Jahrhundert war von einem bisher nicht gekannten technologischem Fortschritt und Veränderungen auf nahezu allen gesellschaftlichen Ebenen geprägt, die zu besonders einschneidenden Reformen im allgemeinen Bildungsbereich und bezüglich der Rolle der Frau in der Gesellschaft geführt haben. Diese Veränderungen der Makrostrukturen hin zu einer ausgeglicheneren Ressourcenverteilung für Männer und Frauen müssten nach der Theorie der strukturellen Machtlosigkeit eine Angleichung der Partnerpräferenzen von Männern und Frauen zu Folge haben.
Um die Auswirkungen gesellschaftlichen Wandels erfassen zu können, beschränkt sich die vorliegende Studie nicht nur auf junge Teilnehmer und Teilnehmerinnen, sondern bezieht Angehörige mehrerer Generationen in die Analyse mit ein. Ein angenommener gesellschaftlicher Wandel wird im Folgenden also durch die Generationszugehörigkeit der Befragten operationalisiert.
Die Erklärungsfaktoren variieren damit entlang der beiden Dimensionen Raum und Zeit. Es wird erwartet, durch dieses Forschungsdesign entscheidende Erkenntnisse über Ursprung und Gesetzmäßigkeit des menschlichen Partnerwahlverhaltens gewinnen zu können.

Im Verlauf der vorliegenden Arbeit werden zunächst die theoretischen Kernaussagen o.g. Erklärungsansätze dargestellt und diskutiert. Daran anknüpfend folgt eine Darlegung des aktuellen Forschungstandes sowie der sich daraus ergebenden Ansprüche für eine umfassende Überprüfung beider Theorien. Bevor auf die Darstellung der Ergebnisse der vorgenommenen empirischen Untersuchung eingegangen wird, werden die für den interkulturellen Vergleich ausgewählten Länder beschrieben und anhand ihrer makrostrukturellen Kennzeichen Hypothesen für länderspezifische Muster geschlechtsspezifischer Partnerpräferenzen abgeleitet. Den Abschluss der vorliegenden Arbeit bilden die Darstellung und Interpretation der Ergebnisse in Hinblick auf die formulierten Hypothesen.

2 Theoretische Erklärungsansätze zu geschlechtsspezifischen Unterschieden in Partnerpräferenzen

Die Diskussion der Ursachen für geschlechtsspezifische Unterschiede in präferierten Partnermerkmalen erfolgt derzeit vor dem Hintergrund zweier theoretischer Perspektiven: einer evolutionspsychologischen und, kontrastierend dazu, einer soziostrukturellen. Im folgenden Kapitel werden beide Ansätze dargestellt und im Anschluss daran die sich aus ihnen ergebende Erklärungsleistung kritisch hinterfragt.

2.1 Der evolutionspsychologische Erklärungsansatz

„Our modern skulls house a stone age mind"
(Cosmides & Tooby, 1997)

Soziobiologische bzw. evolutionspsychologische Theorien erfreuen sich seit der Veröffentlichung des inzwischen klassischen Buches von E. O. Wilson (1975) 'Sociobiology: The new Synthesis' einer zunehmenden Beliebtheit und werden inzwischen sogar als neues Forschungsparadigma innerhalb der Sozialwissenschaften bezeichnet (Buss, 1999). Wilson selbst plädiert in seinem Buch nicht nur für die universelle Anwendbarkeit der soziobiologischen Disziplin auf die Gesamtheit menschlichen Verhaltens, das er – inklusive der Ausprägung von Charaktereigenschaften und der Entstehung sozialer Beziehungen – gänzlich auf biologische, genetische und evolutionäre Faktoren zurückführt (Bleier, 1984), vielmehr ist das von ihm verfolgte und erklärte Ziel, Wissenschaften wie Psychologie, Soziologie und Philosophie durch das Konzept der Soziobiologie zu ersetzen.

Bevor der Inhalt soziobiologischer bzw. evolutionspsychologischer Theorien näher erläutert wird[3], folgt zunächst eine kurze Skizze der von Charles Darwin aufgestellten Evolutionstheorie. Darwin gilt als der Vater der Soziobiologie/Evolutionspsychologie und als der erste, der

> „zu dem zwingenden Schluss [kam], dass der Mensch nicht nur hinsichtlich seiner Organe und deren Funktionen – also anatomisch und physiologisch – ein Resultat der organischen Evolution ist, sondern dass auch alle sozialen und psychischen bzw. geistigen Eigenschaften des Menschen unter dem Aspekt der Evolution durch natürliche Auslese zu betrachten sind" (Wuketits, 1997, S. 138f.).

---

[3] Im Folgenden mag der Eindruck entstehen, es gäbe tatsächlich die *eine* Evolutionspsychologie. Dies ist jedoch nicht der Fall, innerhalb der Evolutionspsychologie existiert eine Vielfalt von unterschiedlichen Schwerpunkten und Diskussionsrichtungen. Diese ausführlich darzustellen ist jedoch nicht Ziel dieser Arbeit.

Davon ausgehend stellt die Evolutionspsychologie (EP) oder Soziobiologie nichts anderes dar, als die konsequent darwinistische Erforschung sozialen Verhaltens (Hemminger, 1983; Wuketits, 1997).

2.1.1 Grundlagen: Die Evolutionstheorie Charles Darwins

Der Ursprung evolutionspsychologischer Theorien basiert auf der Evolutionstheorie Charles Darwins, der mit ihrer Hilfe versucht, die Entstehung der Arten und ihre Vielfalt zu erklären. Darwin geht davon aus, dass sich alle existierenden Organismen aus einigen wenigen Lebensformen entwickelt haben, das heißt, dass zwischen den heute vorkommenden biologischen Arten und den in der Vergangenheit existierenden Formen genetische[4] Verbindungen bestehen müssen (Meyer, 1982). Die dieser Entwicklung zugrundeliegenden zentralen Mechanismen sind Selektion und Adaption sowie das Prinzip des „survival of the fittest": Diejenigen Organismen, die weniger günstige Merkmale tragen als andere, werden durch die Mechanismen der natürlichen Selektion ausgelesen, indem sie keine oder nur wenige Nachkommen produzieren, deren „Tauglichkeit" dann jedoch nur gering ist und die somit keinen oder nur einen sehr geringen Beitrag zum Erhalt der Art leisten (Crawford, 1987). Dabei ist dieses Prinzip der Auslöser für adaptives Verhalten. Organismen, die sich dagegen in ihrem äußerlichen Erscheinungsbild (Phänotyp) oder durch eine bestimmte Präferenzbildung (z.B. in der Nahrungsaufnahme) besser an die herrschenden Umweltbedingungen angepasst haben als andere, überleben länger und bringen zudem mehr überlebensfähige Nachkommen hervor: Einige Merkmalsausprägungen bzw. Verhaltensweisen lösen also die Adaptionsprobleme einer Art erfolgreicher als andere.

Zusammenfassend lassen sich Darwins Entdeckungen in zwei Thesen beschreiben: a) Individuen unterscheiden sich hinsichtlich ihrer Fähigkeit zu überleben und Nachkommen zu produzieren und sind b) in der Lage, zumindest einige dieser Fähigkeiten an ihre Nachkommen weiterzugeben. Die Folge davon ist, dass „differential contribution of offspring to the next generation by individuals of different genotypes, which is by definition natural selection, occurs" (Crawford, 1987, S. 6).

2.1.2 Sexuelle Selektion

Einige Ausprägungen im Verhalten und im Phänotyp von Lebewesen lassen sich nach der Auffassung Darwins nicht anhand des Prinzips natürlicher Selektion erklären. Darwin führt die Existenz dieser Eigenschaften darauf zurück, dass sie

---

[4] Wobei jedoch anzumerken ist, dass Darwin selbst der Begriff sowie die Prinzipien der Genetik unbekannt waren.

zwar nicht die Überlebensfähigkeit der Organismen erhöhen, sich aber vorteilhaft auf die Chance zur Reproduktion auswirken[5]. Dabei geht er von zwei Grundannahmen aus: Zum einen unterscheiden sich die Geschlechter dahingehend, dass Angehörige des einen Geschlechts (üblicherweise die Männchen) um Angehörige des anderen Geschlechts (üblicherweise die Weibchen) konkurrieren. Zum anderen konnte er feststellen, dass das umworbene Geschlecht unter den Bewerbern seine Wahl trifft (Majerus, 1986; O'Donald, 1983)[6]. Um die Wahrscheinlichkeit erwählt zu werden zu erhöhen, entwickeln v.a. die Bewerber bestimmte phänotypische Merkmale und/ oder Verhaltensweisen, die ihre Attraktion erhöhen. Daraus lässt sich folgern, dass die geschlechtliche Zuchtwahl anatomische und physiologische Merkmale sowie bestimmte Verhaltensweisen hervorruft und begünstigt, die im Dienste der Partnerfindung stehen. Der Wettbewerb um einen Geschlechtspartner ist demnach die Ursache für die geschlechtsspezifischen Ausprägungen innerhalb einer Gattung (Crawford, 1987; Trivers, 1972; Wuketits, 1997). Darwin prägte für diese Beobachtung den Begriff „sexuelle Selektion" und führte aus, dass „(...) [sexual selection] depends on the advantage which certain individuals have over others of the same sex and species solely in respect of reproduction" (Darwin, 1874, S. 209, zit. n. Mayr, 1972, S. 88).

2.1.3 Evolutionspsychologie – ein neues Forschungsparadigma

Die Evolutionspsychologie stellt eine revolutionäre Weiterentwicklung darwinistischer Denktraditionen dar (Archer, 1996), indem sie die heutige menschliche Psyche in ihrer ganzen Komplexität durch Rückbeziehung auf die zum individuellen Überleben (und das eventueller Nachkommen) erforderlichen Anpassungsleistungen in einer „Umwelt der evolutionären Anpassung" (Allgeier & Wiedermann, 1994; Cosmides, Tooby & Barkow, 1992; Symons, 1979) erklärt. Die Umwelt der adaptiven Anpassung wird ins Pleistozän datiert, als unsere Vorfahren vornehmlich in Jäger- und Sammlergesellschaften lebten[7]. Daraus ergibt sich, dass die in dieser über eine Million Jahre langen Zeitspanne durch Selektion und Adaption evolvierten Eigenschaften und Verhaltensweisen Anpassungsleistungen an die damals herrschenden Umweltbedingungen darstellen

---

[5] Als illustratives Beispiel sei hier der schillernde Schwanz des Pfaus oder die teils riesigen Geweihe der Hirsche genannt, die keinen erkennbaren Nutzen für das Überleben des Tieres darstellen, sondern sich im Gegenteil unter Umständen sogar als kontraproduktiv herausstellen, da sie die Aufmerksamkeit natürlicher Feinde auf sich ziehen können.
[6] Es gibt auch Tierarten, bei denen es sich umgekehrt verhält; es konnte gezeigt werden, dass sich im Tierreich die Partnerpräferenzen mit der Aufgabenverteilung ändern (Buss, 1995a; Clutton-Brock & Vincent, 1991; Kenrick & Li, 2000).
[7] Das Pleistozän bezeichnet einen Zeitraum, der vor ca. 1.5 Millionen Jahren begann und vor ca. 10000 Jahren endete, in ihm vollzog sich die biologische Evolution des Menschen (Buss, 1994; Voland, 1993).

und als solche zwar auch heute noch adaptiv sein können, es aber nicht zwangsläufig sein müssen (Cosmides & Tooby, 1987; Wiederman & Allgeier, 1994)[8].

Die Evolutionspsychologie als relativ junges Forschungsfeld stellt sich als die Synthese von Evolutionstheorie und genetischer Biologie dar. Ihr erklärtes Ziel ist, die soziale Dimension der Evolution (Crawford, 1987; Wuketits, 1997) aufzuzeigen, indem sie eine modifizierte Theorie Darwins auf die Entwicklung des gesamten Sozialverhaltens von Menschen anwendet. Sie fokussiert auf die Frage „(...) why things are as they are, i.e. the ultimate issues of current functionality and adaptive significance of sex similarities and differences in behavior and variation in social systems" (Gowaty, 1992a, S. 229). Dabei versteht sie sich als eine Metatheorie (Buss, 1995c), die davon ausgeht, dass ein manifestes Verhalten von einem ihm zugrunde liegenden psychologischen Mechanismus abhängt (Buss, 1999). Diese psychologischen Mechanismen können sowohl Informationsverarbeitungsrichtlinien als auch Entscheidungsregeln sein, die aber nicht unabhängig von kontextuellen Einflüssen sind. Evolutionspsychologen nehmen an, dass unser heutiges Verhalten sowie unsere Präferenzen zu einem großen Teil Adaptionen aus unserer Vergangenheit reflektieren (u.a. Archer, 2001; Buss, 1995a, 1998; Gangestad & Simpson, 2000; Tooby & Cosmides, 1992). Alle menschlichen Gesellschaften folgen nach diesem Ansatz dem Gebot der Reproduktion und der Maximierung der genetischen Eignung (Daly, M. & Wilson, M., 1978; Koslowski, 1984). Kultur, soziale Institutionen, Tradition und Normen können demnach als das Produkt einer mit den Anforderungen einer pleistozänen Umwelt interagierenden biologischen Evolution angesehen werden und als Mittel dienen, um das übergeordnete Ziel „Reproduktion" erreichen zu können. Der grundlegende Unterschied zwischen der Evolutionstheorie, wie sie Darwin formulierte, und den neueren evolutionspsychologischen Konzepten ist, dass die Einheit der Selektion und Erhaltung nicht mehr das Individuum, sondern das Gen ist. Die von Lebewesen herausgebildeten Eigenschaften dienen demzufolge nicht mehr dem Erhalt der Art, sondern dem Erhalt und der Verbreitung der eigenen Gene[9]. Ein weiterer wichtiger Unterschied ist die Kritik an dem von Darwin aufgestellten Ansatz der sexuellen Selektion. In verschiedenen Untersuchungen zu diesem Thema kommt Mayr (1972) zu dem Schluss, dass Darwins Ansatz auf einer Fehlinterpretation seiner Beobachtungen beruhte:

> „It is now widely recognized that most or all selection processes can be reduced to differential gene replication. The reproduction of genes is thus the ultimate criterion of selection, and from this perspective, sexual selection does not differ from natural selection" (1987, S. 337; vgl. auch Buss, 1996a).

---

[8] Adaptiv sind Merkmale dann, wenn sie dem Individuum genetisch vererbbare Vorteile über andere Individuen geben, die nicht Träger dieser Gene sind, sich aber in der gleichen Umwelt aufhalten (Gangestad & Simpson, 2000).
[9] Wobei Genen eine inhärente Tendenz zugeschrieben wird, sich so weit wie möglich zu verbreiten.

Gemeinsam mit der Lehre Darwins sind jedoch die Vorstellungen vom Wettbewerb in der Natur und der unterschiedlichen Eignung der Individuen. Die Evolutionspsychologie geht davon aus, den Schlüssel für die Erklärung von sozialen Verhaltensweisen, Präferenzen, Phänotypausprägungen und die Physiologie von Lebewesen in unserer Vergangenheit gefunden zu haben. Das bedeutet, dass die Merkmale, die die Menschheit heute aufweist, sich nicht aus ihrer heutigen Rolle im Reproduktionsgeschehen, sondern aus ihrer ehemaligen Funktion in einer Jäger- und Sammlergesellschaft ergeben (Cosmides & Tooby, 1987). Diese Merkmale konnten sich im Laufe der Evolution durchsetzen, weil sie sich als diejenigen Eigenschaften herauskristallisierten, die das Reproduktionsziel am strategisch günstigsten verfolgten. Wer andere Strategien verfolgte, also anderen Neigungen und Verhaltensweisen nachging, wurde langfristig von der Natur „bestraft", er wurde „no one's ancestor" (Thornhill & Thornhill, 1983).

Dabei geht die Evolutionspsychologie nicht davon aus, dass menschliches Handeln vollkommen genetischer Determinierung unterworfen oder individuelles Lernen für die Ausprägung von Verhaltensweisen oder Präferenzen völlig unbedeutend ist (Buss, 2004). Evolutionspsychologen sprechen in diesem Zusammenhang von angeborenen Lerndispositionen, die dem Individuum jedoch eine bestimmte Variabilität und Flexibilität des Verhaltens erlauben (Gangestad & Simpson, 2000; Wuketits, 1997).

Daraus folgt, bezogen auf die Partnerpräferenz, dass das Heiraten einer älteren Frau oder eines ärmeren, unintelligenten Mannes durchaus vorkommen kann und auch vorkommt, obwohl ein solches Verhalten aus evolutionärer Sicht nutzenminimierend ist. Gleichzeitig beinhaltet dies jedoch keine Veränderung der genetischen Präferenzdispositionen, sondern stellt nur eine individuelle Modifikation[10] angeborener Präferenzen dar[11].

Da das Reproduktionsinteresse im Zentrum des Handelns von Individuen steht, kommt der Partnerauswahl hohe Bedeutung zu. Wer die falsche Wahl trifft, das heißt sich mit einem Träger „minderwertiger" Gene paart, gibt damit auch schlechtere Gene weiter und reduziert somit langfristig die Überlebensfähigkeit des eigenen Genpools. Um das zu vermeiden, haben sich im Laufe der Evolution geschlechtsspezifische Präferenzen herausgebildet, die nach einem strategischen Kosten-Nutzen-Prinzip geeignete Partner herausfiltern (u.a. Buss & Schmitt, 1993; Epstein & Guttman, 1984). Diese Präferenzentwicklung führt dazu, dass Männer und Frauen sich von denjenigen Eigenschaften beim anderen Geschlecht angezogen fühlen, die sie dem Ziel ihrer erfolgreichen Reproduktion näher kommen lassen.

---

[10] Modifikationen sind im Gegensatz zu Mutationen nicht vererblich.
[11] Diese – obgleich logisch plausible – Annahme einer Interaktion von Kultur und Erbanlagen erschwert naturgemäß die Falsifikation evolutionspsychologischer Hypothesen, da ein ihren Prognosen konträres Verhalten stets durch einen spezifischen Einfluss von Kultur „erklärt" werden kann, ohne dass die Gültigkeit dieser Theorien angezweifelt werden muss.

Das heißt, einem Mann, der sich von der Schönheit einer Frau angezogen fühlt, ist nicht bewusst, dass die Eigenschaften, die er bei einer Frau als „schön" bewertet, eigentlich Cues für ihre Fertilität darstellen, die er aufgrund evolvierter Präferenzen hoch einschätzt[12]. Diese Bewertung von allgemeiner Attraktivität aufgrund reproduktiver Cues ist vergleichbar mit der menschlichen Präferenz für süße und fettreiche Nahrung. Diese Neigung hat sich ebenfalls im Pleistozän herausgebildet und bisher keine Änderung erfahren: Der menschliche Körper bildet immer noch Fettreserven, um in Zeiten von Nahrungsmangel vorgesorgt zu haben, obwohl sich diese Eigenschaft zumindest in unseren Breitengraden mittlerweile häufig als kontraproduktiv erweist, wenn man sich die vielen übergewichtigen Menschen in Erinnerung ruft (Buss, 1995a; Buss & Schmitt, 1993). Gleiches gilt auch für die in einer Jäger- und Sammlergesellschaft evolvierten geschlechtsspezifischen Partnerpräferenzen. Auch diese müssen heute nicht zwangsläufig evolutionär sinnvoll sein, in dem Sinne, dass sie auch aktuell zu einem größeren Reproduktionserfolg führen, da sich die heutigen Umweltbedingungen im Vergleich zu denen im Pleistozän herrschenden, drastisch verändert haben dürften. Aber die o.g. herausgebildeten Präferenzen z.B. für süße und fetthaltige Nahrung oder für bestimmte Qualitäten eines Partners konnten sich in unserer Umwelt der evolutionären Anpassung schließlich durchsetzen, weil sie sich *langfristig* als die beste Strategie für Männer und Frauen in Erreichung des Ziels aller Genotypen, sich erfolgreich zu reproduzieren, erwiesen haben (Daly, M. & Wilson, M., 1978). Theorieimmanent ist dabei der Gedanke einer „universellen menschlichen Natur" (Tooby & Cosmides, 1989, S. 36).
Diese Ausführungen zeigen, dass evolutionäre Veränderungen in einem sehr weitläufigen Zeitrahmen stattfinden, sodass der ursprüngliche Sinn und Zweck eines bestimmten Verhaltens oder auch Phänotyps zum Teil nicht nur heute kaum mehr erkennbar ist, sondern sich dieser Veränderungsprozess selbst der empirischen Beobachtung entzieht: „(...) it is unlikely that new complex designs (...) could evolve in so few generations" (Cosmides, Tooby & Barkow, 1992, S. 5)[13].

---

[12] Aktuell kann er Fertilität als eine sehr unerwünschte Eigenschaft ansehen: Das ändert jedoch nichts an der Tatsache, dass er mit Fertilität verbundene Merkmale als attraktiver einordnet als andere. Eine ausführliche empirische Darstellung der geschlechtsspezifischen Unterschiede in Partnerpräferenzen findet sich in Kapitel 3.
[13] Cosmides und Tooby (1997) begründen die „Unveränderlichkeit" dieser Eigenschaften mit der Migration aus der afrikanischen Savanne in ganz unterschiedliche Umwelten mit ganz unterschiedlichen Lebensbedingungen. „(...) there has been insufficient time for natural selection in these varied environments to have altered the basic characteristics of human nature that evolved during those millennia on the savanna" (Looy, 2001, S. 302).

2.1.4 Die Theorie der sexuellen Strategien

Im Zentrum evolutionspsychologischer Erklärungsansätze steht das weibliche Reproduktionsvermögen, welches aufgrund seiner Komplexität (versteckte Ovulation, Befruchtung im Körper, lange Schwangerschaft) nicht nur verantwortlich ist für die unterschiedlichen Adaptionsprobleme, die Männer und Frauen zu lösen hatten, sondern als Konsequenz dieser auch für die geschlechtsspezifischen Ausprägungen in Verhalten und Präferenzbildung in unterschiedlichsten psychologischen Bereichen (Allgeier & Wiederman, 1994; Buss 1995a, 1998; Eagly, 1995; Gowaty, 1992a). Evolutionspsychologen postulieren, dass sich Männer und Frauen in all den Bereichen in ihrem Verhalten und Präferenzausbildung gleichen, in denen sie die gleichen Adaptionsprobleme zu lösen hatten (wie z.B. bei der Nahrungsaufnahme oder der Körpertemperaturregelung). Dagegen sollten sie sich dann unterscheiden, wenn unterschiedliche Adaptionen von der Umwelt verlangt werden, um einen maximalen Reproduktionserfolg zu gewährleisten, wie das bei der Partnerwahl der Fall ist (Buss, 1995a, 1995b, 1996a, 1998). Die Evolutionspsychologie geht demnach davon aus, dass sich die Unterschiede in menschlichem Partnerwahlverhalten und in menschlichen Partnerpräferenzen auf die geschlechtsspezifische parentale Investition[14] bei der Reproduktion und den damit verbundenen minimalen biologischen und sozialen Kosten zurückführen lassen, da diese einen geschlechtsspezifischen Selektionsdruck auf Männer und Frauen ausüben (Buss, 1996a, 1998, 1999; Buss & Schmitt, 1993; Cosmides & Tooby, 1987; Trivers, 1972).

Im Allgemeinen investiert die menschliche Spezies sehr hoch in ihre Nachkommen, wobei die Anfangsinvestition ungleich zu Lasten der Frau verteilt ist (Trivers, 1972). Biologisch, zeitlich und energetisch gesehen, investieren Frauen deswegen stärker in die Reproduktion als Männer, weil sie allein für das Produzieren von Eizellen mehr biologische Energie aufbringen müssen, als Männer für das Produzieren von Spermatozoen benötigen (Trivers, 1972)[15]. Desgleichen kostet den Mann ein Sexualakt nicht viel mehr als die Zeit und Energie, die er für das Auffinden einer geeigneten Partnerin und den Akt selbst verwenden muss. Frauen laufen dabei jedoch Gefahr, dass sie sich im Anschluss an einen vollzogenen Geschlechtsverkehr mit einer neunmonatigen Schwangerschaft konfrontiert sehen, gefolgt von der Phase der Laktation und Kinderbetreuung. Während dieser Zeit ist die Frau auf die Hilfe anderer angewiesen, um ihr Überleben und das des Kindes zu sichern. Noch höher wird diese Investition für die Frau, wenn der Mann nach Abschluss der Kopulation seine Partnerin verlässt und sie eventuellen Nachwuchs allein aufziehen muss.

---

[14] Trivers definiert parentale Investition als „any investment by the parent in an individual offspring that increases the offspring's chance of surviving (and hence reproductive success) at the cost of the parent's ability to invest in other offspring" (Trivers, 1972, S. 139).
[15] Konträr zu Trivers Ausführungen siehe u.a. Snowdon (1997).

Aber auch Frauen mit festem Partner waren und sind durch Schwangerschaften Risiken ausgesetzt. Bis vor wenigen Jahrzehnten stellte der Tod im Kindbett eine wahrscheinliche Gefahr dar. Darüber hinaus wird der weibliche Körper durch eine Schwangerschaft geschwächt; bestimmte Tätigkeiten können nicht mehr oder nur mit Schwierigkeiten ausgeübt werden. Zudem sind Frauen nach der Geburt durch die sich anschließende Zeit der Laktation bestimmten Rhythmen unterworfen, sodass angenommen werden kann, dass unsere weiblichen Vorfahren örtlich gebunden waren und als Folge davon abhängiger von (männlichem) Schutz und Unterstützung.

Überall dort, wo hohe Kosten entstehen, wächst die Gefahr der Fehlinvestition bzw. des Betruges. Um dieses Risiko zu minimieren, haben sich im Laufe der Evolution genetisch programmierte geschlechtsspezifische Partnerwahlstrategien entwickelt (Allgeier & Wiedermann, 1994), die so genannte psychologische Mechanismen oder mentale Adaptionen darstellen. Diese steuern und strukturieren die Informationsverarbeitung und manifestieren sich in Urteilen, Emotionen und Präferenzen (Allgeier & Wiederman, 1994; Barkow, Cosmides & Tooby, 1992). Sie sind „genetic, hereditary, or inherited in that sense that (…) their structured design has it's characteristic form because of the information in our past" (Tooby & Cosmides, 1990, S. 37). Menschen, die sich nach diesen evolvierten psychologischen Programmen, den so genannten sexuellen Strategien, in ihrer Partnerwahl richteten, erhöhten nicht nur die Wahrscheinlichkeit ihres eigenen Überlebens, sondern auch das ihres Nachwuchses (Cosmides & Tooby, 1987). Diese sexuellen Strategien stellen eine Anpassungsleistung dar, welche die individuellen reproduktiven Anstrengungen organisieren und leiten (Gangestad & Simpson, 2000). Sie sind aufgrund der unterschiedlichen Ansprüche, die Frauen und Männer als Folge des Geschlechterdimorphismus und der damit verbundenen unterschiedlichen reproduktiven Anforderungen entwickelt haben, für die Geschlechter verschieden. Sie beeinflussen, wie Individuen ihre Partner wählen, auf welche Eigenschaften sie achten müssen, inwieweit sie sich in der Partnerwahl engagieren und auch inwieweit sie parentale Leistungen erbringen. Sexuelle Strategien sind dabei weder bewusst, noch sind sie dem Bewusstsein notwendigerweise zugänglich (Gangestad & Simpson, 2000).

Da die Kosten, die eine Frau bei sexuellen Verbindungen zu tragen hat, weitaus höher sind als die des Mannes, sollte sie sowohl wählerischer bei der Gewährung sexuellen Zugangs sein als auch auf Zeichen achten, die die Zuverlässigkeit ihres Partners sowie seinen Willen und sein Potential, in eine Partnerin und eventuelle Nachkommen langfristig zu investieren, demonstrieren (Buss & Schmitt, 1993; Hatfield & Sprecher, 1995; Tavris & Yeager, 1991; Trivers, 1972). Hinweisreize für die Reproduktionsfähigkeit eines Mannes spielen für Frauen als Determinante bei der Partnerwahl eine weniger wichtige Rolle (da Spermen im Gegensatz zu Eizellen kein knappes Gut darstellen). Frauen präferieren einen Partner der sowohl soziale Dominanz, hohen Status als auch Zuverlässigkeit und emotionale Stabilität ausstrahlt. Es ist offensichtlich, dass der Phänotyp eines Menschen nicht erschöpfend über diese Eigenschaften Auskunft gibt bzw. mit ihnen unkorreliert ist. Dennoch kann man weibliche Attraktivitätseinschätzungen so interpretieren, als ob sie Versuche darstellten, aufgrund dieser Basis Partner mit idealen Charaktereigenschaften zu selektieren (Cunningham, Barbee & Pike, 1990). So verbinden Frauen mit einem ausgeprägten männlichen Kinn Dominanz und Durchsetzungsfähigkeit (Grammer, 1996; Hassebrauck, 1998); ein gepflegtes Äußeres sowie gute Kleidung werden mit hohem Status gleichgesetzt. Da diese Verbindungen nur Schätzungen von Frauen für das Wesen eines eventuellen Partners darstellen, legen sie nach Ergebnissen verschiedener Studien über Partnerpräferenzen mehr Wert auf Eigenschaften, die deutlicher als die körperliche Erscheinung eines Mannes Auskunft über seinen Marktwert geben. So bevorzugen sie Männer, die intelligent, ambitioniert und ehrgeizig sind und eine hohe Ausbildung haben, weil diese Eigenschaften gute Indikatoren für das einmal zu erwartende Einkommen und den Status eines Mannes sind (Townsend & Wasserman, 1998). Gleichzeitig achten sie auf Charaktereigenschaften wie Ehrlichkeit, Integrität und emotionale Stabilität, da diese auf die Ernsthaftigkeit der männlichen Absichten hinweisen können. Weiter sollte es für Frauen von Vorteil sein, sich mit einem älteren Partner zu verbinden, da sich bei diesem zum einen seine zukünftige Stellung in Gesellschaft und Beruf deutlicher abzeichnet, und zum anderen er seine Überlebensfähigkeit (was wiederum ein Zeichen für die Qualität seines Genpools sein kann) bereits unter Beweis gestellt hat (Buss, 1995; Smith, 1956, zit. n. Trivers, 1972; Kenrick & Keefe, 1992; konträr zu diesen Ausführungen Einon, 1997).

Männer dagegen haben aufgrund der versteckten, zeitlich begrenzten Ovulation und der im Körper der Frau stattfindenden Empfängnis andere Adaptionsprobleme zu lösen. Sie müssen sicherstellen, dass sie, wenn sie eine längerfristige Bindung eingehen, ihre materiellen Investitionen auch einer Frau zukommen lassen, die (noch) in der Lage ist, Kinder zu gebären. Da die Attraktivität einer Frau einen Hinweis auf ihre Fertilität darstellt, nimmt sie einen hohen Stellenwert in der männlichen Partnersuche ein. Weibliche Schönheit ist eng mit einem gesunden Hormonzyklus[16] verbunden und hat somit eine herausragende Bedeutung für die Fortpflanzung. Empirischen Ergebnissen zufolge achten Männer bei Frauen, wenn sie ihre Attraktivität beurteilen, auf Merkmale, die – nach evolutionspsychologischer Lesart – eng mit ihren Kapazitäten zur Reproduktion verbunden sind, z.B. Jugend, glatte Haut, gesunde Gesichtsfarbe, klare Augen, ein gesunder Muskeltonus, ein Taille-Hüfte-Verhältnis von ungefähr 0.7, volle Lippen, hervortretende Wangenknochen sowie schmale Wangen als Zeichen sexueller Reife (Buss & Barnes, 1986; Feingold, 1990; Grammer, 1996; Singh, 1995). Diese These findet Unterstützung in empirischen Studien. Cunningham (1986) konnte in Quasi-Experimenten zeigen, dass die Probanden die wahrge-

---

[16] Ein zu hoher Anteil an männlichen Hormonen im weiblichen Körper kann u.a. zu unreiner Haut und Haarausfall führen, volle Lippen stehen in Verbindung mit einem guten Östrogenhaushalt.

nommene Attraktivität eines weiblichen Gesichtes nicht nur mit positiven Charaktereigenschaften, sondern tatsächlich auch mit Gesundheit und Fertilität der Frau assoziierten. Jugend und Schönheit stellen also so genannte Cues für Reproduktivität dar (Feingold, 1990).

Aufgrund ihres geringeren Investitionsaufwands bei der Produktion von Spermatozoen und der hohen Anzahl, in der diese hergestellt werden, sehen sich Männer im Gegensatz zu Frauen in der Lage, eine nahezu unbegrenzte Anzahl an Nachkommen zu zeugen. Beschränkt sind sie in der Verbreitung ihrer Gene nur durch die Zeit und Kraft, die sie dafür aufbringen müssen und in der Suche nach „willigen" Partnerinnen. Ansonsten hindert sie weder ihr biologisches Alter[17] noch ihr Hormonzyklus daran, sich zu vermehren. Während also Männer in der Lage sind, ihre reproduktive Fitness durch die Paarung mit einer hohen Anzahl von Partnerinnen zu erhöhen, gelingt dies Frauen nicht in annähernd gleicher Weise. Aufgrund der langen Schwangerschaft und einer zeitlich begrenzten Fertilität trägt die bloße Paarung mit einer hohen Anzahl von Partnern nicht zu einer höheren Reproduktionsrate bei (Campbell, Simpson & Orina, 1999).

Auf den ersten Blick scheint die beste Strategie für Männer deshalb zu sein, während der Dauer ihres Lebens so viele Partnerinnen wie möglich zu befruchten, ohne längerfristige Bindungen einzugehen, da eine monogame Bindung an eine Partnerin aufgrund ihrer langen Schwangerschaftsphase, Laktation und Menopause das Zeugungspotential des Mannes limitiert (Trivers, 1972). Dennoch gibt es mehrere Gründe, die doch dafür sprechen, dass auch ein Mann eine feste Partnerschaft im Dienste der erfolgreichen Reproduktion eingehen sollte: Die Theorie der sexuellen Strategien impliziert eine nahezu lineare Beziehung zwischen der Überlebensfähigkeit von Nachkommen und der Höhe der männlichen Investitionen in eben diese Nachkommen (Campbell et al., 1999). Zudem hat ein Mann, der nur kurzfristige sexuelle Verbindungen eingeht, mit verschiedenen Unsicherheiten zu kämpfen. Erstens besteht aufgrund der verdeckten Ovulation im Körper der Frau Unsicherheit darüber, ob durch den Geschlechtsverkehr eine Befruchtung erfolgte. Zweitens kann er nicht davon ausgehen, dass im Falle einer Schwangerschaft die Frau ohne seine Hilfe in der Lage ist, das Kind großzuziehen. Drittens kann er sich nicht sicher sein, ob ein Nachkomme einer seiner kurzfristigen Partnerinnen auch wirklich Träger seiner Gene ist. Um zu gewährleisten, dass seine Weitergabe von Spermen auch zum Überleben seines Genpools führt, ist es für ihn günstiger, in eine geringere aber dafür sichere Nachkommenschaft zu investieren (Buss & Schmitt, 1993; Trivers, 1972). Üblicherweise verfolgt der Mann dieses Ziel in der menschlichen Spezies, indem er Frau und Kind seine Finanzkraft, ein Heim und Schutz zur Verfügung stellt.

---

[17] Auch die Zeugungskraft der Männer lässt mit zunehmendem Alter nach, aber nicht im vergleichbaren Ausmaß wie bei Frauen, die mit Einsetzen der Menopause keine Kinder mehr bekommen können.

2.1.5 Homogenität von Partnerpräferenzen innerhalb der Geschlechter?

Aussagen wie „Frauen wünschen durchschnittlich mehr als Männer" oder „Männer legen im Vergleich zu Frauen mehr Wert auf" implizieren eine Homogenität der präferierten Partnermerkmale innerhalb eines Geschlechts. Gangestad und Simpson sowie Gowaty haben bereits früh diese „within-sex variation" thematisiert und analysiert (Gangestad & Simpson, 1990, 1993; Gowaty, 1992b).
Verschiedene Studien konnten zeigen, dass das Verhalten und die Präferenzen der Geschlechter hinsichtlich der Partnersuche nicht so eindeutig geschlechtsspezifisch ausgeprägt sind, wie es insbesondere frühere Aussagen der Evolutionspsychologie vermuten ließen, und dass oftmals eine erheblich größere Varianz *innerhalb* der Geschlechter festzustellen ist, als *zwischen* den Geschlechtern (Bailey, Gaulin, Agyei & Gladue, 1994; Gangestad & Simpson, 1990, 2000; Gross, 1996; Lott, 1996). So müssten nach Aussagen der Evolutionspsychologie Frauen einen geringeren Wunsch nach einem Partnerwechsel haben und im Vergleich zu Männern „one-night-stands" oder nur auf kurzfristiger Basis angelegte Beziehungen meiden. Empirische Untersuchungen zeigen zwar, dass dies durchschnittlich der Fall ist (Buss, 2004), sie geben jedoch auch Evidenz dafür, dass die Varianz innerhalb der Geschlechtsgruppen so hoch ist, dass der Ruf nach Erklärung für diese Variation laut wird.
Jüngere Forschungsrichtungen beschäftigen sich daher mit dem Problem, dieses Phänomen der within-sex-Variation in den evolutionspsychologischen Erklärungsrahmen zu integrieren (Gangestad & Simpson, 2000; Simpson & Gangestad, 1991, 1992). So unterscheiden Buss und Schmitt (1993) unterschiedliche Partnerwahlstrategien von Männern und Frauen in Abhängigkeit davon, ob sie einen kurzfristigen oder langfristigen Partner suchen. Ausgehend davon, dass der auf Individuen ausgeübte Selektionsdruck komplex und kontextabhängig ist, folgern sie, dass auch die evolvierten Partnerwahlstrategien kontextabhängig reagieren müssten. Dies führt sie zu folgenden Kernaussagen: Im Gegensatz zu Männern haben Frauen in kurzfristigen Beziehungen weniger zu gewinnen, da sie aufgrund ihrer Rolle bei der Reproduktion ihre reproduktive Fitness am vorteilhaftesten durch langfristige Beziehungen erhöhen können. Doch auch für Frauen kann es u.U. opportun sein, kurzfristige Beziehungen einzugehen. Vorteile kurzfristiger Beziehungen für Frauen sind nach Buss und Schmitt (1993) die Möglichkeit der unmittelbaren Ressourcenakquisition bzw. die Gewährung von Schutzleistungen. Sie lernen andere Männer kennen, unter denen sie schließlich eine Wahl treffen können, sie erfahren eine Einschätzung ihres eigenen Marktwertes und sie besitzen die Möglichkeit, den für kurzfristige Zwecke erwählten Partner auf seine Tauglichkeit als Langzeitpartner und Vater ihrer Kinder zu testen.

Tatsächlich beziehen Frauen die Möglichkeit, eine kurzfristige Beziehung in eine langfristige zu transformieren, stärker in ihre Überlegungen bei der Partnerwahl mit ein, als Männer das tun. So konnten Untersuchungen zeigen, dass Frauen im Vergleich zu Männern ihre Partnerwahlstandards in Abhängigkeit davon, ob sie einen kurzfristigen bzw. langfristigen Partner suchen, kaum variieren, auch wenn es Anzeichen dafür gibt, dass bei kurzfristigen Partnerwahlstrategien der Zugang zu materiellen Ressourcen eine besondere Wichtigkeit erfährt (Townsend, 1993; Wiederman & Dubois, 1998). Studien zeigen aber auch, dass Frauen auf der Suche nach einem kurzfristigen Partner mehr Wert auf physische Attraktivität legen, als wenn sie eine langfristige Beziehung eingehen wollen (Regan, 1998; Stewart, Stinnett & Rosenfeld, 2000). Schließlich haben Frauen, die kurzfristige Beziehungen suchen, mit einigen Nachteilen zu kämpfen. Eine hohe Anzahl kurzfristiger Beziehungen kann einen Reputationsverlust nach sich ziehen, der sie für langfristige Beziehungen nicht mehr attraktiv genug wirken lässt, da Männer bei solchen Partnerinnen eine größere Vaterschaftsunsicherheit antizipieren könnten. Zudem erhöht ein häufiger Partnerwechsel die Wahrscheinlichkeit, sich mit Krankheiten zu infizieren und/ oder sich physischer Misshandlung und sexuellem Missbrauch auszusetzen. Schließlich sind noch die höheren Risiken in Erwägung zu ziehen, die entstehen, wenn solch kurzfristige Beziehungen in Schwangerschaften münden und Kinder ohne väterliche (finanzielle und/ oder emotionale) Unterstützung aufgezogen werden müssen (Buss & Schmitt, 1993). Frauen engagieren sich aus unterschiedlichen Gründen in kurzfristigen Beziehungen, so z.B. wenn sie nicht in der Lage sind, dauerhafte Unterstützung eines Mannes innerhalb einer langfristigen Beziehung zu erlangen. Im Gegensatz zu Männern stellen jedoch für Frauen kurzfristige Beziehungen kein Ziel per se dar (Buss & Schmitt, 1993).

Für Männer scheinen auf den ersten Blick kurzfristige Beziehungen in Hinsicht auf ihre reproduktive Fitness sehr viel vorteilhafter als für Frauen zu sein: Sie könnten theoretisch mit diesem Vorgehen ohne große Investition ihr reproduktives Potential maximal ausschöpfen[18]. Gestützt werden diese theoretischen Annahmen in Untersuchungen, die ergeben, dass Männer ihre Ansprüche an eine Partnerin in kurzfristigen Beziehungen drastisch reduzieren. Sie werden erst wählerischer in ihren Standards, wenn sie eine langfristige Beziehung eingehen möchten, in der sie dann eine deutliche Erhöhung ihrer Investition (Zeit und Ressourcen) antizipieren (Townsend, 1993).

Simpson und Gangestad (1991, 1992) untersuchten die Neigung, kurzfristige Beziehungen einzugehen näher und entwickelten das Konzept der „Soziosexuellen Orientierung". Ein Individuum besitzt eine unrestriktive soziosexuelle Orientierung, wenn es bereit ist, sexuelle Beziehungen einzugehen ohne dass Nähe, „commitment" oder eine emotionale Bindung bestehen. Es besitzt eine restrikti-

---

[18] Allerdings gelten auch für Männer die Gefahren von Krankheitserregern und Reputationsverlust, was zur Folge haben kann, keinen Zugang mehr zu Frauen mit hohem Partnermarktwert zu erlangen.

ve soziosexuelle Orientierung, wenn es diese Eigenschaften als unverzichtbar für eine sexuelle Beziehung ansieht (Gangestad & Simpson, 1990; Simpson & Gangestad, 1992). Dabei gehen sie davon aus, dass die soziosexuelle Orientierung ebenfalls durch die Mechanismen von Selektion und Adaption evolviert ist. Im Vergleich zu Frauen ist die soziosexuelle Orientierung von Männern signifikant weniger restriktiv. Dabei ist aber zu beachten, dass die Effekte der soziosexuellen Orientierung zum Teil größer ausfallen als die des biologischen Geschlechts, wenn die Präferenz für kurzfristige Beziehungen von Männern und Frauen empirisch untersucht (Simpson & Gangestad, 1992; vgl. zu konträren Ergebnissen Wiederman & Dubois, 1998)[19].

In jüngerer Zeit wurde von Gangestad und Simpson ein umfassender theoretischer Rahmen entwickelt, den sie die Theorie des strategischen Pluralismus (TSP) nennen. Dieser Ansatz basiert u.a. auf den Arbeiten von Trivers (1972) und Gross (1996) und versucht, within-sex Differenzen in sexuellem Verhalten und Partnerpräferenzen von Frauen und Männern in einen evolutionspsychologischen Theorierahmen einzubetten. Im Mittelpunkt der TSP steht die Annahme, dass der im Pleistozän herrschende Selektionsdruck nicht in einer einzigen besten geschlechtsspezifischen Partnerwahlstrategie resultiert habe, sondern eine beträchtliche phänotypische Diversität zu Folge hatte (Gross, 1996). In Abhängigkeit von dem eigenen Status seien Individuen in der Lage, diejenige Partnerwahlstrategie zu wählen, die ihnen eine maximale reproduktive „Fitness" biete (Gross, 1996). Diese Konditionalen Strategien lassen sich in zwei Kernthesen beschreiben:

„a) They involve different behavioral tactics that are consciously ‚chosen' by an individual; b) the choices between tactics are ‚made' in response to specific features or cues in the environment, often an individuals' status or attractiveness relative to either individuals. (...) Thus the environmental conditions moderate the fitness gains of pursuing different tactics (e.g., exerting parental effort, pursuing short-term matings), thereby affecting the optimal allocation of effort to different tactics" (Gangestad & Simpson, 2000, S. 576).

Die TSP nimmt weiter an, dass Frauen Partnerwahlstrategien evolvierten, die dazu führten, dass sie Männer hinsichtlich zweier Kriterien bewerten. Auf der einen Seite evaluieren sie einen Partner danach, inwieweit er einen guten Ernährer für sie und ihre Kinder darstellt, auf der anderen Seite bewerten sie ihn nach Hinweisen auf einen qualitativ hochwertigen Genpool. Diese „guten Gene" zeigen sich der Theorie nach u.a. in der physischen Attraktivität (Sloman & Sloman, 1988), die als so genannter phänotypischer Marker gilt[20]. Gangestad und

---

[19] Das Konzept der soziosexuellen Orientierung beinhaltet eine Reihe weiterer Konsequenzen und Annahmen, siehe hierzu u.a. Gangestad & Simpson (1990).
[20] So wird z.B. ein symmetrischer Körper als attraktiv empfunden; Symmetrie gilt als Zeichen für Mischerbigkeit, die wieder für Widerstand gegen Krankheitsträger steht (Grammer & Thornhill, 1994;

Simpson (2000) führen weiter aus, dass Frauen gezwungen waren, sich bei der Partnerwahl für eine der beiden Strategien zu entscheiden, was einen „trade-off" zur Konsequenz gehabt habe.
Welche Strategie von einer Frau gewählt wird, hängt zum einen von ihren eigenen Ressourcen ab, wie z.b. ihrer Gesundheit und physischen Attraktivität, aber auch von ihrer Fähigkeit, sich selbst zu versorgen und zu schützen. Zum anderen spielt die natürliche Umgebung, in der sie lebt, eine Rolle (im Pleistozän etwa, ob diese eine sehr fruchtbare, reiche Region oder eine eher karge, knapp an Nahrungsmitteln war). Gangestad und Buss (1993) konnten zeigen, dass Menschen in Regionen, in denen es ein hohes Aufkommen von Krankheitserregern gibt, mehr Gewicht auf die physische Attraktivität bei der Partnerwahl legten. Scheib (2001) konnte zudem zeigen, dass Frauen mehr Wert auf physische Attraktivität legen, wenn sie Beziehungen außerhalb ihrer festen suchen. Auch dies unterstützt die Hypothese der „guten Gene".
Männer mit hochwertigen Genen, so die Theorie, sollten in der Lage sein, sich zu reproduzieren ohne sehr viel Zeit oder Ressourcen investieren zu müssen – sie hatten den größten Reproduktionserfolg, wenn sie kurzfristige Partnerschaften eingingen. Männer mit einem weniger guten Genpool kämen dagegen in langfristigen Beziehungen zu einem höheren Reproduktionserfolg, sie bekamen Zugang zu dem knappen Gut Frau, indem sie Zeit, commitment und materielle Ressourcen in sie investierten. Insofern richtete sich die sexuelle Strategie der Männer nach der Wahl der Frauen (Campbell et al., 1999).

2.1.6 Zusammenfassung

Es wurde deutlich, dass Männer von Frauen nur in einem einzigen, dafür aber wesentlichen Punkt abhängen: Die Frau liefert die von ihnen benötigte knappe Ressource Gebärfähigkeit. Frauen sind jedoch bereit, dieses Gut gegen eine feste Bindung, mittels derer sie Zugang zu ökonomischen Ressourcen erhalten können, einzutauschen. Für Männer besteht dabei das Risiko, übervorteilt zu werden, indem sie sich an eine Frau binden, die nicht oder – durch die bereits eingetretene Menopause – nicht mehr fertil ist, das heißt, dass sie ihrerseits zwar investieren, aber durch diese Investition nicht zu einem Reproduktionserfolg gelangen. Ein analoges Risiko besteht für Frauen nicht. Binden sie sich an einen unfruchtbaren Mann, so gewinnen sie immer noch die (finanziellen) Ressourcen und können das Ziel der Reproduktion unter Umständen mit einem anderen Mann erreichen. Eine Entscheidung für einen nichtzeugungsfähigen Mann stellt also für Frauen nur begrenzt eine Fehlinvestition dar.

Thornhill & Gangestad, 1994). Als physisch attraktiv kann auch ein so genanntes Handicapmerkmal gelten, wie es z.B. der Schwanz des Pfaus darstellt: dieser gilt als Zeichen für gute Gene, da der Pfau trotz Handicap überlebt.

Für den Mann stellt also das Problem der Entscheidung für eine unfruchtbare Frau ein ungleich höheres Risiko dar. Um dieser Fehlinvestition zu entgehen, haben sich im Laufe der Evolution beim Mann Präferenzen herausgebildet, die zur Reduzierung dieser Gefahr beitragen. Demzufolge sollte die Präferenz für Jugend bei einer Partnerin Männer davor bewahren, eine Frau zu wählen, die aufgrund ihres hohen Alters nicht mehr fertil ist. Auch die Bevorzugung einer physisch attraktiven Partnerin ist eng mit dem Wunsch verbunden, Sicherheit über ihre Gebärfähigkeit zu erlangen. Dagegen ist bei Männern nicht analog von ihrer äußeren Erscheinung auf ihre reproduktiven Fähigkeiten zu schließen, da sie nicht in vergleichbarer Weise zeitlichen Restriktionen unterworfen sind.

Evolutionäre Adaptionen stellen keine unveränderlichen, kontextunabhängigen Gesetzmäßigkeiten dar, gegen die der Mensch zu handeln machtlos ist. Eher stellen sie unbewusste Handlungsanleitungen dar, nach denen sich zu richten dem Menschen leichter fällt als sich gegen sie zu stellen.

2.1.7 Exkurs: Evolutionspsychologische Annahmen

Evolutionspsychologische Ansätze haben in den letzten beiden Dekaden einen immensen Beitrag zu nahezu allen Fragestellungen der geschlechterspezifischen Forschung geliefert. Im Zentrum evolutionspsychologischer Erklärungsansätze steht dabei immer das weibliche Reproduktionsvermögen. In den vorangegangenen Abschnitten wurde das evolutionspsychologische Forschungsparadigma allein auf die Partnerwahl beschränkt. Der Vollständigkeit halber sollen an dieser Stelle jedoch einige weitere Themen genannt, und gezeigt werden, dass die Evolutionspsychologie einen weitaus breiteren Erklärungsrahmen für Geschlechterunterschiede anstrebt und sich nicht mit der Erklärung von unterschiedlichen Partnerpräferenzen bescheidet; wobei jedoch eine umfassende Darstellung ihrer Forschungsrichtungen den vorliegenden Rahmen sprengen würde und daher die folgende Illustration nur aufzählenden Charakter haben kann. Die Erklärungsmuster der EP umfassen Geschlechterunterschiede im Eifersuchtsverhalten (Daly, M., Wilson, M., & Weghorst, 1982), Treue (Thompson, 1983), Vergewaltigung (Thornhill & Thornhill, 1983, 1992), die Entstehung von patriarchalen Kulturen (Buss, 1996b), die größere Wahrscheinlichkeit für Stiefkinder, misshandelt zu werden aber auch Altruismus und die Entstehung von Kriegen (Buss, 2004).

2.2 Soziokulturelle Ansätze

„Participant gender cannot be assigned by the flip of a coin, and, therefore, participants arrive at the lab not only with specific pairs of chromosomes, but also with decades of socialisation and learning, both of which typically correlate with gender (...)" (DeSteno, Bartlett, Bravermann & Salovey, 2002, S. 1104).

Von Vertretern soziokultureller Ansätze, von Rollen- und Lerntheoretikern, aber auch Feministinnen, Biologen und Paläonthologen werden evolutionspsychologische Erklärungsansätze stark kritisiert. Im Zentrum der Kritik steht dabei hauptsächlich die Unvereinbarkeit der Evolutionspsychologie mit den Popper'schen Anforderungen der Falsifizierbarkeit (Berry, Poortinga, Segall & Dasen, 1992; Hemminger, 1983). Ferner werden insbesondere von feministisch orientieren Wissenschaftlern soziobiologische bzw. evolutionspsychologische Theorien als politisch motiviert, reaktionär und sexistisch verurteilt (Bleier, 1984; Gowaty, 1982; Rose & Rose, 2000; Travis & Yeager, 1991).

Außerdem wird der Vorwurf erhoben, die Evolutionspsychologie versuche den Status Quo einer Gesellschaft mittels post-hoc Erklärungen als genetisch programmiert zu rechtfertigen (Caporael & Brewer, 1991; Cornell, 1997). Neben dieser wissenschaftstheoretischen und ideologischen Kritik wird die Schwierigkeit thematisiert, aus unserer heutigen Perspektive (und nur wenigen Knochenfunden) auf unveränderbare Geschlechterbeziehungen in „Gesellschaften" zu schließen, die einen Zeitraum von über eine Million Jahren umfassen (Brewer & Caporael, 1990; Eagly, 1997; Moore & Travis, 1999). Des Weiteren wird kritisiert, dass es in einer Kultur, in der die Arbeit so geschlechtsspezifisch verteilt ist wie in der westlichen, nicht möglich ist, zu unterscheiden, welche Frau und welcher Mann aufgrund freien Willens oder evolvierter Präferenz so handelt, wie er oder sie es tut (Bernard, 1981; Bleier, 1984).

Trotz der umfassenden Kritik evolutionspsychologischer Ansätze von den verschiedensten Seiten existieren zurzeit nur wenige systematische Versuche evolutionspsychologische Ansätze theoriegeleitet zu falsifizieren.

2.2.1 Soziostrukturelle Erklärungsansätze: Die Theorie der strukturellen Machtlosigkeit

In der Literatur werden soziostrukturelle Theorien, insbesondere die Theorie der strukturellen Machtlosigkeit (TSM), derzeit als stärkste Konkurrentinnen evolutionistischer Theorien angesehen[21]. Zusammenfassend gehen soziostrukturelle Theorien davon aus, dass „males and females have identical [mate] preferences but social structural arrangements produce gender differences" (Carporael, 1989, S. 17). Es sind demnach historisch gewachsene gesellschaftliche Strukturen, die Handlungsoptionen und ökonomische Restriktionen von Männern und Frauen durch eine Ungleichverteilung von Lebenschancen (Zugang zu Bildungsinstitutionen, Arbeitsmarkt, öffentliche Ämter etc.) in bestimmte (gesellschaftlich erwünschte) Bahnen lenken. Eine solche Beeinflussung erfolgt systematisch über das ganze Leben von Individuen hinweg und wird durch Sozialisationsprozesse und Rollenerwartungen legitimiert und internalisiert (Allgeier & Wiederman, 1994; Bleier, 1984; Buss, 1995a; Buss & Barnes, 1986; Eagly, 1997; Hatfield & Sprecher, 1995; Howard et al., 1987; Hyde, 1996; Kreckel, 1993; Tavris & Wade, 1994). Dabei fördern und manifestieren diese Strukturen eine Hierarchie der Geschlechter, in der Frauen weniger Macht, einen geringeren Status und weniger Ressourcen kontrollieren als Männer (Eagly & Wood, 1999).

> „Male dominance is passed from one generation to another partly through (...) shared symbol system, including language and religions as well as the mass media. These symbol systems picture and define our world for us and constrain us to interpret the world in masculine terms" (Stockard & Johnson, 1980, S. 4).

Dabei wird die geschlechtsspezifische Arbeitsteilung in unbezahlte Hausfrauen (original: homemakers) und bezahlte (männliche) Vollzeitangestellte und die ihr immanente Geschlechterhierarchie (Archer, 1996; Eagly, 1987) als ursächlich für die bestehenden Unterschiede in präferierten Partnermerkmalen angesehen. Die TSM ist mit sozialen Lerntheorien (z.B. Bandura, 1977) und der sozialen Rollentheorie, insbesondere mit den Annahmen über Geschlechterrollen, eng verknüpft (Alfermann, 1996; Eagly & Steffen, 1984). Rollen umfassen allgemein Beschreibungen und normative Erwartungen darüber, wie sich ihre Träger verhalten und welche Eigenschaften sie haben sollten. Rollen(positionen) können sowohl erworben als auch zugeschrieben sein. Für die Geschlechterrolle gilt, dass sie normative Erwartungen über die Arbeitsteilung zwischen den Geschlechtern beinhaltet und damit das Zusammenleben und Verhalten von Männern und Frauen reguliert (Alfermann, 1996; Spence, Deaux & Helmreich,

---

[21] In der Literatur lässt sich kein einheitlicher Name für diesen Erklärungsansatz finden: Zuerst erscheint er unter den Namen „Theorie der strukturellen Machtlosigkeit" (Buss & Barnes, 1986), Howard et al. (1987) sprechen in diesem Zusammenhang nur von „social theory" oder „the social argument". Luszyk (2001) subsumiert diesen Ansatz unter dem Stichwort „Sozioökonomie" und Hatfield und Sprecher (1995) bezeichnen ihn als „social structural theory" oder „social learning theory".

1985), weshalb sie von Rollentheoretikern als kausal für Geschlechterunterschiede im sozialen Handeln angesehen wird (Eagly, 1987). Die Geschlechterrolle weist Frauen die Familie als primären Verantwortungsbereich zu. Frauen sind in der Familie für die inneren Beziehungen verantwortlich, womit die Erwartung verbunden ist, dass sie Eigenschaften wie Harmoniebedürftigkeit, Expressivität und Gemeinschaftssinn besitzen. Die männliche Rolle dagegen entspricht dem des Ernährer-Ehemann-Modells und dem des „chef de famille". Mit dieser Rolle gehen Eigenschaften wie Durchsetzungswille, Unabhängigkeit und Entscheidungsfähigkeit einher. Dabei sind Männer und Frauen bestrebt, sich diejenigen Eigenschaften anzueignen, die mit ihrer Rolle verbunden sind – sie wollen sich rollenkonform verhalten, da dieses Verhalten positiv sanktioniert wird, während Abweichungen vom Rollenmodell negative Sanktionen nach sich ziehen, die vom Individuum aversiv erlebt werden (Cialdini & Trost, 1998). Da die Geschlechterrolle bereits in frühester Kindheit erlernt und internalisiert sowie durch die Gesellschaft positiv sanktioniert wird, ist sie extrem änderungsresistent (Fagot, Rodgers & Leinbach, 2000).

Historisch gesehen ist eine strikte geschlechtsspezifische Arbeitsteilung, die auf einer sozialen Trennung von Familien- und Erwerbsleben basiert, relativ jung. Datiert wird sie zu Beginn der Industrialisierung und dem Aufkommen des Kapitalismus (Kreckel, 1993)[22]. Ihre Folgen reichen jedoch bis in das laufende Jahrhundert hinein. Aktuelle Studien zeigen, dass Frauen – auch wenn sie voll erwerbstätig sind – einen höheren Anteil an der gemeinsamen Hausarbeit übernehmen als ihre Partner; dieser Anteil steigt sogar, wenn Kinder vorhanden sind (Dasko, 2002). Frauen verdienen durchschnittlich weniger als Männer und sind weniger häufig in leitenden Positionen vertreten (Schulte-Florian, 1999). Dies trifft auch auf politische Funktionen zu: Aktuell sind weltweit nur zwölf der höchsten Staatsämter mit Frauen besetzt (ILO, 2003).

Diese Kluft zwischen Männern und Frauen ist nicht mehr mit einer mangelnden Bildungsbiographie auf Seiten der Frauen zu erklären. Seit den 1980er Jahren beträgt der Frauenanteil bei Studierenden in Deutschland um die 40 Prozent, seit den 1990ern liegt er nahe 50 Prozent – diese Bildungserfolge haben jedoch noch nicht ihre Entsprechung in den Entscheidungszentren von Wirtschaft, Hochschule und Politik gefunden (Statistisches Bundesamt, 2001). Unabhängig davon ist in vielen europäischen Ländern – besonders ausgeprägt in der Bundesrepublik – eine Geschlechtersegregation in Berufssphären festzustellen, wobei sich diese in den letzten Jahrzehnten noch verstärkt hat (Blossfeld, 1991; Radtke, Störmann & Ziegler, 1998). Die Gesellschaft teilt ihre Arbeit auch im 21. Jahrhundert in typische Frauen- und Männerberufe auf. Dabei werden jedoch nicht allein Frauen vom Erlernen von Männerberufen abgehalten, sondern es verhält sich v.a. auch umgekehrt. Typische (meist schlecht bezahlte) Berufe wie Anwaltsgehilfin

---

[22] Ein umfassender Abriss dieses Prozesses und seiner Auswirkungen auf das Geschlechterverhältnis würde den Rahmen dieser Arbeit sprengen. Eine kurze soziologisch-historische Darstellung findet sich bei Frerichs & Steinrücke (1993).

oder Arzthelferin werden in der allgemeinen Wahrnehmung nicht mit Männern assoziiert. Eagly und Wood (1999) stellen dazu fest, dass „men's accomodation to roles with greater power and status produce more dominant behavior, and women's accomodation to roles with lesser power and status produces more subordinate behavior" (S. 412). Die Wahrnehmung dessen, was für Männer und Frauen angemessene Rollen und Verhaltensweisen sind, hat zur Folge, dass die Geschlechter die dazu passenden Eigenschaften annehmen, „Gender roles facilitate the activities typically carried out by people of each sex" (Eagly & Wood, 1999, S. 413). Geschlechterrollen sind demzufolge selbstregulierend.

Eine Theorie, die jedoch die Entwicklung von geschlechtstypischen Rollen auf die geschlechtsspezifische Arbeitsteilung zurückführt, muss auch erklären können, wie diese entstehen konnte (Eagly, Wood & Diekmann, 2000). Der soziostrukturelle Ansatz macht hierfür (wie die Evolutionspsychologie auch) die unterschiedliche Aufgabenverteilung von Mann und Frau bei der Reproduktion aber auch die Vorteile des Mannes bezüglich Körpergröße und physischer Stärke verantwortlich (Schlegel, 1977; Wood & Eagly, 1999). Auf diesen Differenzen, in Interaktion mit den spezifischen Anforderungen der Umwelt, basierte, so die Annahme, bereits eine prähistorische Arbeitsteilung, die aber nicht zwangsläufig eine Hierarchie implizierte, da beide Geschlechter gleichstark zum Überleben beitrugen.

Im Folgenden wird näher darauf eingegangen, welche Auswirkungen die spezifischen Geschlechterrollen auf die Partnerwahl von Männer und Frauen haben.

2.2.2 Implikationen für die Partnerwahl

Aus den o.g. Ausführungen folgt, dass die TSM die weibliche Präferenz für einen statushohen und finanzkräftigen Partner gut erklären kann: Frauen legen mehr als Männer bei der Partnerwahl Wert auf materielle Sicherheit, da sie ihren eigenen Zugang zu finanziellen Ressourcen aufgrund gesellschaftlicher Strukturen und einer mit diesen verbundenen geschlechtsspezifischen Rollenverteilung als eingeschränkt wahrnehmen. Dies ist insbesondere der Fall, wenn die Frau eigene Kinder in ihre Lebensplanung mit einbezieht. In diesem Sinne sieht die TSM in Übereinstimmung mit der EP Differenzen im Partnerwahlmuster von Frauen und Männern als strategisch und rational an. Wenn die Ehe mit einem armen Mann unweigerlich die eigene Armut bedeutet, wenn die einzige Chance, den eigenen Lebensstandard und sozialen Status zu halten oder zu heben, von einem reichen, statushohen Partner abhängt, ist der finanzielle Status eines Mannes ein wichtiges weibliches Entscheidungskriterium (Howard et al., 1987; Hrdy, 1997; Silverstein, 1996). Entsprechend konnte Handl (1988) zeigen, dass es für Frauen wahrscheinlicher ist, durch die Heirat einen höheren sozioökonomischen Status zu erwerben als durch eine eigene berufliche Karriere. Wenn auf der anderen Seite jedoch Frauen vom Zugang zu ökonomischen Ressourcen weitgehend ausgeschlossen sind, ist es für den Mann sinnlos, seine Wahl aufgrund eben dieser Basis zu treffen. Zudem kann es wiederum den Status und das Prestige eines Mannes aufwerten, wenn er es sich „leisten kann", eine Frau zu unterhalten, die nicht arbeiten „muss"[23].

Auch die weibliche Präferenz für einen älteren Partner kann mit der TSM erklärt werden. Nimmt man es als gegeben hin, dass die Rollenverteilung in einer Gesellschaft immer noch auf dem Ernährer-Ehemann-Modell basiert (vgl. Kapitel 3.4), so macht auch eine normative Erwartung, dass der Partner der Frau älter sein sollte, Sinn. In den meisten Gesellschaften korreliert Lohn mit dem Lebensalter. Bindet sich eine Frau also an einen etwas älteren Partner, so ist es auf der einen Seite für sie leichter einzuschätzen, inwieweit er tatsächlich in der Lage sein wird, ihr und eventuellen Nachkommen materielle Sicherheit zu bieten. Auf der anderen Seite etabliert dieses Verhalten auch traditionelle Rollenbilder und traditionelles Rollenverhalten. Ausgehend von der Prämisse (auch in egalitären Partnerschaften), dass derjenige Partner, sobald Kinder vorhanden sind, beruflich zumindest temporär aussetzt oder zurücksteckt, der weniger zum Gesamtverdienst des Haushaltes beiträgt, wird eine vermeintlich rationale Wahl überzufällig häufig auf die Frau fallen, von der es u.a. auch aufgrund ihres (im Vergleich zum Partner meist geringeren) Alters wahrscheinlicher ist, dass sie weniger als ihr Partner zum Haushaltseinkommen beiträgt.

Als Theorie, die sich insbesondere mit den strukturellen Nachteilen für Frauen beschäftigt, fallen die von der TSM aufgestellten Erklärungen für männliche Partnerpräferenzen vergleichsweise dürftig aus. Weibliche Schönheit und Jugend wird nach der TSM als Austauschgut bewertet, mit dessen Hilfe Frauen die von ihnen präferierte Ressource materielle Sicherheit und Status akquirieren können (Howard et al., 1987).

Die TSM postuliert also, dass Männer und Frauen hinsichtlich ihrer Partnerwünsche ausschließlich aufgrund ihrer unterschiedlichen Zugangschancen zu allgemeinen Ressourcen wie Status und materielle Sicherheit in einer Gesellschaft divergieren. Dabei wird angenommen, dass sich die Unterschiede in der Partnerpräferenz von Männern und Frauen mit ihrer zunehmenden Gleichbehandlung in der Gesellschaft neutralisieren. Partnerpräferenzen stellen demzufolge nichts anderes als Anpassungsleistungen an die soziostrukturelle Realität einer Gesellschaft dar, die sich dann verändern, wenn sich die soziostrukturellen Gegebenheiten in einer Gesellschaft wandeln. Davon ausgehend wurde aus der Theorie der strukturellen Machtlosigkeit folgende Hypothese deduziert: Je egalitärer die Bedingungen für Männer und Frauen in einer Gesellschaft hinsichtlich der Zugangschancen zu Arbeitsmarkt, Bildung und Macht werden, je verbreiteter auch Techniken zur Geburtenkontrolle sowie Möglichkeiten der Kinderunterbringung sind und je mehr sich auch Männer um den Haushalt kümmern, des-

---

[23] Vgl. hierzu auch die Ausführungen von Kenrick, Trost und Sheets (1996) zu den so genannten „trophy mates".

to ähnlicher werden sich die Partnerpräferenzen von Männern und Frauen in allen Bereichen (Gangestad, 1993; Hatfield & Sprecher, 1995). Evidenz erhält diese Hypothese in neueren Studien, in denen es nicht mehr gelingt, bei so zentralen Partnermerkmalen wie „physische Attraktivität" und Präferenz für ein „gutes Einkommen" signifikante geschlechtsspezifische Unterschiede zu ermitteln (Kümmerling, 1997; Liston & Salts, 1988; Luszyk, 2001; Walter, 1997). Weitere Unterstützung erfährt sie durch die Re-Analyse interkultureller Daten zu Geschlechterunterschieden in Partnerpräferenzen, die zeigen konnten, dass die weibliche Präferenz für einen finanziell abgesicherten Partner mit dem Status von Frauen in der Gesellschaft zusammenhängt (Eagly & Wood, 1999; Kasser & Sharma, 1999).

Im Folgenden werden die gesellschaftlich diskriminierenden Bedingungen für Frauen in den letzten Jahrhunderten anhand einiger weniger Beispiele für Deutschland[24] und die spätere Bundesrepublik skizziert und auf ihre Bedeutung für die Ausprägung von Partnerpräferenzen hingewiesen.

2.2.3 Exkurs: Historische Bedingungen

Traditionell waren Frauen von Bildung, (gut) bezahlter Erwerbstätigkeit und auch vielerorts vom Erbrecht weitgehend ausgeschlossen (Gerhard, 1990). Dieser Ausschluss entsprach nicht bloßer individueller Willkür, sondern erfolgte systematisch durch den Gesetzgeber. Wenn Frauen vor dem Zeitalter der Industrialisierung arbeiteten, dann selten außer Haus und fast ausschließlich in untergeordneten Positionen, deren Verdienst kaum für ihre eigene Ernährung ausreichte. Das führte dazu, dass ein unabhängiges Leben die schlechteste aller möglichen Lösungen für sie darstellte. Aus diesem Grund waren Frauen stets auf die Leistungen anderer, meist Eltern, Verwandte oder Ehemänner, angewiesen, um ihr Überleben zu sichern. Allerdings besaßen sie die Möglichkeit, ihre Fähigkeit, Kinder zu gebären, gegen die ökonomischen Ressourcen des Mannes einzutauschen und eine Ehe einzugehen (Bernard, 1981).
Mit Beginn der Industrialisierung in Europa wurden jedoch Frauen mehr und mehr auch in die außerhäusliche Arbeitswelt einbezogen, je nach Konjunkturlage und Arbeitskräftebedarf[25]. Verheiratete Frauen arbeiteten jedoch auch hier meist nicht, um das Überleben der Familie zu gewährleisten, sondern sie hatten

---

[24] Diese Darstellung hat exemplarischen Charakter, der beschriebene Verlauf ist aber in den westlichen Industrienationen ähnlich (Bock, 2000).
[25] Mayer, Allemendinger & Huinink (1991) und Rader (1985) sprechen in diesem Zusammenhang in Anlehnung an Karl Marx von der „industriellen Reservearmee" der Frauen.

immer mit dem Status der „Mitverdienerin" zu kämpfen, unabhängig davon, wie wesentlich ihr Verdienst für die Familie wirklich war[26].
Institutionalisiert wurde dieses Rollenverständnis durch verschiedene Gesetze[27]. So wurde in Deutschland 1919 ein Gesetz verabschiedet, dass den Kündigungsschutz von verheirateten Frauen aufhob und auch den für unverheiratete Frauen und Mädchen lockerte, dabei wurde nicht berücksichtigt, ob sie noch für andere Personen zu sorgen hatten oder alleinstehend waren. Aus dem Jahre 1932 stammt ein Gesetz, das die Entlassung verheirateter Beamtinnen gestattete, wenn ihr Ehemann eine feste Anstellung besaß (Rader, 1985). Zwar ist es Frauen seit rund 100 Jahren erlaubt, ein Studium als ordentliche Studentin zu absolvieren, aber noch bis Mitte der 1970er Jahre[28] war ein Mann gesetzlich legitimiert, seiner Frau eine Erwerbstätigkeit zu verbieten[29].

Diese Beispiele geben einen oberflächlichen Überblick über die Abhängigkeit der Frau von der Finanzkraft und Stellung ihres Mannes und die strukturelle und institutionelle Unterstützung dieser Abhängigkeit durch die Gesellschaft im vergangenen Jahrhundert.
Jedoch soll nicht übersehen werden, dass die biologische Tatsache, dass Frauen die Fähigkeit des Gebärens besitzen, große Auswirkungen auf ihr soziales Leben hat. Bevor die Empfängnisverhütung (mit Einführung der „Pille" in den 1960er Jahren) einigermaßen sicher wurde, waren zumindest sexuell aktive Frauen in ihrer Lebensplanung eingeschränkt. Dies gilt in einem gewissen Maße auch heute noch. In der öffentlichen Meinung ist die Frau die primär Verantwortliche für die Betreuung und Erziehung der Kinder[30]. Aus diesem Grund erschwert auch heute noch die geringe Anzahl von Kindergärten und Tagesstätten v.a. Frauen, ihr berufliches Leben einigermaßen unabhängig von der Tatsache zu planen, dass sie Kinder haben oder haben wollen. Eine dem Mann vergleichbare Karriere bei gleichzeitiger Elternschaft sowie die finanzielle Unabhängigkeit von einem „Ernährer" ist deshalb auch derzeit für Frauen nur schwer zu erreichen.
Aufgrund dieser gegebenen Strukturen und der erst in den letzten Jahrzehnten erfolgten langsamen Veränderung in Richtung egalitärer Verhältnisse – zumin-

---

[26] Gerade Bürgertöchter arbeiteten zu dieser Zeit heimlich. Ihre Tätigkeiten bestanden in Näh- und Handarbeiten, die aber nicht öffentlich werden durften, da sie das Ansehen des Vaters oder des Ehemannes schmälerten (Nave-Herz, 1988).
[27] Der ausdrückliche Verweis auf Gesetze soll zeigen, wie tief das traditionelle Rollenverständnis auch im 20. Jahrhundert war und wie jung die egalitären Realisierungen zwischen Mann und Frau tatsächlich sind.
[28] Die Änderung erfolgte 1976 im § 1356, neugefasst durch das Erste Gesetz zur Reform des Ehe- und Familienrechtes vom 14.6.1976, BGBL I, S. 1421.
[29] Ein ähnliches Gesetz wurde auch in Irland erst in den 1970er mit Aufhebung des „marital bar" Jahre erlassen (Hussey, 1995), in Frankreich ist es einer Frau erst seit 1975 erlaubt, unabhängig von ihrem Ehemann ein eigenes Konto zu führen (Passet, 2003).
[30] Die von Sozialwissenschaftlern aufgezeigte „neue Väterlichkeit" zeigt sich bislang hauptsächlich in einem neuen Freizeitverhalten der Väter und ihre Kinder, während „Kindererziehung" meist weiter Frauensache bleibt (Beck-Gernsheim, 1998).

dest in westlichen Gesellschaften – wird deutlich, dass die von Frauen geäußerten Partnerwünsche einem rationalen Kalkül entspringen und Frauen bewusst – zumindest in der Vergangenheit – aufgrund der gesellschaftlichen Realität sinnvollerweise keine anderen Präferenzen entwickeln konnten.

2.3 Theoriediskussion

Der Hauptvorwurf, dem sich die EP stellen muss, lautet immer wieder, dass sie den Popper'schen Anforderungen an eine Theorie nicht genüge: Evolutionspsychologische Erklärungsversuche für das menschliche Verhalten lassen sich nicht falsifizieren[31]. Ob spezifische Verhaltensweisen oder Präferenzen evolvierte, erbliche psychologische Mechanismen darstellen, wird sich eventuell in einigen Jahrzehnten herausstellen, wenn die Wissenschaft mit der Entschlüsselung des genetischen Codes des Menschen weitere Fortschritte gemacht hat. Inwieweit dieses Verhalten jedoch auf unsere hominiden Vorfahren im Pleistozän zurückgeht, wird sich ceteris paribus immer unserer Kenntnis entziehen. Evolutionspsychologische Erklärungen bleiben solange nichts anderes als das, was Steven Jay Gould „adaptive story-telling" oder „just-so storys" genannt hat (Gould & Lewontin, 1970), als sie Beweise dafür erbringen, dass unsere Vorfahren so gelebt haben, wie es postuliert wird. Der Nachweis, dass in über 30 Kulturen die gleichen geschlechtsspezifischen Merkmale gefunden wurden, ist zwar erkenntnistheoretisch interessant und kann auf erbliche Dispositionen hinweisen, stellt aber keinen Beweis für die Erblichkeit dieser Merkmale dar[32]. Auch ist die bloße Existenz eines weitverbreiteten Merkmals per se kein Beweis für seinen evolutiven Anpassungswert in dem Sinne, dass es die Verbreitung der eigenen Gene fördert (Hemminger, 1983; Lloyd, 1999).

Die Evolutionspsychologie arbeitet (noch) zu sehr mit Axiomen und Hypothesen, ohne diese jedoch als solche zu behandeln und kennzeichnen. So ist die Theorie der Jäger- und Sammlergesellschaft (mit ihrer geschlechtsspezifischen Arbeitsteilung) noch relativ jung und stammt erst aus den 1960er Jahren (vgl. auch hierzu Kupers Ausführungen über die „Erfindung primitiver Gesellschaften", 1988). Es ist bislang weder nachgewiesen, dass hauptsächlich die Männer auf die Jagd gingen, noch dass die Frauen in der Nähe des Lagers durch Sammeln zur Ernährung der Gruppe beitrugen. Zudem ist der relative Beitrag beider Gruppen zum Überleben keinesfalls gesichert. Einige Forscher gehen davon aus (Boulding, 1976; Derry, 1996; Lee, 1968), dass der Beitrag des Sammelns (nach evolutionspsychologischer Lesart der von Frauen erbrachte Anteil an der Ernährung) zwischen 50 und 80 Prozent gelegen haben soll. Damit wäre zumindest die Angewiesenheit unserer Urahninnen auf einen Ernährer fraglich. Weiterhin

---

[31] Konträr dazu Ketelaar & Ellis (2000).
[32] Vgl. u.a. die Ausführungen von Scher (1999) über die „Erblichkeit" religiöser Affiliation und politischer Einstellungen.

ist nicht geklärt, mit welchen Mitteln die pleistozänen Jäger, von denen aufgrund ihrer Tätigkeit angenommen werden kann, dass sie über einen großen Zeitraum von ihren Frauen und Kindern abwesend waren, zu deren Schutz beigetragen haben könnten. Gleichermaßen ist die Ausgangshypothese, dass sich Geschlechtsunterschiede in Partnerpräferenzen während einer urzeitlichen Jäger- und Sammlergesellschaft entwickelt haben, insofern angreifbar, als sich Anthropologen derzeit noch unklar darüber sind, ob das Jagen von Tieren bereits in der so genannten Umwelt der evolutionären Anpassung auftrat (Rose & Marshall, 1996).

Die Tendenz von Evolutionspsychologen, ihre zum Teil sehr plausiblen Hypothesen auf unbewiesene und teils spekulative Annahmen zu gründen und diese selbstevidenten Gesetzen gleich zu behandeln, wird in folgendem Zitat deutlich:

> „Ancestral women who failed to be choosy more often ended up being abandoned, forced to raise a child alone or without many resources, or stuck with an abusive or cost-inflicting mate. Ancestral women who exercised choice for men who were willing and able to commit resources to them and their children benefited in reproductive currencies because their children survived and thrived in greater numbers" (Buss, 1996a, S. 12).

Diese Aussagen lassen jeglichen Hinweis darauf vermissen, dass es sich hierbei um Annahmen handelt[33]. Desgleichen gibt Buss keinerlei Quelle an, aus der man nachvollziehen könnte, wie gesichert diese anthropologischen Erkenntnisse sind. Anthropologen und Archäologen haben derzeit keinerlei gesicherte Erkenntnisse über das Zusammenleben von Männern und Frauen im Pleistozän, deren Partnerwahlstrategien sowie Regeln der Arbeitsteilung und Kinderaufzucht. Es stellt sich also die Frage, woher die Erkenntnisse, dass Frauen, die vor mehr als 40000 Jahren promiskuitiv lebten, weniger Nachkommen hatten oder misshandelt wurden, stammen[34]? Zudem implizieren die Annahmen der EP, dass die Mechanismen der Fortpflanzung unseren Vorfahren schon bekannt waren und Beziehungssysteme „gesellschaftlicher" Art existierten, die unseren heutigen sehr ähnlich waren. Würde man für unsere Vorfahren die Annahme aufstellen, dass die Betreuung der Kinder und ihre Aufzucht Aufgabe der gesamten Gruppe gewesen sei, unabhängig des Geschlechts ihrer Gruppenmitglieder, so würde das gesamte Gebäude der EP in sich zusammenfallen. Evolutionspsychologen weisen in diesem Kontext darauf hin, dass die Beobachtung von Tieren oder Völkern wie den !Kung San, die auch heute noch relativ unberührt von der Zivilisation leben, hinreichend Aufschluss geben können. Aber genau dies ist fraglich: Zum einen kann angenommen werden, dass sich auch so genannte „primitive"

---

[33] Zu der Feststellung, dass in der Evolutionspsychologie auf sprachlicher Ebene nicht strikt zwischen Annahmen und Tatsachen getrennt wird, kommt auch Cornell (1997).
[34] Evolutionspsychologen argumentieren, dass Spekulationen über die menschliche Vergangenheit heute aus indirekten Beweisen geschlossen werden können: aus internationalen Vergleichen, aus der Beobachtung verschiedener Spezies sowie aus dem heutigen Verhalten (Archer, 2001).

Volksgruppen wie die !Kung oder die Yanomamö auf einem anderen Entwicklungsgrad befinden als die Hominiden im Pleistozän, wie z.B. der Homo Erectus[35]. Auf der anderen Seite sind Vergleiche mit dem Tierreich allzu häufig willkürlich (Snowdon, 1997). Gegen die Annahmen der EP sprechen, wollte man Befunde aus dem Tierreich auf die Menschheit übertragen, die Ergebnisse von Smuts (1985). Sie konnte zeigen, dass männliche Brutpflege in Primatengruppen niedrig war, wenn die Vaterschaft sicher war, und in anderen Gruppen, bei gleichzeitiger geringer Vaterschaftssicherheit, hoch.

Auch zeigen Studien an humaniden Fossilien, dass die anatomische Differenzierung der Geschlechter in Hinsicht auf Größe und Stärke erst relativ spät eintrat, was wiederum ein Argument gegen die von Evolutionspsychologen postulierte geschlechtsspezifische Aufgabenteilung in Schützer und Beschützte darstellt (Foley, 1996)[36].

Zudem bedarf ein weiteres Postulat der Evolutionspsychologie einer genaueren Überprüfung. Es muss gezeigt werden, dass diejenigen Individuen, die sich nach den o.a. sexuellen Strategien richten, einen größeren Reproduktionserfolg besitzen, das heißt Männer, die sich jüngere und physisch attraktive Frauen sichern konnten, müssten mehr und gesündere Nachkommen haben als andere[37]. Gleiches gilt für Frauen, die einen Partner hatten, der ihnen materiellen und physischen Schutz zu bieten hatte. Allerdings warnen Evolutionspsychologen davor, heutigen Reproduktionserfolg als reliable Messung für die Gültigkeit sexueller Strategien zu verwenden, da diese sich in einer Umwelt der evolutionären Anpassung entwickelt hätten und – analog unserer Nahrungspräferenzen – diese Adaptionen heute u.U. keine evolutionären Vorteile mehr darstellen würde (Buss, 1995c; Eagly & Wood, 1999; Tooby & Cosmides, 1992)[38].

Kritik an der Evolutionspsychologie gibt es folglich von den verschiedensten Seiten; allerdings existiert derzeit keine einheitliche Theorielinie, aufgrund derer sich systematische Hypothesen gegen die EP deduzieren ließen. Die in der Lite-

---

[35] Die ältesten Knochenfunde des Homo Erectus haben ein geschätztes Alter von 1.8 Mio Jahre, die jüngsten sind ca. 40,000 Jahre alt.

[36] Als Beispiel soll an dieser Stelle angeführt werden, dass das Geschlecht der in der populärwissenschaftlichen Literatur häufig so bezeichneten „Urmutter Lucy" keinesfalls als gesichert angesehen werden kann (Rose & Rose, 2000 contra Johanson & Edey, 1982, vgl. für eine gegenteilige Ansicht auch Geary, 1998).

[37] Lloyd (1999) bezeichnet es als entscheidenden Test für den Nachweis eines Merkmals als adaptiv, „(...) whether variants of a phenotyp were correlated with variants of fitness" (S. 226).

[38] Diese Argumentation wird jedoch von einigen Evolutionspsychologen nicht durchgehalten. Eine Reihe von Publikationen befassen sich mit der Frage, ob zeitgenössische statushohe und reiche Männer einen höheren Reproduktionserfolg haben als statusniedrigere (Bereczkei & Csanaky, 1998; Hill, J., .1984; Pérusse, 1994). Nach Ansicht der Verfasserin ist dieses Vorgehen durchaus legitim, allerdings sollte die EP dann ein Modell entwickeln, das sich sowohl mit Hypothesen über Präferenzen als auch Verhalten befasst. Ansonsten muss sie sich den Vorwurf gefallen lassen, dann von ihren Postulaten abzuweichen, wenn es wissenschaftlich opportun erscheint und Forschung, die zu anderen Ergebnissen kommt, mit dem Hinweis der Nichterfassbarkeit zu ignorieren. Davon abgesehen würde der Nachweis eines höheren Reproduktionserfolges statushoher Männer nicht in Widerspruch zur TSM stehen.

ratur immer wieder als Gegenspielerin der EP auftauchende „Theorie der strukturellen Machtlosigkeit" (Buss, 1995a; Buss & Barnes, 1986) ist eher ein Hypothesenkonglomerat aus verschiedenen Forschungsrichtungen wie soziale Lerntheorie, Rollentheorie und feministischer Konstruktivismus zu nennen und besitzt (noch) nicht die logische Stringenz und die Weite der EP[39]. Allerdings haben in jüngster Zeit Wood & Eagly (2002) einen neuen Versuch gemacht, die seit den 1980ern mehr oder weniger stagnierende TSM in einen umfassenden, auf der sozialen Rollentheorie basierenden, Ansatz der „Biosozialen Theorie" zu integrieren und weiterzuentwickeln.

Einer der größten Schwachpunkte der TSM ist einerseits die Tatsache, dass ihre Vertreter es bisher versäumt haben, einen übergreifenden Forschungsrahmen zu gestalten, aus dem sich systematisch Hypothesen und Prognosen über die Stabilität von Partnerpräferenzen und die Bedingungen ihrer Veränderung ableiten ließe. Andererseits besteht ein großes Manko darin, dass sie die von ihr etwas unbestimmt benannten gesellschaftlichen Systeme und Strukturen, welche Ungleichheit in den Lebenschancen der Geschlechter determinieren (sollen), nicht näher bestimmt. Offen bleibt, welche Strukturen also gemeint sind, deren Wandel eine zunehmende Angleichung des Verhaltens der Geschlechter zufolge haben sollten[40]. So konnte im vorangegangenen Abschnitt gezeigt werden, dass z.B. für den Bildungssektor festzustellen ist, dass die Benachteiligung von Frauen nicht mehr gegeben ist; das gilt sowohl für den Erwerb eines weiterführenden Schulabschlusses als auch für den Eintritt in ein Studium. Zudem ist festzustellen, dass die Erwerbstätigkeit von Frauen in den westlichen Industrienationen zu ihrer Normalbiographie gehört – nur in den seltensten Fällen schließen Frauen mit ihrer Berufstätigkeit ab, wenn sie heiraten oder Kinder aufziehen (Noll, 1991). Beide Beispiele zeigen, dass in diesen Bereichen offenbar bereits eine Angleichung der Lebenschancen für Frauen und Männer stattgefunden hat. Parallel dazu haben sich auch die Geschlechterrollen bewegt (Alfermann, 1996). Dennoch zeigen auch jüngere Studien relativ konstant eine traditionelle Einschätzung davon, welche Eigenschaften eines Partners für das jeweilige Geschlecht wichtiger und wünschenswerter sind als für das andere bzw. welche Eigenschaften als typisch weiblich oder männlich angesehen werden (Buss, Shackelford, Kirkpatrick & Larsen, 2001; Hoyt & Hudson, 1981; Williams & Best, 1990). Desgleichen konnten Wiederman und Allgeier (1992) zeigen, dass Frauen mit einer höheren Bildung und einem höheren antizipierten Einkommen mehr Wert auf die Fähigkeit zur Ressourcenakquisition legten als Frauen mit geringerer Bildung (konträr dazu jedoch Luszyk, 2001).

---

[39] Angemerkt werden muss auch, dass diese Theorie (zumindest unter diesem Namen) zum ersten Mal von Vertretern der Evolutionspsychologie in die Diskussion eingebracht wurde (Buss & Barnes, 1986).
[40] Desgleichen geht die TSM nicht darauf ein, wie es dazu kommen konnte, dass sich weltweit patriarchalische Strukturen durchsetzen konnten.

Entsprechendes gilt für die Aussage, dass eine erhöhte Kontrolle über die eigene Reproduktionsfähigkeit es ermöglicht, bei der Suche nach einem Partner weniger Wert auf einen „Ernährer" zu legen. Dies ist für die Frauen der so genannten ersten und zweiten Welt mit Einführung der „Pille" sicherlich gegeben, dennoch spiegelt sich diese neue „Freiheit" offensichtlich nur so weit in Partnerpräferenzen wider, als festzustellen ist, dass für Männer (und Frauen) Keuschheit bzw. sexuelle Unerfahrenheit als Partnermerkmal keine Rolle mehr spielt (Buss et al., 2001; Hoyt & Hudson, 1981). Dies deutet darauf hin, dass die zunehmende Egalität der Geschlechter hinsichtlich Schulbildung und Ausbildung sowie die Kontrolle über die eigene Reproduktionsfähigkeit vielleicht eine notwendige, zumindest aber keine hinreichende Bedingung für eine Veränderung in Partnerpräferenzen darstellt. Daran knüpft die Frage an, wie viel Chancengleichheit denn in welchen Bereichen erreicht sein muss, damit sich diese in einem geänderten Partnerwahlverhalten niederschlägt.

Ein weiterer Kritikpunkt betrifft die Vernachlässigung der Erklärung männlicher Partnerpräferenzen für weibliche Schönheit und Jugend. Die TSM befasst sich vorwiegend mit weiblichen Präferenzen und kann diese, wie gezeigt, auch erklären. Die männliche Vorliebe für physische Attraktivität wird etwas lapidar und einer post-hoc Hypothese sehr nahe kommend, als handelbares Gut angesehen, das heißt als Werte per se, welche den Marktwert des „Austauschobjektes" Frau erhöhen (Buss & Barnes, 1986; Howard et al. 1987). Eine Frau wird demnach umso „wertvoller", je schöner sie ist und kann ihre Schönheit dementsprechend gegen materielle Ressourcen eintauschen (Grammer, 1996; Howard et al., 1987; Kenrick et al., 1996). Die TSM geht an keiner Stelle darauf ein, warum sich gerade Schönheit und Jugend als akzeptierte Tauschware etablieren konnten und warum nicht stattdessen „Fürsorglichkeit", „Humor" oder „Kinderbetreuungsqualitäten" von Männern als relevante Partnermerkmale herauskristallisiert wurden.

Dieser Fokus auf weibliche Partnerpräferenzen hat zur Folge, dass sich auch die von der TSM aufgestellten Hypothesen und Prognosen für die Auswirkungen gesellschaftlichen Wandelns auf die Partnerwahl v.a. auf die Partnerwahl von Frauen beziehen. Die männliche Partnerpräferenz (und eine Veränderung derselben) wird nur ungenügend thematisiert (Ellis, 1992). So erwarten Howard et al. (1987) aufgrund der Tatsache, dass zunehmend mehr Frauen erwerbstätig werden und eine höhere Anzahl von Haushalten auf zwei Einkommen angewiesen seien, dass auch für Männer die materielle Sicherheit als Partnermerkmal wichtiger würde. Buss & Schmitt (1993) leiten aus der TSM die Hypothese ab, dass Männer, die weniger Geld verdienen würden, mehr Wert auf eine Partnerin mit der Fähigkeit zur Ressourcenakquisition legen müssten als Männer, die selbst finanziell erfolgreich sind: „they should show preferences more similar to those of women" (Buss & Schmitt, 1993, S. 224).

Die Darstellung zeigt, dass beide Theorien nicht frei von Kritik sind und bei näherer Betrachtung einige ihrer Erklärungen für das Phänomen der geschlechtsspezifischen Unterschiede in Partnerpräferenzen an Stringenz verlieren. Das folgende Kapitel knüpft an die kritische Darstellung an, indem der aktuelle Forschungsstand unter besonderer Berücksichtigung widersprüchlicher Befunde rezipiert wird.

3 Konzeptionelle Vorüberlegungen zur Überprüfung der Gültigkeit evolutionspsychologischer und soziostruktureller Theorien

Sowohl die Evolutionspsychologie als auch die Theorie der strukturellen Machtlosigkeit sind Theorien, die die Ursache für die empirisch festzustellende geschlechtsspezifische Partnerwahl in der historischen Entwicklung der Menschheit suchen (Archer, 1996; Pratto, 1996). Wie ausgeführt wurde, unterscheiden sich beide Theorien jedoch diametral voneinander in Bezug auf die Wirkungsrichtung dieser historischen Einflüsse. Während die EP (Barkow et al., 1992) davon ausgeht, dass Männer und Frauen bereits im evolutionären Umfeld des Pleistozäns aufgrund der geschlechtsspezifischen Aufgabenverteilung bei der Reproduktion unterschiedliche psychische Mechanismen wie Partnerpräferenzen entwickelt haben, die schließlich auch in unterschiedlichen sozialen Rollen resultierten, nimmt die TSM eine andere Kausalität an: Hier sind es die herrschenden sozialen Strukturen, die Geschlechterunterschiede in der Partnersuche bedingen. Weil Frauen und Männer unterschiedliche soziale Rollen einnehmen, konnten sich psychologische Unterschiede (z.B. in der Partnerwahl) zwischen ihnen entwickeln (Wood & Eagly, 2002).

Beide Theorien erwarten also, dass Männer und Frauen sich in spezifischen Domänen wie z.B. dem Partnerwahlverhalten unterscheiden (Doosje, Rojahn & Fischer, 1999). Die Schwierigkeit liegt darin, zu zeigen, welche der beiden Theorien die schlüssigere Erklärung für dieses Phänomen anbietet; dies wird zusätzlich dadurch erschwert, dass beide Ansätze die Historie bemühen. Der entscheidende Unterschied, aus dem sich falsifizierbare Annahmen ableiten lassen, liegt in dem Ausmaß, in dem für das Bestehen geschlechtsspezifischer Partnerwahlpräferenzen Invarianz über die Zeit und Kulturen angenommen wird: Ein Axiom der Evolutionspsychologie geht davon aus, dass sich kulturelle Bedingungen sehr viel schneller verändern als der menschliche Genpool (Mey, 1995). Angenommen wird, dass die Entwicklung von Adaptionen wie der Partnerpräferenz einen sehr großen Zeitrahmen in unserer Menschheitsgeschichte eingenommen hat, und dass Veränderungen dieser evolvierten Heuristiken einen ähnlich langen Zeitraum benötigen. „Because evolutionary change occurs slowly, requiring thousands of generations of recurrent selection pressure, existing humans are necessarily designed for the previous environment of which they are a product" (Buss, 2004, S. 20). In der Konsequenz bedeutet dies, dass evolvierte Adaptionen wie Partnerpräferenzen sich scheinbar relativ unberührt von „modernen Entwicklungen" wie Geburtenkontrolle, Gleichberechtigung und zunehmender Äquivalenz bei der Ressourcenkontrolle unter den Geschlechtern zeigen (Buss, 1989). Desgleichen geht die EP davon aus, dass es sich bei Partnerpräferenzen um universale psychologische Mechanismen handelt, das heißt, dass die beschriebenen Phänomene kulturübergreifend existieren (Buss et al., 1990) und kulturelle Unterschiede in den Rahmenbedingungen einer Gesellschaft diese Differenzen nicht beeinflussen sollten.

In Übereinstimmung mit der TSM ist der Ausgangspunkt der vorliegenden Untersuchung die Überlegung, dass gesellschaftliche Systeme und nicht genetische Adaptionen in einer spezifischen Weise die Ausprägung menschlicher Partnerpräferenzen kausal beeinflussen (Hatfield & Sprecher, 1995). Verändern sich die gesellschaftlichen Bedingungen innerhalb einer Kultur oder unterscheiden sich Kulturen voneinander hinsichtlich der für das Zusammenleben von Frauen und Männern relevanten gesellschaftlichen Merkmale, so erwartet die TSM, dass sich auch die von Männern und Frauen geäußerten präferierten Partnermerkmale verändern bzw. sich in Abhängigkeit der untersuchten Kulturen unterscheiden.

Obwohl immer wieder kritisiert wird, dass evolutionspsychologische Hypothesen sich nicht falsifizieren ließen und sich somit einer wissenschaftlichen Überprüfung entzögen, gelingt dies für die Partnerpräferenzen recht gut (Borkenau, 1993). So lassen sich über das dargestellte Konzept der Invarianz von Adaptionen über einen für evolutionäre Kontexte relativ kurzen Zeitrahmen zumindest zwei falsifizierbare Hypothesen ableiten: Auf der einen Seite der interkulturelle Vergleich, wobei bei gegebener Universalität eines Merkmals eine Gültigkeit evolutionspsychologischer Theorien akklamiert würde. Auf der anderen Seite kann man die Effekte gesellschaftlichen Wandels auf die Partnerwahl untersuchen. Hier würde man bei Gültigkeit der Annahmen der EP wiederum keine Veränderungen der Partnerpräferenzen erwarten, während die TSM diese hypostasieren würde.

Aus der TSM werden in der Literatur üblicherweise folgende Hypothesen abgeleitet: Es wird angenommen, dass
a) sich Geschlechterunterschiede in Partnerpräferenzen dann verringern sollten, wenn sich das Machtungleichgewicht zwischen Männern und Frauen in einer Gesellschaft verringert;
b) innerhalb einer Gesellschaft diejenigen Frauen, die selbst Zugang zu Bildung, Macht und ökonomischen Ressourcen besitzen, weniger Wert auf einen statushohen und finanzkräftigen Partner legen als Frauen, die diesen Zugang nicht haben;
c) sich bei Männern und Frauen, die einer weniger traditionellen Geschlechterrollensozialisation ausgesetzt waren, Geschlechterunterschiede in Partnerpräferenzen weniger ausgeprägt zeigen als bei Männern und Frauen, die in traditionelle Rollen sozialisiert wurden, und
d) kulturelle Unterschiede hinsichtlich der Gleichberechtigung von Männern und Frauen Unterschiede in geschlechtsspezifischen Partnerpräferenzen zu Folge haben müssten (vgl. Buss & Barnes, 1986, S. 569).
Hypothese a) thematisiert die Auswirkungen von gesellschaftlichem Wandel auf die Partnerwahl. Wenn die Annahme der TSM Berechtigung besitzt, dass

Machtungleichheiten und ein Missverhältnis hinsichtlich des Zugangs zu finanziellen Ressourcen zwischen den Geschlechtern bestehen, dann müsste die Aufhebung dieser gesellschaftlichen Bedingungen eine Verringerung der geschlechtsspezifischen Unterschiede in der Partnerwahl nach sich ziehen.
Theoretische Überlegungen zeigen für Hypothese b), dass sie sich nicht zweifelsfrei logisch aus der TSM ergeben muss. Die TSM bezieht neben den gesellschaftlichen Strukturen auch die Beschaffenheit der Geschlechterrollen in ihre konzeptuelle Überlegung mit ein. Diese sozialisieren Männer und Frauen in bestimmte Verhaltensrollen, die auch dann nachwirken, wenn die individuellen Lebensbedingungen ihnen widersprechen. Konkret bedeutet das, dass auch eine Frau, die selbst Zugang zu Macht und Ressourcen hat, aufgrund ihrer Sozialisation ihre Geschlechterrolle gelernt hat. Für ihre Partnerwahl könnte dies bedeuten, dass sie im gleichen Maße Wert auf einen etwas älteren Partner mit der Fähigkeit zur Ressourcenakquisition legt wie Frauen, die nicht in ihrer Position sind. Dieses Verhalten mag sogar im Sinne der Wirkung von „sozialen Erwünschtheitseffekten" individuell einfacher sein, als sich gegen die gesellschaftliche Norm zu stellen.
Hypothesen c) und d) scheinen sich auf den ersten Blick zu entsprechen, da eine spezifische Geschlechterrollensozialisation, ein bestimmtes Verständnis davon, wie eine Frau sich im Vergleich zu einem Mann zu verhalten hat, ein Teil von dem ist, was eine Kultur ausmacht (Williams & Best, 1990). Aber auch wenn in einer Kultur eine Übereinstimmung über eine „angemessene Geschlechterrollensozialisation" existiert, können elterliche Erziehungsstile durchaus variieren. Die Formulierung der Hypothesen unterscheidet nicht deutlich zwischen intrakulturellen und interkulturellen Vergleichen. Bezogen auf einen *intra*kulturellen Vergleich würde Hypothese c) erwarten lassen, dass Individuen, die einem „progressiven" Erziehungsstil ausgesetzt waren, progressivere Partnerpräferenzen zeigen müssten, als solche, die traditionell sozialisiert wurden. Dies würde aber wiederum (vgl. Hypothese b) die gesellschaftlichen Sozialisationsinstanzen und Leitbilder und ihre Effekte auf das Individuum außer Acht lassen. Bezüglich der Sozialisationshypothese besteht also noch weiterer Erklärungs- und Definitionsbedarf.

Die vorliegende Arbeit konzentriert sich auf zwei der sich aus der TSM ergebenen Ableitungen. Auf der einen Seite werden die Auswirkungen von gesellschaftlichem Wandel auf die Partnerwahl untersucht (vgl. Hypothese a), auf der anderen Seite steht der Einfluss von unterschiedlichen gesellschaftlichen Rahmenbedingungen auf präferierte Partnermerkmale im Fokus der Arbeit (vgl. Hypothese d).

In den beiden letzten Jahrzehnten sind vermehrt Versuche unternommen worden, beide Theorien unter Berücksichtigung der dargestellten Hypothesen, die sich aus EP und TSM ableiten, gegeneinander zu testen (z.B. Buss & Barnes,

1986; Eagly, 1997; Feingold, 1990; Hasenkamp, 2003; Hatfield & Sprecher, 1995; Howard et al., 1987; Kenrick & Keefe, 1992; Kümmerling & Hassebrauck, 2001; Sprecher et al., 1994; Townsend, 1989; Wiederman & Allgeier, 1992). Darüber hinaus ist eine hohe Anzahl theoretischer Publikationen erschienen, die sich mit der Bewertung der Erklärungsleistung beider konkurrierender Theorien beschäftigen (Allgeier & Wiederman, 1994; Archer, 1996; Barkow, Cosmides & Tooby, 1992; Bleier, 1984; Buss, 1998; Ketelaar & Ellis, 2000; Wiederman & Allgeier, 1994). Zudem versuchen insbesondere neuere wissenschaftliche Arbeiten beide Forschungsansätze zu integrieren (Buss, 1996b; Kenrick, Groth, Trost & Sadalla, 1993). Im Folgenden werden die gängigen Methoden und exemplarischen Untersuchungen innerhalb der Partnerwahlforschung dargestellt.

3.1 Aktueller Forschungsstand

Im Wesentlichen konzentriert sich die Forschung auf zwei sich aus den dargestellten Theorien ergebenden Hypothesen: Auf den Nachweis der kulturellen Universalität von geschlechtsspezifischen Partnerpräferenzen und der Überprüfung des Einflusses weiblicher Ressourcenverfügungskraft.
Das klassische Erhebungsinstrument in der Partnerwahlforschung ist der standardisierte Fragebogen mit dem präferierte Partnermerkmale erfasst werden (Buss, 1989; Hill, R., 1945; Townsend, 1989; Wiederman & Allgeier, 1992; Williamson, 1965), wobei explizit (selbstberichtete) Partnerwahl*präferenzen* und nicht tatsächliches Partnerwahl*verhalten* gemessen werden. Der Grund hierfür liegt darin, dass aktuelles Verhalten sehr viel stärker als Wünsche von Restriktionen bestimmt wird (Symons & Ellis, 1989; Wilson, G.D., 1987). Ein Mann mag die Präferenz für eine junge und attraktive Frau haben, besitzt selbst aber nicht diejenigen Eigenschaften, denen sie Wert beimisst (oder aber von denen er selbst annimmt, dass sie als attraktiv eingeschätzt werden). Als Folge davon bindet er sich an eine gleichaltrige unattraktive Partnerin. Die Präferenz bliebe hier die Selbe, wäre aber in diesem Fall bei Erfassung des Verhaltens nicht festzustellen[41].
Ein weiteres Forschungsparadigma stellt die Inhaltsanalyse dar. Die Auswertung von Kontaktanzeigen wird in der Partnerwahlforschung als ein sehr valides Instrument betrachtet, da diese als frei von Einflüssen wie „erwünschtes Verhalten", also als nonreaktiv, gelten (Hassebrauck, 1990). Da Kontaktanzeigen in den meisten Fällen die Inserenten finanziell belasten, ist anzunehmen, dass sowohl die den Inserenten beschreibenden sowie die genannten präferierten Part-

---

[41] Jedoch stellten Jahoda, Lazarsfeld und Zeisel (2002) bereits in den 1930er Jahren fest, dass sich auch Wünsche nach den äußeren Gegebenheiten richten. So konnten sie in ihrer berühmten Studie über die Arbeitslosen von Marienthal zeigen, dass Schulkinder von arbeitslosen Eltern sich weniger und preiswertere Geschenke zu Weihnachten wünschten als Kinder von berufstätigen Eltern.

nereigenschaften die subjektiv wichtigsten darstellen (Hassebrauck, 1990; Lynn & Bolig, 1985). Experimente stellen dagegen innerhalb der Partnerwahlforschung eher eine Ausnahme dar, dennoch gibt es eine Reihe von gelungenen Versuchen, die zu einem Erkenntnisgewinn beigetragen haben (u.a. Li, Bailey, Kenrick & Linsemeyer, 2002; Sprecher, 1989; Walster, Aronson, Abrahams & Rottman, 1966). Die Forschung zu Partnerpräferenzen blickt nicht nur auf eine 50-jährige Forschungsarbeit zurück, sie ist auch sehr breitgefächert, und es existiert eine nahezu unübersichtliche Anzahl von Publikationen in diesem Bereich. Die hier behandelten Studien stellen daher nur eine beispielhafte Auswahl dar und sollen nicht den Anschein der Vollständigkeit erwecken. Vielmehr sollen im folgenden Kapitel Standardparadigmen und diejenigen Studien dargestellt werden, die zu weiterer Forschungsarbeit angeregt haben bzw. deren Ergebnisse offen für weitere Interpretationen und Diskussionen sind. Unterstrichen werden soll an dieser Stelle auch, dass die Mehrzahl der Untersuchungen im Bereich der Partnerwahlforschung – anders als es die hier dargestellten Studien suggerieren – evolutionspsychologische Annahmen zu bestätigen scheinen.

3.1.1 Ergebnisse aus interkulturellen Vergleichen

Mit der Überprüfung der Beständigkeit geschlechtsspezifischer Unterschiede in Partnerpräferenzen unter dem Einfluss verschiedener Kulturen (Buss, 1989; Buss et al., 1990; Hatfield & Rapson, 1996; Hatfield & Sprecher, 1995; Liston & Salts, 1988; Walter, 1997) wurde die Gültigkeit der Hypothese der kulturellen Invarianz von Geschlechterunterschieden in präferierten Partnermerkmalen getestet. Die TSM erwartet hier, da die Rolle der Frau und ihr Zugang zu Ressourcen starken kulturellen Einflüssen unterworfen sind, Differenzen bzgl. des Ausmaßes der Geschlechterunterschiede über Kulturen hinweg (Buss & Barnes, 1986; Buss & Schmitt, 1993). Sollte die Partnerpräferenz nicht einer intrinsischen genetischen Motivation unterliegen, sondern von externen Faktoren abhängen, müssten sich kulturspezifische Unterschiede in der Partnerpräferenz ergeben.

Die Pionierarbeit auf dem Gebiet des multikulturellen Vergleichs leistete Buss (1989; Buss et al., 1990), der rund 10000 Männer und Frauen aus 37 verschiedenen Kulturen und sechs Kontinenten hinsichtlich ihrer Partnerpräferenz befragte. Buss stellt fest, dass in 34 der analysierten Länder Männer signifikant mehr Wert als Frauen auf einen attraktiven Partner legen (Ausnahmen: Indien, Polen und Schweden), in allen Ländern wünschen sich Männer eine jüngere Partnerin und Frauen einen älteren Partner. Ein signifikanter Geschlechterunterschied bezüglich der weiblichen Präferenz für einen Partner mit guten finanziellen Aussichten besteht gar in 36 der 37 Länder. Buss kommt zu dem Schluss, dass Geschlechterdifferenzen in Partnerwünschen bezüglich der Bewertung von

Aussehen, Alter und beruflichem Erfolg demnach unabhängig vom Kulturkreis auftreten und mithin seine Ergebnisse den evolutionspsychologischen Erklärungsansatz stützen. Auch wenn die Arbeit von Buss und Kollegen zu Recht einen hohen Stellenwert nicht nur in der evolutionspsychologischen Forschung einnimmt, so unterliegen seine Ergebnisse einigen Einschränkungen, sowohl theoretischer wie auch methodisch/ statistischer Art. Borgia (1989) kritisiert den von Buss postulierten Universalitätsanspruchs seiner Ergebnisse über Partnerpräferenzen, da 27 der 37 von ihm untersuchten Kulturen europäisch, europäischen Ursprungs oder stark von europäischer Kultur beeinflusst seien. Buss versäumt zudem die große Chance, mehr über die Systematik und interkulturelle Variation von Partnerpräferenzen zu erfahren, indem er es unterlässt, Kultur respektive Nationszugehörigkeit als unabhängige Variable zu analysieren. Stattdessen besteht die von Buss gewählte statistische Analyseform aus intrakulturellen Geschlechtervergleichen mittels t-Tests, womit er die statistische Relevanz seiner Ergebnisse durch eine alpha-Fehler-Kumulation gefährdet (Cohen & Cohen, 1983; Hartung, 1989). Zudem erfährt diese Studie eine Einschränkung des postulierten Universalitätsanspruchs durch zwei Re-Analysen von Eagly und Wood (1999) sowie Kasser und Sharma (1999). In ihren Untersuchungen können sie zeigen, dass die weibliche Präferenz für einen Partner mit der Fähigkeit zur Ressourcenakquisition mit dem Ausmaß zusammenhängt, in dem Frauen in einer Gesellschaft nur wenig reproduktive Freiheit besitzen und weniger Zugang zu Bildungsinstitutionen haben als Männer (Kasser & Sharma, 1999) bzw. in den entsprechenden Ländern ein geringes Ausmaß an Gleichheit zwischen den Geschlechtern herrscht (Eagly & Wood, 1999).

Eine der ersten systematischen interkulturellen Vergleiche von Partnerpräferenzen wurde von Murstein (1976) durchgeführt. Er erwartet signifikante Unterschiede zwischen einer US-amerikanischen und einer französischen Stichprobe, aufgrund der Tatsache, dass sich die beiden Industrienationen in ihrem Ausmaß an Industrialisierungsgrad sowie in der von Frauen erreichten Gleichstellung und Emanzipation unterscheiden. In beiden Punkten stuft er die USA als die stärker entwickelte Nation ein und hypostasiert, dass sich aufgrund der größeren Chancengleichheit die amerikanische Stichprobe als weniger traditionell und egalitärer in ihren Partnerwünschen erwiese. Die Ergebnisse seiner Studie widersprechen jedoch seinen Annahmen: Im Vergleich zu ihren amerikanischen Geschlechtsgenossen suchen Franzosen eine egalitärere Partnerschaft, dabei legen sie gleichzeitig mehr Wert auf die physische Attraktivität einer Partnerin als männliche Amerikaner. Zudem zeigen die Ergebnisse von Murstein, dass sich die französischen Männer und Frauen stärker in ihren Wünschen an einen Partner ähneln als die amerikanischen. Auch Murstein wertet seine Daten statistisch nur intrakulturell aus, zudem macht seine (für die heutige Partnerwahlforschung) eher unübliche statistische Vorgehensweise[42] einen Vergleich mit aktuellen Studien schwierig. Relevant wird diese Studie jedoch für die vorliegende Arbeit, da Murstein einer der ersten Wissenschaftler innerhalb der Partnerwahlforschung ist, der die Auswirkungen gesellschaftlicher Strukturen auf Partnerwünsche untersuchte. Die von ihm erhaltenen Resultate, die im Widerspruch zu seinen Erwartungen stehen, weisen weiter darauf hin, dass es Murstein nicht gelungen ist, diejenigen gesellschaftlichen Bedingungen zu extrahieren, die Einfluss auf die Partnerwahl nehmen.

Liston und Salts (1988) vergleichen malaiische und amerikanische Studierende und stellen gleichfalls fest, dass sich malaiische und amerikanische Männer stärker in ihren Wünschen an eine Partnerin unterscheiden als malaiische und amerikanische Frauen. Intrakulturelle Geschlechtervergleiche ergeben für die malaiische Stichprobe bei 18 erhobenen Items nur zwei signifikante Geschlechterunterschiede: Malaiische Männer legen mehr Wert auf die hausfraulichen Qualitäten bei der Partnerwahl und Frauen präferieren mehr als Männer einen Partner mit guten finanziellen Aussichten. Keine Unterschiede können sie bezüglich der Wichtigkeitseinschätzung von physischer Attraktivität feststellen. Für die amerikanische Stichprobe stellen Liston und Salts ungleich mehr Geschlechterunterschiede fest. Im Vergleich zu amerikanischen Männern legen amerikanische Frauen mehr Wert auf einen Partner, der ein Heim und Kinder möchte, gute finanzielle Aussichten und einen hohen Status besitzt sowie ehrgeizig und unterstützend ist. Wiederum können sie keine signifikanten Geschlechterunterschiede für die Präferenz für einen physisch attraktiven Partner finden. Diese Ergebnisse schränken den von der EP formulierten Universalitätsanspruch von Partnerpräferenzen zumindest für die Dimension physische Attraktivität ein.

Jedoch lassen sich die Resultate dieser Studie auch mit den Annahmen der TSM nicht ohne weiteres vereinbaren. Im Vergleich zu den USA kann Malaysia als weniger egalitäres Land angesehen werden, in dem Frauen nur schwerlich in der Lage sind, eigene Ressourcen zu akquirieren und ein von einem Partner unabhängiges Leben zu gestalten, zudem ist eine freie Partnerwahl nur eingeschränkt möglich. Dennoch sind die traditionellen Geschlechtereffekte stärker in den USA als in Malaysia festzustellen. Ein Grund hierfür mag darin liegen, dass studentische Populationen insbesondere in stark traditionellen islamischen oder asiatischen Ländern bereits sehr „verwestlicht" sind und für ihre Bevölkerung nicht repräsentativ sind. Angenommen werden kann, dass dies umso mehr für Frauen gilt, die in traditionellen, stark patriarchalisch geprägten Kulturen ein Studium aufnehmen.

De Raad und Doddema-Winsemius (1992) untersuchen Unterschiede in präferierten Partnermerkmalen von Niederländern und Deutschen. Zunächst stellen sie fest, dass sich insgesamt Frauen und Männer in der niederländischen Stich-

---

[42] Murstein vergleicht fast ausschließlich Faktorstrukturen, die er für Männer und Frauen in jedem Land getrennt berechnete.

probe mehr in ihren Partnerpräferenzen ähneln als in der deutschen, und bei den deutschen Befragten die „traditionellen" Geschlechtsunterschiede gleichzeitig deutlicher ausgeprägt sind als bei den Niederländern. In einem Vergleich deutscher und niederländischer Frauen kommen sie zu dem Ergebnis, dass deutsche Frauen in ihrer Partnerwahl eine sehr viel konservativere Einstellung zeigen als niederländische, indem sie Partnereigenschaften wie „gute finanzielle Aussichten" und „Fähigkeit zur Ressourcenakquisition" als deutlich wichtiger einschätzen[43]. Außerdem legen niederländische Frauen im Vergleich zu deutschen mehr Wert auf die physische Attraktivität eines Partners.

De Raad und Doddema-Winsemius kommen zu dem Schluss, dass die deutsche Stichprobe konservativer und traditioneller in ihren Einstellungen ist als die niederländische. Leider haben die Autoren jedoch darauf verzichtet, die Nationszugehörigkeit als unabhängige Variable in ihre Analyse einzubeziehen. Die Auswertung erfolgte rein intrakulturell mit dem Schwerpunkt des Geschlechtervergleiches. Interkulturelle Aussagen besitzen somit weitgehend die Qualität von Augenscheinvalidität. Zudem können sie keine Erklärungen für die divergierenden Resultate zweier von der Kultur und Geographie her so nahe beieinander liegenden Länder bieten[44]. Eine Zuordnung der Resultate dieser Studie in den Erklärungsrahmen von EP und TSM fällt nicht leicht, da die Autoren beide Theorien nicht ausdrücklich geprüft haben. Auf den ersten Blick scheint es, dass sich v.a. die Hypothesen der EP bestätigen, dagegen sprechen jedoch die Ergebnisse des interkulturellen Vergleichs der Frauen, nach denen deutsche Frauen sich in ihren Partnerwahlkriterien traditioneller zeigen als Niederländerinnen.

Zu ähnlichen Ergebnissen kommen Doosje et al. (1999) für die Niederlande. Sie weisen in ihrer Studie, in der sie neben Geschlechtseffekten auch den Einfluss von Alter, politischer Orientierung und Bildungsstatus kontrollieren, nur geschlechtsspezifische Unterschiede bezüglich der Präferenz für einen physisch attraktiven Partner nach. Zudem können sie zeigen, dass das Ausmaß der Präferenz für einen gut aussehenden Partner von der politischen Einstellung abhängt: Es sind eher Männer mit einer niedrigen Bildung und einer konservativen politischen Haltung, die höheren Wert auf dieses Partnermerkmal legen.

Walter (1997) untersucht die Partnerwünsche einer marokkanischen Stichprobe. Ähnlich wie in Malaysia ist die freie Partnerwahl in Marokko im Vergleich zu westlichen Zivilisationen eingeschränkt, zudem ist ein traditionelles Rollenverständnis vorherrschend. Das hervorstechendste Ergebnis Walters ist, dass er keine Geschlechtseffekte bezüglich der Präferenz für physische Attraktivität feststellen kann. Zudem stellt er fest, dass physische Attraktivität eines Partners bei

---

[43] Bei beiden Items gibt es zudem in der niederländischen Stichprobe keine geschlechtsspezifischen Unterschiede für eine Rangreihenauswertung. Allerdings unterscheiden sich Männer und Frauen bezüglich dieser Items, wenn man statt der Rangreihen Mittelwertunterschiede analysiert.

[44] Insbesondere die Tatsache der räumlichen, historischen und wirtschaftspolitischen Ähnlichkeit vor dem Hintergrund divergierender Partnerpräferenzen macht diese Ergebnisse so interessant und spricht deutlich dafür, dass ein Universalitätsanspruch für das Phänomen geschlechtsspezifisch divergierender Partnerpräferenzen nicht gerechtfertigt ist.

den befragten Frauen ein wichtiges Kriterium bei der Partnerwahl ist. Interessant ist auch, dass seine Ergebnisse widerspiegeln, dass für die männlichen Befragten Intelligenz ein wichtigeres Entscheidungskriterium zu sein scheint als für Frauen. In Übereinstimmung mit evolutionspsychologischen Überlegungen sowie der TSM steht jedoch der Befund, dass Frauen dem sozialen Status eines Partners eine höhere Wichtigkeit beimessen als Männer.

Zu einem differenzierteren Ergebnis als die bisher genannten Studien kommen Hatfield und Sprecher (1995), die für ihren multikulturellen Vergleich drei Länder (Japan, die USA und Russland) auswählen, die in ihrem politischen, gesellschaftlichen und wirtschaftlichen System auf der Dimension Individualismus/Kollektivismus sowie in ihrer historischen Entwicklung starke Unterschiede aufweisen. Sie finden zwar in allen drei Kulturen die gemeinhin bekannten geschlechtsspezifischen Unterschiede (Männer legen mehr Wert auf physische Attraktivität, Frauen befinden materielle Sicherheit als wichtiger), können aber zeigen, dass das Ausmaß dieser Unterschiede von Kultur zu Kultur differiert. So stellen sie fest, dass die Unterschiede in den Partnerpräferenzen von Männern und Frauen umso geringer sind, je gleichberechtigter die Frau in der betrachteten Kultur ist[45]. Insofern lässt sich ihrer Ansicht nach der Einfluss von Kultur auf die Bildung von geschlechtsspezifischen Partnerpräferenzen nicht verleugnen. Einschränkend ist jedoch anzumerken, dass Hatfield und Sprecher zwar durchgehend signifikante Haupteffekte für Kultur und Geschlecht finden, aber nur drei ihrer zwölf berechneten Varianzanalysen signifikante Interaktionseffekte ergeben; das heißt nur bei drei Items verändern sich die Geschlechtseffekte in Abhängigkeit der untersuchten Kulturen (diese Items waren „ehrgeizig" „Geld, Status und Position" sowie „athletisch"). Abschließend interpretieren sie ihre Ergebnisse dahingehend, dass die Befragung älterer Menschen stärkere Effekte erwarten lassen würde, da diese stärker von tradierten kulturellen Werten beeinflusst seien als jüngere, die zunehmend dem Prozess der „Westernisierung" unterlägen und sich infolge dessen immer weiter von tradierten Normen und Verhaltensmustern entfernten (Hatfield & Sprecher, 1995).

Eine wichtige Studie zum Thema Partnerwahl und Partnerpräferenzen liegt erst seit kurzem vor (Hasenkamp, 2003). Hasenkamp konzentriert sich in ihrer Untersuchung zu präferierten Partnermerkmalen zunächst auf den postulierten Universalitätsanspruch der EP, indem sie zu zeigen versucht, inwieweit sich die geschlechtsspezifischen Unterschiede in der Präferenz für einen physisch attraktiven Partner auch bei Geburtsblinden feststellen läßt. Dabei erwartet sie bei Gültigkeit der EP keine signifikanten Unterschiede zwischen Geburtsblinden und Sehenden. Gleichzeitig testet sie die Aussagen der TSM. Aufgrund der Annahme, dass Blinde in unserer Gesellschaft strukturell benachteiligt seien, hypostasiert sie, dass blinde Vpn mehr Wert auf materielle Sicherheit bei der Partner-

---

[45] Dabei ist jedoch anzumerken, dass sie das Ausmaß an Gleichberechtigung in den Untersuchungsländern nicht anhand der Analyse konkreter struktureller Kennziffern festmachten.

wahl legen sollten als Sehende. Hasenkamp zeigt, dass sich sehende und geburtsblinde Frauen in der Wertschätzung von physischer Attraktivität bei einem Partner nicht voneinander unterscheiden. Jedoch stellt sie innerhalb der Gruppe der Geburtsblinden fest, dass Frauen die physische Attraktivität eines Partners tendenziell wichtiger ist als Männern. Diese Ergebnisse wertet sie als Einschränkung für die Gültigkeit der EP. Aber auch ihre Hypothesen für die TSM bestätigen sich nicht vollständig: Zwar legen Blinde insgesamt mehr Wert auf die Fähigkeit zur Ressourcenakquisition als Sehende, aber innerhalb der Geschlechtergruppe bewerten sehende Frauen diese Partnerqualität als signifikant wichtiger als Geburtsblinde. Hasenkamp schlussfolgert schließlich, dass ihre Studie keine der beiden Erklärungsansätze eindeutig favorisiere (Hasenkamp, Kümmerling & Hassebrauck, 2002).

3.1.2 Ergebnisse aus Kontaktanzeigen

Die Auswertung von Kontaktanzeigen für sozialwissenschaftliche Zwecke reicht in die Anfänge des 20. Jahrhunderts zurück (Werner, 1908, zit. n. Hassebrauck, 1990). Ergebnisse dieser Auswertungen zeigen relativ einheitlich, dass Frauen in ihrer Selbstbeschreibung mehr physische Attribute nennen, und Männer mehr als Frauen physische Attraktivität und Jugend suchen. Umgekehrt berichten Männer mehr statusrelevante Eigenschaften, welche wiederum häufiger von Frauen gewünscht werden (u.a. Baize & Schroeder, 1995; Deaux & Hanna, 1984; Feingold, 1992; Greenlees & McCrew, 1994; Harrison & Saeed, 1977; Hassebrauck, 1990). Neuere Untersuchungen in Ungarn, Japan und Brasilien bestätigen diese Ergebnisse im Großen und Ganzen auch für nichtwestliche Industrienationen (Bereczkei, Voros, Gal & Bernath, 1997; Campos, Otta & Siqeuira, 2002; Oda, 2001), wenn auch mit der Einschränkung, dass für Japan keine geschlechtsspezifischen Unterschiede bezüglich der Präferenz eines physisch attraktiven Partners festzustellen sind und brasilianische Frauen physische Attraktivität eines Partners häufiger nachfragen als Männer.

Hassebrauck (1990) stellt in der Auswertung von 378 Heiratsannoncen aus drei regionalen Zeitschriften Geschlechtsunterschiede bezüglich der Präferenz von Statusmerkmalen bei einem Partner insoweit fest, dass sich Männer mehr als Frauen mittels statusrelevanter Aspekte beschreiben und Frauen diese Merkmale häufiger wünschen. Keine Geschlechtsunterschiede konnte er jedoch bezüglich der Präferenz für physische Attraktivität feststellen. Borkenau (1993) kommt in einer Replikation der Untersuchung von Hassebrauck, in der er die Kategorisierungsmethode der genannten Partnerwünsche leicht modifizierte, jedoch zu dem Ergebnis, dass auch für die Präferenz für einen physisch attraktiven Partner signifikante Geschlechtsdifferenzen gefunden werden können, wenn man Mehrfachnennungen einer Merkmalskategorie gelten lässt.

Eine interessante Studie stellen Pfister und Voigt (1982) vor, indem sie einen Vergleich von Kontaktanzeigen aus der DDR und der Bundesrepublik vornehmen. Ihre Ausgangshypothese ist dabei, dass mittels Heiratsanzeigen in den beiden Gesellschaften (versteckt) herrschende Rollenklischees aufgedeckt werden könnten. Dabei konzentrieren sich Pfister und Voigt v.a. darauf, inwieweit sich die unterschiedlichen politischen, sozialen, wirtschaftlichen und ideologischen Strukturen in der Bundesrepublik und der DDR auf geschlechtsspezifische Stereotype auswirken. Sie kommen jedoch in ihrer Analyse zu dem Schluss, dass in beiden deutschen Staaten – trotz ihrer unterschiedlichen ideologischen Ausrichtung – ein traditionelles geschlechtsspezifisches Partnerwahlmuster herrscht. Unterschiede finden sich insofern zwischen den Ländern, als dass die ostdeutschen Befragten ein weniger traditionelles Partnerwahlverhalten zeigen; diese berühren aber die Beziehung der Partnerwünsche innerhalb der Länder kaum. Jedoch zeigen die Ergebnisse auch, dass für bundesdeutsche Inserentinnen, im Vergleich zu denjenigen aus der DDR, Vermögen und Beruf eines Partners wichtiger sind.

3.1.3 Auswirkungen der Wahrnehmung eigener Fähigkeiten zur Ressourcenakquisition auf die weibliche Partnerpräferenz

Um die aus der TSM entwickelte Hypothese zu testen, nach der der eigene ökonomische Status Auswirkungen auf die weiblichen Partnerpräferenzen zeigen sollte, befragte Townsend (1989) Medizinstudentinnen und -studenten, die nach einem abgelegten Abschluss ein überdurchschnittlich hohes Einkommen erwarten konnten. Die Ergebnisse dieser Studie widersprechen jedoch der aufgestellten These: Trotz ihrer günstigen beruflichen Ausgangssituation lehnen die befragten Frauen einen statusniedrigeren Partner oder einen mit einem geringeren Einkommen ab. Dieses Ergebnis interpretiert Townsend als Falsifikation der TSM.

Wiederman und Allgeier (1992) knüpfen mit ihren Überlegungen an Townsend an, gehen jedoch noch einen Schritt weiter, indem sie ein Design entwerfen, in dem sie den befragten Collegestudenten und -studentinnen die Höhe ihres zu erwartenden Verdienstes salient machen. Durch die damit erzielte Bewusstheit von ökonomischer Unabhängigkeit erwarten sie, dass sich Geschlechtsdifferenzen in der Bewertung der Wichtigkeit von materieller Sicherheit minimieren. Allerdings können auch sie keinen Nachweis für die Gültigkeit der von der TSM aufgestellten These erbringen. Im Gegenteil deuten ihre Ergebnisse sogar daraufhin, dass Frauen, die einen hohen eigenen Verdienst antizipieren können, stärkeren Wert auf die Solvenz eines Partners legen als diejenigen, die mit einem weniger hohen Verdienst zu rechnen haben. Wiederman und Allgeier kommen im Anschluss an ihre Untersuchung zu dem Ergebnis, dass evolutionspsychologische Theorien aktuell die besseren Erklärungsmöglichkeiten für die geschlechtsspezifischen Unterschiede im Partnerwahlverhalten anbieten. Möglich ist für diese Ergebnisse jedoch auch eine andere Interpretation. Zunächst muss kritisch die Frage aufgeworfen werden, ob die durchgeführte Studie tatsächlich in der Lage ist, eine Hypothesenprüfung im Sinne der TSM durchzuführen, deren Kernaussage lautet, dass sich mit zunehmender Egalität in einer Gesellschaft männliche und weibliche Partnerpräferenzen einander angleichen. Die hier zitierten Studien befassen sich jedoch mit den Auswirkungen individuellen Zugangs zu Ressourcen und ignorieren die herrschenden gesellschaftlichen Bedingungen: Da realitätsnahe (US-amerikanische) Frauen davon ausgehen müssen, dass im Falle einer Mutterschaft, sie diejenigen sein werden, die auf Kosten ihrer Erwerbstätigkeit zu Hause bleiben und sich um die Kinderbetreuung kümmern, kann das verstärkte Wertlegen auf einen wohlsituierten Partner auch nur einer Kompensation des antizipierten eigenen (hohen) Verdienstausfalles entsprechen.

Dessen ungeachtet wird der Gedanke von Wiederman und Allgeier und (1992) von Luszyk (2001) aufgegriffen, indem sie die Auswirkungen, die ein unterschiedlich hoher Bildungsabschluss auf die Partnerwahl besitzt, an einer Stichprobe mit vorwiegend ostdeutschen Vpn untersucht. Ihre Ergebnisse zeigen, dass sowohl das Geschlecht als auch der Bildungsabschluss unabhängig voneinander die Partnerwahl determinieren. Einen Geschlechtseffekt in der erwarteten Richtung kann sie jedoch nur für die physische Attraktivität feststellen; die Fähigkeit zur Ressourcenakquisition wird von Männern und Frauen dagegen als gleich wichtig eingeschätzt. Zudem kann sie nachweisen, dass Befragte beiderlei Geschlechts mit einem niedrigeren Schulabschluss, also mit einer geringeren Wahrscheinlichkeit eigene finanzielle Ressourcen zu erlangen, mehr Wert auf die potentiellen Verdienstmöglichkeiten eines Partners legen als Vpn mit Abitur. Luszyk wertet ihre Ergebnisse als Argument für die Erklärungsleistung eines sozioökonomischen Erklärungsansatzes. Dafür spricht, dass die Fähigkeit zur Ressourcenakquisition als relevantes Partnermerkmal von Frauen und Männern in ihrer Stichprobe nicht unterschiedlich eingestuft wird. Allerdings hätte man bei Gültigkeit eines soziostrukturellen Erklärungsansatzes hier eher eine Interaktion zwischen Geschlecht und Bildungsstatus erwarten können, die aufgezeigt hätte, dass Unterschiedlichkeiten in geschlechtsspezifischen Partnerpräferenzen in Abhängigkeit des Bildungsniveaus bestehen.

Sprecher (1989) kritisiert die Ergebnisse von Studien, die sich ausschließlich auf das Resultat von Analysen selbstberichteter präferierter Partnereigenschaften verlassen und entwickelt ein experimentelles Design, mit dessen Hilfe sie zeigen kann, dass Frauen sich von physischer Attraktivität beim anderen Geschlecht im gleichen Maße angezogen fühlen wie Männer, diese Attraktion jedoch auf andere Faktoren als physische Schönheit zurückführen.

„Thus, it seems that men and women are basically attracted to the same characteristics, but their beliefs about what should be important are influenced yet by traditional cultural stereotypes (that women should seek someone who had good earning/career potential and men should seek a partner who is attractive)" (Sprecher, 1989, S. 605).

Desgleichen kann Brehm (1985) zeigen, dass weibliche Vpn in Untersuchungen selbstberichteter Partnerpräferenzen die Wichtigkeit von physischer Attraktivität für sich selbst bei ihrer Partnerwahl unterschätzen, männliche Vpn dagegen überschätzen.

Townsend und Wasserman (1998), die aus einem evolutionspsychologischen Theorierahmen heraus argumentieren, kritisieren ebenfalls die weit verbreitete Verfahrensweise des Rankings oder der Wichtigkeitseinschätzung von als relativ abstrakt zu bezeichnenden Charaktermerkmalen wie „physische Attraktivität" oder „gute Verdienstaussichten". Diese Verfahren, so führen sie aus, implizieren, dass Männer und Frauen etwa bei dem Konstrukt „physische Attraktivität" gleiche Merkmale evaluieren. „This assumption ignores evidence that the same stimuli or cues frequently have different or even opposite effects on males' and females' ratings of „attractiveness" (Townsend, 1993, S. 307; vgl. auch Townsend & Wasserman, 1998). Sie führen eine Reihe von Studien durch, in denen sie Vpn Fotografien von möglichen Partnern vorlegen und sie bitten, zu kennzeichnen, mit welchem der dargestellten Partnertypen die Vpn eine Beziehung eingehen würde (Townsend & Levy, 1990; Townsend & Wasserman, 1998). Dabei wurden die physische Attraktivität sowie der sozioökonomische Status des Stimulusmaterials variiert. Die Ergebnisse entsprechen den von ihnen aus der Evolutionspsychologie abgeleiteten Hypothesen. Zudem zeigt sich, dass ein hässlicher oder durchschnittlich aussehender Mann seine fehlende Attraktivität als Partner durch seine Ressourcen kompensieren kann, ein sehr attraktiver Mann seine mangelnde Finanzkraft durch sein Aussehen. Männer dagegen wiegen den sozialen Status bzw. die Ressourcen einer möglichen Partnerin nicht im gleichen Maße gegen fehlende Attraktivität ab. Für sie stellt die physische Attraktivität einer Partnerin eine Schwelle dar, die, wenn unterschritten, kaum mit anderen Eigenschaften der Frau kompensiert werden kann.

Auch die kürzlich durchgeführte Untersuchung von Li, Bailey, Kenrick & Linsenmeyer (2002) beschäftigt sich mit der Frage, wie sich Männer und Frauen in der Partnerwahl verhalten, wenn sie sich zwischen einigen wenigen Partnerkriterien entscheiden müssen. Die Ergebnisse zeigen, entsprechend denen von Townsend und Levy (1990), dass unter einer sehr limitierten Partnerwahlmöglichkeit Frauen „finanzielle Ressourcen" und Männer „physische Attraktivität" als notwendige Bedingung deklarieren – und erst dann Partnereigenschaften wie Verlässlichkeit und soziale Kompetenz.

3.1.4 Gesellschaftlicher Wandel

All den genannten und zum Teil sehr komplexen Versuchen ist jedoch zu eigen, dass sie den lenkenden Einfluss von gesellschaftlichen Strukturen auf das partnerschaftliche Zusammenleben von Mann und Frau bisher unbeachtet lassen. Auch die Auswirkungen, die ein gesellschaftlicher Wandel bezüglich der Einstellungen zu Liebe, Ehe und Rolle der Frau auf die geschlechtsspezifischen Ausprägungen der Partnerpräferenz hat, sind bisher nicht ausreichend untersucht worden. Solch ein Wandel müsste sich in generationsspezifischen Partnerpräferenzen niederschlagen. Daran anknüpfend befragten Kümmerling & Hassebrauck (2001) in einer Telefonstudie Männer und Frauen aus drei verschiedenen Generationen und kommen zu dem Ergebnis, dass sich jüngere Männer und Frauen ähnlicher in ihren Präferenzen für eine/n Partner/in in Bezug auf materielle Sicherheit sind als ältere: Frauen, die in einem Zeitalter aufgewachsen sind, in denen sie annähernd gleiche Lebenschancen wie Männer erwarten können, legen weniger Wert auf materielle Sicherheit bei der Partnerwahl als Frauen älterer Generationen, die nur einen geringen eigenen Zugang zu ökonomischen Ressourcen antizipieren konnten. Gleichfalls stellten Kümmerling und Hassebrauck fest, dass diejenigen Frauen, die sich noch in ihrer reproduktiven Phase befinden, weniger Wert auf einen Partner mit guten Verdienstmöglichkeiten legen und eher bereit sind, einen Partner zu heiraten, der keine Aussicht auf eine Festanstellung besitzt, als Frauen, die sich bereits in der Menopause befinden. Denjenigen Frauen, die also am dringendsten materieller Unterstützung bedürfen sollten, ist diese demnach am unwichtigsten bei der Partnerwahl. Diese Ergebnisse sind den aus der Evolutionspsychologie abgeleiteten Hypothesen diametral entgegengesetzt.

Dass die Bedeutung von materieller Sicherheit älteren Befragten wichtiger ist als jüngeren, die sich noch in der reproduktiven Phase befinden, zeigt bereits eine etwas ältere Studie (Harrison & Saeed, 1977). Sie können in einer Analyse von Kontaktanzeigen nachweisen, dass Frauen der jüngsten Altersgruppe (20-29 Jahre) die finanzielle Liquidität eines potentiellen Partners weniger häufig nachfragen als Frauen höherer Altersklassen, am häufigsten wird die materielle Sicherheit als wichtige Partnereigenschaft dagegen von Frauen zwischen 50 und 59 Jahren genannt.
Allerdings erfahren diese Ergebnisse Einschränkung durch zwei jüngere Kontaktanzeigenstudien. Campos et al. (2002) sowie Waynforth & Dunbar (1995) analysieren Kontaktanzeigen in brasilianischen und US-amerikanischen Zeitungen und beziehen ebenfalls die Altersvariable in ihre Auswertungen mit ein. Sie argumentieren aus einer evolutionspsychologischen Richtung heraus und erwarten, dass ältere Frauen und insbesondere diejenigen, die sich in ihrer postfertilen Phase befanden, weniger selektiv in der Partnerwahl seien und weniger Ansprüche an einen potentiellen Partner stellen würden als jüngere, das heißt fertile

Frauen. Ein entgegensetztes Muster erwarten sie für die Männer, hier sollten ältere Männer höhere Ansprüche an eine Partnerin stellen, da sie mehr Ressourcen zur Verfügung stellen könnten als jüngere. Im Prinzip bestätigen die Ergebnisse ihre Hypothese, allerdings finden sich auch Ausnahmen insbesondere bei Waynforth und Dunbar (1995), die nicht in das hypostasierte Raster zu passen scheinen, jedoch die Resultate von Kümmerling und Hassebrauck (2001) unterstützen. Entgegen der von Waynforth und Dunbar formulierten Annahmen legen Frauen in der jüngsten Altersgruppe (20-29 Jahre) weniger Wert auf einen Partner mit der Fähigkeit zur Ressourcenakquisition als Frauen in den Altersklassen 30-39 und 40-49 Jahre. Als Ursache dafür nehmen sie an, dass jüngere Frauen, die per Kontaktanzeige einen Partner suchen, sich eventuell von denjenigen, die dies nicht tun, hinsichtlich ihres Marktwertes und ihres Selbstwertes unterscheiden. Sie begründen dies damit, dass jüngere Frauen normalerweise leichteren Zugang zu der Ressource Männer besitzen (Discos, Universität etc.) als ältere und deshalb normalerweise nicht auf das Inserieren von Heiratsannoncen angewiesen sein sollten.

Eine weitere Studie, die die Auswirkungen gesellschaftlichen Wandels auf die Partnerwahl untersucht, wurde von Buss, Shackelford, Kirkpatrick und Larsen (2001, vgl. hierzu auch Hoyt & Hudson, 1981) unternommen. Sie vergleichen die Ergebnisse von fünf Studien aus 60 Jahren Partnerpräferenzforschung (aus den Jahren 1939, 1956, 1977, 1985 und 1996) mit dem Ziel, etwas über die Stabilität von Partnerpräferenzen über die Zeit hinweg herauszufinden. Sie stellen fest, dass die physische Attraktivität eines Partners für Männer und Frauen in diesem Zeitraum immer wichtiger wurde, gleichfalls zeigen sie, dass sich bei beiden Geschlechtern, jedoch besonders beim Männlichen, ein Anstieg der Wichtigkeitseinschätzung in der Präferenz des Partnermerkmals „gute finanzielle Aussichten" nachweisen lässt.

3.2 Zusammenfassende Würdigung und Diskussion

Auch wenn die weitaus größte Anzahl an Studien zu Partnerpräferenzen als Methode den standardisierten Fragebogen gewählt hat, besteht die aktuelle Forschung aus einer hohen Vielfalt an Versuchen, die Stabilität geschlechtsspezifischer Partnerpräferenzen zu falsifizieren bzw. zu verifizieren.

Insgesamt ist festzustellen, dass (anders als hier dargestellt) eine große Mehrheit dieser Studien das evolutionspsychologische Konzept der Invarianz von Partnerpräferenzen zu bestätigen scheint. Es zeigt sich jedoch auch, dass eine Diskussion anderer Erklärungsmöglichkeiten zunehmend in den Hintergrund gerät. Eine Reihe von Publikationen, insbesondere von Evolutionspsychologen, machen sich nicht mehr die Mühe, ihre Hypothesen und Ergebnisse auch im Hin-

blick anderer theoretischer Erklärungen zu diskutieren[46]. So weisen einige Forscher zwar darauf hin, dass sie einige Ergebnisse nicht in dieser Weise erwartet hätten, begnügen sich aber mit ad-hoc Erklärungen. So stellen Bereczkei et al. (1997) z.B. fest, dass „Größe" ein wichtiges Partnerkriterium für Frauen zu sein scheint, interpretieren dies aber post-hoc in der Weise, dass ein Grund für dieses Phänomen weniger mit dem Wunsch nach einem physisch attraktiven Partner verbunden sei, sondern daraus resultiere, dass Größe mit Status verbunden sei. Desgleichen geht Oda (2001) nicht ausreichend auf seine Befunde ein, die zeigen, dass Frauen in seiner Studie über Kontaktanzeigen häufiger ein Bild nachfragen als männliche Inserenten. Dies sollte dem Erkenntnisdrang einer sozialwissenschaftlichen Forschung, die auf der Popper'schen Maxime aufbaut, dass „die Falsifikation der Motor des Erkenntnisgewinns sei", nicht genügen[47].
Wie die dargestellten Studien zeigen, lassen sich in einigen Untersuchungen, unabhängig vom gewählten Forschungsdesign, die postulierten Geschlechtsunterschiede hinsichtlich der Präferenz für eine physisch attraktive Partnerin bzw. einen statushohen und finanzkräftigen Partner nicht immer einwandfrei replizieren. Dennoch hat dies bislang weder den Universalitätsanspruch geschlechtsspezifischer Unterschiede von Partnerpräferenzen berührt, noch zu einer größeren Forschungstätigkeit angeregt, die zu zeigen versucht, warum sich gerade diese Stichprobe hypothesenkonträr verhält. Gleichfalls fehlt bislang ein systematischer Überblick über die Forschungsparadigmen sowie über diejenigen Variablen, die Partnerpräferenzen moderieren oder mediieren.

Obwohl interkulturelle Vergleiche sowie die Untersuchung der Auswirkung von gesellschaftlichem Wandel für die Bestätigung evolutionärer Hypothesen hinsichtlich geschlechtsspezifischer Unterschiede in der Partnerpräferenz unerlässlich sind, ist festzustellen, dass in der Partnerwahlforschung nur eine geringe Anzahl Studien existiert, die diese entscheidenden Variablen in ihre Analyse aufnehmen und explizieren. Hinzu kommt, dass kulturelle Vergleiche häufig aus so genannten „samples of convenience" bestehen, das heißt aus Ländern, die aufgrund ihrer Opportunität für einen Vergleich ausgewählt wurden (weil Forschungskooperationen bestanden, etc.) und weniger aufgrund theoretischer Vorüberlegungen. Nur sehr selten geben die Autoren dieser Untersuchungen an, warum sie einen weiteren Erkenntnisgewinn durch den durchgeführten Ländervergleich erwarten bzw. aus welchen Gründen sich länderspezifische bzw. kulturelle Unterschiede oder Gemeinsamkeiten annehmen lassen. Auch wird sich selten mit dem Konstrukt „Kultur" als solches und dessen hypostasierter Auswirkung auf das Individuum beschäftigt. Angaben darüber, was genau die untersuchten

---

[46] So weist Buss (2004) darauf hin, dass die Theorie der strukturellen Machtlosigkeit für die Erklärung geschlechtspezifischer Partnerpräferenzen widerlegt sei.
[47] Gute Beispiele der Würdigung auch anderer Erklärungsmöglichkeiten für ihre Ergebnisse geben u.a. Feingold (1990) sowie Townsend & Levy (1990).

Kulturen unterscheidet und wie diese Unterschiede die Partnerpräferenzen beeinflussen, fehlen oft gänzlich.

Es wurde gezeigt, dass Studien in Marokko und Malaysia keine signifikanten Geschlechtsunterschiede in der Präferenz für einen physisch attraktiven Partner nachweisen konnten – ohne dass die Frage aufgeworfen wurde, welche Gründe hierfür eine Rolle gespielt haben. Kann die Ursache für dieses Ergebnis in der häufig in der islamischen Welt anzutreffenden weiblichen Verschleierung liegen? Dürfte dies nach evolutionspsychologischen Gesichtspunkten überhaupt einen Einfluss besitzen auf Merkmale, die Idealvorstellungen darstellen?

Luszyk (2001) wiederum kann keine signifikanten Geschlechtsunterschiede bezüglich der Präferenz für einen finanziell abgesicherten Partner finden und begründet dies mit dem hohen Anteil ostdeutscher Frauen in ihrer Stichprobe, die im Vergleich zu Westdeutschen stärker in den Arbeitsmarkt integriert waren. Allerdings setzt sich ihre Stichprobe ausschließlich aus Schülern und Studierenden zusammen, sodass die Erwerbstätigkeit für diese Befragtengruppe kein ursächliches Kriterium sein kann.

Wie außerdem gezeigt werden konnte, sind in so egalitären Ländern wie den USA und Deutschland in zumindest zwei Studien mehr Unterschiede in präferierten Partnermerkmalen feststellbar als in weniger egalitären. Weder die EP noch die TSM haben bisher einen Versuch gemacht, diese Resultate überzeugend zu erklären oder in ihren Erklärungsrahmen zu integrieren.

Eine Ausnahme bildet bis zu einem gewissen Maße der Drei-Ländervergleich von Hatfield und Sprecher (1995), aber auch sie versäumen es, die Wirkungsmechanismen näher zu spezifizieren. So begründen Hatfield und Sprecher ihre Annahmen über Länderdifferenzen mit dem Hinweis auf historische Unterschiede und dem unterschiedlichen Grad an Individualismus bzw. Kollektivismus, der in diesen Ländern vorherrscht, wobei sie diesen jedoch nicht erfassen und als Prädiktorvariable in die Analyse mit einbeziehen. Andere Studien, darunter auch die Weg weisende von Buss (1989; Buss et al., 1990), weisen gravierende methodische und statistische Mängel auf und/ oder werden durch Sekundäranalysen in ihrer Aussagekraft eingeschränkt (Eagly & Wood, 1999; Kasser & Sharma, 1999; Wallen, 1989).

Das Problem der vorliegenden interkulturellen Studien zum Thema Partnerwahl liegt folglich in ihrer fehlenden Systematik. So muss abschließend festgestellt werden, dass die meisten Ländervergleiche eher a-theoretischer Natur bleiben und explorativen Charakter besitzen, als dass sie tatsächlich eine strenge Hypothesenprüfung darstellen. Dieser Vorwurf richtet sich an Vertreter beider Theorien. Weder kann es genügen festzustellen, dass es in einer beliebig großen Anzahl Länder Geschlechtsunterschiede in bestimmten Merkmalen gibt, noch reicht es aus, aufzuzeigen, dass es in einigen Ländern nicht so ist, denn so wird post-hoc Erklärungen zu viel interpretatorischer Spielraum eingeräumt.

Die Aufgabe der Kritiker der EP besteht vielmehr darin, nicht nur post-hoc Alternativerklärungen zu finden, sondern im Gegenteil eine Taxonomie möglicher

Einflussfaktoren auf Partnerpräferenzen zu entwickeln und diese systematisch zu prüfen. Auch muss sich die TSM der Aufgabe stellen, ihre allgemeine und daher erkenntnistheoretisch unbefriedigende Aussage von „gesellschaftlichen Strukturen", die Geschlechtsunterschiede in Partnerpräferenzen generieren, näher zu spezifizieren – und zwar für Männer und Frauen. Selbige Strukturen müssen identifiziert werden und ihr Einfluss auf die Partnerwahl empirisch nachgewiesen werden. So lange dies nicht geschieht, bleibt die Forschungspraxis eklektisch.

Ein weiteres bisher in der Literatur kaum diskutiertes Manko der Forschung liegt in der Begrenzung der Versuchspersonen auf eine sehr junge Altersgruppe (eine Ausnahme bildet die Analyse von Kontaktanzeigen). Das mag vielerlei praktische und theoretische Gründe haben. Auf der einen Seite rekrutieren sich v.a. in der amerikanischen Forschung die Probanden in den Sozialwissenschaften traditionell aufgrund ihrer leichteren Verfügbarkeit aus Collegestudenten. Auf der anderen Seite ist die Beschränkung auf sehr junge Teilnehmer von dem Gesichtspunkt aus sinnvoll, dass diese auch diejenigen sind, die mit dem Problem, sich einen festen Partner zu suchen und eine Familie zu gründen, am wahrscheinlichsten aktuell konfrontiert sind. Gerade aber vor dem Hintergrund der Wichtigkeit der Auswirkungen von gesellschaftlichem Wandel, dessen Einfluss auf die Partnerwahl sowohl von der EP als auch der TSM thematisiert wird, ist die Vernachlässigung von älteren Generationen in der Partnerwahlforschung erstaunlich. Bereits Mitte der 1990er Jahre wurde von Hatfield und Sprecher (1995) die Relevanz älterer Befragter für die Überprüfung evolutionspsychologischer und soziokultureller Theorien diskutiert. Ihre These lautet dabei, dass traditionelle kulturelle Einflüsse sowie Sozialisationseffekte stärker bei älteren Befragten zu erwarten seien, als bei jüngeren, da moderne Gesellschaften sich durch die Globalisierung weitgehend einander angenähert hätten. Dies impliziert nichts anderes, als die Auswirkungen gesellschaftlichen Wandels im Sinne der TSM.

Aber auch für die Überprüfung der Gültigkeit der EP ist das Miteinbeziehen älterer Menschen in Studien zu Partnerpräferenzen von Interesse. Laut evolutionspsychologischen Aussagen präferieren Männer junge und schöne Partnerinnen, da Jugend ein Indikator für die Fertilität einer Frau sei. Eine junge, fertile Frau hat demzufolge für Männer einen höheren Partnermarktwert als eine ältere, nicht fertile. Aufgrund dieser Annahme und der Tatsache, dass Frauen, die erwarten können Kinder zu haben, abhängiger von externer Unterstützung seien als andere, schließen sie, dass jüngere Frauen höhere Ansprüche an einen Partner in entscheidenden Partnerpräferenzen (wie finanzielle Sicherheit) stellen als ältere (Campos et al., 2002; Waynforth & Dunbar, 1995).

Dies ist deshalb für die Forschung so entscheidend, weil die TSM zu diametral entgegengesetzten Schlussfolgerungen kommt. Die EP erwartet, dass jüngere Frauen einen höheren Anspruch an ihre Partner haben, weil a) ihr Marktwert

aufgrund ihrer Fertilität höher liegt und b) weil sie am wahrscheinlichsten Kinder bekommen können und deshalb zusätzlicher Ressourcen bedürfen.
Die TSM argumentiert dagegen, dass jüngere Frauen in unserer Zeit (und in der westlichen Welt) im Gegensatz zu älteren Generationen nahezu die gleichen Möglichkeiten in Lebenschancen hinsichtlich Bildung und eigener Verdienstmöglichkeiten besäßen wie Männer und nicht in gleichem Maße darauf angewiesen seien, die Ressource „finanzielle Sicherheit" durch Heirat zu akquirieren. Aus diesem Grund erwarten Vertreter der TSM, dass jüngere Frauen im Vergleich zu älteren weniger Wert auf die materielle Sicherheit legen. Deutlich wird, dass die EP ihre Hypothesen aus dem biologischen *Lebensalter* der Frauen ableitet und die TSM ihre Annahmen in Bezug auf das *Zeitalter*, in dem Menschen aufwachsen und leben, formuliert.

3.3 Konzeptionelle Vorüberlegungen zu den Möglichkeiten eines Erkenntnisgewinns durch internationale Vergleiche

Durch die Freiheits- und Gleichheitsforderungen der französischen Revolution im 18. Jahrhundert sowie der Frauenbewegungen des 19. Jahrhunderts, mit einem vorläufigen Höhepunkt im 20. Jahrhundert, verstärkt und gefördert durch die Verbreitung von Massenmedien und einen immensen Technikfortschritt, ist eine zunehmende Angleichung vormals sehr entfernter Kulturen zu beobachten. Dabei stellt das westliche Modell mit seiner hohen Bewertung von Individualität, „the pursuit of happiness", persönlicher Freiheit und Gleichberechtigung zwischen Männern und Frauen den Sollzustand dar (McNeill, 1963; Rapson, 1988). Dies wirft die Frage auf, wie sinnvoll kulturelle Vergleiche, wie beispielsweise der von Buss (1989) durchgeführte, für evolutionäre Fragestellungen heute noch sein können. So wurde die Ähnlichkeit der von ihm untersuchten Kulturen und Länder als Einschränkung seiner Aussagen kritisiert. Sind also Vergleiche von Industrienationen für die geschlechtervergleichende Forschung obsolet geworden, da sie alle mehr oder weniger das gleiche Weltanschauungsmodel besitzen und transportieren?
Dies ist sicher nicht der Fall. Denn trotz aller Parallelen und Ähnlichkeiten divergieren selbst die Länder in der EU in hohem Ausmaß bezüglich ihrer politischen Systeme, kulturellen Werte und Leitbilder. Entsprechend zeigen eine Reihe von Studien, dass national, ethnisch und kulturell divergierende Gruppen zu einem gewissen Ausmaß hinsichtlich so unterschiedlicher Bereiche wie Geschlechterrollenverständnis, Individualität und Kollektivität sowie Liebe, Sex und Intimität gegenwärtig variieren und man dies auch noch für die nächste Zukunft erwarten kann (Berry et al., 1992; Hatfield & Sprecher, 1995).
Zudem ist gerade die Untersuchung wirtschaftlich, gesellschaftlich und kulturell sehr ähnlicher Länder für die Überprüfung der Annahmen der EP und TSM erkenntnistheoretisch gewinnbringend: Unterschiede zwischen australischen Abo-

riginies oder den !Kung und Westeuropäern können nur wenig Aufschluss darüber bringen, welche Faktoren nun gegebenenfalls zu Differenzen in Partnerwahlkriterien geführt haben. Der Vergleich von ähnlichen Kulturen z.B. aus Westeuropa lässt diese Schlussfolgerungen jedoch eher zu, da bei einem solchen eine Reihe von anderen möglichen Einflussvariablen (Religion, Wirtschaftssysteme, Stellung der Frau, etc.) bis zu einem gewissen Ausmaß als konstant gelten können. Gerade das Aufzeigen systematischer Variation in geschlechtsspezifischen Partnerwahlkriterien in kulturell sehr ähnlichen Ländern kann als kritischer Test für die EP angesehen werden.

Im vorhergehenden Abschnitt wurde aufgezeigt, dass die bislang durchgeführten internationalen Studien zu Partnerpräferenzen sich mehr auf die Bestätigung intrakultureller Geschlechtsunterschiede beziehen, als dass sie Wert darauf legen, die Unterschiedlichkeit von geschlechtsspezifischen Divergenzen in präferierten Partnermerkmalen über die Länder hinweg zu untersuchen. Zudem wurde es bisher versäumt, diejenigen Faktoren in Ländern und Kulturen zu benennen und zu analysieren, die diese Unterschiede generieren könnten. Nach Ansicht der Verfasserin muss jedoch konstatiert werden, dass jede kulturvergleichende Studie, die die aktuellen gesellschaftlichen Rahmenbedingungen und deren möglichen Auswirkungen auf das Zusammenleben der Geschlechter nicht beachtet, zu kurz greift, um Kausalmechanismen in Verhalten oder Präferenz feststellen oder ausschließen zu können.

In Abgrenzung zu anderen interkulturellen Vergleichen soll deshalb in der vorliegenden Arbeit durch die Identifizierung von für das Zusammenleben von Männern und Frauen relevanten gesellschaftlichen Strukturen diejenigen Mechanismen, die geschlechtsspezifische Partnerpräferenzen generieren, herauskristallisiert und in einem interkulturellen Vergleich untersucht werden. Daran anknüpfend werden für die konkrete Untersuchung gezielt solche Nationen ausgewählt, von denen sinnvoll angenommen werden kann, dass sie aufgrund dieser Strukturen unterschiedlich starken Einfluss auf Lebenschancen von Männern und Frauen nehmen, die aber gleichzeitig nicht so unterschiedlichen Kulturen angehören, dass ein Vergleich nur schwer möglich ist.

3.4 Familienpolitik als relevante Einflussgröße auf die Partnerwahl

„Die Ehe ist sowohl Moralunternehmen des Staates als auch Verteilungsregulativ für Ressourcen" (Martiny, 1993, S. 181).

Sozialpolitische Maßnahmen transportieren normative Vorstellungen der Gesellschaft darüber, wie die Individuen zu leben, ihren Lebensunterhalt zu verdienen haben und eine familiäre Arbeitsteilung zu gestalten ist (Ostner, 1995b; Pfau-Effinger, 1996). Wohl keine andere gesellschaftliche Institution greift so sehr lenkend in das Privatleben von Individuen ein wie die Familienpolitik. Die Familienpolitik ist in der Lage, durch politische Instrumente das Zusammenleben von Paaren mit und ohne Kindern im Sinne eines in einer Gesellschaft herrschenden Familienleitbildes zu steuern und auf diese Art auf das Ausmaß der Abhängigkeit der Geschlechter voneinander Einfluss zu nehmen. Insbesondere kann die Familienpolitik die Erwerbsbeteiligung von Frauen und Müttern fördern oder hemmen (Strohmeier, 1997) und damit auf die Möglichkeit der weiblichen finanziellen Unabhängigkeit einwirken. Die Instrumente, die ihr hier zur Verfügung stehen, sind die Steuergesetzgebung für Verheiratete (Ehegattensplitting oder getrennte Besteuerung von Ehepaaren), Subventionierung von Kinderbetreuungseinrichtungen (insbesondere für Kinder unter drei Jahren) sowie die Gestaltung der Erziehungsjahre und das Scheidungsrecht.

Dabei unterscheiden sich Wohlfahrtstaaten erheblich in dem Ausmaß, Einfluss zu nehmen, voneinander (Bahle, 1995). Dass die nationale Ausgestaltung von Familienpolitik die Entwicklung von familiären Lebensformen beeinflusst, wurde bereits in einer Reihe von Studien hypostasiert und aufgezeigt (Federkeil & Strohmeier, 1992; Gauthier, 1996; Strohmeier, 1997). Ein Grund hierfür mag darin liegen, dass nationale Politikprofile wie die Familienpolitik von „jungen Erwachsenen als (prospektiven) Eltern (...) im Hinblick auf die Kombination von Familie und Beruf im Alltag als relativ invariante, verlässliche Randbedingungen biographischer Optionen angesehen [werden]" (Strohmeier, 1997, S. 304).

Es ist daher – im Sinne der TSM – logisch plausibel anzunehmen, dass sie auch im direkten Zusammenhang mit den individuellen Wünschen an einen Partner in Verbindung steht, da die Suche nach einem Partner mit geeigneten Partnerqualitäten der Familiengründung und dem Familienleben zeitlich vorangeht. Eine besondere Rolle spielt dabei, inwiefern der Staat an der traditionellen Hausfrauenehe festhält oder die Berufstätigkeit verheirateter Frauen und Mütter fördert (Kaufmann, 1993).

Diese kulturell bedingten bzw. national unterschiedlich ausgeprägten soziostrukturellen Gegebenheiten müssten sich laut den Aussagen der TSM in einem internationalen Vergleich in divergierenden Partnerpräferenzen niederschlagen. Wobei Frauen in Ländern, in denen die Familienpolitik es ihnen erleichtert, Karrierevorstellungen, Vollerwerbstätigkeit und Familie zu vereinbaren, weniger Wert auf den finanziellen Status eines potentiellen Partners legen sollten als in Ländern, deren Familienpolitik auf einem so genannten Ernährer-Ehemann-Modell basiert (vgl. Kapitel 3.6). Dagegen würde der Nachweis der Universalität dieser Partnerpräferenzen über verschiedene Familienpolitiken hinweg eine Bestätigung evolutionspsychologischer Aussagen bedeuten. Für die Überprüfung der Generalisierbarkeit geschlechtsspezifischen Verhaltens insbesondere in der Partnerwahl ist also ein internationaler Vergleich unabdingbar (Berry et al., 1992; Segall, Lonner & Berry, 1998; Walter, 1997).

3.5 Untersuchung des Einflusses der Generationszugehörigkeit auf die Partnerpräferenz von Männern und Frauen

Unterschiedliche gesellschaftliche Familienmodelle variieren entlang der Dimensionen Raum und Zeit (dies wird besonders deutlich, wenn man sich das Beispiel der DDR vor Augen führt). Aufgrund dessen ist für eine umfassende Überprüfung des spezifischen gesellschaftlichen Einflusses auf Verhalten und Präferenz von Individuen nicht nur ein internationaler Vergleich notwendig, sondern es soll innerhalb dieser Kulturen zusätzlich ein intergenerativer Vergleich durchgeführt werden. Dieses kombinierte Vorgehen verspricht insbesondere deshalb im Gegensatz zu vorangegangenen Untersuchungen einen enormen Erkenntnisgewinn, da sich in den letzten 100 Jahren in den meisten Ländern umfassende strukturelle und soziale Veränderungen im Verhältnis der Geschlechter zueinander entwickelt haben. Diese haben sich dramatisch auf das traditionelle Geschlechterrollenverständnis von Frauen ausgewirkt. Das zeichnet sich u.a. in dem kontinuierlich steigenden Bildungs- und Ausbildungsniveau von Frauen ab, in ihrer zunehmenden Beteiligung auf dem Arbeitsmarkt und dem politisch motivierten Bestreben, Frauen vollständig in alle Bereiche des gesellschaftlichen Lebens zu integrieren. Diese Veränderungen der gesellschaftlichen Bedingungen spiegeln sich bisher in einem späteren Heiratsalter und einer sinkenden Kinderzahl wider (Alfermann, 1996; Hradil, 1994; Huinink, 1987).
Frauen aus der Geburtskohorte der 1970er Jahre z.B. wachsen also unter anderen gesellschaftlichen Umständen auf und bekommen somit andere Lebenschancen vermittelt als ihre Mütter und Großmütter, deren durchschnittlich geringere Ausbildung und Abhängigkeit vom „Schicksal" Schwangerschaft (aufgrund nur mangelhafter Verhütungsmethoden) sie ein anderes Leben als das einer Ehefrau schwerlich in Betracht ziehen ließ. Zusätzlich ist davon auszugehen, dass ältere Menschen in fast allen Gesellschaften stärker von kulturell tradierten Normen geprägt sind als jüngere, da die jüngeren Generationen in fast allen Ländern sehr viel häufiger Kontakt zu Angehörigen anderer Nationalitäten haben und einen höheren Bildungsgrad besitzen (Rapson, 1988). Globalisierung und der Erfolg des westlichen Konzepts haben zusätzlich zur Folge, dass kulturelle und religiöse Traditionen bei den Jüngeren weniger Bedeutung erlangen, weshalb die Aussagekraft eines internationalen, intergenerativen Vergleichs zusätzliches Gewicht erhält (Rapson, 1988).
Mit diesem intergenerativen Vergleich wird direkt die Kernhypothese der TSM empirisch überprüft. Diese beinhaltet nichts anderes als die Aussage, dass ein Wandel der gesellschaftlichen und sozialen Bedingungen zu Veränderungen in der Partnerpräferenz führt (Hatfield & Sprecher, 1995). Eine umfassende Prüfung der Gültigkeit der TSM muss also die Wirkung struktureller und sozialer Veränderungen einer Gesellschaft auf die Partnerpräferenzen von Individuen z.B. mittels eines Generationenvergleichs untersuchen.

Gemäß der Theorie der strukturellen Machtlosigkeit müssten diese intergenerationalen Veränderungen in den Lebensumständen der Individuen zu einem Wandel in ihren Partnerpräferenzen führen. Frauen der älteren Generation, die unter eher restriktiven Bedingungen mit geringen individuellen Lebenschancen und nur begrenztem eigenen Zugang zu materiellen Ressourcen aufgewachsen sind, sollten traditionellere Partneransprüche besitzen als jüngere Frauen, die unter ähnlichen Opportunitätsstrukturen aufwachsen wie Männer. Konkret beinhaltet das, dass jüngere Frauen weniger Wert auf den gesellschaftlichen und beruflichen Status (also materielle Sicherheit) legen als ältere Frauen (Gangestad, 1993). Zu überlegen wäre, wie sich diese Veränderung auf andere Partnermerkmale auswirkt. Können es sich Frauen, die sich nicht mehr in der Lage befinden ihr materielles Auskommen durch einen Partner sichern zu müssen, „leisten" andere Merkmale wie physische Attraktivität oder Liebe höher zu bewerten? Für diese Annahme gibt es hinsichtlich der Wichtigkeitseinschätzung von Liebe bereits Evidenz (Allgeier & Wiederman, 1991; Kümmerling, 1997). Zudem geht eine Reihe von Forschern davon aus, dass jüngere Frauen in ihren Partnerpräferenzen Männern ähnlicher werden müssten (Buss & Barnes, 1986; Buss & Schmitt, 1993; Ellis, 1992). Dagegen wird allgemein in der Literatur nicht erwartet, dass sich starke Effekte bei Veränderungen der männlichen Partnerpräferenz finden lassen, da sich in den letzten Jahrzehnten zwar die strukturellen Bedingungen für Frauen hinsichtlich ihrer Beteiligung auf dem Arbeitsmarkt zu ihren Gunsten gewandelt haben, gleichzeitig aber keine deutlichen Rollenveränderungen beim Mann stattgefunden haben[48]. So sind Haushalt und Kindererziehung immer noch fest in Frauenhand, auch bei so genannten „dual-career Beziehungen" (Alfermann, 1996; Mayer et al., 1991; Yogev, 1981). Das traditionelle Rollenverhalten bleibt also nach wie vor in Partnerschaften erhalten (Atkinson & Boles, 1984; Sieverding, 1990). Zwar ist die Zuordnung von Männern und Frauen zu oben beschriebenen Rollen und damit die „traditionelle Familie" zunehmend in Auflösung begriffen, das heißt, es ist eine zunehmende Angleichung der Geschlechterrollen aneinander festzustellen (Alfermann, 1996), jedoch sind die mit ihr einher gehenden tradierten normativen Erwartungen weiterhin wirksam (Cyba 2002). Zwar sehen Frauen (und zu einem geringeren Ausmaß auch Männer) die egalitäre Partnerschaft als präferiertes Familienmodell an, dennoch zeigen Studien auch, dass sich junge Frauen auch heute noch primär die Verantwortung für den Bereich Familie zuweisen und ihrem Partner den Bereich der finanziellen Fürsorge (Kümmerling & Dickenberger, 2002).

Es wird deshalb die Hypothese aufgestellt, dass sich erst dann deutliche Veränderungen bei männlichen Partnerpräferenzen aufzeigen lassen, wenn der Wandel

---

[48] Dabei wird meist übersehen, dass sich bereits in einigen wenigen Partnermerkmalen wie z.B. „Keuschheit" oder „frühere sexuelle Erfahrungen" wesentliche Einstellungsänderungen auf Seiten der Männer bemerkbar machen, dies ist sowohl im interkulturellen Vergleich feststellbar (Buss et al., 1990) als auch in Trendstudien (Buss et al., 2001). Allerdings fehlt auch hier ein Theorierahmen, der solche Veränderungen prognostizieren und systematisch integrieren würde.

im weiblichen Lebenslauf klare Verhaltensänderungen in einer Partnerschaft erforderlich macht. Es wird außerdem davon ausgegangen, dass die physische Attraktivität nur so lange für Frauen weniger wichtig ist als für Männer und finanzielle Sicherheit bei einem Partner für Männer weniger wichtig als für Frauen, wie finanzielle und soziale Ungleichheit zu Lasten der Frauen herrscht. Jedwede systematische Veränderung über eine kurze Zeitspanne hinweg gilt als unvereinbar mit evolutionspsychologischen Theorien (Oliver & Hyde, 1993). Das beschriebene Konzept geht jedoch noch darüber hinaus, indem es erwartet, dass zusätzlich zu einem Generationseffekt gezeigt werden kann, dass sich über alle Nationen hinweg die jüngeren Befragten mehr in ihrem Antwortverhalten ähneln als die älteren. Dieses kombinierte Vorgehen eines interkulturellen intergenerativen Vergleichs verspricht also einen Erkenntnisgewinn auf vielerlei Ebenen.

3.6 Beschreibung der Untersuchungsländer nach ausgewählten familienpolitischen Maßnahmen und herrschendem Familienleitbild[49]

Eines der Hauptziele der vorliegenden Studie ist zu zeigen, dass unterschiedliche sozialstaatliche Maßnahmen wie die Familienpolitik einen systematischen Einfluss auf die Partnerwahl haben. Nach Lohkamp-Himmighofen (1994) ist ein primäres Ziel der Familienpolitik, die gegensätzlichen Anforderungen von Arbeitswelt und Familienleben zu überwinden. Ihre Aktionsfelder liegen dabei sowohl in der Gewährung von flächendeckenden Kinderbetreuungseinrichtungen, Hilfen bei Schwangerschaft und Mutterschaft sowie steuerliche Entlastungen als auch in der Gestaltung familienfreundlicher Arbeitsplätze. Dabei geht das sozialstaatliche Arrangement von Familienpolitik Hand in Hand mit dem in einem Land herrschendem Familienleitbild und der Geschlechterkultur, die zusätzlich Einfluss nehmen auf das Ausmaß, in dem Frauen sich in den Arbeitsmarkt integrieren (Gerhard, Knijn & Weckwert, 2003)[50]. Für die vorliegende Arbeit sind

---

[49] Die Darstellung erfolgt in einer „statischen" Art und Weise. Familienpolitiken sind selbstverständlich nicht unberührt vom Wandel der Zeit, eine Beschreibung dieses Wandels in den Untersuchungsländern ist jedoch aufgrund der Einbettung der Arbeit in die sozialpsychologische Forschung nicht möglich, ohne den Rahmen dieser Arbeit zu sprengen. Dargestellt werden aus diesem Grund im Wesentlichen nur diejenigen Elemente, die als zentral für die jeweilige Familienpolitik gelten (und galten). Literatur über den Zeitverlauf europäischer Familienpolitik findet sich bei Bahle (1995) oder Gauthier (1996) bzw. bei Kaufmann, Kuijsten, Schulze & Strohmeier (2002).
[50] Wie einige jüngere Forschungsarbeiten zeigen, reicht die Existenz bzw. Nichtexistenz von Kinderbetreuungseinrichtungen in einem Land allein nicht aus, um die Varianz in der weiblichen Berufstätigkeit in westlichen Industrienationen zu erklären. Neuere Forschungsansätze konzentrieren sich deshalb zusätzlich auf so genannten kulturelle Einflüsse wie das in einer Gesellschaft herrschende Familienleitbild („die vorrangige Aufgabe einer Mutter ist es, ihre Kinder zu betreuen", „aushäusige Ganztagsbetreuung schadet der Entwicklung kleiner Kinder", „die Bindung einer Mutter zu ihrem Kind ist durch nichts zu ersetzen", etc.) (Dienel, 2002; Gerhard et al., 2003).

vorrangig diejenigen Mechanismen von Interesse, die es Frauen ermöglichen, Familienleben und Berufstätigkeit zu vereinbaren.
Für die Prüfung der Annahme, dass die Familienpolitik die Partnerwahl kausal beeinflusst, wurden drei Länder gewählt, die als exemplarisch für drei verschiedene Ansätze von Familienpolitik im europäischen Raum gelten können: Frankreich, das im europäischen Vergleich eine sehr progressive Familienpolitik vertritt, Irland, dessen familienpolitische Maßnahmen konservativ sind und das bis in die Mitte der 1990er Jahre keine eigentliche institutionalisierte Familienpolitik kannte sowie Deutschland, das auf einem Progressivitäts-Konservativitäts-Kontinuum in der Mitte anzutreffen ist (Pinl, 2003). Dabei wird zusätzlich ein Ost-West-Vergleich für Deutschland durchgeführt, da die Familienpolitik der DDR und der BRD bis zu der Wiedervereinigung beider Länder sehr divergierte und deshalb aufgrund des zusätzlich durchgeführten intergenerativen Vergleichs von großem Interesse ist. Erwartet werden „länder"spezifische Unterschiede in Partnerpräferenzen der Befragten aus Ost- und Westdeutschland, wobei angenommen wird, dass aufgrund der strukturellen Bedingungen in der DDR v.a. die Frauen der beiden älteren Geburtskohorten divergieren. Unklar dagegen ist, wie die in den letzten 10 Jahren stattgefundenen Transformationsprozesse sich auf die Präferenzen der jüngsten Alterskohorte ausgewirkt haben und die geschaffenen strukturellen Veränderungen in Ostdeutschland (hin zu dem Politikmodell der BRD) sich bereits in geänderten Partnerpräferenzen manifestieren.
Auf den ersten Blick scheinen sich die ausgewählten Länder als westliche Industrieländer weder politisch noch wirtschaftlich oder „kulturell" deutlich zu unterscheiden. Vergleicht man jedoch ihre familienpolitischen Leistungen, das Ausmaß der Integration von Frauen in das öffentliche Leben, insbesondere die Erwerbsbeteiligung von jungen Müttern, die herrschende nationale Geschlechterordnung (Ostner, 1995a) oder die Partnerschaftsvorstellungen, so sind erhebliche Unterschiede feststellbar. Im Folgenden sollen die ausgewählten Länder nach für die Partnerwahl relevanten Aspekten kurz skizziert werden. Eine vollständige Darstellung der länderspezifischen Familienpolitiken würde den Rahmen dieser Arbeit sprengen[51], der folgende Abschnitt kann deshalb nur selektiv sein.
Augenmerk wird vor allem auf die länderspezifischen Eigenarten gelegt, umso den Erkenntnisgewinn, den ein Vergleich dieser Länder hat, herauszuarbeiten. Dabei liegt ein Fokus der Ausführungen auf der Vereinbarkeit von Familienarbeit und (vollerwerbstätiger) Berufstätigkeit, da die TSM diese als Voraussetzungen von weiblicher Unabhängigkeit und somit „freier", das heißt von finanziellen Restriktionen nicht eingeschränkter Partnerpräferenzen, identifiziert hat.

---

[51] Ein Überblick über die Ausprägungen europäischer Familienpolitik findet sich u.a. bei Bahle (1995) und Gauthier (1996).

3.6.1 Die Familienpolitik Westdeutschlands und der heutigen Bundesrepublik

Deutschlands Familienpolitik basiert seit ihrer formalen Einführung im Jahr 1953 auf der Förderung der so genannten Hausfrauenehe, das heißt der deutsche Staat fördert durch Instrumente wie dem Ehegattensplitting aber auch der Rentenversicherung vor allem verheiratete Einverdienerhaushalte (Gustafsson & Bruyn-Hundt, 1991; Kaufmann, 1993). Die Vorteile des Ehegattensplittings sind umso größer, je stärker das Einkommen beider Ehepartner voneinander abweicht. Dabei werden die größten Vorteile erzielt, wenn ein Partner (im Sinne der ursprünglichen Intention war das die Frau – und ist es auch empirisch immer noch) überhaupt kein eigenes Einkommen erhält, während ein hoher Verdienst beider Partner steuerlich von Nachteil ist. Dabei ist es für das Ehegattensplitting unerheblich, ob das verheiratete Paar Kinder hat oder nicht [52].

Diese spezifische finanzielle Hilfestellung für verheiratete Paare entspricht dem in Deutschland herrschendem Familienideal, nach dem die (ganztägige) Betreuung durch die Mutter zumindest in den ersten Lebensjahren als unabdingbar für die gesunde psychologische Entwicklung eines Kindes angesehen wird (Alfermann, 1996; Baecker, Bispinck, Hofemann & Naegele, 2000). Durch den Gesetzgeber ist vorgesehen, dass verheirate Mütter ihre soziale Absicherung durch ihren Ehemann aufgrund der ihm gewährten beitragsfreien sozialen Versicherungsleistungen erhalten[53] (Ostner, 1997). Die Existenzsicherung der nur geringfügig oder nichterwerbstätigen Ehefrau und Mutter ist daher abhängig vom Einkommen des Ehemannes (Baecker et al., 2000). Man kann annehmen, dass eine Folge dieses Familienleitbildes ist, dass in Deutschland hauptsächlich familienpolitische Maßnahmen existieren, die v.a. eine temporäre Freistellung erwerbstätiger Frauen zur Kinderbetreuung ermöglichen. Nicht anvisiert wird dagegen vom Gesetzgeber die Erleichterung der gleichzeitigen Vereinbarkeit von Familien- und (Voll)Erwerbsarbeit (wie das z.B. in der DDR der Fall war und in Frankreich immer noch ist), also der kontinuierlichen Erwerbstätigkeit. Stattdessen soll vielmehr die Erziehungsarbeit von Müttern honoriert werden (Ehmann, 1999), so sind Kindertagesstätten oder Ganztagsschulen eher selten (Kaufmann, 1993). Damit korrespondierend liegt der Anteil berufstätiger Frauen und junger Mütter in Deutschland im europäischen Vergleich eher im Mittelmaß (Maier, 1997). Aufgrund des in der deutschen Gesellschaft und vom Gesetzgeber favorisierten Drei-Phasen-Modells[54] für Mütter ist die Berufsbiographie von Frauen weithin von Diskontinuitäten gekennzeichnet, was einen wichtigen Grund dafür darstellt, dass sich Frauen häufig in Positionen wiederfinden, die ihrem Qualifi-

---

[52] Nach Baecker et al. (2000) entspricht der jährliche steuerliche Vorteil des Ehegattensplittings fast der Summe der Erleichterungen durch Kinderfreibetrag und Kindergeld.
[53] Auch wenn die Begründer dieses Gesetzes v.a. die soziale Absicherung der Ehefrau im Blick hatten, gilt dies prinzipiell für jeden verheirateten Partner, der nicht oder nur geringfügig erwerbstätig ist.
[54] Berufstätigkeit bis zur Geburt des ersten Kindes, Familienphase, Berufswiedereinstieg.

zierungsgrad nicht entsprechen bzw. in Teilzeitbeschäftigungsverhältnissen ohne Möglichkeit der Weiterqualifikation oder des beruflichen Aufstiegs (Baecker et al., 2000). Die Folge davon ist wiederum eine geringe Chance auf einen eigenen hohen Verdienst und eine damit verbundene finanzielle Unabhängigkeit von einem Partner.
Entsprechend ambivalent sind die Einstellungen der deutschen Männer und Frauen zur Gleichberechtigung. Zwar zeigen Studien, dass die Deutschen im weltweiten Vergleich sehr egalitär sind (Williams & Best, 1990) und das Primat des partnerschaftlichen Miteinanders in Beziehungen vorherrschend ist (Sieverding, 1990). Gleichzeitig ist jedoch auch eine große Mehrheit der Deutschen dafür, dass die Mutter eines Kleinkindes nicht berufstätig zu sein hat, und immerhin gut 20 Prozent der Frauen (Ostdeutschland: 3 Prozent) sind der Ansicht, ihr Partner würde Widerstand gegen ihre Berufstätigkeit einlegen (Alfermann, 1996).

3.6.2 Die Familienpolitik der DDR

Die Bürger und Bürgerinnen der ehemaligen DDR sind diesbezüglich unter anderen gesellschaftlichen Rahmenbedingungen als die Bevölkerung Westdeutschlands aufgewachsen. Die DDR verfolgte eine ausgesprochen natalistische Bevölkerungspolitik bei gleichzeitiger nahezu vollständiger Einbeziehung der Frauen in den Arbeitsmarkt, wobei Teilzeitarbeit von Frauen nicht erwünscht war. So waren zum Zeitpunkt des Mauerfalls (1989) 91 Prozent aller erwerbsfähigen Frauen der DDR entweder berufstätig oder in Ausbildung bzw. Studium (Enders, 1986; Nickel, 1990), was durch ein umfassendes Kinderbetreuungsangebot gewährleistet werden konnte[55].
Seit der Wiedervereinigung jedoch haben sich die ostdeutschen Verhältnisse an die westdeutschen anpassen müssen. Durch die Schließung der betriebseigenen und staatlichen Kindertagesstätten sowie die Tatsache, dass die ostdeutschen Frauen überproportional von der mit der Öffnung zur Marktwirtschaft verbundenen Zunahme der Arbeitslosigkeit betroffen waren bzw. sind (Funken, 1996), fällt Frauen wieder vermehrt die Betreuung der Kinder und des Haushalts zu (Baecker et al., 2000; Müller-Rückert, 1993; Nickel, 1990).
Jedoch fanden sich auch in der DDR Frauen nur in einigen wenigen Berufen wieder und ihr Verdienst lag auf einem niedrigeren Niveau als dasjenige der Männer. Desgleichen waren Frauen in der Volksvertretung deutlich unterrepräsentiert (Bertram, 1993; Mommsen, 1986). Trotz allem unterscheiden sich die Erwerbstätigenzahlen in ostdeutschen Paarhaushalten immer noch deutlich von westdeutschen: 1995 waren immerhin in 8 Prozent der Paarhaushalte Frauen die

---

[55] Trotz der vollständigen Integration in den Arbeitsmarkt hatte sich an dem Primat „für die Kinder ist die Mutter zuständig" auch im realsozialistischen Teil Deutschlands nicht viel geändert (Duggan, 1995).

Alleinverdienerinnen (Westdeutschland: 3 Prozent) und mehr als doppelt so viele Paarhaushalte in Ostdeutschland im Vergleich zu Westdeutschland bestanden aus zwei Erwerbstätigen (Schupp & Holst, 1996). Die nahezu durchgehende weibliche Berufstätigkeit hat Auswirkungen hinsichtlich gleichberechtigter Einstellungen: So stellt Horstkemper (1993) fest, dass ostdeutsche Frauen im Vergleich zu westdeutschen eine stärker an paritätischer Arbeitsteilung orientierte partnerschaftliche Einstellung besitzen und sie auch weniger als diese bereit sind, aufgrund der Geburt eines Kindes ihre Berufstätigkeit zu unterbrechen. Trotzdem blieb die Frau in der DDR weiterhin hauptverantwortlich für alle familiären Belange, das heißt, wie auch in Frankreich, wurde die volle Integration in den Arbeitsmarkt mit einer starken Doppelbelastung erkauft (Duggan, 1995). Das propagandistische Frauenleitbild bestand aus der beruflich engagierten Frau, „die gleichzeitig 'liebevoll sorgende Mutter mindestens zweier Kinder war' und im Idealfall auch gesellschaftliche Arbeit leistete bzw. sich politisch engagierte" (Böckmann-Schewe, Kulke & Röhrig, 1994, S. 35). Auch wenn die vollerwerbstätige Frau und Mutter sich nicht aus einer „Frauenbewegung" heraus als gesellschaftliches Leitbild entwickelte, sondern der Gesellschaft oktroyiert wurde, hat sie doch das Selbstbild der Frauen in der DDR geprägt. In einer kurz nach der Wende durchgeführten Studie gaben 90 Prozent der befragten Frauen an, auch dann berufstätig sein zu wollen, wenn keine finanzielle Notwendigkeit bestünde (zum Vergleich westdeutsche Frauen: 75 Prozent) (Engelbrech, 1994).

3.6.3 Die Familienpolitik Frankreichs

Frankreichs Familienpolitik gründet auf sehr pragmatischen Erwägungen, da sie mit dem Ziel geschaffen wurde, den Rückgang in der französischen Bevölkerung im 19. Jahrhundert aufzuhalten (Bahle, 1995). Sie fördert heute sowohl das Entstehen von kinderreichen Familien als auch die kontinuierliche Berufstätigkeit junger Mütter. Dies geschieht auf der einen Seite durch eine lückenlose Verbreitung von Kinderbetreuungseinrichtungen, auch für Kinder unter drei Jahren, und auf der anderen Seite durch eine spezifische Steuergesetzgebung, die nicht (wie in Deutschland) v.a. verheirateten Paaren zu Gute kommt, da sie nichteheliche Lebensformen ehelichen rechtlich gleichstellt (Kaufmann, 1993; Veil, 1997). Ein Instrument wie das Ehegattensplitting, welches Alleinverdienerhaushalte begünstigt, existiert in Frankreich nicht. Stattdessen besitzt Frankreich – als einziges Land in der EU – das System des Familiensplittings, welches zur Besteuerung des Familieneinkommens die Anzahl der Familienmitglieder heranzieht (Ehmann, 1999). Entsprechend ist ein Ernährer-Ehemann Modell als Norm für die französische Familie im Vergleich zu den anderen Untersuchungsländern kaum ausgeprägt.

Im Vergleich zu Deutschland und Irland wird die Vereinbarung von Familie und Beruf den Frauen erleichtert und gefördert, da durch den Verzicht auf ein reines Ehegattensplitting der steuerliche Vorteil eines Alleinverdienerhaushaltes entfällt. Zudem sind Frauen angehalten, eigene Rentenansprüche zu erwerben. Der Erfolg dieser Familienpolitik, die natalistische Ziele mit frauenpolitischen Maßnahmen kombiniert, spiegelt sich in einem hohen Anteil vollerwerbstätiger Frauen bei gleichzeitig zweithöchster Geburtenrate (nach Irland) in Europa wider (eurostat, 2000). Hinzu kommt, dass das Ideal der Mutter-Kind-Beziehung in Frankreich weniger deutlich ausgeprägt ist als in Deutschland. So sehen französische Mütter im Gegensatz zu (west)deutschen kein Problem darin, ihre Kinder ganztägig oder über Nacht in öffentliche Betreuungseinrichtungen zu geben, ohne deshalb als „Rabenmütter" zu gelten (Ostner, 1995a). In fast 50 Prozent der Paarhaushalte mit Kindern bis zu 14 Jahren sind beide Partner vollberufstätig, während nur rund 16 Prozent dieser Hauhalte eine teilzeitarbeitende Mutter und einen vollerwerbstätigen Vater besitzen (Reuter, 2003).

Interessant ist, dass diese aus gesamteuropäischer Sicht selten günstigen Bedingungen für Frauen nicht die Errungenschaft einer Frauenbewegung, sondern das Resultat eines republikanischen, laizistischen Staats sind, der die Erziehung von Kindern nicht einer starken katholischen Kirche überlassen wollte (Ostner, 1995a). Dies hat aber auch zur Folge, dass sich das Geschlechterrollenverständnis in Frankreich nicht im gleichen Maße modernisieren konnte, wie es die gesellschaftlichen Rahmenbedingungen taten. Wie Veil ausführt, wird die Berufstätigkeit der französischen Mütter (ähnlich wie in der DDR) „einseitig durch eine Doppelbelastung von Frauen realisiert" (1997, S. 32). Zudem ist trotz dieser im europäischen Vergleich hohen weiblichen Partizipation auf dem französischen Arbeitsmarkt auch in Frankreich eine Segregation des Arbeitsmarktes festzustellen. Frauen finden sich überproportional häufig im tertiären Sektor wieder, verdienen weniger und haben es schwerer als Männer, eine hochdotierte Position innerhalb der *Cadre* zu besetzen (Reuter, 2003).

3.6.4 Die Familienpolitik Irlands

Im Gegensatz zu den beiden anderen hier beschriebenen Ländern verfolgte der irische Staat lange Zeit keine explizite Familienpolitik (Kaufmann, 1993), das heißt eine Institution ähnlich dem Familienministerium in der Bundesrepublik und dem Ministère des Affaires Sociales in Frankreich ist in Irland erst seit Kurzem existent[56]. Wohlfahrtsstaatliche Leistungen in Irland wollen v.a. der Armut entgegenwirken. Dementsprechend wird die Vereinbarkeit von Familie und Beruf weniger durch staatliche Instrumente gefördert, sondern dem Unternehmens-

---

[56] Die Sozialpolitik Irlands wurde 1947 mit der Gründung des Department of Social Welfare institutionalisiert, 1997 wurde das Ministerium in Department of Social, Community and Family Affairs umbenannt, der aktuelle Name lautet Department of Social and Family Affairs.

bereich und der individuellen Initiative überlassen (Lohkamp-Himmighofen, 1994). Allerdings besitzt auch Irland steuerliche Elemente wie Ehegattensplitting und Kinderlastenausgleich, die die Benachteiligung der Familie gegenüber Kinderlosen ausgleichen sollen. Die besondere Stellung der Frau in der irischen Gesellschaft wird deutlich in Artikel 41.2 der irischen Verfassung:

> „In particular, the State recognizes that by her life within the home, woman gives to the State a support without which the common good cannot be achieved. The State shall, therefore, endeavour to ensure that mothers shall not be obliged by economic necessity to engage in labour to the neglect of the duties in the home" (zit. n. McLoughlin, 1993, S. 211).

Gleichzeitig wird der Vater als „natürlicher" Ernährer seiner Frau und Kinder angesehen (Daly, M. E., 1981). Dies hat zu einer im europäischen Vergleich nur geringen Verbreitung von öffentlich finanzierten Kinderbetreuungseinrichtungen sowie einem weitgehenden Verzicht auf arbeitsrechtliche Regelungen wie Mutterschutz, etc. geführt (Kaufmann, 1993). Insgesamt gesehen folgt das irische Familienmodell – ähnlich dem deutschen – einem ‚Ernährer-Ehemann-Primat' mit entsprechenden steuerlichen Vergünstigungen[57]. Dementsprechend ist in Irland der Anteil der Frauen an den Erwerbspersonen einer der niedrigsten in Europa (Maier, 1997).

Charakteristisch für die irische Gesellschaft und ihre Geschlechterordnung ist der starke Einfluss der katholischen Kirche (McLaughlin, 1993), der u.a. dazu führt, dass Verhütungsmittel nur für volljährige und verheiratete Paare abgegeben werden dürfen, die Scheidung erst seit Mitte der 1990er Jahre gesetzlich erlaubt ist und Abtreibung grundsätzlich strafrechtlich verfolgt wird. Die Familie wird als Träger katholischer Werte angesehen und als das Netz, das zusammen mit der Institution Ehe die Gesellschaft miteinander verwebt (Coman, 1977). Für westeuropäische Verhältnisse ist das Rollenverständnis mit einer geschlechtspezifischen Arbeitsteilung sehr traditionell geprägt. Dazu passen die Ergebnisse von Williams und Best (1990), die sich in einer internationalen Studie mit dem Ausmaß der Universalität von Geschlechterstereotypen befassten und herausfanden, dass die irischen Befragten die ‚mentalen Unterschiede' von Männern und Frauen als stärker differierend einschätzten als Deutsche und Franzosen. In einer Studie des Eurobarometers wiesen die irischen Befragten die traditionellsten Einstellungen hinsichtlich der Rollenverteilung in der Familie auf (Collins & Wickham, 2001).

---

[57] Bis in die 1970er Jahre hinein erhielten verheiratete Frauen eine geringere Arbeitslosengeldquote als unverheiratete, zudem konnte mittels Teilzeitarbeit kein Anspruch auf soziale Absicherung erworben worden – dies, zusammen mit einem Scheidungsverbot bis 1997, gekoppelt an die normative Erwartung, eine Ehe einzugehen, verstärkte die Abhängigkeit verheirateter Frauen von ihren Ehemännern weit länger und stärker als es in den anderen Untersuchungsländern der Fall war (Cook & McCashin, 1997).

3.6.5 Überblick über ausgewählte Strukturmerkmale der Untersuchungsländer

Im Folgenden wird ein tabellarischer Überblick über ausgewählte Strukturmerkmale der Familienpolitik gegeben, wobei der Schwerpunkt der Darstellung auf Maßnahmen liegt, die die weibliche Erwerbstätigkeit bei gleichzeitiger Mutterschaft unterstützen.

Steuerliche Begünstigungen für Eheleute und/ oder Familien

Tabelle 3-1 gibt die länderspezifischen Steuerinstrumente wieder. Wie deutlich wird, unterscheidet sich Frankreich von den anderen Untersuchungsländern dahingehend, dass sein Schwerpunkt auf der steuerlichen Berücksichtigung von Familien und Kindern liegt, während in Deutschland bereits allein die Eheschließung steuerliche Vorteile mit sich bringt. Deutlich wird aus diesem Vergleich auch, dass Irland sich von den anderen Untersuchungsländern dahingehend unterscheidet, dass es insgesamt weniger institutionalisierte Instrumente im Rahmen familienpolitischer Maßnahmen besitzt.

Tab. 3-1: Steuerliche Vergünstigungen im Ländervergleich

	FR	D-Gesamt	IR
Steuerliche Berücksichtigung der Familie	B	A, B	A, B
Umverteilungseffekte des Familienlastenausgleichs	A, B	A, B	A
Finanzielle Sonderbeihilfen	B, C	A	--

Anm.: FR=Frankreich, D-Gesamt=Deutschland Gesamt, IR=Irland.
Zeile 1: A: ehebezogene Steuererleichterungen (Ehegattensplitting), B: kinderbezogene Steuererleichterungen.
Zeile 2: A: Begünstigung einkommensschwacher Haushalte, B: Begünstigung einkommensstarker Haushalte.
Zeile 3: A: familienabhängige Wohnungszulage, B: besondere Einkommenshilfen für Alleinerziehende, C: besondere Einkommenshilfen für kinderreiche Familien (entnommen aus Kaufmann, 1993, S. 151-152).

Staatliche Kinderbetreuungseinrichtungen

Wie aus der Tabelle 3-2 deutlich wird, ermöglichen es die Rahmenbedingungen in Frankreich und der DDR den Frauen am besten, Berufstätigkeit und Familie zu vereinbaren. Sei es durch eine hohe Verbreitung von Kindertagesstätten oder

Kindergartenplätzen oder durch eine ganztägige Betreuung von Grundschulkindern.

Tab. 3-2: Versorgungsquote mit öffentlich finanzierten Kinderbetreuungseinrichtungen in Frankreich, Deutschland und Irland

Land	Berichtsjahr	Für Kinder 0-3 Jahre	Für Kinder 3-6 Jahre	Dauer des Schultages
Frankreich	1988	20%	95-100%	8 Std.
D-West	1989/90	3%	79%	4-5 Std.
DDR*	1989/90	56.4	100%**	Ca. 5 Std. (anschließende Unterbringung in Horten bis ca. 16:30 möglich)**
Irland	1989	3%	55-60%	Max. 6.5 Std.

Quelle: Lohkamp-Himmighofen, 1994, S. 9, *aus Baecker et al., 2000, S. 212, **lt. Telefonauskunft des statistischen Landesamt Brandenburg am 15.02.2004).

Weibliche Erwerbstätigkeit
Frankreich und der DDR wird die weibliche Erwerbsquote sehr viel weniger stark durch die Tatsache der Mutterschaft beeinflusst als in Irland und Westdeutschland. Zudem ist die Differenz zwischen der wöchentlichen Arbeitszeit von Männern und Frauen in Frankreich am geringsten ausgeprägt, in Irland dagegen am stärksten. Da der Erwerbslohn mit der Anzahl der Arbeitsstunden zusammenhängt, ist dies eine wichtige Größe, will man das Ausmaß der weiblichen Abhängigkeit von einem Ernährer beurteilen.

Es lässt sich zeigen, dass sich länderspezifische Variationen der Familienpolitik in der weiblichen Erwerbstätigenquote niederschlagen und dies insbesondere für das Ausmaß der Integration junger Mütter in den Arbeitsmarkt gilt. Die indentifizierten Mechanismen sind auf der einen Seite das in einem Land herrschende Familienleitbild (von dem angenommen wird, das es die jeweilige länderspezifische Familienpolitik basal gestaltet) und auf der anderen Seite konkrete Instrumente wie die flächendeckende Verbreitung von Kinderbetreuungseinrichtungen und die steuerliche Begünstigung von Alleinverdienerhaushalten. Dabei wird die Familienpolitik Frankreichs und der DDR im Vergleich zur Bundesrepublik und Irland als progressiv beurteilt, während Irland auf einem Progressivitäts-Konservativitäts-Kontinuum das Schlusslicht bilden würde.

Tab. 3-3: Erwerbsquoten Frauen im Alter von 20 bis 49 Jahren nach Kinderzahl

	FR	D-West	DDR[+]	IR[++58]
Ohne Kinder	79	83.9	91.0	--
1 Kind (bzw. das jüngste < 3 Jahren)				
1 Kind	80.3	60.7	94.2	--
2 Kinder	57.2	48.0	91.4	--
3+ Kinder	35.7	31.9	83.2	--
1 Kind (bzw. das jüngste < 6 Jahren)				
1 Kind	85.1	73.3		39.4
2 Kinder	80.1	63.5		37.4
3+ Kinder	59.6	47.3		28.8
Teilzeitbeschäftigung Frauen (in Prozent aller Beschäftigten) 1995*	28.9	33.8	22.0	23.0
Davon unfreiwillig Teilzeitbeschäftigte 1995	39.4	9.8		32.5
Durchschnittliche Wochenarbeitszeit der abhängig Beschäftigten (Männer vs. Frauen**)	40 vs. 35	39 vs. 32		41 vs. 33

Anm.: FR=Frankreich, D-West=Westdeutschland, IR=Irland.
Quelle: eurostat, 2000, *Maier, 1997, **Pfarr, 2002, [++]Berechnungsgrundlage Irland und DDR, verheiratete Frauen zwischen 15-65, IRL: Kinder < 14 Jahren, DDR < 17 Jahren, [+]Kirner & Roloff, 1990, Angaben für 1988.

3.7 Zusammenfassung der Hypothesenableitung

Nach Aussagen der TSM haben die strukturellen Gegebenheiten eines Landes, so sie – wie die Familienpolitik – das Geschlechterarrangement betreffen, einen kausalen Einfluss auf die Partnerpräferenzen. Bei Gültigkeit der Erklärungsansätze der TSM müssten sich in Abhängigkeit der Nationalität der Befragten Unterschiede in den geschlechtsspezifischen Ausprägungen von Partnerpräferenzen erwarten lassen, wobei eine progressive Familienpolitik mit einer weniger traditionellen Partnerwahl einhergehen sollte.
Aufgrund der nationalen strukturellen Gegebenheiten und des in den letzten Jahrzehnten erfolgten gesellschaftlichen Wandels wird folgendes Partnerwahlmuster hypostasiert:
Länderspezifische Eigenarten in der nationalen Geschlechterordnung, der Familienpolitik und als Folge davon das Ausmaß, in dem Frauen in den Arbeitsmarkt integriert sind, determinieren das Partnerwahlmuster von Frauen und Männern. Je mehr Frauen am öffentlichen Leben partizipieren, je paritätischer, also je we-

---

[58] Nach Auskunft von eurostat sind für Irland keine anderen, besser vergleichbaren Ziffern zu erhalten, Telefonauskunft am 13.02.04).

niger geschlechtsspezifisch die Aufgabenverteilung in einer Gesellschaft ist, desto moderner gestalten sich die Partnerwünsche. Das heißt, desto weniger sollten Männer und Frauen in ihren Partnervorstellungen insbesondere bezüglich der Präferenz für materielle Sicherheit differieren. Dabei wird aufgrund der oben beschriebenen nationalen Eigenarten erwartet, dass das Ausmaß der geschlechtsspezifischen Unterschiede in der Partnerpräferenz am geringsten für Frankreich und am deutlichsten für Irland ausfällt. Zudem wird erwartet, dass die Befragten aus Ostdeutschland weniger traditionelle Partnermerkmale präferieren als Westdeutsche und ein ähnliches Partnerpräferenzmuster wie die Franzosen zeigen. Aufgrund der Tatsache, dass sich die beschriebenen Strukturen in erster Linie auf die Situation und Lebensplanung von Frauen auswirken, wird außerdem angenommen, dass sich innerhalb der Geschlechtergruppen v.a. die Frauen voneinander unterscheiden.

Über die Zeit hinweg wird sich die Partnerwahlpräferenz von Männern und Frauen in den hier aufgeführten Ländern zunehmend angleichen. Das heißt: Jüngere Männer und Frauen sind sich in ihren Partnerwahlwünschen ähnlicher als ältere. Dabei erfolgt die erwartete Angleichung vor allem aufgrund einer Veränderung bei den Frauen (für die Männer werden keine oder nur sehr geringe Veränderungen über die Zeit hinweg erwartet). Insbesondere legen Frauen der jüngsten Geburtskohorte oder Generation weniger Wert auf Eigenschaften bei einem Partner, die mit materieller Sicherheit und Status verbunden sind, als Frauen der älteren Generationen.

Je mehr sich die Partnerwahl von rationalen Kriterien wie „Suche nach einem solventen Partner", um ein Leben in relativen Wohlstand zu führen, entfernt, desto wichtiger werden andere Eigenschaften wie Charaktermerkmale, aber auch die physische Attraktivität.

3.8 Hypothesen

Mit evolutionsspsychologischen und soziostrukturellen Aussagen vereinbare Hypothesen für geschlechtsspezifische Unterschiede in Partnerpräferenzen

1. Da in keiner der untersuchten Gesellschaften zu keiner Zeit die Gleichberechtigung der Frau real verwirklicht worden ist, wird davon ausgegangen, dass sich signifikante Geschlechtseffekte auf die Partnerpräferenz finden lassen. Insbesondere wird erwartet, dass Frauen Items, die sich mit materieller Sicherheit befassen, höher bewerten als Männer und Männer dagegen physische Attraktivität als wichtiger bei der Partnerwahl einschätzen.
2. Da in jeder Gesellschaft Frauen, die eine Partnerschaft eingehen, theoretisch mehr zu verlieren haben als Männer, sollten Frauen insgesamt wählerischer als Männer in der Partnerwahl sein.

Einfluss der Generationszugehörigkeit auf Partnerpräferenzen von Männern und Frauen:

Hypothesen, die sich aus der Theorie der strukturellen Machtlosigkeit ableiten

3. Das Alter der Befragten als Repräsentante für die gesellschaftlichen Bedingungen, in denen Menschen unterschiedlicher Generationen aufgewachsen sind, führt zu Unterschieden in der Partnerpräferenz von Individuen. Dabei hat die Generationszugehörigkeit auf Frauen aller Ländergruppen einen stärkeren Einfluss als auf Männer.

3a) Je jünger Frauen sind, desto weniger wichtig sind ihnen im Vergleich zu älteren Frauen Eigenschaften, die mit materieller Sicherheit verbunden sind.

3b) Frauen die jüngeren Geburtskohorten angehören, legen im Vergleich zu Frauen älterer Generationen mehr Wert auf die physische Attraktivität eines Partners, und

3c) befinden Liebe und Zuneigung als Bedingung, eine Partnerschaft einzugehen als wichtigeres Partnerwahlkriterium.

Hypothesen der Evolutionspsychologie zu Effekten des Lebensalters

3d) Das Lebensalter der Befragten hat einen Einfluss auf die Partnerwahl.
Ältere Frauen, insbesondere diejenigen, die sich in ihrer postfertilen Phase befinden, sollten weniger Ansprüche an einen Partner stellen als jüngere, fertile Frauen. Für die Männer gilt dagegen ein umgekehrtes Muster: Da der Ressourcenzugang und materielles Eigentum positiv mit dem Alter korreliert, sollten ältere Männer höhere Ansprüche an eine Partnerin stellen als jüngere. Das heißt, die Evolutionspsychologie erwartet im Vergleich zur Theorie der strukturellen Machtlosigkeit für alle Partnermerkmale ein gegenläufiges Präferenzmuster.

Einfluss der Familienpolitik auf Partnerpräferenzen von Männern und Frauen

4. Die Familienpolitik eines Landes hat einen signifikanten Einfluss auf das Partnerwahlverhalten von Männern und Frauen: Je progressiver die Familienpolitik eines Landes ist, desto weniger unterscheiden sich Männer und Frauen in den Wünschen, die sie an einen potentiellen Partner stellen. Dabei wird v.a. erwartet, dass sich dieses Muster aufgrund der weiblichen Reaktion auf die gesellschaftlichen Bedingungen ergibt.

Über die Familienpolitiken hinweg werden sich signifikante Unterschiede innerhalb der Geschlechtergruppen ergeben, dies wird v.a. für die Gruppe der Frauen erwartet. Frauen, die in Ländern leben, in denen eine progressive Familienpolitik herrscht, werden sich von Frauen unterscheiden, die in Ländern mit einer traditionellen Familienpolitik leben. Dabei wird spezifisch erwartet, dass französische und ostdeutsche Frauen das modernste Partnerwahlverhalten zeigen, gefolgt von Westdeutschen und Iren.

4a) Französische und ostdeutsche Frauen bewerten die Fähigkeit zur materiellen Ressourcenakquisition als weniger wichtiges Partnerwahlkriterium als Westdeutsche und Irinnen (F=OD<WD<IRL) bei der Partnerwahl.

4b) Französische und ostdeutsche Frauen legen mehr Wert auf die physische Attraktivität eines Partners als westdeutsche und irische Frauen (F=OD>WD>IRL).

4c) Französinnen und ostdeutsche Frauen legen mehr Wert auf Liebe und Beziehungsstabilität bei der Partnerwahl als Westdeutsche und Irinnen (F=OD>WD>IRL).

Hypothesen der Evolutionspsychologie zu Effekten der Kulturzugehörigkeit
4d) Die Evolutionspsychologie erwartet keine systematischen Veränderungen des geschlechtsspezifischen Partnerpräferenzmusters aufgrund von familienpolitischen Variationen.

Weitere Hypothesen aus der Theorie der konditionalen Strategien
5. Neuere Entwicklungen innerhalb der EP postulieren einen trade-off in der Partnerwahl von Frauen. Danach sollen Frauen in Abhängigkeit von ihren eigenen Ressourcen (diese können sein: physische Attraktivität, Gesundheit, die Fähigkeit, eigene Ressourcen akquirieren zu können) sowie von Bedingungen in der Umwelt, in der sie leben, entweder einen Partner suchen, der einen hochwertigen Genpool besitzt oder einen, der ihnen die benötigten materiellen Ressourcen liefern kann. Eine Gültigkeit der Hypothese bedeutet empirisch, eine negative Korrelation beider präferierter Partnereigenschaften (Gangestad & Simpson, 2000). Das lässt konkret erwarten, dass Frauen, die sehr viel Wert auf die materiellen Ressourcen eines Partners legen, gleichzeitig weniger Wert auf gutes Aussehen desselben legen sollten.

4 Anmerkungen zur Durchführung von internationalen Vergleichen

„The question of the extent to which basic psychological processes are common to mankind is still perhaps the major one being pursued in cross-cultural psychology" (Williams & Best 1990, S. 15).

Innerhalb der Sozialwissenschaften ist die kulturvergleichende Psychologie eine relativ junge Disziplin, die sich weniger durch Forschungsinhalte, sondern durch ihren interdisziplinären Charakter und eine spezifische methodische Herangehensweise definiert (Berry, 1980)[59]. Lange Zeit wurden kulturelle Aspekte in der psychologischen Forschung vernachlässigt. Ein Grund für diesen lange währenden Ethnozentrismus mag in den Erfahrungen mit früheren Studien aus dem Bereich der Anthropologie liegen, deren Forschungsergebnisse aufgrund großer methodischer Fehler in Verruf geraten sind (Church, 2001). Höhere Aufmerksamkeit wird dem interkulturellen Vergleich jedoch zuteil, seitdem sich die Auffassung durchgesetzt hat, dass soziales Verhalten (neben genetischen und situationalen Faktoren) zumindest teilweise ein Produkt der in einer Kultur herrschenden Werte und Ideologien darstellt (Leung & Bond, 1989), woran sich die Frage anschließt, was, im psychologischen Sinne, eigentlich als Kultur zu verstehen ist. Zwar existiert in der Literatur eine unüberschaubare Anzahl von Definitionen über das Konzept Kultur, es besteht jedoch weitgehende Einigkeit darüber, dass:

„Culture consists of shared elements that provide the standards for perceiving, believing, evaluating, communicating, and acting among those who share a language, a historic period, and a geographic location. The shared elements are transmitted from generation to generation with modifications" (Triandis, 1996, S. 408). „Cultural syndromes consist of shared attitudes, beliefs, norms, role and self definitions, and values of members of each culture that are organized around a theme" (Triandis, 1996, S. 407).

Die Ziele der interkulturellen Psychologie sind a) der systematische Vergleich psychologischer Variablen in unterschiedlichen Kulturen[60] sowie die Feststellung von *Beziehungen* zwischen psychologischen Variablen und den soziokulturellen und/ oder ökologischen Gegebenheiten (bzw. ihrer Veränderungen) einer Gesellschaft (Berry, 1980; Berry et al., 1992), b) die Suche nach und Überprüfung von universell gültigen psychologischen Annahmen und c) die Identifizierung und Analyse kultureller Grundlagen psychischer Prozesse (Thomas, 1993).

---

[59] Aus der unzähligen Literatur zum methodischen Vorgehen in internationalen Vergleichen soll an dieser Stelle nur auf das siebenbändige Handbook of Cross-Cultural Psychology verwiesen werden (Berry, 1997).
[60] Unter diesen Begriff fallen nach o.g. Definition sowohl unterschiedliche Nationen als auch unterschiedliche ethnische Gruppen innerhalb einer Nation oder eines Landes.

Die ersten beiden Topoi werden in der Literatur auch mittels der Begriffe Emic- und Etic-Ansatz rezipiert (Berry, 1969, 1999; Triandis, 1972)[61]. Ein Forschungskonzept wird dann als dem etic-Ansatz folgend begriffen, wenn die zugrundeliegende Fragestellung universelle Gültigkeit beanspruchen kann, das heißt das zu untersuchende Verhalten oder die interessierende Einstellung ist universell bekannt und verbreitet. Es handelt sich um eine Forschungsfrage des emic-Ansatzes, wenn das Verhalten, eine Einstellung o.ä. nur für eine Kultur bzw. für eine begrenzte Gruppe von Kulturen Gültigkeit hat (Johnson, 1998)[62].

Die vorliegende Arbeit, in der drei Nationen und vier „Kulturen" (aufgrund des in Deutschland zusätzlich durchgeführten Ost-West-Vergleichs) in Hinblick auf Geschlechtsunterschiede in der Partnerwahl untersucht werden, lässt sich nach diesen Ausführungen und der erfolgten Definition von „Kultur" in die Reihe der interkulturellen Vergleiche einfügen. Zudem ist festzustellen, dass die zu untersuchende Fragestellung dem etic-Ansatz zugeordnet werden kann.

4.1 Methodische Aspekte bei der Durchführung internationaler Befragungen

Dem interkulturell Forschenden stellt sich eine Reihe von Problemen bei dem Design seiner Studie, die sich in national begrenzten Untersuchungen nicht ergeben. Der folgende Abschnitt gibt einen Überblick über die wichtigsten Punkte, die in internationalen Studien beachtet werden müssen, um die erhaltenen Daten auch tatsächlich sinnvoll vergleichen zu können.

4.1.1 Interkulturelle Forschung als Quasi-Experiment

Interkulturelle Vergleiche zeichnen sich zunächst einmal dadurch aus, dass es weder möglich ist, die unabhängige Variable Kultur zu manipulieren, noch die Vpn den jeweiligen Treatmentbedingungen randomisiert zuzuordnen. Damit bekommt der interkulturelle Vergleich den Charakter eines Quasi-Experimentes (van de Vijver & Leung, 1997). Dieser Mangel an Kontrolle der Untersuchungsbedingungen ist für eine Wissenschaft, die Ursachenforschung betreibt, gravierend, da nicht erkennbar ist, worauf sich gegebenenfalls feststellbare Unterschiede gründen: „Kultur" allein ist ein zu breites, zu nebulöses Konzept, um als erklärende Variable bedeutsam zu sein (Lonner & Adamopoulos, 1997). Da

---

[61] Die Begriffe „emic" bzw. „etic" wurden in Anlehnung an die in der Linguistik verwendeten Bezeichnungen phonemics (untersucht die lautlichen Eigenheiten einer Sprache) und phonetics (untersucht die lautlichen Gemeinsamkeiten aller Sprachen) in die interkulturelle Psychologie eingeführt (u.a. Boehnke & Merkens, 1994).
[62] In der Literatur wird sich weitaus ausführlicher mit dem Etic/ Emic-Unterschied beschäftigt, z.B. Berry (1969), Segall et. al. (1990), Triandis (1972), sehr ausführlich Berry (1989).

das, was gemeinhin, aber auch in der wissenschaftlichen Definition unter „Kultur" verstanden wird, ein Konglomerat einer Vielzahl verschiedener Faktoren darstellt, ist die Aussage, eine kulturvergleichende Studie zeige Unterschiede zwischen Kultur A und Kultur B auf, im Grunde nichtssagend für den Erkenntnisgewinn, wenn nicht gleichzeitig auch Aussagen darüber gemacht werden können, *welche* kulturellen Faktoren (wie wirtschaftliches System, Religion, Familienpolitik, aber auch Sozialisationstechniken oder Individualismus/ Kollektivismus, um nur einige zu nennen) diese Unterschiede generieren. Williams und Best (1990) schlagen deshalb vor, neben den interessierenden Konstrukten eine Reihe anderer Variablen zu erheben (wie Religion, Ausbildung, Geschlechtsrolleneinstellung oder Individualismus/ Kollektivismus) und diese auf ihre Moderator- oder Mediatorwirkung zu überprüfen. Mit diesem Vorgehen kann festgestellt werden, dass nicht „Kultur" oder wie im Falle der vorliegenden Arbeit die Familienpolitik eines Landes den Effekt auf eine abhängige Variable verursacht hat, sondern es beispielsweise die religiöse Orientierung oder die Geschlechtsrolleneinstellung ist, die zufällig mit der Nationalität der Befragten konfundiert.

Strebt man danach, Aussagen darüber zu machen, welche kulturellen Faktoren Unterschiede in Einstellung und Verhalten generieren, ist es von Vorteil, wenn sich die untersuchten Kulturen in nur einer geringen Anzahl möglicher Einflussfaktoren unterscheiden (Williams & Best, 1990), wie das bei der vorliegenden Arbeit der Fall ist.

4.1.2 Das Äquivalenzproblem

Einer der wichtigsten Aspekte bei internationalen Studien ist die Äquivalenz der methodischen Vorgehensweise über die Studien und Länder hinweg. Mit Äquivalenz bezeichnet man das Ausmaß der Übereinstimmung sowohl der Messinstrumente und der gewählten Erhebungsmethode als auch der interessierenden Konstrukte über die Untersuchungsländer hinweg. Verhalten kann nur dann über verschiedene Länder hinweg verglichen werden, wenn sichergestellt ist, dass dieses Verhalten in den untersuchten Ländern auch dem gleichen Ziel dient (van de Vijver & Leung, 1997, 2001). Ähnliches gilt auch für die Messung theoretischer Konstrukte. Überprüft werden muss bei internationalen Vergleichen die Sinnhaftigkeit der aufgestellten theoretischen Konstrukte über Ländergrenzen hinweg und gegebenenfalls auch, ob sich diese Konstrukte durch die gleichen Messtechniken und Itemformulierungen abbilden lassen[63]. Hui und Triandis

---

[63] Ho (1996) versuchte in seiner Untersuchung das Konstrukt Kindesliebe in China und westlichen Nationen zu erfassen. Wie er feststellte, war das chinesische Konstrukt weit umfassender als das westliche und verlangte aus diesem Grund die Abbildung durch mehr und andere Items, um Konstruktäquivalenz herzustellen.

(1985) bezeichnen die Konstruktäquivalenz als eine notwendige Bedingung für interkulturelle Vergleiche. Um diesbezüglich sicherzugehen wären in den entsprechenden Ländern, die Fragebogenkonstruktion begleitend, eine Reihe von Pretests erforderlich. Da diese häufig jedoch aus organisatorischen, zeitlichen und finanziellen Gründen nicht durchführbar sind, bleibt dem Forschenden häufig nur eine Kompromisslösung vorbehalten, indem er sich z.b. in seinem Entwurf an vorangegangene Untersuchungen und Operationalisierungen anlehnt oder Konstruktäquivalenz posthoc mittels statistischer Verfahren überprüft[64].

Itemäquivalenz
Itemäquivalenz ist dann gegeben, wenn das interessierende Konstrukt bzw. das interessierende Merkmal mit dem gleichen Messinstrument, das heißt äquivalenten Items (s.o.), gemessen wird. Das bedeutet, dass jedes Item in Kultur A das gleiche meint wie in Kultur B. Dies ist eine notwendige Bedingung für die Durchführung numerischer statistischer Analysen. Die Ergebnisse einer Untersuchung in zwei Kulturen mit mangelnder Itemäquivalenz sind dann eigentlich die Ergebnisse zweier voneinander unabhängiger Studien (Hui & Triandis, 1985). Itemäquivalenz setzt eine korrekte Übersetzung der Messinstrumente in die jeweilige Landessprache voraus.
Deshalb nimmt das Problem geeigneter Übersetzungsmethoden für bi- oder multilinguale Studien einen zentralen Raum in der interkulturellen Forschung ein. Am häufigsten angewandt wird die Methode der so genannten „back-translation", von der es heute zahlreiche Varianten gibt (Brislin, 1970). Hierfür wird wie folgt vorgegangen: In einem ersten Schritt erfolgt die Übersetzung des Messinstruments in die jeweilige(n) Landessprache(n) durch Muttersprachler. Anschließend wird der Fragebogen von einem zweiten Muttersprachler wieder in die Ursprungssprache rückübersetzt. Gegebenenfalls gleichen weitere Bi-Linguisten bestehende Unterschiede in den Übersetzungen aus – wobei in einer Weiterentwicklung des back-translation-Ansatzes Veränderungen bei beiden Fragebogenversionen (das heißt sowohl bei dem neu übersetzten als auch bei der Ursprungsversion) vorgenommen werden können, um ein höchstes Maß an Einheitlichkeit zu erzielen.

Äquivalenz in den Messungen
Metrische Äquivalenz ist dann gegeben, wenn die erhobenen Items in internationalen Studien gleiche statistische Kennzahlen aufweisen und die gleichen Eigenschaften besitzen. Metrische Äquivalenz verlangt eine zumindest auf Intervallskalenniveau basierende Messung (Johnson, 1998). Ein Messinstrument kann zu verzerrten Ergebnissen führen, wenn seine Messeinheiten über die Gruppen hinweg nicht die gleiche psychologische Bedeutung haben, also kultu-

---
[64] Geeignete statistische Verfahren stellen u.a. die konfirmatorische Faktorenanalyse oder der Strukturäquivalenzkoeffizient von Tucker dar (van de Vijver & Leung, 1997).

rellen Schwankungen unterliegen (van de Vijver, 1998). Bekannt ist z.B. eine unterschiedliche Disposition im Antwortverhalten von Japanern und Amerikanern. So vermeiden Japaner auf intervallskalierten Antwortskalen Extremwerte, während Amerikaner ungern den Mittelpunkt auf einer Skala ankreuzen und eher dazu neigen, Höchst- und Tiefstpunkte zu wählen (Hui & Triandis, 1989). Stenning und Everett (1984) konnten in einem Vergleich von acht Ländern zudem feststellen, dass Alter und Bildung der Befragten einen Effekt auf den Skalengebrauch ausübten.

Smith empfiehlt deshalb symmetrische bipolare Skalen mit einem deutlich gekennzeichneten Mittelpunkt als den besten Garant für die Lieferung valider Ergebnisse in internationalen Studien (Smith, 1997, zit. n. Johnson 1998, S. 17). Hui und Triandis (1989) schlagen zur Vermeidung kultureller Verzerrungen im Antwortverhalten die Verwendung großer Skalen vor, umsomit die Skalenabstände möglichst gering zu halten. Dieses Vorgehen wirkt sich sowohl positiv auf eine vorhandene Vermeidung von Extremwerten aus (da z.B. der Schritt zwischen zwei Skalenpunkten bei einer neunstufigen Skala deutlich geringer ist als bei einer fünfstufigen) wie auch auf die Tendenz der Bevorzugung von Extremwerten (da z.B. eine höherstufige Skala Raum für Abstufungen aber auch gleichzeitig für klare Aussagen zulässt). „The addition of more categories to the scale will simplify the task of those who cannot ‚elastically' and more evenly distribute their subjective categories over the response categories" (Hui & Triandis 1989, S. 300).

Eine weitere Lösung zur Vermeidung von Verzerrungen in den erhaltenen Daten aufgrund unterschiedlichen Antwortverhaltens stellt die Standardisierung der betreffenden Variablen vor der Datenauswertung dar. Dieses Vorgehen birgt jedoch einige Gefahren in sich. So weisen van de Vijver und Leung (1997) sowie Leung und Bond (1989) darauf hin, dass es notwendig ist, die Vor- und Nachteile einer Datenstandardisierung über Kulturen hinweg sorgfältig abzuwägen, da Analysen standardisierter Werte im Vergleich zu unstandardisierten zu deutlich unterschiedlichen Ergebnissen führen können. Möglich sei auch, dass durch die vorgenommene Datentransformation *tatsächliche* Unterschiede unterschätzt würden (Leung & Bond, 1989). Eine Möglichkeit dieses Problem zu umgehen liegt in der so genannten within unit-of-analysis standardization (Singelis, Choo & Hatfield, 1995). Wobei "unit" in diesem Zusammenhang in Abhängigkeit der Fragestellung sowohl die Kultur als auch das Individuum bezeichnen kann.

Allerdings besteht auch bei diesem Vorgehen das Problem ipsativer Werte „such that each score for an individual is independent of, and not comparable with, the scores of other individuals" (Fischer, 2002).

Die Debatte um die Standardisierung von interkulturellen Werten ist zurzeit nicht abgeschlossen. Zwar herrscht weitgehend Einigung darüber, dass eine Standardisierung interkultureller Daten wichtig ist; gleichzeitig ist aber auch festzustellen, dass a) ein Grossteil der aktuellen Forschung keine standardisierten Werte publiziert, und es b) derzeit keine allgemein akzeptierte Standardprozedur gibt (Fischer, 2003).

4.1.3 Fragebogenkonstruktion

Für die Konstruktion von Fragebogen die in internationalen Vergleichen angewandt werden, gelten im Prinzip die gleichen Bedingungen für die Itemformulierung wie bei monokulturellen Studien (Brislin, 1986; Brislin, et al., 1973; Schnell, Hill, P.B. & Esser, 1999). Aufgrund der Besonderheit, dass der Fragebogen jedoch noch in andere Sprachen übersetzt werden muss, sind zusätzlich folgende Kriterien zu beachten: Ein leicht übersetzbarer Fragebogen soll möglichst einfache, kurze Sätze enthalten; statt Pronomen zu verwenden, sollten Nomen wiederholt werden, zudem sollten Metaphern, Umgangssprache und Fachbegriffe sowie Fremdwörter vermieden werden (Werner & Campbell, 1970). Scheuch (1993) weist auch darauf hin, dass abstrakte Konzepte eine größere Wahrscheinlichkeit besitzen, zu unterschiedlichen Bedeutungen in zwei Ländern zu führen und deshalb vermieden werden sollten.

4.1.4 Stichprobenziehung

Generell ist festzustellen, dass repräsentative oder auch nur randomisierte Stichproben innerhalb der interkulturellen Psychologie sowohl auf kultureller als auch individueller Ebene eher eine Ausnahme darstellen (Brislin & Baumgardner, 1971; Lonner & Berry, 1986; van de Vijver & Leung, 2001). International tätige Forscher sind meist auf die Rekrutierung von Studierenden, Schülern, etc., den so genannten „samples of convenience" angewiesen[65]. Ursache für diesen Verzicht auf Zufallsauswahl oder Randomisierung ist meist Geld- und Zeitmangel (van de Vijver & Leung, 2000).

Bei nicht randomisierter und nicht-zufälliger Stichprobengewinnung ist die Beschreibung der Stichprobe generell immer von höchster Wichtigkeit, da durch diese Vorgehensweise andere Forscher in der Lage sind, *ihre* Stichprobe (u.a. bei Replikationen) sorgfältiger zu ziehen bzw. ihre Ergebnisse mit anderen Studien zu vergleichen. Dies ist jedoch für internationale Studien von besonderer Wichtigkeit, denn die genaue Beschreibung der Stichprobe bietet die Möglichkeit, die Aussagefähigkeit der erhaltenen Ergebnisse genauer einzugrenzen, zudem wird die Möglichkeit Alternativhypothesen zu bilden erhöht (vgl. hierzu Brislin & Baumgardner, 1971). Die Beschreibung nicht-zufälliger Stichproben sollte, wenn möglich, genaue Angaben über Bildung, Alter, Geschlecht, Ein-

---

[65] Zu der Problematik der Verwendung von Studierenden als Vpn, vgl. Williams und Best (1990); über eine Verzerrung der Untersuchungsergebnisse aufgrund der Selbstselektion von Probanden, vgl. Rosenthal und Rosnow (1975).

kommen, Beruf, Wohnort und Religion der Probanden enthalten (Williams & Best, 1990).

Bei der Stichprobenziehung auf der individuellen Ebene ist die Frage leitend, ob die Stichprobe repräsentativ für das ausgewählte Land sein soll oder ob Stichprobenäquivalenz über die untersuchten Länder hinweg erreicht werden soll (Lonner & Berry, 1986).

Lonner und Berry (1986) vertreten die Ansicht, dass eine repräsentative Stichprobenziehung in internationalen Vergleichen eher ungeeignet ist. Dagegen sollte sichergestellt sein, dass die schließlich gewählte Stichprobe in der Lage ist, die relevanten Kriterien abzubilden. Dabei muss beachtet werden, dass die Intravariation innerhalb einer Kultur größer sein kann als die Variation zwischen Kulturen (Berry et al., 1992). Pareek und Rao (1980) kommen zu dem Schluss, dass eine vorsichtig stratifizierte Stichprobe in den meisten Fällen in der interkulturellen Psychologie die beste Lösung darstellt. Vor einem Matching der Vpn über die untersuchten Länder hinweg warnen Berry et al. (1992), da das Matching auf einer Variable unweigerlich zu einem Mismatching bezüglich einer anderen Variable führe.

5 Methode

Im folgenden Kapitel werden die der Arbeit zugrundeliegenden Methoden skizziert und es wird dargestellt, inwieweit den Empfehlungen aus der Literatur zu methodischen Vorgehensweise bei internationalen Vergleichen entsprochen werden konnte. Den Abschluss dieses Kapitels bildet die Beschreibung des für die vorliegende Studie konstruierten Fragebogens[66].

5.1 Fragebogenübersetzung

Die verwendeten Fragebogenitems wurden gemäß den Empfehlungen von je zwei Muttersprachlern in die jeweilige Landessprache[67] übersetzt und rückübersetzt. Anschließend erhielten weitere Bi-Linguisten sowohl die Originalitems als auch die Übersetzungen, mit der Bitte, beide Versionen miteinander zu vergleichen. Letztlich wurde die französische und irische Fragebogenversion nochmals von zwei Muttersprachlern auf inhaltliches Verständnis, Grammatik und Rechtschreibung geprüft. Hier war festzustellen, dass ausnahmslos amerikanische Originalskalen in der amerikanischen Version von amerikanischen Muttersprachlern kritisiert wurden[68].

5.2 Pretestdurchführung

Es war aus Zeit- und Kostengründen nicht möglich, einen Pretest für jedes der drei Untersuchungsländer durchzuführen. Allerdings wurde ein Pretest unter deutschen Befragten durchgeführt. Dabei wurde darauf geachtet, dass dieser, im Hinblick auf die Zielgruppe der Hauptuntersuchung, Individuen aller Altersgruppen mit einbezog. Dieser Pretest ergab keine Schwierigkeiten in dem Verständnis der verwendeten, teilweise neu übersetzten Items. Allerdings zeigte sich auch, dass zwei Items, die aus einer Skala von Bailey et al. (1994) entnommen wurden, in dieser Vorstudie zu Reaktanz und Verweigerung führten und deshalb vorsichtshalber aus der endgültigen Fragebogenkonstruktion ausgeschlossen wurden.

Da Partnerpräferenzen bereits in unzähligen nationalen wie auch internationalen Studien untersucht worden sind und alle verwendeten Items in anderen (deutschen und amerikanischen) Untersuchungen bereits zur Anwendung kamen,

---

[66] Die deutsche Version des Fragebogens findet sich im Anhang, die in die jeweiligen Landessprachen übersetzten Items sind von der Autorin zu erhalten.
[67] Anzumerken ist allerdings, dass es sich bei den Übersetzern nicht um Iren handelte, sondern um Amerikaner, für die französische Fragebogenversion wurden auch Übersetzerinnen aus der französischen Schweiz gewonnen.
[68] Dennoch wurde die Originalformulierung aller Items beibehalten.

kann davon ausgegangen werden, dass das Fehlen eines länderübergreifenden Pretests in diesem Fall eine zu vernachlässigende Größe darstellt.

5.3 Messsituation

Die Umfrage wurde als schriftliche Befragung in einer face-to-face Situation konzipiert. Die Stichprobenziehung folgte einem disproportional geschichteten Versuchsplan, um eine Gleichverteilung der interessierenden Faktoren Geschlecht und Generationszugehörigkeit zu erreichen. Befragt wurden Männer und Frauen unterschiedlichen Alters, die in den entsprechenden Untersuchungsländern die jeweilige Staatsbürgerschaft besitzen und auch im jeweiligen Land aufgewachsen sind. Die Gewinnung der Vpn erfolgte auf öffentlichen Plätzen, in Parkanlagen, Bus- und Bahnstationen, Flugplätzen sowie im Umfeld von Universitäten. Die Befragung fand zu unterschiedlichen Uhrzeiten und Wochentagen statt. Die potentiellen Befragten wurden von der Verfasserin und jeweils zwei Helferinnen angesprochen und zunächst gefragt, ob sie an einer internationalen Studie zur Feststellung von Einstellungen zu Partnerschaft und Familienleben teilnehmen wollten. Bei positiver Beantwortung der Frage wurden die Befragten angehalten, sich nicht zu lange mit den einzelnen Fragen zu beschäftigen, sondern spontan zu antworten. Wenn Nachfragen kamen, wurde auf den Einführungstext verwiesen oder allgemeine Antworten gegeben, auch auf die Anonymität der Umfrage wurde noch einmal nachdrücklich hingewiesen. Die Interviewerin hielt sich dann in Rufweite der Vpn auf. Damit hatte sie sowohl die Möglichkeit, die Messsituation zu kontrollieren, für Fragen zur Verfügung zu stehen, als auch der Vpn durch Einhaltung von räumlicher Distanz ein Gefühl von Anonymität zu geben.

Der Fragebogen konnte in einem verschlossenen Umschlag abgegeben werden. Um kulturelle Verzerrungen im Antwortverhalten zu minimieren, wurde nach einem Vorschlag von Hui und Triandis (1989) zur Antwortabstufung eine neunstufige bipolare Skala mit deutlich gekennzeichnetem Mittelpunkt gewählt.

5.4 Beschreibung des Messinstrumentes

Die klassischen Untersuchungen zum Thema Partnerpräferenzen beschäftigen sich weitgehend mit der Erfassung und Analyse selbstberichteter präferierter Partnereigenschaften; Vpn werden meist gebeten, eine Reihe von möglichen Partnereigenschaften auf einer mehrstufigen Skala bezüglich ihrer subjektiven Wichtigkeit einzuschätzen oder diese Partnermerkmale ihrer Wichtigkeit nach in eine Reihenfolge zu bringen (u.a. Buss, 1989; Buss et al., 2001; Buss & Barnes, 1986; Hatfield & Sprecher, 1995; Hill, R. 1945; Hoyt & Hudson, 1981; Luszyk, 2001; Williamson, 1965). Als aktuell verbreitetstes Erhebungsinstrument kann die Itemliste von Christensen aus den 1940er Jahren (Christensen, 1947) gelten, der insgesamt 21 Items zur Erfassung von Partnerpräferenzen generierte. Leider enthält diese Itemliste jedoch nur wenig Items, die für die hier untersuchte Fragestellung theoretisch relevant sind[69], weshalb sie meist mehr oder minder modifziert zur Anwendung kommt[70]. Zudem werden Partnerpräferenzen auch mittels Einstellungsskalen erfasst (Bailey et al., 1994; Townsend, 1989, 1993). Bisher hat es die zeitgenössische Partnerwahlforschung versäumt, ein einheitliches, valides und reliables Messinstrument zu entwickeln[71]. Das Verwenden und die Veränderung von Eigenschaftslisten erscheint wenig systematisch, auch wird zum Teil erst post-hoc kenntlich gemacht, welches Konstrukt durch welche Items operationalisiert wurde (z.B. Buss, 1989). Aufgrund der Tatsache, dass in der Literatur eine hohe Anzahl verschiedener unvalidierter Messintrumente zur Erfassung von Partnerpäferenzen existiert, wurde entschieden, Partnerpräferenzen mittels unterschiedlicher Erhebungsinstrumente zu erfassen. Dabei soll ein Nebenprodukt der vorliegenden Arbeit sein, zu überprüfen, inwieweit sich die unterschiedlich gewählten Frageformulierungen in ihrer Operationalisierung theorierelevanter Partnermerkmale entsprechen und als synonym gelten können oder zu unterschiedlichen Ergebnissen im Antwortverhalten führen.

5.4.1 Fragebogeninhalte

Die erste der gewählten Erhebungsmethoden stellt die in der Partnerwahlforschung mittlerweile klassische Form der Erfassung von Wichtigkeitseinschätzungen von Partnereigenschaften dar. Es wurde davon abgesehen, die Liste von Christensen (1947, vgl. auch Buss et al., 2001) in ihrer Gesamtheit zu erfragen, sondern Items auszusondern, die für die hier bearbeitete Fragestellung nicht relevant sind (wie z.B. die Frage nach „ähnlicher politischer Einstellung"). Stattdessen wurden Items hinzugefügt, die für die dargestellten Theorien von Interesse sind, wobei darauf geachtet wurde Itemformulierungen zu wählen, die bereits in anderen Untersuchungen zur Anwendung kamen.
Erhoben wurden 18 Items, von denen sieben das Konstrukt „materielle Sicherheit" operationalisieren sollten, acht Partnermerkmale wurden als „Eigenschaf-

---

[69] Die Originalitems lauten „dependable character", „emotional stability", „ambition and industriousness", „desire for home and children", „good health, including good heredity", „abstinence from use of liquor", „pleasing disposition", „chastity or sexual purity", „mutual attraction, or love", „abstinence from use of tobacco", „similar religious backgrounds", „refinement in manners", „education and general intelligence", „good cook or housekeeper", „similar educational backgrounds", „abstinence from use of tea or coffee", „sociability", „favorable social status or rating", „good financial prospect", „good looks", and „similar political backgrounds".
[70] Unterschiedliche Adaptionen der so genannten Hill-Liste finden sich u.a. bei Allgeier & Wiederman (1991), Borkenau (1993), Buss & Barnes (1986), Kenrick et al., (1990, 1993), Liston & Salts (1988), Luszyk (2001), Peters (1980), Simson & Gangestad (1992), Wakil (1973), Wiederman & Allgeier (1992).
[71] Beziehungsweise ein einheitliches Messinstrument *nachzufragen*.

ten, die zur Beziehungsstabilität beitragen" (Luszyk, 2001) identifiziert, und je ein Item erfasste die Wichtigkeit des Alters und der physischen Attraktivität (Tab. 5-1 gibt eine Übersicht über diese Items, das Konstrukt, das sie operationalisieren sollen und die Quelle, aus der sie entnommen wurden).
Die Mehrheit der existierenden Partnerpräferenzlisten verzichtet auf die Erfassung des Merkmals „Treue", obwohl dieses einen hohen Stellenwert in der EP einnimmt. In Anlehnung an die in der Literatur diskutierten geschlechtsspezifischen Unterschiede hinsichtlich der Wichtigkeitseinschätzung von „emotionaler" und „sexueller" Treue (Buss, Larsen, Westen & Semmelroth, 1992) wurde dieses Merkmal in beiden Formen abgefragt.
In den Themenkomplex „beziehungsstabilisierende Partnereigenschaften" wurde auch das Item „Geborgenheit" aufgenommen, da davon ausgegangen wurde, dass dieses insbesondere vor einem evolutionspsychologischen Hintergrund ein relevantes Kriterium v.a. für Frauen darstellt[72].
Dem Konstrukt „materielle Sicherheit" wurde ebenfalls ein neues Item „wie wichtig ist Ihnen, dass Ihr Partner finanziell unabhängig von ihnen ist" hinzugefügt. Die meisten anderen in der Literatur verwendeten Items stellen mehr indirekte Operationalisierungen von „materieller Sicherheit" dar: Fleiß und Ehrgeiz können, müssen aber nicht zu materiellem Erfolg führen, und auch gute Verdienst*aussichten* können enttäuscht werden. Mit der gewählten Formulierung wird ein direkteres Moment von „materieller Sicherheit" erfasst.
Um das Interesse der Vpn zu erwecken, sie von der eigentlichen der Befragung zugrundeliegenden Fragestellung abzulenken und einen Gesamteindruck von präferierten Partnereigenschaften zu erhalten, wurden Items wie „Humor", „Partner soll neben Beziehung auch noch eigenes Leben führen", etc. in der Merkmalsliste belassen.
An die Wichtigkeitseinschätzungen von Partnermerkmalen schließt sich eine Skala von Townsend (1989, 1993) an, die mittels Einstellungsitems die Präferenz für einen materiell abgesicherten Partner erfasst. Ergänzt wurden diese Items durch eine Kurzfassung einer von Bailey et al. (1994) entwickelten Skala, die ebenfalls den Wunsch nach materieller Sicherheit operationalisiert. Ebenfalls von Bailey et al. (1994) stammt eine Skala, die die Präferenz für einen physisch attraktiven Partner ermittelt. Die Autoren weisen in ihrer Skalenbeschreibung ausführlich darauf hin, dass sie in der Formulierung ihrer Items Wert darauf gelegt haben, den Präferenzcharakter zu erhalten.

---

[72] Angenommen wurde, dass ein vermitteltes Gefühl von „Geborgenheit" im Sinne von Buss (2004) „commitment cue" zu interpretieren ist und einen Hinweis dafür liefert, ob der Partner willens ist, in seine Partnerin und eventuelle Nachkommen zu investieren (Buss, 2004).

Tab. 5-1: Übersicht über die für die Wichtigkeitseinschätzung von Partnereigenschaften verwendeten Items

Partnermerkmale	Item aus Originalstudie	Item wurde (u.a.) verwendet von	Angenommene Operationalisierung
Zuverlässigkeit	X	Buss (1989, 2001)	
Liebe und Zuneigung	X	Buss (1989, 2001)	
Geborgenheit		Eigene	
Wunsch nach Familie	X	Buss (1989, 2001)	
Partner hat eigene Hobbys u. Interessen		Eigene	
Sexuelle Treue		Buss & Barnes (1986), Luszyk (2001)	Beziehungsstabilisierende Eigenschaften
Emotionale Treue		Simpson & Gangestad (1992), Luszyk (2001)	
Humor		Borkenau (1993), Kenrick et al. (1990, 1993)	
Befriedigende Sexualität		Hatfield & Sprecher (1995)	
Gutes Aussehen	X	Buss (1989, 2001)	**Physische Attraktivität**
Gepflegt und gut gekleidet	X	Buss (1989, 2001)	
Alter		Eigene	**Jugend**
Intelligenz	X	Buss (1989, 2001) (2001)	
Hohe Bildung	X	(Buss, 1989, Buss, 2001)	
Beruflicher Erfolg		Hatfield & Sprecher (1995	**Materielle Sicherheit**
(Beruflicher) Ehrgeiz	X	(Buss, 1989, Buss, 2001)	
Finanziell unabhängig		Eigene	
Gute Verdienstaussichten	X	(Buss, 1989, Buss, 2001)	

Alle verwendeten Items zeigten in vergangenen, v.a. an amerikanischen Probanden durchgeführten Untersuchungen, die theoretisch vorhergesagten geschlechtsspezifischen Präferenzmuster. Dennoch wurde sich nach der Analyse des deutschen Pretests dafür entschieden, die von Bailey et al. konstruierten

Skalen nicht in ihrer Gesamtheit zu erheben. Aus der Skala „Präferenz für physische Attraktivität" (Bailey et al., 1994) wurden die Items „*I wouldn't consider being romantically involved with someone who was significantely overweight*" und „*It would be hard for me to get involved with someone with a noticeable skin problem*" entfernt. Zunächst war im Pretest festzustellen, dass beide Items eine überproportionale Verweigerungsquote aufwiesen. Knapp 25 Prozent der Befragten beantworteten diese Frage nicht. Zudem äußerten sich Vpn, die diese körperlichen Merkmale aufwiesen (das heißt übergewichtig waren oder ein Hautproblem hatten) im Anschluss an die Befragung empört. Dieser mehr oder weniger pragmatische Entschluss, die Skala um zwei Items gekürzt zu erfassen, lässt sich jedoch auch statistisch rechtfertigen. Nach der Eliminierung der beiden Items bleibt die Skalenreliabilität konstant (alpha für beide Skalen = .78, Originalskala alpha = .70-.77).

Es wurde zudem entschieden, aus den zwölf von Bailey et al. (1994) kreierten Items zur Messung der Wichtigkeit von finanzieller Sicherheit eine Kurzskala zu entwickeln. Für diese Entscheidung waren zwei Gründe verantwortlich: Zum einen ähnelten einige Items der Bailey-Skala denen von Towsend (1989, 1993)[73]; zum anderen fielen theoretische Erwägungen ins Gewicht. So messen nach Ansicht der Verfasserin die beiden Items „*Although I do not necessarily expect it, having the other person pay for the date makes me feel good*" und „*It can be very romantic to get a very expensive gift*" weder die Präferenz für sozioökonomischen Status, noch weisen sie ihrer Formulierung direkt auf die Langfristigkeit der antizipierten Partnerschaft hin. Wie jedoch Townsend (1993) feststellt, ist dies unerlässlich für die Erhebung von Partnerpräferenzen, da Partneransprüche sich in Abhängigkeit der Beziehungsform (temporär angelegte Beziehung vs. langfristige) unterscheiden (Buss & Schmitt, 1993). Die so durch pragmatische und theoretische Erwägungen entwickelte Kurzskala umfasst schließlich noch sechs Items, die in dem durchgeführten Pretest eine befriedigend hohe Reliabiliät erreichen (alpha = .80 – Originalskala: alpha = .65-.82). Zudem ist anzumerken, dass es sich bei den beschriebenen Messinstrumenten nicht um standardisierte und validierte Skalen handelt, sodass die Entfernung von Items keine Verletzung der Aussagekraft der Skalen darstellt[74]. Außerdem lässt sich die vorgenommene Kürzung nach den Ergebnissen des deutschen Pretests rechtfertigen.

---

[73] So fragte zum Beispiel Townsend (1989) „*It is important to me that the woman/ man I marry be highly respected in his field*" und Bailey et al. (1994) „*It would be important to me if my partner were highly respected in the community*".
[74] Bis auf interne Konsistenzen wurden von Bailey et al. (1994) keine Angaben zu statistischen Skalenkennwerten gemacht. Da diese Skala jedoch in Untersuchungen an Heterosexuellen und Homosexuellen zu stabilen Ergebnissen und alpha-Werten gekommen ist sowie die inhaltliche Ausgestaltung der Items zum Teil eine gute Ergänzung zu der von Townsend (1989, 1993) darstellen, wurde sich für ihre Verwendung in einer Kurzform entschieden.

Abgerundet wird dieser Themenblock durch einen von Sprecher et al. (1994) in einer repräsentativen Bevölkerungsumfrage verwendeten Fragebogen, der nach der *Bereitschaft*, jemanden mit bestimmten Merkmalen zu heiraten, fragt (vgl. auch die Ergebnisse einer deutschen Replikation; Kümmerling & Hassebrauck, 2001). Dabei wurde das Item „*Would you be willing to marry someone of a different race*" in der Übersetzung verändert: aufgrund der Erfahrungen mit der Rassenpolitik im Dritten Reich ist der Begriff „Rasse" zumindest in Deutschland politisch negativ besetzt. Aufgrund dieser Überlegungen wurde für dieses Item keine wörtliche Übersetzung, sondern die Formulierung „*Wären Sie bereit, jemanden mit einer anderen Hautfarbe zu heiraten*", gewählt[75].

Es muss an dieser Stelle noch einmal angemerkt werden, dass die in der Partnerwahlforschung angewandten Methoden, positiv formuliert, vielfältig – negativ ausgedrückt, zufällig zu nennen sind. Durch die Anwendung multipler Methoden (Wichtigkeitseinstufung, Einstellungsitems sowie Heiratsbereitschaftserklärungen), die schließlich in der Erfassung von insgesamt 52 Einzelitems resultierte, wird erhofft, sich dem Phänomen in seiner Gesamtheit annähern zu können und zusätzlich Aussagen darüber machen zu können, inwiefern die verschiedenen Skalen und Items tatsächlich die postulierten Konstrukte operationalisieren.

Entsprechend den Empfehlungen aus der interkulturellen Psychologie wurde eine Reihe zusätzlicher Konstrukte erhoben, um sie als Kontrollvariablen einsetzen zu können. Diese werden im Folgenden beschrieben und auf ihre Implikationen für die Partnerwahl eingegangen. Im Falle, dass die erhobenen Items selbst konstruiert wurden oder es sich um gekürzte Skalen handelt, wird darauf hingewiesen und die im Pretest erreichte interne Konsistenz berichtet.
Aufgrund der Tatsache, dass die vorliegende Studie ohne institutionale Unterstützung heimischer Universitäten durchgeführt und die Erhebung deshalb weitgehend in öffentlichen Räumen stattfinden musste, wurde der Fragebogen so knapp wie möglich gehalten. Da der Schwerpunkt der vorliegenden Arbeit auf der Erfassung von Partnerpräferenzen liegt, nimmt dieser Itemblock den größten Raum ein – was dazu führte, dass die Kontrollvariablen teils mit nur wenigen Items erhoben werden konnten. Die Verfasserin ist sich bewusst, dass dies die Aussagekraft dieser Variablen u.U. einschränken kann.

---

[75] Schoen, Woolredge und Thomas (1989) konnten zeigen, dass die Verbindung mit einem Partner differierender ethnischer Herkunft für Frauen häufig einen sozialen Statusverlust bedeutet, insofern kann davon ausgegangen werden, dass die hier vorgenommene Veränderung des Items in der Lage ist, die ursprüngliche Implikation abzubilden.

5.4.2 Beschreibung der zusätzlich erhobenen Konstrukte

Individualismus/ Kollektivismus

Nach Triandis (2001) ist das Konzept von Individualismus/ Kollektivismus (IK) eine der wichtigsten Dimensionen kultureller Unterschiede sozialen Verhaltens. Mit Hilfe dieses Konstruktes soll das Verständnis gefördert werden, wie Kultur im Verhältnis zu sozialpsychologischen Phänomenen steht (Triandis, Bontempo, Leung & Hui, 1990). Dabei wird IK als Mediatorvariable begriffen, die die Lücke zwischen psychologischen Variablen und/ oder Verhalten zu schließen in der Lage ist (Kim, Triandis, Kagitcibai, Choi & Yoon, 1994). Bisher konnte gezeigt werden, dass das Ausmaß, in dem eine Gesellschaft individualistisch bzw. kollektivistisch ist, mit kulturellen Unterschieden in so unterschiedlichen Bereichen wie Einstellungen, Kognitionen, Normen, Werten, Zielen, aber auch Familienstrukturen korreliert (Schwartz, 1994; Vandello & Cohen, 1999). In individualistischen Kulturen neigen Individuen eher dazu, ihr persönliches Wohlergehen höher zu bewerten als das der Gruppe. Liebe und Intimität besitzen einen vergleichsweise hohen Stellenwert, ebenso wie die Ansicht, dass jeder „es schaffen kann". In eher kollektivistischen Kulturen dagegen werden persönliche Ziele, so sie der Norm widersprechen, den Gruppenzielen unterworfen. Diese Kulturen besitzen meist ein ausgeprägtes Hierarchiegefälle sowohl im öffentlichen Leben als auch im privaten (Mann-Frau, Eltern-Kind, Staat-Bürger) und arrangierte Ehen sind nicht unüblich, desgleichen sind Liebe und Romantik in kollektivistischen Ländern weniger wichtig für Ehebeziehungen (Berry et al., 1992; Dion & Dion, 1993; Hatfield & Sprecher, 1995).

Aufgrund dieses Zusammenhanges könnte nun geschlussfolgert werden, dass sich ergebende länderspezifische Unterschiede nicht Resultat einer divergierenden Familienpolitik sind, sondern auf eine Variation im Ausmaß von IK zurückzuführen sind.

IK wurde mittels zweier von Triandis, Chan, Bhawuk, Iwao und Sinha (1995) konstruierten Skalen erfasst. Zwar weisen beide Skalen mit alpha = .55 nur sehr mäßige interne Konsistenzwerte auf, dennoch wurde sich für sie entschieden, da sie von Triandis et al. in einem Vergleich von verschiedenen IK-Skalen empfohlen wurden[76].

---

[76] Für die Messung der Dimension IK existiert eine Vielfalt von unterschiedlichen Instrumenten (z.B. Boehnke, 1994; Hui, 1988; Triandis et al., 1995), die jedoch auch nach 30 Jahren intensiver Forschung noch nicht als befriedigend angesehen werden. Der an Individualismus/ Kollektivismus interessierte Wissenschaftler muss sich bei der Operationalisierung des Konstruktes entscheiden, ob er das Konstrukt in seiner Breite erfassen will (auf Kosten niedriger Reliabilitäten) oder nur einen Ausschnitt desselben (der jedoch hohe Reliabilitäten verspricht) (Lonner & Adamopoulos, 1997; Triandis, 2001).

Geschlechtsrollenorientierung

Nach Spence et al. (1985, dt. zit. n. Sieverding & Alfermann, 1992, S. 6) werden *Geschlechtsrollen* „als normative Erwartungen über die Macht- und Arbeitsverteilung und die soziale Interaktion zwischen den Geschlechtern in einem bestimmten kulturell-historischen Kontext" definiert. Der Begriff *Geschlechtsrollenorientierung* eines Individuums bezieht sich auf die individuelle Ausprägung des Internalisierungsgrades dieser normativen Erwartungen. Personen, die eine eher traditionelle Geschlechtsrollenorientierung besitzen, gehen mit den tradierten gesellschaftlichen Normen konform: Sie befürworten eine traditionelle Arbeitsteilung zwischen Mann und Frau und unterstützen Machtgefälle in Ehemann-Ehefrau- sowie Eltern-Kindbeziehungen. Individuen mit einer egalitären Geschlechtsrollenorientierung dagegen lehnen die herkömmliche Aufgabenverteilung zwischen Mann und Frau ab und plädieren für eine Gleichstellung der Geschlechter in Bereichen wie Kindererziehung, Berufstätigkeit und Haushaltsführung. In den drei hier näher zu untersuchenden westlichen Industriestaaten Deutschland, Frankreich und Irland haben Männer nach der herrschenden Geschlechtsrollenideologie die Ernährerrolle zu übernehmen. Dagegen bekommen bereits Mädchen eine primäre Zuständigkeit für Kinder und familiale Belange vermittelt, sie werden sozialisiert, eine spätere Vereinbarung von Familie und Beruf schon frühzeitig zu antizipieren (u.a. Alfermann, 1996). Dabei kann man aufgrund der historischen Entwicklung und des aktuellen Status Quo in den jeweiligen Ländern (vgl. Kapitel 3) davon ausgehen, dass sich die Geschlechtsrolleneinstellung in ihrer Ausprägung länderspezifisch unterscheiden. Aufgrund dieser Ergebnisse könnte nun vermutet werden, dass es nicht die Familienpolitik der verschiedenen Länder ist, der die Effekte innerhalb der Partnerpräferenzen geschuldet werden, sondern eine in den Untersuchungsländern unterschiedlich ausgeprägte Einstellung zur Geschlechtsrolle.

Gemessen wurde die Einstellung zur Geschlechtsrolle mittels einer im Pretest validierten Kurzskala bestehend aus fünf Items[77] (Abele & Andrä, 1997), wobei zwei Items die Einstellung zu einer Gleichverteilung der Aufgaben innerhalb einer Partnerschaft erfassten, also die liberale Geschlechtsrolleneinstellung (LIBGRO $alpha_{pretest}$= .81) und drei die Einstellung zu einer traditionellen, geschlechtsspezifischen Aufgabenverteilung (TRADGRO $alpha_{pretest}$ = .65).

Geschlechtsrollenidentität

Im Unterschied zur Geschlechtsidentität, die mit dem biologischen Geschlecht verbunden ist, misst das Geschlechtsrollenselbstbild oder die Geschlechtsidentität das psychologische Geschlecht eines Individuums. Die Geschlechtsrollenidentität eines Individuums macht Aussagen darüber, inwieweit es Persönlichkeitseigenschaften besitzt, die entweder als typischer für das männliche Ge-

---

[77] Die Entscheidung für diese fünf Items beruhte auf Ergebnissen einer Studie zur normativen Geschlechtsrolleneinstellung bei Studierenden. Die ausgewählten Items bildeten in einer Faktorenanalyse die Markeritems (Kümmerling & Dickenberger, 2001).

schlecht (instrumentelle Persönlichkeitseigenschaften) oder das weibliche Geschlecht (expressive Persönlichkeitseigenschaften) gelten (Sieverding & Alfermann, 1992). Individuen, die einen hohen Anteil sowohl instrumenteller als auch expressiver Merkmale in sich vereinen, gelten als psychisch gesünder, sie besitzen ein höheres Selbstwertgefühl und sind in der Lage flexibler und situationsangepasster zu reagieren (Bierhoff-Alfermann, 1989). Zudem wird davon ausgegangen, dass diese so genannten „Androgyne" eine weniger traditionelle Geschlechtsrolleneinstellung als Individuen mit einer femininen Geschlechtsrollenidentität besitzen; androgyne Frauen betonen auch die subjektive Wichtigkeit eines Berufs mehr als feminine Frauen (Alfermann, Reigber & Turan, 1999; Bierhoff-Alfermann, 1989).

Wenn die Geschlechtsrollenidentität mit Berufstätigkeit und Selbstwertgefühl korreliert, und sich zudem auch noch kulturell unterschiedlich ausprägt, so mögen die in der vorliegenden Studie zu zeigenden kulturellen Unterschiede im Partnerwahlverhalten eventuell nicht – wie von der Verfasserin postuliert – durch die Einflüsse der Familienpolitik oder des gesellschaftlichen Wandels entstanden sein, sondern könnten auf unterschiedliche Geschlechtsrollenidentitäten zurückgeführt werden[78].

Die Geschlechtsrollenidentität wird in der vorliegenden Studie durch den (GE)PAQ erfasst (Spence, Helmreich & Stapp, 1974).

Religion/ Religiosität
Religion ist eine der zentralen Variablen, die Kulturen unterscheiden. Religion bzw. das Ausmaß, in dem ein Individuum religiös ist, beeinflusst die individuelle Wahrnehmung der Welt. Religion impliziert normative Erwartungen darüber, wie Menschen sind, zu sein haben und in welchem Verhältnis Männer und Frauen zueinander stehen, wobei tiefe Religiosität meist mit einer konservativeren Einstellung zur Aufgabenverteilung zwischen Mann und Frau einhergeht. Dabei sind sowohl die Religionszugehörigkeit als auch die individuelle Religiosität von der in einem Land herrschenden Leitkultur geprägt (Best & Williams, 1997). Zwar handelt es sich bei den hier untersuchten Ländern um vom christlichen Abendland geprägte, jedoch unterscheiden sie sich deutlich in ihrer Zusammensetzung nach Protestanten und Katholiken sowie dem Einfluss, den die Kirche besitzt. In Irland und Frankreich ist das Katholikentum verbreitet, wobei die Kirche in Frankreich im öffentlichen Leben durch die strikte Säkularisierung der französischen Gesellschaft kaum eine Rolle spielt (Rémond, 2000). In Irland besitzt die katholische Kirche als Staatskirche einen sehr starken Einfluss in der Gesellschaft und im privaten Leben. In Westdeutschland sind Protestantismus und Katholizismus nahezu gleichermaßen vertreten, die Kirche hat einen eher moderaten Einfluss und die Religiosität ist in der deutschen Bevölkerung durchschnittlich nicht besonders stark ausgeprägt (Rémond, 2000). In der DDR war

---

[78] Dass das Ausmaß von individueller Expressivität und Instrumentalität einen gewissen Einfluss auf die präferierten Partnermerkmale besitzt, konnten bereits Buss und Barnes (1986) zeigen.

kirchlicher Einfluss aus politischen und ideologischen Gründen weitgehend ausgeschlossen. Dies spiegelt sich auch heute noch in dem hohen Grad der Entkonfessionalisierung in Ostdeutschland wider (Lepp, 2001). Aufgrund der Tatsache, dass die Befragten sich nur sehr geringfügig in ihrer Religionszugehörigkeit voneinander unterscheiden, wurde entschieden, nicht die Religionszugehörigkeit als solche als kulturelle Variable zu prüfen, sondern das Ausmaß der von den Befragten empfundenen Religiosität[79]. Mit diesem Vorgehen soll auch dem Phänomen Rechnung getragen werden, dass Religionszugehörigkeit allzu häufig nur noch auf dem Papier besteht und keinerlei Auswirkungen mehr für den Befragten hat. Im Gegensatz dazu stellt die Religiosität der Befragten eine Variable dar, die die subjektive Bedeutung des Glaubens der Befragten erfasst. Die in der vorliegenden Arbeit zur Anwendung gekommenen Skalen sind in Tabelle 5-2 noch einmal tabellarisch dargestellt

Es wurde bei der Rekrutierung der Vpn darauf geachtet, dass diese in allen Untersuchungsländern ähnlich ablief. Bei den ausgewählten Städten, in deren Umgebung die Umfrage durchgeführt wurde, handelt es sich jeweils um Universitätsstädte mit vergleichbarer Größe. Da Untersuchungen in Deutschland und Großbritannien ergeben haben, dass die normative Gültigkeit geschlechterkultureller Leitbilder sich innerhalb eines Landes regional voneinander unterscheiden kann, wurde die Studie regional begrenzt durchgeführt (Pfau-Effinger, 1996).

---

[79] Diese wurde mittels der Items *„Würden Sie sich selbst als religiös bezeichnen?"* und *„Wie wichtig ist es für Sie, sich nach den Geboten und Regeln Ihrer Religion zu richten?"* erfasst (alpha$_{pretest}$=.89).

Tab. 5-2: Überblick über die erhobenen Skalen und Konstrukte

Skala	Quelle	Itemanzahl/ Skala
Partnerpräferenzen		
- Wichtigkeitseinschätzungen	Vgl. Tab. 5-1	18/ 1-9
- Skala „materielle Sicherheit"	Townsend (1993)	7/ 1-9
- Kurzskala „materielle Sicherheit"	Bailey et al. (1994)	6/ 1-9
- Skala „physische Attraktivität"	Bailey et al. (1994)	9/ 1-9
- Bereitschaft, eine Person mit bestimmten Eigenschaften zu heiraten	Sprecher et al. (1994)	12/ 1-9
Kulturelle Einflussfaktoren		
- Expressivität	Spence et al. (1974)	7/ 1-9
- Instrumentalität	Spence et al. (1974)	7/ 1-9
-Traditionelle Geschlechtsrollenorientierung (TRADGRO)	Abele & Andrä (1997)	3/ 1-9
- Liberale Geschlechtsrollenorientierung (LIBGRO)	Abele & Andrä (1997)	2/ 1-9
- Religiosität	Eigene	2/ 1-9
- Individualismus/ Kollektivismus (IK)	Triandis et al. (1995)	11/ 1-9
Demographische Variablen		
Geschlecht, Alter, Nationalität	Eigene	
Religionszugehörigkeit	Eigene	
Familienstand, Kinderanzahl	Eigene	
Berufstand, Ausbildung	Eigene	
Größe des Herkunftsortes	Eigene	

Frankreich: Die Datenerhebung in Frankreich fand im Mai 2001 in und im Umkreis von Montpellier statt. Die Vpn wurden v.a. auf öffentlichen Plätzen, in Parkanlagen und Busbahnstationen sowie in Universitätsnähe gewonnen. Die Erhebung erfolgte durch eine Muttersprachlerin sowie einer bi-lingualen Helferin.

Irland: Die Rekrutierung der irischen Versuchspersonen erfolgte in der Stadt Cork im Süden Irlands. Die potentiellen Vpn wurden auf öffentlichen Plätzen, in Museen, dem Flughafen und Busstationen sowie in der Cafeteria der Universität angesprochen. Die Befragung fand in den ersten beiden Märzwochen 2001 statt und wurde von der Verfasserin und zwei Helferinnen durchgeführt.

Deutschland (West): Die Datengewinnung erfolgte im Sommersemester 2001 in Baden-Württemberg, v.a. in der Stadt Mannheim. Die Befragung fand an der Universität Mannheim, auf öffentlichen Plätzen sowie in Schwimmbädern durch die Verfasserin und zwei Helfer statt.

Deutschland (Ost): Die Rekrutierung der Versuchspersonen fand im Umland Berlins und Magdeburg im August 2001 statt. Potentielle Befragte wurden auf öffentlichen Plätzen, in Cafeterien, im Umfeld von Universitäten, Friseurgeschäften u.ä. angesprochen. Als Besonderheit dieser Befragung ist zu verzeichnen, dass kein Befragter die Befragung abgebrochen hat. Die Befragung wurde von der Verfasserin und einer weiblichen Hilfskraft durchgeführt.

Die englische Fragebogenversion wurde von den irischen Befragten ohne Bemerkungen angenommen: Direkt auf die Sinnhaftigkeit der Items bzw. der richtigen Verwendung der Idiome angesprochene Teilnehmer äußerten keinerlei Kritikpunkte. Anders wurde die französische Version des Fragebogens aufgenommen: Einige der Untersuchungsteilnehmer wiesen unaufgefordert auf Unstimmigkeiten in der Itemformulierung hin. Allerdings wurden diese Mängel von anderen darauf angesprochenen Franzosen und Französinnen zurückgewiesen. Insofern stellt sich die Frage nach der Richtigkeit der Kritik. Möglich ist auch, dass allein die Tatsache, dass es sich um eine nicht-französische Studie handelte, zu einer kritischen Haltung der Teilnehmer führte. Die umstrittenen Items waren: „*Wie wichtig ist Ihnen Zuverlässigkeit*" – „*Quelle importance a pour vous la fiabilité*", „*Früher habe ich mich üblicherweise zunächst hauptsächlich deshalb für jemanden interessiert, weil er gut aussah*" – „*Autrefois je m'intéressais plutôt à quelqu'un de beau*", „*Ich fände es gut, wenn mein Partner sexuell anziehender wäre als ich*" – „*Je trouverais bien que mon compagnon/ma compagne soit plus attrayant(e) que moi sur le plan sexuel*" und aus dem PAQ „*herzlich*" – „*cordial(e)*".

Eine Analyse der Items (vgl. den folgenden Abschnitt) ergab jedoch bei diesen Items keine Auffälligkeiten, wie eine erhöhte Verweigerungsquote oder eine Häufung von neutralen Antworten.

6 Datenaufbereitung

Im Zentrum des folgenden Kapitels steht die Analyse des erhaltenen Datenmaterials nach systematischen „missing values", die einen Hinweis auf die Brauchbarkeit der erhobenen Items in den jeweiligen Untersuchungsländern geben sollen. Daran anschließend wird geprüft, ob über die untersuchten Kulturen hinweg Differenzen im Antwortverhalten existieren, die auf eine unterschiedliche Interpretation von Skalenpunkten hinweisen. Nach einer Darstellung der Stichprobe im Hinblick auf demographische Eigenschaften, werden im letzten Teil dieses Abschnittes die erhobenen Items zu Skalen zusammengefasst.

6.1 Altersgruppierung

Um eine Auswertung nach Generationszugehörigkeit vornehmen zu können, wurde die metrische Variable „Alter der Vpn" trichotomisiert. Dabei wurde darauf geachtet, dass die gebildeten Geburtskohorten sowohl evolutionspsychologisch sinnvolle Altercluster darstellen, als auch relevante Aspekte des gesellschaftlichen Wandels abbilden (Kümmerling & Hassebrauck, 2001). Die jüngste Geburtskohorte bildeten die 16-29jährigen, die mittlere wurde aus den 30-45jährigen zusammengesetzt und diejenigen Teilnehmer, die 46 Jahre oder älter waren, wurden der Geburtskohorte „älteste Generation" zugeordnet.

In der jüngsten Geburtskohorte finden sich Frauen und Männer wieder, die im Großen und Ganzen gleiche Bildungschancen besitzen und zunehmend die gleichen Aussichten auf dem Arbeitsmarkt haben. Zudem umfasst diese Altersspanne sehr kritische Zeitpunkte im Lebenszyklus wie Schulabschluss, Ausbildungsbeginn oder –ende, Bildung einer auf eine gemeinsame Zukunft hin orientierte Partnerschaft, Elternschaft, etc. Die mittlere Kohorte ist in einer Phase des wirtschaftlichen Wachstums und der Bildungsrevolution aufgewachsen. In dieser Zeit kam es auch zu einem Aufschwung von allgemeinen Emanzipationsbestrebungen. Für einen Großteil dieser Befragten gilt, dass sich Partnerschaften entweder etablieren oder die ersten Trennungen und Scheidungen anstehen. Falls die weiblichen Teilnehmerinnen noch keine Kinder haben, beginnt jetzt die letzte Phase, in der diesbezügliche Entscheidungen noch fallen können. In die dritte Alterskategorie fallen dagegen die Kriegs- und Nachkriegsgeborenen, die noch einer restriktiven Geschlechterrollensozialisation ausgesetzt waren und für die die reproduktive Phase im Allgemeinen weitgehendst abgeschlossen ist.

6.2 Beschreibung der Stichprobe

Insgesamt wurden 863 Personen aus drei verschiedenen Ländern zu ihren präferierten Partnermerkmalen befragt. Aus der Datenanalyse wurden all diejenigen ausgeschlossen, bei denen die Nationalitätszugehörigkeit zweifelhaft war bzw. bei denen nicht davon ausgegangen werden konnte, dass sie ihre formativen Jahre (Inglehart, 1979) tatsächlich in dem betreffenden Land verbracht hatten (n = 8). Diese Frage stellte sich ausschließlich bei den irischen Teilnehmern. Zwar wurden im Rekrutierungsgespräch alle potentiellen Vpn zuerst gebeten, ihre Nationalität anzugeben, dennoch konnte bei einigen Befragten aufgrund ihrer demographischen Angaben nicht zweifelsfrei sichergestellt werden, dass sie tatsächlich in ihrem Heimatland aufgewachsen und sozialisiert wurden (so z.B. wenn die irischen Befragten einen englischen Schulabschluss angaben). Ein weiteres Problem stellten die Nordiren dar, die sich zwar als Iren identifizieren, jedoch politisch zum Britischen Königreich gehören und aus diesem Grund anderen Gesetzen und Sozialisationsinstanzen unterliegen.

6.3 Missing Data Analyse

In einem weiteren Schritt der Datenaufbereitung wurden die vorliegenden Daten einer Missing Value (MV) unterzogen. MV-Analysen kommt insbesondere bei internationalen Vergleichen eine besondere Bedeutung zu. Werden bestimmte Fragen von einer Mehrzahl der Befragten nicht beantwortet oder von einer bestimmten Altersgruppe, einem Geschlecht oder Angehörigen eines Landes überzufällig häufig ausgelassen, kann das ein Indiz dafür sein, dass eine Itemübersetzung mangelhaft ist, für eine spezifische Befragtengruppe bedeutungslos ist oder sie gruppenspezifisch nichtintendierte Emotionen und Reaktionen hervorruft – was eine Einschränkung der Datenqualität und somit ihrer Generalisierbarkeit bedeuten würde.

Eine globale Analyse des Datensatzes zeigt, dass 79.4 Prozent der Vpn keine „fehlenden Antworten" aufweisen. 91 Prozent der Befragten verweigerten weniger als zehn Prozent der Antworten und rund 99 Prozent der Teilnehmer beantworteten mindestens 75 Prozent der Fragen. Im Einklang mit internationalen Vorgehensweisen (Schwartz, 1992) wurde entschieden, all diejenigen Befragten aus der weiteren Analyse auszuschließen, deren MV-Anteil 25 Prozent überschritt (n = 10). Dabei handelte es sich um je einen Ost- und Westdeutschen, sechs irische und zwei französische Befragte[80]. Der schlussendliche Datensatz,

---

[80] Diese Befragten waren überdurchschnittlich alt (> 80 Jahre), bei einer Durchsicht der Fragebogen konnte zusätzlich festgestellt werden, dass fast ausschließlich Mittel- und Extremskalenwerte angekreuzt wurden: Dies kann als Hinweis dafür gedeutet werden, dass diese Vpn durch die Befragung überfordert waren, der relativ hohe Anteil an irischen Fragebogen, könnte an den im europäischen

der die Grundlage der folgenden Analysen bildet, beinhaltet demnach noch 845 Fälle.

Um die Qualität der Daten nach der Güte der Items beurteilen zu können, wurde zudem geprüft, ob einige Variablen eine besonders hohe Anzahl von MV aufweisen. Schnell et al. (1999) erachten einen Anteil von fünf Prozent pro Item als für die weitere Analyse unproblematisch, selbst bei systematischen Ausfällen.

Von den 52 erhobenen Partnerpräferenzen weisen nur fünf einen Ausfallanteil von über 5 Prozent auf. Es handelt es sich bei diesen Variablen um die subjektive Einschätzung der Wichtigkeit von „beruflicher Erfolg" des Partners (Ausfallanteil: 5.92 Prozent), „Geborgenheit" (6.04 Prozent), „Liebe und Zuneigung" (6.27 Prozent), „Intelligenz" (5.92 Prozent) sowie „emotionale Treue" (6.39 Prozent). Zwar ist die Abweichung vom unproblematischen Wert 5 Prozent nur gering. Jedoch ergibt eine nähere Betrachtung der Daten, dass sich die Ausfälle nicht gleich auf die untersuchten Länder verteilen, sondern ein eher systematischer Ausfall bei den irischen Befragten verantwortlich für den relativ hohen Ausfallwert ist. Während bei Franzosen, West- und Ostdeutschen die Ausfallwerte bei o.g. Variablen zwischen 0 und 1.9 Prozent schwanken, liegt der irische Prozentsatz bei rund 25 Prozent. Ursächlich hierfür sind wohl weniger Verständnisprobleme oder Unwille der irischen Befragten, diese speziellen Fragen zu beantworten, sondern eher Platzierungseigenschaften dieser Items im Fragebogen. Die o.g. Items bilden den Abschluss ihres Frageblockes. Anzunehmen ist, dass sie von den Teilnehmern beim Ausfüllen übersehen wurden, denen der Einleitungstext in den zweiten Frageblock stärker ins Auge fiel[81].

Zusammenfassend ist also festzustellen, dass der Fragebogen nur einen vernachlässigbar geringen Anteil von MV enthält, was dafür spricht, dass der Fragebogen weder Fragen, die von den Befragten als problematisch eingestuft werden und deshalb zur Verweigerung führen, noch grobe Übersetzungsfehler enthält, die zu Unverständnis der Fragen beigetragen hätten.

Vergleich hohen Anteil an Analphabeten liegen (Europäisches Parlament, Ausschuss für Beschäftigung und soziale Angelegenheiten, 2001).
Dies war auch bei der Rekrutierung der Vpn festzustellen. Einige Angesprochene teilten direkt mit, dass sie nicht lesen könnten (dabei handelte es sich um Angehörige unterschiedlicher Generationen), andere baten darum, die Fragen vorgelesen zu bekommen und die Antworten mündlich geben zu dürfen. In diesen Fällen wurde jedoch der Fragebogen nicht in die Auswertung miteinbezogen.
[81] Dies konnte gegen Ende der Befragung in Irland geändert und ein Marker eingefügt werden, der noch einmal auf diese Fragen hinwies.

6.4 Interkulturelle Differenzen im Skalengebrauch

Wie in Kapitel 5 ausgeführt, weisen eine Reihe von Autoren auf länderspezifische Eigenheiten im Skalengebrauch hin (Hui & Triandis, 1989; Leung & Bond, 1989; Saris, 1998), die dazu führen können, dass Unterschiede zwischen Individuen differierender kultureller Herkunft überschätzt werden. Um festzustellen, ob die vorliegenden Daten einem solchen Effekt unterliegen, wurde zunächst eine Analyse des Antwortverhaltens der Befragten nach Länderzugehörigkeit vorgenommen (Stenning & Everett, 1984).

Eine dreifaktorielle univariate Varianzanalyse mit den Faktoren Geschlecht, Generation und Nation und der abhängigen Variable „Anzahl Extremantwort" ergibt zwei signifikante Haupteffekte für Land und Generation [(Land: $F(3/819)$ = 24.36, $p < .001$; Generation: $F(2/819) = 9.56$, $p < .001$] sowie eine signifikante Interaktion zwischen Land und Generation [(Land X Generation: $F(6/819)$ = 2.88, $p < .01$)]. Vpn besitzen also eine nach Alter und Nationalität spezifisch ausgeprägte Tendenz, neutrale Antworten zu vermeiden bzw. abzugeben. Ein post-hoc durchgeführter Scheffé-Test zeigt, dass die irischen Befragten sich signifikant von allen anderen Gruppen bezüglich der Vermeidung von neutralen Antworten unterscheiden. Zudem geben Ostdeutsche signifikant mehr indifferente Antworten ab als Westdeutsche. Für den Alterseffekt ist festzustellen, dass Angehörige der ältesten Befragtengruppe (45 Jahre und älter) signifikant mehr indifferente Antworten geben als jüngere Befragte.

Die univariate Varianzanalyse für die abhängige Variable „Anzahl Extremantworten" erbringt wiederum zwei signifikante Haupteffekte für Land und Generation [(Land: $F(3/819) = 11.01$, $p < .001$ und Generation: $F(2/819) = 7.26$, $p < .001$]. Post-hoc durchgeführte Scheffé-Analysen zeigen, dass die Westdeutschen signifikant weniger Skalenendpunkte ankreuzen als Iren, Franzosen und Ostdeutsche. Außerdem geben Angehörige der jüngsten Befragtenkohorte signifikant weniger Extremantworten als die älteste Kohorte.

Es kann also nicht ausgeschlossen werden, dass die Nationalität, die Generationszugehörigkeit oder auch andere hier nicht erfasste bzw. kontrollierte Faktoren, wie eine kollektive bzw. individualistische Einstellung, einen Effekt auf das Antwortverhalten ausgeübt haben. Anzumerken ist jedoch, dass durch diese Analysen nicht festzustellen ist, inwieweit diese Effekte tatsächlich einen unterschiedlichen Skalengebrauch reflektieren oder real existierende Niveauunterschiede darstellen. Dieses Problem lässt sich jedoch aufgrund der vorliegenden Datenbasis nicht lösen. Um sicherzustellen, dass eventuell feststellbare Unterschiede in den Daten tatsächliche Differenzen in den Einstellungen widerspiegeln und nicht messtheoretische Artefakte darstellen, die aufgrund eines länderspezifischen oder geschlechtsspezifischen Skalengebrauchs zustande gekommen sind, existieren statistische Methoden, Daten zu tranformieren und so eine spezifische Skaleninterpretation auszugleichen (vgl. Kapitel 4.1.2).

Für die vorliegende Arbeit wurde daher entschieden, die Hypothesenprüfung sowohl aufgrund der erhobenen Rohdaten als auch auf Basis von standardisierten Werten durchzuführen. Dieses Vorgehen dient einer doppelten methodischen Absicherung: Sollten sich die Ergebnisse der Analysen von standardisierten und nicht-standardisierten Ergebnissen entsprechen, so ist das ein zusätzliches Indiz für ihre Gültigkeit.

Für die Transformation der Daten wurde für jede Vpn über alle Items (ggf. nach erfolgter Umpolung) der Gesamtmittelwert gebildet. Dieser wurde anschließend von jedem erzielten Itemwert subtrahiert und auf dieser Basis neue Skalen gebildet (Singelis et al., 1995). Der Vorteil dieser individuellen Standardisierung ist, dass mit ihrer Hilfe nicht nur kulturelle Verzerrungen im Antwortverhalten sondern auch geschlechtsspezifische oder Bildungseffekte ausgeglichen werden können. Um die Interpretation der Werte zu erleichtern, die nach der Transformation für jeden Befragten unterschiedliche Skalenendpunkte beinhaltet, wurde die Konstante 5 zu jedem Item addiert.

6.5 Beschreibung der Stichprobe

Es ist, dem disproportional geschichteten Versuchsplan folgend, gelungen, eine relativ homogene Zellenbesetzung aller UVs zu erhalten. Von den 845 in der Stichprobe verbliebenen Vpn, sind 238 (28.2 Prozent) aus Westdeutschland, 216 (25.6 Prozent) stammen aus Ostdeutschland, insgesamt 187 (22.1 Prozent) der Befragten sind Iren und 204 (24.1 Prozent) Teilnehmer bilden die französische Population. 419 (49.6 Prozent) der Befragten sind Männer, 426 (50.4 Prozent) Frauen. Die Altersverteilung über die Stichprobe hinweg ist ähnlich homogen: In die jüngste Altersgruppe oder Kohorte fallen 287 (34.0 Prozent) der Befragten, in die mittlere 282 (33.5 Prozent) und in die älteste 274 (32.5 Prozent). Tabelle 6-1 zeigt die schlussendliche Verteilung der Vpn, untergliedert nach Nationalität, Geschlecht und Alter.

Tab. 6-1: Vpn nach Nationalität, Geschlecht und Generationszugehörigkeit

	Frankreich		D—Ost		D-West		Irland	
	M	F	M	F	M	F	M	F
16-29 J	35	35	39	32	38	43	33	32
30-45 J	33	33	36	38	41	41	29	31
>45 J	31	36	38	33	35	39	30	32
Gesamt	99	104	113	113	114	123	92	95

Anm:. M=Männer, F=Frauen.
Auf 845 Fehlende: Zwei der Befragten gaben kein Alter an.

Das Durchschnittsalter der Befragten insgesamt liegt bei 38.73 (s = 15.09) Jahren, dabei war die jüngste Vpn 16, die älteste 93 Jahre alt. Eine zweifaktorielle

Varianzanalyse mit den Faktoren Nation und Geschlecht ergibt keine signifikanten Unterschiede hinsichtlich des Alters der Vpn (alle F <1, p = ns). In Tabelle 6-2 ist das Durchschnittsalter der Befragten in Abhängigkeit des Geschlechts und des Herkunftslandes dargestellt.

Tab. 6-2: Durchschnittsalter der Befragten nach Land und Geschlecht

	Frankreich	D-Ost	D- West	Irland
Männer	38.04	39.01	38.02	39.92
	(16.00)	(14.86)	(14.03)	(16.16)
Frauen	39.08	40.23	36.85	39.23
	(16.20)	(14.72)	(14.16)	(15.06)
Gesamt	38.57	39.59	37.41	39.57
	(16.07)	(14.77)	(14.08)	(15.58)

Anm.: Standardabweichung in Klammern.

Familienstand

Zum Zeitpunkt der Befragung befand sich die überwältigende Mehrheit der Befragten in einer festen Beziehung. 41.6 Prozent der Befragten gaben an, verheiratet zu sein, weitere 33.5 Prozent befanden sich in einer festen Beziehung und nur 25 Prozent der Befragten waren ohne Partner. Bei dem Vergleich des Familienstandes ist auffällig, dass die irischen Befragten einen sehr hohen Anteil von alleinstehenden Frauen aufweisen und nur einen geringen Anteil von „in Beziehung lebenden" ohne verheiratet zu sein. Möglicherweise ist dieses Ergebnis dem in Irland stark vertretenen Katholizismus geschuldet, der unverheiratete Partnerschaften (und Sexualität außerhalb der Ehe) als unerwünscht ansieht. Zudem ist bemerkenswert, dass nur ein geringer Anteil ostdeutscher Frauen und westdeutscher Männer „Single" sind. Entsprechend der prozentualen Verteilung (vgl. Tab. 6-3) zeigt auch eine Überprüfung des χ^2-Tests für die Beziehung zwischen Familienstand und Land ein signifikantes Ergebnis (χ^2 = 24.09, p < 001). Es konnte also keine Gleichverteilung über die Untersuchungsbedingungen erreicht werden. Wie Küpper (2002) jedoch aufzeigen konnte, unterscheiden sich Singles und Paare nicht in ihren Ansprüchen an einen Partner voneinander.

Etwas mehr als die Hälfte aller Befragten (52.9 Prozent) hat Kinder, wobei 55.4 Prozent der Franzosen, 62.3 Prozent der Ostdeutschen, 53.4 Prozent der Iren und nur 41.9 Prozent der Westdeutschen Kinder haben. Der Gesamtdurchschnitt beträgt 2.15 (Modus = 2, range 1-13). Eine dreifaktorielle Varianzanalyse mit den Faktoren Nationalität, Geschlecht und Geburtskohorte ergibt zwei signifikante Haupteffekte für die Geburtskohorte und Nationalität [Geburtskohorte: F(2/410) = 18.37, p < .001; Nationalität: F(3/410) = 2.99, p < .04]. Bei Betrachtung der Mittelwerte ergibt sich – der Realität entsprechend –, dass jüngere Menschen die geringste Kinderanzahl haben (M = 1.17), gefolgt von der mittleren Geburtskohorte (M = 1.91), die höchste Kinderanzahl findet sich über alle Kulturen hinweg in der ältesten Generation (M = 2.48). Bzgl. des Ländervergleichs wäre bei einer repräsentativen Stichprobe zu erwarten, dass sich Irland in der durchschnittlichen Kinderanzahl deutlich von den anderen Ländern unterscheiden sollte, die geringste Kinderanzahl wäre für Westdeutschland anzunehmen und die französische Population sollte durchschnittlich eine etwas höhere Kinderanzahl als die beiden deutschen Stichproben erzielen[82]. Die vorliegende Stichprobe trifft diese Erwartungen nur für Irland (M = 2.4), das sich in der durchschnittlichen Kinderanzahl signifikant von Ostdeutschland (M = 1.6), Westdeutschland (M = 1.8) und Frankreich (M = 1.7) unterscheidet.

Tab. 6-3: Verteilung des Familienstandes unterteilt nach Geschlecht für jedes Land

	Frankreich		D-Ost		D-West		Irland	
	M	F	M	F	M	F	M	F
Verheiratet	16.7	18.2	22.3	22.8	20.2	19.3	23.8	23.8
Beziehung	19.2	22.2	16.3	17.2	18.5	18.5	10.5	9.4
Ohne Beziehung	12.3	11.3	14.0	7.4	9.7	13.9	18.2	32.6

Anm.: M=Männer, F=Frauen (Angaben in Prozent).

Erwerbsstand

Der Großteil der Befragten befindet sich entweder in der Ausbildung oder ist erwerbstätig (in Ausbildung: 29.3 Prozent, erwerbstätig: 51.9 Prozent, arbeitslos: 5.5 Prozent, in Rente: 9.6 Prozent, Hausfrau/mann: 3.5 Prozent). Allerdings gibt es diesbezüglich länderspezifische Unterschiede [$\chi^2(12) = 38.49$, $p < .001$]. Der Anteil derjenigen, die sich in einer Ausbildung befinden, ist in Ostdeutschland und Irland deutlich geringer als in Frankreich und Westdeutschland. Dafür ist ein größerer Anteil der ostdeutschen und irischen Befragten berufstätig, als es bei den französischen und westdeutschen Befragten der Fall ist (vgl. Tab. 6-4). Den höchsten Anteil an Arbeitslosen weisen die Franzosen auf und den geringsten die irische Stichprobe. Gleichzeitig ist bei den Iren auch der Anteil an Nur-Hausfrauen und -Männern am höchsten.

---

[82] Dies entspricht den länderspezifischen Geburtenquoten (Onnen-Isemann, 2003).

Tab. 6-4: Berufstätigkeit für Geschlecht getrennt nach Land

	Frankreich		D-Ost		D-West		Irland	
	M	F	M	F	M	F	M	F
Ausbildung	17.8	14.4	10.0	11.0	17.3	20.3	11.5	13.7
Berufstätig	20.8	23.8	29.5	28.1	27.4	22.8	29.5	26.2
Rente	5.4	6.4	6.2	6.2	2.5	2.1	6.0	4.4
Arbeitslos	4.5	5.0	3.8	1.9	.8	3.4	1.6	1.1
Hausfrau/ Mann	--	2.0	1.4	1.9	.4	3.0	6.0	6.0

Anm.: M=Männer, F=Frauen (Angaben in Prozent).

Diese Verteilung ist sicherlich für die Länder nicht repräsentativ. Wichtiger für die geplante Auswertung ist jedoch, dass die Unterschiede im Erwerbsstatus über die Länder und für Männer und Frauen eher gering zu nennen sind, sodass aufgrund der Ungleichverteilungen keine Verzerrungen zu erwarten sind, obzwar ein χ^2-Test für Land und Erwerbstand signifikant wird [$\chi^2(12)$ = 38.50, p < .001].

Größe des Herkunftsorts
Schließlich wurde erfasst, wie viele Einwohner in dem Wohnort lebten, in dem die Befragten ihre ersten 15 Lebensjahre (hauptsächlich) verbracht haben (vgl. Tab. 6-5). Mit dieser Frage sollte ein möglicher Stadt-Land Effekt kontrolliert werden. Anzunehmen ist, dass Personen, die hauptsächlich auf dem Lande sozialisiert worden sind, eine stärker traditionelle geschlechtsrollenorientierte Sozialisation erfahren, die sich – im Sinne der Theorie der strukturellen Machtlosigkeit – auf Partnerpräferenzausprägungen auswirken könnte (Alfermann, 1996).

Tab. 6-5: Größe des Herkunftsorts für Geschlecht getrennt für jedes Land

	Frankreich		D-Ost		D-West		Irland	
	M	F	M	F	M	F	M	F
< 5.000	13.0	14.0	17.0	11.3	11.9	10.6	14.6	12.3
< 20.000	7.5	9.0	4.7	9.0	12.8	13.6	6.4	18.1
< 50.000	4.0	5.0	5.2	7.1	6.8	6.8	1.8	4.7
<100.000	4.5	4.5	4.2	7.5	3.8	6.4	8.2	4.1
< 500.000	14.5	10.0	11.8	6.6	8.5	11.9	15.2	8.2
> 500.000	5.0	9.0	9.4	6.1	3.8	2.6	4.1	2.3

Anm.: M=Männer, F=Frauen (Angaben in Prozent).

Im Allgemeinen kann, trotz eines signifikanten χ^2-Wertes für den Zusammenhang zwischen Land und Wohnort [$\chi^2(15)$ = 35.31], für die Stichprobe festgestellt werden, dass sich die Befragten relativ homogen in Stadt- und Landbevölkerung verteilen. Zwar gibt es vereinzelt Ausreißer, diese sind aber nicht so zahlreich, als dass erwartet würde, dass sie einen Effekt auf die hier untersuchte Fragestellung besitzen.

Religionszugehörigkeit und Religiosität
Insgesamt 54.7 Prozent aller Vpn gehören einer Glaubensgemeinschaft an, wobei – wie aufgrund der nationalen statistischen Kennziffern zu erwarten war (eurostat, 2000) – die christliche Religion die verbreitetste ist. Ein knappes Drittel (30.9 Prozent) ist katholisch, 17.5 Prozent evangelischer Glaubenszugehörigkeit, 2.5 Prozent gehören anderen christlichen Gruppierungen an. 0.9 Prozent der befragten Personen zählen sich zu den Muslimen, 0.4 Prozent sind jüdischen Glaubens, 2.5 Prozent gehören „sonstigen" Glaubensrichtungen (z.b. Buddhismus, Naturreligionen etc.) an. 34.6 Prozent sind keiner Kirche angehörig und immerhin 10.8 Prozent verweigerte die Aussage auf diese Frage. Tabelle 6-6 zeigt die Religionszugehörigkeit in den Untersuchungsländern.

Tab. 6-6: Religionszugehörigkeit nach Land und Geschlecht

	Frankreich		D-Ost		D-West		Irland	
	M	F	M	F	M	F	M	F
Katholisch	13.1	18.3	2.2	2.2	16.4	18.6	30.4	42.2
Evangelisch	2.1	3.1	12.6	13.7	15.9	21.8	2,5	1.9
Muslimisch	.5	1.6	--	--	1.4	.5	--	--
Jüdisch	--	.5	--	--	.5	--	.6	--
Sonstige	5.2	6.8	3.3	--	.5	1.8	3.7	1.9
Keine	27.7	2.9	32.4	33.5	12.3	1.5	11.8	5.0

Anm.: M=Männer, F=Frauen (Angaben in Prozent).

Da eine Religionszugehörigkeit auch rein nominal bestehen kann, wurde mit zwei weiteren Fragen („*Würden Sie sich selbst als religiös bezeichnen?*", „*Wie wichtig ist es für Sie, sich nach den Geboten und Regeln Ihrer Religion zu richten?*") die Religiosität der Befragten mittels zweier 9-stufiger Antwortskalen erfasst (wobei 1 die höchste Ablehnung und 9 die höchst mögliche Zustimmung zu der Frage bedeutete). Eine dreifaktorielle Varianzanalyse mit den Faktoren Geschlecht, Land und Geburtskohorte ergibt für die Frage nach der Religiosität der Befragten drei signifikante Haupteffekte für Geschlecht [$F(1/810) = 9.05$, $p < .004$], das Herkunftsland [$F(3/810) = 26.64$, $p < .001$] und die Generationszugehörigkeit [$F(2/810) = 15.68$, $p < .001$]. Eine Analyse der Mittelwerte ergibt, dass sich Frauen als religiöser erweisen als Männer, dass die irische Population sich als die religiöseste zeigt und sich signifikant von den anderen Ländern unterscheidet, und ältere Befragte religiöser sind als jüngere. Auch die Frage nach der Wichtigkeit der Gebote und Regeln der eigenen Religion ergibt je einen signifikanten Ländereffekt [($F(3/767) = 26.298$, $p < .001$)] und einen Generationseffekt [$F(2/767) = 30.24$, $p < .001$). Der sich anschließende post-hoc Scheffé-Test zeigt wiederum, dass den irischen Befragten im Vergleich zu allen anderen

Untersuchungsländern die Befolgung der Regeln ihrer Religion am wichtigsten ist und der ältesten Befragtengruppe wichtiger als den beiden jüngeren Geburtskohorten.

Diese Ergebnisse sprechen für die Qualität der Stichprobe. Die bestehenden signifikanten Unterschiede bzgl. der Religiosität entsprechen den erwarteten: Der Einfluss der katholischen Kirche ist in Irland im europäischen Vergleich sehr hoch (vgl. Kapitel 3), in den anderen Untersuchungsländern spielt die Kirche und verbunden damit die Religion nur eine sehr geringe Rolle, dieser unterschiedliche Einfluss spiegelt sich in den Mittelwertausprägungen der Untersuchungsländer wider.

Insgesamt ist festzustellen, dass die berichteten Stichprobenmerkmale über die untersuchten Länder hinweg befriedigend gleichverteilt sind. Zwar gibt es bezüglich der erhobenen demographischen Variablen zwischen allen Ländern signifikante Unterschiede – diese wären aber auch bei einer repräsentativen Stichprobe zu erwarten gewesen. Die Darstellung zeigt aber auch, dass trotz der durchweg signifikanten χ^2-Werte die unterschiedlichen prozentualen Verteilungen nicht gravierend sind.

6.6 Überprüfung von geschlechtsspezifischen Unterschieden in Partnerpräferenzen für die Gesamtstichprobe

Es wurden insgesamt 52 Items erhoben, die die Präferenz für einen Partner mit bestimmten Qualitäten messen sollten. Die Items stammen dabei aus vier Quellen und sollen im Folgenden getrennt voneinander dargestellt und somit überprüft werden, inwieweit die eigenen Ergebnisse mit denen in der Literatur berichteten übereinstimmen. Dabei wird auf die länderspezifische Aufschlüsselung verzichtet und die Analyse über alle Vpn berechnet, wobei als interessierende Größe nur das Geschlecht von Interesse ist. Die folgenden Ergebnisse basieren auf einer multivariaten Varianzanalyse mit einer sich anschließenden univariaten Prüfung der Einzelitems für den Faktor Geschlecht. Da die folgende Darstellung einen mehr deskriptiven Charakter hat, und die Itemanalyse keine Geschlechterunterschiede bezüglich der Skalenverwendung feststellen konnte, werden nur untransformierte Werte berichtet.

6.6.1 Darstellung des Geschlechtereffekts für die Wichtigkeitseinschätzung bestimmter Merkmalsausprägungen für die Partnerwahl über die gesamte Stichprobe

Die multivariate Varianzanalyse über 18 Items mit dem Faktor Geschlecht ergibt einen signifikanten Haupteffekt (multiv. $F(18/740) = 16.690$, $p < .001$). Die univariaten Ergebnisse sind tabellarisch dargestellt.

Tab. 6-7: Wichtigkeitseinschätzungen von Partnermerkmalen der Gesamtstichprobe

Abhängige Variable	F	p <	M
Liebe und Zuneigung	21.21	.001	8.48 (.87)
Zuverlässigkeit	4.32	ns	8.25 (1.32)
Emotionale Treue	31.42	.001	8.21 (1.24)
Sexuelle Treue	6.00	ns	8.20 (1.42)
Befriedigende Sexualität	7.75	.01	7.61 (1.60)
Humor	<1	ns	7.60 (1.44)
Intelligenz	21.60	.001	7.47 (1.48)
Geborgenheit	56.85	.001	7.47 (1.84)
Eigenes Leben	7.14	ns	6.94 (1.89)
Gepflegt und gut gekleidet	7.68	.001	6.87 (1.91)
Wunsch nach Familie	20.16	.001	6.78 (2.29)
Hohe Bildung	4.81	ns	6.30 (2.06)
Beruflicher Ehrgeiz	51.97	.001	5.99 (2.19)
Finanzielle Unabhängigkeit	61.62	.001	5.94 (2.46)
Gutes Aussehen	49.49	.001	5.81 (1.83)
Beruflicher Erfolg	34.22	.001	5.73 (2.18)
Alter	<1	ns	4.70 (2.14)
Gute Verdienstaussichten	44.63	.001	4.42 (2.37)

Anm.: M=Mittelwert, Standardabweichung in Klammern.

Aus Tabelle 6-7 wird deutlich, dass für die gesamte Stichprobe von 18 auf ihre Wichtigkeit hin einzustufende Partnermerkmale nur sechs Variablen das Signifikanzniveau verfehlen. Bis auf das Item „sexuelle Treue" unterscheiden sich Männer und Frauen in allen theorierelevanten Variablen, das heißt Frauen bewerten diejenigen Items, die mit materieller Sicherheit verbunden werden, höher als Männer, während Männer im Vergleich mehr Wert auf das Aussehen bei der Partnerwahl legen.

Bei einer Analyse der Gesamtmittelwerte ohne Berücksichtigung der Geschlechtszugehörigkeit (Spalte 4), kann festgestellt werden, dass „beziehungsstabilisierende Partnermerkmale" wie „Liebe", „Zuverlässigkeit" und „Treue" von den Befragten insgesamt als wichtigste Kriterien eingeschätzt werden. Interessant ist, dass die für die Partnerwahlforschung relevanten Items wie „finanzielle Sicherheit", „gutes Aussehen" und „Alter" auf die letzten Rangplätze

verwiesen werden. Zudem ist die relativ geringe Einschätzung des Items „Wunsch nach Familie und Kindern" bemerkenswert.
In der folgenden Tabelle sind die Mittelwerte und erreichten Rangplätze für Männer und Frauen getrennt dargestellt:

Tab. 6-8: Mittelwerte und Rangreihen für Männer und Frauen für die Wichtigkeitseinschätzungen von Partnermerkmalen

Item	Mittelwert Männer	Mittelwert Frauen	Rangreihe Männer	Rangreihe Frauen
Liebe und Zuneigung	8.34 (.93)	8.63 (.79)	1	1
Zuverlässigkeit	8.15 (1.32)	8.35 (1.31)	2	3
Sexuelle Treue	8.07 (1.52)	8.32 (1.29)	3	4
Emotionale Treue	7.96 (1.36)	8.46 (1.06)	4	2
Befriedigende Sexualität	7.77 (1.43)	7.45 (1.75)	5	8
Humor	7.60 (1.41)	7.60 (1.46)	6	7
Intelligenz	7.23 (1.51)	7.72 (1.42)	7	6
Geborgenheit	6.98 (2.06)	7.95 (1.43)	8	5
Eigenes Leben	6.75 (1.95)	7.12 (1.82)	9	10
Gepflegt & gut gekleidet	6.68 (2.07)	7.06 (1.71)	10	11
Wunsch nach Familie	6.41 (2.32)	7.15 (2.20)	11	9
Gutes Aussehen	6.27 (1.69)	5.36 (1.85)	12	16
Hohe Bildung	6.13 (2.08)	6.46 (2.03)	13	14
Beruflicher Ehrgeiz	5.43 (2.29)	6.54 (1.95)	14	13
Beruflicher Erfolg	5.28 (2.24)	6.19 (2.02)	15	15
Finanz. Unabhängigkeit	5.27 (2.44)	6.62 (2.30)	16	12
Alter	4.67 (2.18)	4.72 (2.10)	17	18
Gute Verdienstaussichten	3.86 (2.23)	4.98 (2.38)	18	17

Anm.: gleiche Rangplätze sind grau unterlegt, Standardabweichung in Klammern.

Die Analyse der *Mittelwerte* ergibt für die Gesamtstichprobe die aus der Literatur erwarteten Ergebnisse (vgl. Tab. 6-8). Frauen scheinen bei der Partnerwahl wählerischer als Männer zu sein, bei fast allen Variablen erreichen sie höhere Mittelwerte als Männer. Sie legen signifikant mehr Gewicht auf „beziehungsstabilisierende Partnereigenschaften" wie „Liebe", „Treue" (sowohl emotionaler als auch sexueller Art) und „Zuverlässigkeit", sie suchen mehr als Männer „Geborgenheit" bei einem Partner und stufen „Intelligenz", den „Wunsch nach Familie", „Gepflegtheit" und „hohe Bildung" als wichtiger ein. Aber sie halten es auch für wichtiger, dass der Partner neben der Beziehung auch noch ein eigenes Leben mit Freunden und Hobbys führt. Zudem bewerten sie alle Variablen, die mit materieller Sicherheit verbunden werden können („gute Verdienstaussichten", „finanzielle Unabhängigkeit", „beruflicher Erfolg" und „Ehrgeiz") höher als ihre männlichen Geschlechtsgenossen. Männer dagegen beurteilen die „physische Attraktivität" einer Partnerin als wichtigeres Partnerkriterium als Frauen und legen mehr Wert auf eine „befriedigende Sexualität" in der Partnerschaft. Dagegen erreicht die Einschätzung der Wichtigkeit des Alters eines Partners keine Signifikanz zwischen Männern und Frauen.

Rangreihenanalyse: Etwas anders stellen sich die Ergebnisse dar, analysiert man die Mittelwerte in Abhängigkeit ihrer Wichtigkeit im Vergleich zu den anderen Items. Wie Spalten 4 und 5 von Tabelle 6-8 zeigen, fallen bei einer Betrachtung der Rangreihen die Unterschiede nicht ganz so deutlich wie bei der Mittelwertanalyse aus. Für Männer und Frauen ist „Liebe und Zuneigung" das wichtigste Merkmal bei der Partnerwahl. Männer stufen im Vergleich zu Frauen „befriedigende Sexualität" und „physische Attraktivität" höher ein, bei Frauen dagegen rangiert die Einschätzung von „emotionaler Treue", „Geborgenheit", dem „Wunsch nach Familie" und finanzieller „Unabhängigkeit" höher. Für die übrigen Items ist festzustellen, dass sie meist nur um einen Rangplatz voneinander abweichen, die Einschätzung der Wichtigkeit von „beruflichen Erfolg" erreicht bei Männern und Frauen sogar den gleichen Rangplatz.

Fazit:
Die Betrachtung der signifikanten *Mittelwertunterschiede* in der Gesamtstichprobe für Männer und Frauen stehen im Einklang mit den Hypothesen aus EP und TSM. Die einzige Überraschung ist für die Variable „Alter" festzustellen. Hier postuliert die EP einen klaren Geschlechtereffekt, Männern sollte das Alter einer Partnerin wichtiger sein als Frauen, da Alter bei Frauen mit Fertilität assoziiert ist. Allerdings muss angemerkt werden, dass dieses Item in der vorliegenden Studie nur unspezifisch formuliert wurde. Nach der Theorie ist zu erwarten, dass Männer mehr Wert darauf legen, dass eine Partnerin jünger ist als sie, Frauen dagegen wünschen sich einen etwas älteren Partner. Die gewählte Formulierung „wie wichtig ist Ihnen das Alter eines Partners" mag zu unscharf sein, um zwischen Männern und Frauen hinreichend zu diskriminieren. Ein weiteres erstaunliches Ergebnis erzielte das Item „Wichtigkeit sexueller Treue", das das festgelegte Signifikanzniveau verfehlte. Zwar steht es nicht im Mittelpunkt der hier aufgestellten Hypothesen, aber es stellt ein wichtiges Element innerhalb der EP dar. Nach ihren Aussagen müssten Männer im Vergleich zu Frauen mehr Wert auf die sexuelle Treue bei der Partnerwahl legen, da sie sonst Gefahr laufen, ihre finanziellen Ressourcen in ein „Kuckuckskind" zu investieren und ihr eigenes Reproduktionsziel verfehlen könnten (Buss, 1995). Die hier erhaltenen Ergebnisse aus vier Kulturen bestätigen dies jedoch nicht. Im Gegenteil zeigen die Mittelwerte, dass Frauen tendenziell mehr Wert auf diese Partnerqualität zu legen scheinen als Männer.
Die Analyse der *Rangreihen* unterscheidet sich von der reinen Mittelwertanalyse. Jedoch sind die Unterschiede nicht so deutlich, dass sie in Widerspruch zu diesen Ergebnissen stehen würde. Männer stufen die „physische Attraktivität"

bei der Partnerwahl deutlich höher ein als Frauen. Für die Einschätzung „materieller Sicherheit" sind die Ergebnisse nur für „finanzielle Unabhängigkeit" wie erwartet deutlich. Für „beruflichen Erfolg", „beruflichen Ehrgeiz", „hohe Bildung" und „guter Verdienst" unterscheiden sich Männer und Frauen jeweils um maximal einen Rangplatz und bezüglich des Items „hohe Bildung" nicht einmal in die erwartete Richtung.

6.6.2 Mittelwertunterschiede für die Gesamtstichprobe für „materielle Sicherheit" (Townsend-Items)

Die von Townsend (1989, 1993) entwickelten Items fokussieren auf die Messung der materiellen Sicherheit. Townsend analysierte sowohl die Einzelitems als auch ihre zusammengefasste Skala.
Die multivariate Varianzanalyse für Geschlecht ergibt einen signifikanten Effekt: multiv. $F(7/801) = 16.02$, $p < .001$). Die univariaten Ergebnisse finden sich in Tabelle 6-9 wieder.

Tab. 6-9: Geschlechterunterschiede Partnerpräferenz „materielle Sicherheit" für die Items von Townsend

Item	F	p <	M Männer	M Frauen
Partner genau so erfolgreich	51.95	.001	3.72 (2.39)	5.01 (2.67)
Kein Partner, d. weniger verdient	72.61	.001	2.66 (2.01)	4.09 (2.67)
Beruflich hohes Ansehen	25.52	.001	4.14 (2.39)	4.99 (2.39)
Kein Partner, d. nicht so guten Job	36.43	.001	2.17 (1.86)	3.07 (2.35)
Lieber Partner, der mehr verdient	44.04	.001	3.38 (2.38)	4.61 (2.87)
Doppelter Verdienst stört*	22.80	.001	2.64 (2.37)	3.49 (2.69)
Erfolg wichtiger als Körper	49.13	.001	3.45 (2.50)	4.74 (2.73)
Skala (alpha = .82) t(800.47)= -9.576		.001	3.18 (1.44)	4.27 (1.85)

Anm.: M=Mittelwert, Standardabweichung in Klammern, *Item umgepolt.

Es zeigt sich, dass Frauen die „materielle Sicherheit" bei allen sieben Items für signifikant wichtiger halten als Männer. Dies entspricht den Ergebnissen von Townsend (1989, 1993), der seine Studie an einer amerikanischen Stichprobe durchführte. Auch diese Resultate stehen im Einklang mit der Literatur und wurden sowohl von EP als auch der TSM hypostasiert.

6.6.3 Mittelwertunterschiede für die Gesamtstichprobe für „materielle Sicherheit" (Bailey et al.-Items)

Die multivariate Analyse der sechs von Bailey et al. (1994) entnommenen Items zur Messung der Präferenz für einen finanziell abgesicherten Partner ergibt einen signifikanten Geschlechtereffekt (multiv. $F(6/802) = 10.30$, $p < .001$).

Tab. 6-10: Geschlechtsunterschiede Präferenz für „materielle Sicherheit", Bailey et al.

Item	F	p <	M Männer	M Frauen
Genauso gute Bildung	31.47	.001	5.82 (2.49)	6.75 (2.32)
Partner, der viel mehr Geld	17.27	.001	2.68 (2.11)	3.32 (2.40)
Geringere Karriereambitionen*	<1	ns	4.64 (2.82)	4.61 (2.55)
Einfluss und Reichtum	17.86	.001	3.01 (2.53)	3.82 (2.87)
Höhere Gesellschaftsschicht	4.75	.05	2.38 (1.91)	2.70 (2.24)
Partner: beruflich etabliert	3.82	.001	3.61 (2.67)	4.66 (2.93)
Skala (alpha = .60) t(830.30)	= -6.15	.001	3.70 (1.33)	4.31 (1.53)

Anm.: M=Mittelwert, Standardabweichung in Klammern, *Item umgepolt.

Wie aus der Tabelle 6-10 ersichtlich ist, lassen sich auch für die von Bailey et al. (1994) entwickelten Items die erwarteten Geschlechtereffekte feststellen, wenn auch die univariate Prüfung nicht für alle Items Signifikanz erzielt. Keine Unterschiede für Männer und Frauen lassen sich für die Items „*es würde mir nichts ausmachen, mit jemandem eine Beziehung einzugehen, dessen Karriereambitionen wesentlich geringer als meine sind*" sowie „*ich würde es nicht gut finden, wenn mein Partner sehr viel mehr Geld als ich verdienen würde*" und „*Präferenz für einen Partner aus einer höheren Gesellschaftsschicht*" finden. Allerdings wurden diese Items ursprünglich als Elemente einer Skala entwickelt und die Autoren machen keine Angaben über die Beschaffenheit und das Verhältnis der Einzelitems zueinander. Festzustellen ist jedoch, dass die Reliabilität dieser Skala für die Gesamtstichprobe nicht befriedigend ist und deutlich von derjenigen aus der Originalskala abweicht (Originalstudie: alpha = .65-.82).

6.6.4 Mittelwertunterschiede für die Gesamtstichprobe für „physische Attraktivität" (Bailey et al.-Items)

Die multivariate Varianzanalyse über die Partnerpräferenz-Items zur Erfassung der physischen Attraktivität ergeben einen signifikanten Geschlechtereffekt [multiv. $F(9/792) = 19.056$, $p < .001$]. Auch dieses Ergebnis entspricht den von beiden Theorien aufgestellten Hypothesen.

Tab. 6-11: Geschlechterunterschiede Partnerpräferenz „physische Attraktivität", Bailey et al.

Abhängige Variable	F	P <	M Männer	M Frauen
Zunächst unattraktiv*	8.17	.005	4.42 (2.26)	3.93 (2.53)
Aussehen bewahren	<1	ns	6.62 (2.16)	6.64 (2.13)
Aussehen nicht wichtig*	14.62	.001	5.77 (2.37)	5.14 (2.30)
Interesse durch Aussehen	2.70	.001	6.08 (2.37)	5.27 (2.64)
Nettigkeit wichtiger*	18.10	.001	3.60 (2.01)	2.99 (2.03)
Partner gut angezogen	5.17	.05	5.90 (2.30)	6.26 (2.21)
Aussehen nicht verlieren	6.85	.01	3.85 (2.50)	3.40 (2.42)
Sexuell anziehender	103.38	.001	5.21 (2.55)	3.43 (2.41)
Partner ist attraktiv**	27.89	.001	6.10 (1.97)	5.33 (2.15)
Skala (alpha = .56) t(843) = 7.01		.001	5.17 (1.18)	4.62 (1.11)

Anm.: M=Mittelwert, Standardabweichung in Klammern ,*Items umgepolt.
**dieses Item stammt von Townsend (1989, 1993) und wurde nicht in die Berechnung der Skala einbezogen.

Die Analyse der univariaten Ergebnisse zeigt, dass nur eines der neun erhobenen Items das Signifikanzniveau verfehlt (vgl. Tab. 6-11). Bei allen anderen Items sind Unterschiede in Abhängigkeit des Geschlechts festzustellen: Männer legen in Übereinstimmung mit den Hypothesen signifikant mehr Wert auf die Attraktivität einer Partnerin als Frauen. Wieder ist jedoch festzustellen, dass die interne Konsistenz der Skala von der in der Literatur berichteten abweicht (Originalstudie: alpha= .70-.77).

6.6.5 Überprüfung des Geschlechtereffektes für die Sprecher et al.-Items

Die multivariate Analyse der zwölf Sprecher-Items ergibt wieder einen signifikanten Geschlechtereffekt [multiv. F(12/803) = 35.31, p < .001].
Die univariate Analyse ergibt signifikante Geschlechterunterschiede bei fast allen theorierelevanten Variablen. Frauen sind im Vergleich zu Männern eher bereit einen Partner zu heiraten, der „älter ist" als sie, „eine höhere Bildung besitzt", „mehr Geld als sie verdient" und „nicht gut aussieht". Männer dagegen würden eher als Frauen jemanden heiraten, „der jünger ist" als sie, „eine andere Hautfarbe hat", „keine feste Anstellung besitzt", „weniger verdient" und „eine niedrigere Bildung" als sie besitzt. Dies entspricht den theoretischen Erwartungen. Keine Effekte ließen sich für die Variablen „andere Religion", „hat bereits Kinder" und „war schon einmal verheiratet" feststellen (vgl. Tab. 6-12). Zwar wurde für die Items „bereits Kinder" und „schon einmal verheiratet" keine spezielle Hypothese aufgestellt, jedoch hätte man gemäß den Annahmen der EP für

diese Geschlechtereffekte vermuten können. Nach den Ausführungen der EP sollte ein Mann einer Partnerin mit Kindern kritisch gegenüberstehen, da in diesem Fall seine Ressourcen nicht seinen eigenen Nachkommen zu Gute kommen.

Tab. 6-12: Geschlechterunterschiede für den Wunsch, einen Partner mit bestimmten Eigenschaften zu heiraten, Sprecher et al.

Abhängige Variable	F	P <	M Männer	M Frauen
5 Jahre jünger	104.95	.001	7.16 (2.13)	5.38 (2.77)
Schon einmal verheiratet	<1	ns	6.22 (2.47)	6.06 (2.50)
5 Jahre älter	78.47	.001	5.51 (2.72)	7.04 (2.20)
Keine feste Anstellung	74.33	.000	5.28 (2.40)	3.81 (2.46)
Höhere Bildung als Sie	11.25	.001	6.84 (2.00)	7.28 (1.80)
Andere Religion	<1	ns	6.19 (2.54)	6.12 (2.54)
Bereits Kinder	<1	ns	5.57 (2.55)	5.52 (2.54)
Weniger verdient	6.11	.001	6.76 (2.17)	5.50 (2.45)
Andere Hautfarbe	9.63	.01	6.06 (2.69)	5.46 (2.81)
Mehr verdient als Sie	19.40	.001	6.86 (2.05)	7.46 (1.83)
Nicht gut aussieht	21.03	.001	4.53 (2.15)	5.22 (2.16)
Niedrigere Bildung als Sie	4.14	.001	5.76 (2.20)	4.76 (2.29)

Anm.: M=Mittelwert, Standardabweichung in Klammern.

Nachdem gezeigt werden konnte, dass für die Gesamtstichprobe die erwarteten geschlechtsspezifischen Unterschiede in Partnerpräferenzen unabhängig davon, welche Form und Formulierung für die Items gewählt wurden, auftreten, folgt nun die weitere Datenanalyse in Hinblick auf die aufgestellten Hypothesen.

6.7 Skalenkonstruktion

Traditionellerweise erfolgt die Auswertung von Partnerpräferenzen auf der Basis von t-Tests bzw. mittels eines varianzanalytischen Designs oder des Vergleichs von Rangreihen (Buss, 1989; Buss & Barnes, 1986; Buss et al., 2001; De Raad & Doddema-Winsemius, 1992; Hatfield & Sprecher, 1995; Liston & Salts, 1988; Kenrick, Sadalla, Groth & Trost, 1990; Sprecher et al., 1994; Townsend, 1989). Zusammengefasste Indizes, faktorenanalytische Vorgehensweisen oder multivariate Analysen sind selten und kommen meist erst in jüngerer Zeit zur Anwendung (Luszyk, 2001; Walter, 1998)[83].

Diese „klassische" Vorgehensweise der Durchführung einer beliebigen Anzahl von t-Tests bei der Datenanalyse ist allerdings aufgrund der durch die Einzeltes-

---
[83] Obwohl Murstein bereits 1976 dieses Vorgehen empfahl.

tung erfolgten Erhöhung des alpha-Fehlers statistisch problematisch (Bortz, 1993, und auch schon früh von den verschiedensten Autoren kritisiert worden, Hartung, 1989). Forschenden in diesem Zusammenhang stellt sich jetzt die Frage, aufgrund der besseren Vergleichbarkeit die Fehler der Vorgänger zu wiederholen oder, auf den Schultern von Riesen stehend, aus der Vergangenheit zu lernen: Was in diesem Falle heißen würde, konservativere Auswertungsstrategien zu wählen, die zu konservativeren Resultaten führen könnten.

In der vorliegenden Arbeit wurde die Präferenzneigung für 52 mögliche Partnermerkmale erhoben, von denen angenommen wird, dass sie sich inhaltlich den Konstrukten Präferenz für „physische Attraktivität", „materielle Sicherheit", „Liebe und beziehungsstabilisierende Charaktereigenschaften" zuordnen lassen (vgl. hierzu auch Luszyk, 2001).

Um die o.a. Inflationierung des alpha-Fehlers zu vermeiden, wurde sich für folgendes Procedere entschieden:
Zunächst wird fakorenanalytisch untersucht, inwieweit sich die 52 Items tatsächlich in die drei postulierten Faktoren bündeln lassen. Hierzu wird in einem ersten Schritt eine Faktorenanalyse (Hauptkomponentenanalyse) mit Varimaxrotation für alle Vpn über alle Untersuchungsländer hinweg durchgeführt. Zudem soll festgestellt werden, inwieweit die von verschiedenen Autoren entwickelten Items voneinander unabhängige Operationalisierungen der interessierenden Konstrukte darstellen bzw. ob sie sich inhaltlich entsprechen und skalenübergreifend zu Faktoren zusammengefasst werden können. Daran anschließend wird die gleiche Analyse für jedes Land getrennt durchgeführt und die so erhaltenen Faktoren mittels des Tucker'schen Kongruenzkoeffizienten Φ miteinander verglichen. Dabei ist von Interesse, inwieweit sich die so konstruierten Faktoren entsprechen bzw. dies nicht der Fall ist[84].

Bei entsprechender Eignung in allen Untersuchungsländern werden die extrahierten Faktoren zu Skalen zusammengefasst und diese dann für die varianzanalytische Hypothesentestung herangezogen. Hiermit wird nicht nur den Anregungen Luszyks (2001) gefolgt, sondern auch den Erfahrungen aus interkulturellen Vergleichen (van de Vijver & Leung, 1997).

---

[84] Dabei ist die Beschränkung auf die Ländergruppe zur Feststellung der Strukturäquivalenz artifiziell. Es ist nicht auszuschließen, dass Alters-, Geschlechter- oder Familienstandgruppen aber auch Religionszugehörigkeit und Bildungsstatus nicht ähnlich unterschiedliche Kulturen bilden, wie dass bei Angehörigen verschiedener Nationalitäten angenommen wird. Letztendlich würde dieses Vorgehen jedoch einen infiniten Regress nach sich ziehen und jegliche vergleichende Analyse ad absurdum führen.

6.8 Faktorenanalytische Ermittlung von Partnerpräferenzen zugrundeliegende Faktoren über alle Untersuchungsländer

Die varimaxrotierte Faktorenanalyse über alle Vpn resultiert in 13 Faktoren mit Eigenwerten >1 und einer Gesamtvarianzaufklärungsleistung von 58.13 Prozent (Eigenwertverlauf: 7.58, 3.90, 3.46, 3.06, 1.97, 1.55, 1.46, 1.39, 1.27, 1.24, 1.17, 1.11, 1.07). Der Screetest lässt jedoch eine vierfaktorielle Faktorenanalyse als geeigneter erscheinen (Varianzaufklärungsleistung 34.60 Prozent, vgl. Anhang), deren faktorielle Ladungen in Tabelle 6-13 dargestellt sind.

Tab. 6-13: Pankulturelle Faktorenanalyse über 52 Partnerpräferenzen, Ergebnisse der vierfaktoriellen Lösung

	1	2	3	4
T Lieber jmd., der mehr verdient	.76	-.01	.03	.07
T Kein Partner, der weniger verdient	.70	-.08	.08	.04
T Kein Partner der nicht guten Job	.67	-.19	.01	.00
B1 Partner, der viel mehr Geld	.65	.00	-.12	.11
W Gute Verdienstaussichten	.60	-.19	.29	.16
T Beruflich hohes Ansehen	.60	-.09	.33	.09
T Partner genauso erfolgreich	.59	-.06	.28	-.05
B1 Höhere Gesellschaftsschicht	.55	.00	-.12	.21
S Heiraten, der weniger verdient	-.53	.53	-.05	.07
T Erfolg wichtiger als Körper	.51	.09	.01	-.32
B1 Partner: Beruflich etabliert	.49	.12	-.07	.01
T Doppelter Verdienst stört*	.49	-.14	.05	-.06
B1 Einfluss und Reichtum	.46	.11	-.16	.10
S Keine feste Anstellung	-.45	.45	-.18	.06
W Finanz. Unabhängigkeit	.42	.00	.15	.05
B1 Geringere Karriereambitionen*	.11	-.10	.09	-.06
S Heiraten, der mehr verdient	.12	.66	.03	.04
S Heiraten, andere Religion	.01	.65	.01	.04
S Heiraten, andere Hautfarbe	-.23	.64	-.15	.02
S Schon einmal verheiratet	-.11	.62	-.03	.04
S Bereits Kinder	-.07	.60	.04	-.10
S Heiraten, höhere Bildung	.09	.59	.10	.00
S Heiraten, 5 Jahre älter	.11	.52	.06	-.25
S Heiraten, niedrigere Bildung	-.35	.46	-.17	-.03

Tab. 6-14: Fortsetzung: Pankulturelle Faktorenanalyse über 52 Partnerpräferenzen, Ergebnisse der vierfaktoriellen Lösung

		1	2	3	4
S	Heiraten, 5 Jahre jünger	-.23	.42	-.15	.20
W	Alter	.07	-.27	.20	.24
W	Liebe und Zuneigung	-.12	.01	.58	-.13
W	Intelligenz	.13	.07	.57	.12
W	Emotionale Treue	-.09	-.01	.53	-.13
W	Beruflicher Ehrgeiz	.51	-.06	.52	.11
W	Beruflicher Erfolg	.48	-.08	.51	.06
W	Hohe Bildung	.22	.13	.49	.18
W	Zuverlässigkeit	-.10	-.07	.48	-.01
W	Gepflegt und gut gekleidet	.20	-.14	.47	.37
W	Wunsch n. Familie	.01	-.14	.46	-.06
W	Geborgenheit	.18	-.10	.45	-.14
B1	Genauso gute Bildung	.32	.08	.39	.10
W	Sexuelle Treue	.01	-.15	.38	-.05
W	Befriedigende Sexualität	-.01	.15	.31	.28
W	Humor	.03	.13	.30	.09
W	Eigenes Leben	-.01	.19	.26	.01
W	Gutes Aussehen	.00	-.01	.10	.76
T1	Partner ist attraktiv	.12	.04	.17	.68
S	Nicht gut aussieht	-.05	.46	.05	-.58
B2	Aussehen nicht wichtig*	-.13	-.09	.08	.52
B2	Aussehen nicht verlieren	.24	.01	-.13	.49
B2	Interesse durch Aussehen	.00	.08	-.09	.49
B2	Aussehen bewahren	.20	.06	.23	.46
B2	Nettigkeit wichtiger	-.02	-.27	-.18	.41
B2	Partner sexuell anziehender	.03	.16	-.20	.38
B2	Partner gut angezogen	.29	.04	.25	.37
B2	Zunächst unattraktiv		-.33		.35

Anm.: **B1** = Skala „materielle Sicherheit" (Bailey et al.), **B2** = Skala „physische Attraktivität" (Bailey et al.), **W** = „Wichtigkeitseinschätzungen" (Buss, Christensen und andere), **T** = Skala „materielle Sicherheit" (Townsend), **T1** Item zur Messung der Präferenz für „physische Attraktivität" (Townsend).
*Item umgepolt.

Festzustellen ist zunächst, dass sich die verschiedenen Operationalisierungen von Partnerpräferenzen (Wichtigkeitseinschätzungen, die Einstellungsitems von Townsend, 1989, 1993 sowie Bailey et al., 1994) nicht von einander abgrenzen, sondern sich in Abhängigkeit ihres Inhaltes faktorisieren. Die jeweiligen Operationalisierungen der Präferenz für „physische Attraktivität" und „finanzielle Sicherheit" korrelieren also gut untereinander und rechtfertigen auch empirisch die

Entscheidung, die Items nicht getrennt nach ihrer Herkunft und Entwicklung für die Überprüfung der Hypothesen zu analysieren. Anders stellt sich dies jedoch für die von Sprecher et al. (1994) entwickelten Items dar, diese laden sämtlich substantiell (alle a > .4) auf dem zweiten Faktor, ungeachtet ihres Inhaltes und der Richtung ihrer Formulierung. Zwar weisen zwei Items („nicht gut aussieht" und „weniger als Sie verdient" gleiche bzw. geringfügig höhere Ladungen auf anderen Faktoren auf, dennoch sind die Fehlladungen auf Faktor 2 zu hoch, als dass man es empirisch vertreten könnte, die betreffenden Items aufgrund ihrer inhaltlichen Passung anderen Faktoren zuzuordnen.

Inhaltlich lassen sich demnach zunächst nur drei der extrahierten Faktoren interpretieren: Faktor 1 misst die Präferenz für „materielle Sicherheit" bzw. den Wunsch nach einem Partner mit der „Fähigkeit zur Ressourcenakquisition", auf dem zweiten Faktor laden die Items von Sprecher et al. (1994), die die „Bereitschaft jemanden mit bestimmten Eigenschaften zu heiraten" messen. Faktor 3 bündelt alle Items, die mit „Liebe und beziehungsstabilisierenden Eigenschaften" zu tun haben und der vierte Faktor subsumiert die Präferenz für einen „physisch attraktiven" Partner.

Die Ergebnisse der Faktorenanalyse werfen die Frage auf, aus welchem Grund die Sprecher-Items, die nach Angaben der Autoren mit dem Ziel Partnerpräferenzen zu messen, entwickelt wurden, sich nicht mit den anderen Variablen mischen, sondern eine eigene Dimension bilden. Eine Antwort könnte in der Frageformulierung dieser Items liegen. Während die klassische Technik in der Partnerwahlforschung nach der Wichtigkeit bestimmter Partnermerkmale für die Partnerwahl fragt und die Items von Townsend und Bailey et al. ebenfalls Aspekte des „Wünschens" und der „Wichtigkeit" in ihrer Fragestellung erkennen lassen (z.B. *„Nettigkeit ist für mich wichtiger als das Aussehen"*, *„Idealerweise wünsche ich mir einen Partner, der mindestens die gleiche Bildung hat wie ich"*), ist dies bei den Sprecher-Items nicht im gleichen Maße der Fall. Die von Sprecher et al. gewählte Fragetechnik lautet: *„Würden Sie jemanden mit bestimmten Partnermerkmalen heiraten"*. Möglich wäre, dass diese Frageformulierung eher eine Verhaltensabsicht[85] widerspiegelt und weniger in der Lage ist, Präferenzen zu messen. Dies würde die Andersartigkeit dieser Items im Verhältnis zu den übrigen Operationalisierungen erklären[86].

---

[85] Im Sinne der Theorie des überlegten Handelns (Fishbein & Ajzens, 1975) ist die Verhaltensabsicht eine proximale Ursache von Verhalten und damit von Einstellungen, Wünschen und Werten zu unterscheiden. Wie in Kapitel 2 ausgeführt, wird jedoch bei der Überprüfung geschlechtsspezifischer Unterschiede in der Partnerwahl eben nicht Verhalten gemessen, da dieses eher durch externe, vom Individuum nicht beeinflussbare Restriktionen beeinflusst wird, während Partnerpräferenzen Idealvorstellungen oder Strategien darstellen.
[86] Dieses Ergebnis unterstreicht zusätzlich den diskutierten Mangel an einem validen und reliablen Messinstrument innerhalb der Partnerwahlforschung und die Wichtigkeit in naher Zukunft die bisher in der Literatur verwendeten Items einer kritischen Prüfung hinsichtlich ihrer Konstruktvalidität zu unterziehen.

Aufgrund dieser theoretischen Überlegungen und der empirischen Erkenntnisse dieser ersten Faktorenanalyse wurden die zwölf Items von Sprecher et al. (1994) von der Skalenbildung ausgeschlossen und über die verbleibenden 40 Items eine weitere Faktorenanalyse mit Varimaxrotation durchgeführt. Diese resultiert in elf Faktoren mit Eigenwerten >1 (Eigenwertverlauf: 6.43, 3.09, 2.99, 1.97, 1.55, 1.45, 1.32, 1.23, 1.14, 1.07, 1.03) und einer Gesamtaufklärungsleistung von 58.17 Prozent – die Eliminierung der zwölf Items hat also nicht zu einer Reduzierung der Gesamtvarianzaufklärungsleistung geführt und rechtfertigt diese Entscheidung demnach zusätzlich post-hoc. Eine Analyse des Eigenwertverlaufs (vgl. Anhang) lässt eine Reduzierung auf drei Faktoren zu (Varianzaufklärungsleistung 36.19 Prozent), die sich den Konstrukten Präferenz für „materielle Sicherheit", „partnerschaftsstabilisierende Eigenschaften wie Liebe und Zuneigung" und „physische Attraktivität" zuordnen lassen (vgl. Tab. 6-14).

Tab. 6-15: Dreifaktorielle Lösung der varimaxrotierten Faktorenanalyse über alle Länder nach Ausschluss der Sprecher et al.-Items

		Materielle Sicherheit	Liebe und Stabilität	Physische Attraktivität
T	Lieber jmd., der mehr verdient	**.75**	.01	.07
T	Kein Partner, d. weniger verdient	**.71**	.07	.03
T	Kein Partner der nicht guten Job	**.69**	.01	-.02
B1	Partner, der viel mehr Geld	**.64**	-.14	.11
T	Beruflich hohes Ansehen	**.64**	.32	.09
W	Gute Verdienstausichten	**.63**	.27	.18
T	Partner genauso erfolgreich	**.62**	.26	-.05
B1	Höhere Gesellschaftsschicht	**.57**	-.14	.20
T	Doppelter Verdienst stört*	**.53**	.04	-.08
T	Erfolg wichtiger als Körper	**.53**	.00	-.34
W	Beruflicher Erfolg	**.50**	.50	.08
B1	Partner: Beruflich etabliert	**.47**	-.08	.01
B1	Einfluss und Reichtum	**.43**	-.18	.10
W	Finanz. Unabhängigkeit	**.42**	.15	.06
W	Beruflicher Ehrgeiz	.40	.39	.12
B1	Geringere Karriereambitionen*	.11	.08	-.02
W	Liebe und Zuneigung	-.12	**.60**	-.12
W	Intelligenz	.13	**.54**	.12
W	Emotionale Treue	-.08	**.54**	-.14
W	Zuverlässigkeit	-.07	**.49**	-.01

Tab. 6-15 Fortsetzung: Dreifaktorielle Lösung der varimaxrotierten Faktorenanalyse über alle Länder nach Ausschluss der Sprecher et al.-Items

		Materielle Sicherheit	Liebe und Stabilität	Physische Attraktivität
W	Wunsch n. Familie	.04	**.47**	-.06
W	Hohe Bildung	.22	**.46**	.18
W	Gepflegt und gut gekleidet	.22	**.46**	.38
W	Geborgenheit	.18	**.45**	-.13
W	Sexuelle Treue	.03	**.40**	-.05
B1	Genau so gute Bildung	.31	.35	.09
W	Humor	-.01	.32	.09
W	Befriedigende Sexualität	-.01	.30	.29
W	Eigenes Leben	-.02	.25	-.02
W	Gutes Aussehen	.00	.09	**.76**
T1	Partner ist attraktiv	.13	.16	**.69**
B2	Aussehen nicht wichtig*	-.16	.08	**.54**
B2	Aussehen nicht verlieren	.23	-.15	**.50**
B2	Interesse durch Aussehen	.00	-.10	**.48**
B2	Aussehen bewahren	.21	.21	**.46**
B2	Nettigkeit wichtiger*	-.02	-.17	**.45**
B2	Zunächst unattraktiv*	-.06	-.06	**.37**
B2	Partner sexuell anziehender	.04	-.21	**.36**
B2	Partner gut angezogen	.30	.23	.34
W	Alter	.10	.21	.26

Anm.: *Item umgepolt; die für die Skalenbildung geeigneten Items sind fett gedruckt.

6.8.1 Ländervergleich von Faktorenstrukturen

Die oben durchgeführte und vorgestellte Analyse beruht auf einem pankulturellen Vergleich, das heißt länderspezifische Eigenheiten bezüglich des Konstruktverständnisses könnten unterschätzt worden sein. Im Folgenden werden die durch die pankulturelle Analyse erhaltenen Skalen als Zielwert angesehen und untersucht, ob und inwieweit die Untersuchungsländer von diesen Ausgangsskalen abweichen.

6.8.1.1 Frankreich

Eine Faktorenanalyse (Hauptkomponentenanalyse) mit Varimaxrotation extrahiert 15 Faktoren mit Eigenwerten >1 und einer Varianzaufklärungsleistung von 67.96 Prozent (Eigenwertverlauf: 8.08, 4.63, 3.59, 3.07, 2.13, 1.86, 1.68, 1.51, 1.47, 1.41, 1.35, 1.26, 1.16, 1.09, 1.04). Die Analyse des Eigenwertverlaufs lässt

eine Begrenzung auf vier Faktoren zu, die dann jedoch nur noch 37.24 Prozent der Varianz aufklären.
Wieder laden die Items von Sprecher et al. sämtlich auf einem Faktor und weisen damit darauf hin, dass sie eine andere Dimension der Partnerwahl messen als die restlichen 40 Items. Wie in der pankulturellen Analyse auch, wurden die Sprecher-Items deshalb von der weiteren Skalenbildung ausgeschlossen. Die über die verbleibenden Partnerpräferenzitems durchgeführte Faktorenanalyse mit Varimaxrotation resultiert nun in 13 Faktoren mit Eigenwerten >1, die eine Gesamtvarianz von 67.93 Prozent aufklären. Der Eigenwertverlauf (6.75, 3.52, 2.68, 2.09, 1.86, 1.68, 1.51, 1.43, 1.26, 1.17, 1.14, 1.06, 1.03) spricht jedoch eher für eine dreifaktorielle Lösung (Varianzaufklärungsleistung 32.36 Prozent), die wiederum die Dimensionen „materielle Sicherheit", „physische Attraktivität" sowie „Beziehungsstabilität und Liebe" abbilden (vgl. Anhang).

6.8.1.2 Ostdeutschland

Die zunächst wieder über die gesamten 52 Partnerpräferenzen durchgeführte varimaxrotierte Faktorenanalyse resultiert in 15 Faktoren mit Eigenwerten >1 (Eigenwertverlauf: 7.63, 4.23, 3.46, 3.00, 2.46, 1.85, 1.82, 1.67, 1.59, 1.35, 1.29, 1.23, 1.16, 1.15, 1.02) und einer Varianzaufklärung von 67.14 Prozent. Bei näherer Betrachtung des Screetests empfiehlt sich jedoch für Ostdeutschland eher eine fünf-faktorielle Lösung (Varianzaufklärung 39.96 Prozent). Auch für die ostdeutsche Population ist festzustellen, dass die Sprecher-Items eine eigene Dimension bilden und sämtlich auf einem Faktor laden (vgl. Anhang).
Nach Ausschluss dieser zwölf Items aus der weiteren Analyse resultiert die Hauptkomponentenanalyse mit Varimaxrotation in zwölf Faktoren und einer Gesamtaufklärungsleistung von 65.35 Prozent (Eigenwertverlauf: 6.32, 3.76, 2.79, 2.24, 1.95, 1.74, 1.43, 1.33, 1.26, 1.19, 1.08, 1.05). Die Analyse des Screetests macht deutlich, dass eine Beschränkung auf drei Faktoren zulässig ist (Varianzaufklärung: 32.18 Prozent), die inhaltlich die postulierten Faktoren widerspiegeln.

6.8.1.3 Westdeutschland

Die varimaxrotierte Faktorenanalyse ohne Faktorenbeschränkung über die 52 erhobenen Partnerpräferenzen resultiert in einer 14 Faktorenlösung mit Eigenwerten >1 (9.04, 4.50, 3.69, 2.84, 2.06, 1.79, 1.63, 1.54, 1.41, 1.26, 1.24, 1.17, 1.07, 1.01) und einer Varianzaufklärungsleistung von 65.85 Prozent. Die Analyse des Screetests favorisiert jedoch eindeutig eine vierfakorielle Lösung (Varianzaufklärungsleistung 38.59 Prozent).

Bei näherer Analyse des Ladungsmusters (vgl. Anhang) zeigt sich, dass die Sprecher–Items in der westdeutschen Stichprobe kein so auffälliges Verhalten zeigen wie in Frankreich und Ostdeutschland (wobei hier insbesondere die Differenz zu Ostdeutschland interessant ist). Zwar laden wieder alle Items substantiell auf einem Faktor, dennoch zeigen sie vereinzelt auch höhere Korrelationen mit anderen Faktoren. Dies gilt v.a. für die Items, die sich mit der Bereitschaft befassen, jemanden zu heiraten, der eher nicht in der Lage ist, einem Partner „materielle Sicherheit" bieten zu können. Da jedoch das Gesamtmuster dieser zwölf Items dem der anderen Länder entspricht, ist es zulässig, die Sprecher-Items auch aus der Stichprobe Westdeutschland auszuschließen.
Die anschließend durchgeführte varimaxrotierte Faktorenanalyse extrahiert nun 11 Faktoren mit einer Gesamtvarianzaufklärungsleistung von 63.63 Prozent. Der Eigenwertverlauf (7.58, 3.76, 3.03, 1.91, 1.68, 1.52, 1.38, 1.32, 1.17, 1.08, 1.02) weist jedoch auf die bessere Eignung einer dreifaktoriellen Lösung hin (aufgeklärte Varianz: 35.92 Prozent).

6.8.1.4 Irland

Für die irische Stichprobe extrahiert die varimaxrotierte Faktorenanalyse aus den 52 Items 16 Faktoren mit Eigenwerten >1 und einer aufgeklärten Varianz von 72.97 Prozent (Eigenwertverlauf 8.03, 4.98, 3.51, 3.13, 2.43, 2.09, 1.87, 1.70, 1.57, 1.49, 1.38, 1.30, 1.23, 1.16, 1.07, 1.00), wobei nach der Analyse des Screetests eine Vierfaktorenlösung jedoch als angemessener erscheint (Varianzaufklärung: 37.78 Prozent).
Wieder ist für die Sprecher-Items festzustellen, dass sie substantiell auf einem Faktor laden, jedoch sammeln sich in der irischen Stichprobe auf diesem Faktor auch einige andere Items mit Ladungen > .35 (vgl. Anhang). Im Großen und Ganzen ist jedoch festzustellen, dass auch in der irischen Stichprobe die Sprecher-Items sich anders zueinander und zu den latenten Dimensionen verhalten und somit auch hier der Verdacht begründet zu sein scheint, dass die Sprecher-Items eine von den restlichen Items verschiedene Dimension der Partnerwahl operationalisieren. Deshalb wird auch für diese Stichprobe entschieden, die zwölf Sprecher- Items zunächst aus der Skalenkonstruktion auszuschließen.
Eine weitere varimaxrotierte Faktorenanalyse über die verbliebenen 40 Items extrahiert nur noch zwölf Faktoren, mit einer nur geringfügigen Verringerung der Gesamtaufklärungsleistung auf 69.01 Prozent. Die Analyse des Screetests (Eigenwertverlauf: 7.16, 3.10, 2.93, 2.43, 2.20, 1.79, 1.62, 1.50, 1.35, 1.24, 1.16, 1.11) ergibt wie bei den anderen Untersuchungsländern die Favorisierung einer Dreifaktorenlösung.

6.8.2 Zusammenfassung der Ergebnisse

Ein Vergleich per Augenschein der fünf durchgeführten Faktorenanalysen ergibt, dass sich die Merkmalstruktur der pankulturellen Analyse in allen vier Untersuchungsländern widerspiegelt. In jedem Land konnte gezeigt werden, dass die erhobenen Partnerpräferenzen im Wesentlichen drei Konstrukte darstellen: „materielle Sicherheit", „Liebe und Beziehungsstabilität" sowie „physische Attraktivität". In allen Untersuchungsländern bildet die „materielle Sicherheit" den ersten Faktor und die „physische Attraktivität" den letzten. Festzustellen sind aber auch Unterschiede in den länderspezifischen Faktorenanalysen. So bilden die Sprecher-Items in Westdeutschland nicht ganz so eindeutig einen unabhängigen Faktor wie in Frankreich, Ostdeutschland und Irland. „Geborgenheit" scheint in Irland sowohl mit „Liebe und beziehungsstabilisierenden Eigenschaften" als auch mit „materieller Sicherheit" zusammenzuhängen. Interessant ist auch das Verhalten der Items „beruflicher Ehrgeiz", „hohe Bildung" und „beruflicher Erfolg", die in fast allen Ländern hohe Doppelladungen auf den Faktoren „materielle Sicherheit" und „Liebe und beziehungsstabilisierende Eigenschaften" aufweisen. Auch das Item „Partner sollte mindestens genau so hohe Bildung haben" lässt sich nicht eindeutig faktorisieren. Dies kann daran liegen, dass diese Eigenschaften nur indirekte Indizien für „materielle Sicherheit" darstellen, die Wahrnehmung aber, dass sich der Partner um diese bemüht, zu der „Beziehungsstabilität" beiträgt. Ein Partner mit diesen Eigenschaften mag als ein „fleißiger, redlicher Charakter" gelten, der durch seine Entscheidung, in einer Beziehung zu verbleiben, in jedem Fall die materielle Sicherheit der Frau erhöht. Jedoch wird in allen Studien, die mit der klassischen Itemliste von Christensen (1947) arbeiten, das Item „ehrgeizig" (o. ambitious) als Indikator für beruflichen Erfolg definiert (z.B. Buss, 1989). Die Ergebnisse der hier vorliegenden Studie zeigen jedoch, dass diese Einordnung sich empirisch nicht eindeutig ergibt und verfrüht gewesen sein mag[87].

Insgesamt kann festgestellt werden, dass die Ähnlichkeiten die Unterschiede überwiegen, jedoch sind auch eine Reihe länderspezifischer Eigenheiten zu erkennen, die nicht unterschätzt werden dürfen und zukünftig näherer Betrachtung bedürfen.

6.8.3 Vergleich der Merkmalsstruktur auf Basis der gewählten Faktoren

In den vorhergehenden Kapiteln wurde die Problematik und Wichtigkeit der Strukturäquivalenz insbesondere bei selbstberichteten Daten (Caprara, 2000) für

---

[87] Zu ähnlichen Ergebnissen wie die vorliegende Studie kommen Regan, Levin, Sprecher, Christopher & Cate (2000). Auch sie können zeigen, dass das Item „gute Verdienstmöglichkeiten" auf einem anderen Faktor lädt als „Intelligenz", „Ehrgeiz", und „hohe Bildung", und dass diese Partnereigenschaften zusammen mit „warmherzig" und „ehrlich und vertrauenswürdig" einen eigenen Faktor bilden.

den interkulturellen Vergleich ausführlich dargestellt. Nach Drasgow und Kanfer (1985) kann man nur dann von einer Datenäquivalenz sprechen wenn „the relations between observed scores and latent constructs are identical across relevant groups" (S. 662). Vor die eigentliche Analyse der Daten wird deshalb die quantifizierende Prüfung der bisher nur vorausgesetzten und einer auf Augenschein beruhenden Analyse der Strukturähnlichkeit gestellt. Haben Deutsche, Iren und Franzosen ein vergleichbares Merkmalsverständnis? Spiegeln die empirischen Daten die theoretisch postulierten Konstrukte zufriedenstellend wider? Nur wenn von einem ähnlichen Konstruktverständnis der untersuchten Populationen ausgegangen werden kann, ist ein Vergleich interpretativ möglich.

Einen Hinweis auf die Erfassung identischer Konstrukte über unterschiedliche Kulturen hinweg bietet die Strukturähnlichkeit latenter Dimensionen. Verschiedene Möglichkeiten können in Betracht gezogen werden, will man die Merkmalsstrukturen von Konstrukten vergleichen. Auf der einen Seite können die Interkorrelationen einzelner Merkmale analysiert werden, auf der anderen Seite kann man die latenten Dimensionen, also die Faktorenstruktur näher betrachten. Faktorlösungen lassen sich sowohl anhand des Musters der Korrelationen von Variablen und Faktoren als auch anhand des Musters und der Höhe der Korrelationen zwischen den Faktoren analysieren (Tabachnik & Fidell, 1989). Dies verlangt die Analyse der gleichen Variablen mittels gleicher Prozeduren (das heißt gleiches Extraktionskriterium, gleiche Rotationsverfahren)[88].

Im Folgenden werden die einzelnen Faktoren und ihre Ladungen im Ländervergleich dargestellt. Im Anschluss daran erfolgt die Ermittlung des Übereinstimmungsgrades der Faktorstrukturen mittels des Tucker'schen Kongruenzkoeffizienten Φ. Der Index kann Werte zwischen -1 und $+1$ annehmen, wobei ein Wert von 0 keine Übereinstimmung zweier Faktoren bedeutet. Bei Werten zwischen .80 und .99 kann von kongruenten Faktoren ausgegangen werden (Ten Berge, 1986). Erreicht Φ einen Wert $< .46$ sind die Merkmalsstrukturen zweier Gruppen so unterschiedlich, dass ein Vergleich auf Basis dieser Faktoren unterbleiben sollte.

---

[88] Weitere geeignete Verfahren zum Vergleich von Merkmalsstrukturen stellen u.a. die konfirmatorische Faktorenanalyse, die Faktorenanalyse mit Procruste-Rotation dar oder der *cophenetic correlation coefficient*, der das Ausmass der Übereinstimmung von Faktorenstrukturen mittels der Korrelation von Ladungsmatrizen bestimmt (Hassebrauck & Fehr, 2003, vgl. hierzu und zu weiteren Vorschlägen der Equivalenzprüfung auch van de Vijver & Leung, 1997). Der hier durchgeführte paarweise Vergleich von Faktorstrukturen mittels Tuckers Kongruenzkoeffizienten erlaubt die Feststellung nicht nur des Ausmaßes der Übereinstimmung von Faktorenstrukturen, sondern zeigt – was für die vorliegende Analyse auch interessanter ist – welche Faktoren sich in welchen Ländern ähnlicher sind als andere.

6.8.3.1 Ländervergleich der Faktorenstruktur für das Konstrukt „materielle Sicherheit"

Tab. 6-16: Vergleich der Faktorenladungen für den Faktor „materielle Sicherheit" über alle Untersuchungsländer und die pankulturelle Analyse

	Gesamt	FR	D-Ost	D-West	IR
Lieber Partner, der mehr verdient	.75	.75	.65	.72	.81
Kein Partner, der weniger verdient	.72	.71	.64	.72	.64
Kein Partner, d. nicht so guten Job	.70	.69	.67	.73	.44
Partner, der viel mehr Geld	.64	.64	.58	.62	.61
Beruflich hohes Ansehen	.64	.63	.63	.65	.81
Gute Verdienstaussichten	.63	.63	.76	.65	.69
Partner genauso erfolgreich	.62	.60	.70	.69	.71
Höhere Gesellschaftsschicht	.57	.57	.62	.58	.47
Doppelter Verdienst stört*	.53	.54	.50	.61	.59
Erfolg wichtiger als Körper	.53	.52	.48	.57	--
Beruflicher Erfolg	.50	.44	.54	.51	.57
Beruflich etabliert	.47	.48	--	.41	.66
Einfluss und Reichtum	.44	.43	--	.57	--
Finanzielle Unabhängigkeit	.42	--	.42	.57	.48
Beruflicher Ehrgeiz	.40	.38	.49	.58	.63
Karriereambitionen niedriger*	--		.38	.40	.49
Hohe Bildung	--	--	--	--	.63
Genau so gute Bildung	--	--	--	.46	.59
Intelligenz	--	--	--	--	.56
Geborgenheit	--	--	--	--	.42

Anm.: nur a > .35 dargestellt; *Item umgepolt,
FR=Frankreich, D-Ost=Ostdeutschland, D-West=Westdeutschland, IR=Irland.

Der Faktor „materielle Sicherheit" lässt sich über die Länder hinweg gut replizieren. Die Reihenfolge der neun Items mit der höchsten Ladung sind für Frankreich, Ost- und Westdeutschland identisch. Etwas vom Bild abweichend stellt sich nur die irische Stichprobe dar, die deutlich mehr Variablen unter diesem Faktor bindet als die anderen drei Kulturen. In der Tat weisen die Items „Geborgenheit" und „hohe Bildung" darauf hin, dass das Konstrukt „materielle Sicherheit" für die Iren etwas breiter gefächert ist.

6.8.3.2 Vergleich der Merkmalsstrukturen für den Faktor „Liebe und beziehungsstabilisierende Eigenschaften"

Tab. 6-17: Vergleich der Faktorenladungen für den Faktor „Liebe und beziehungsstabilisierende Merkmale" über alle Untersuchungsländer und die pankulturelle Analyse

	Gesamt	FR	D-Ost	D-West	IRL
Liebe und Zuneigung	.60	.54	.66	.54	.49
Emotionale Treue	.54	.55	.58	.44	.52
Intelligenz	.54	.42	.50	.69	--
Beruflicher Erfolg	.50	.55	.41	.49	--
Beruflicher Ehrgeiz	.49	.57	.45	.43	--
Zuverlässigkeit	.49	.40	.67	.55	.47
Wunsch n. Familie	.47	.45	.48	.46	.72
Hohe Bildung	.46	.42	--	.58	--
Gepflegt und gut gekleidet	.46	.41	.42	.40	.58
Geborgenheit	.45	.52	.44	.43	.39
Sexuelle Treue	.40	.41	.59	.39	.56
Genau so gute Bildung	.35	--	--	--	--
Humor	--	.45	--	.49	--
Eigenes Leben	--	--	--	--	--
Alter	--	--	--	--	--
Gut angezogen	--	--	--	--	.46
Partner sexuell anziehender	--	--	--	--	-.37
Befriedigende Sexualität	--	--	--	.38	--

Anm.: *Item umgepolt, nur a > .35 dargestellt, FR=Frankreich, D-Ost=Ostdeutschland, D-West=Westdeutschland, IR=Irland.

Die Verteilung der Items des Faktors „beziehungsstabilisierende Merkmale" stellt sich sehr viel differenzierter dar als die des Faktors „materielle Sicherheit". Während sich die Faktorenstruktur Frankreichs, Ost- und Westdeutschlands noch sehr ähnlich ist, was Itemanzahl und Ladungsmuster betrifft, scheint Irland diesbezüglich aus dem Rahmen zu fallen: Nicht nur, dass es eine geringere Anzahl von substantiellen Ladungen auf diesem Faktor aufweist als die anderen Untersuchungsländer, es teilt auch nur sieben seiner Items mit den anderen. Hier wird deutlich, dass ein per Augenschein vorgenommener Strukturvergleich zur Feststellung von Merkmalsähnlichkeit nicht ausreichend sein kann.

6.8.3.3 Vergleich der Faktorstruktur für den Faktor „physische Attraktivität"

Tab. 6-18: Vergleich der Faktorenladungen für den Faktor „physische Attraktivität" über alle Untersuchungsländer und die pankulturelle Analyse

	Gesamt	FR	D-Ost	D-West	IR
Gutes Aussehen	.76	.70	.79	.74	.77
Partner ist attraktiv	.69	.50	.72	.76	.69
Aussehen nicht wichtig*	.54	.55	.35	.67	--
Aussehen nicht verlieren	.50	.57	.41	.43	.51
Interesse durch Aussehen	.48	.41	.45	.55	.58
Aussehen bewahren	.46	--	.54	.56	.42
Nettigkeit wichtiger*	.45	.56	.39	.57	--
Gepflegt und gut gekleidet	.38	.36	.40	.45	.37
Zunächst unattraktiv*	.37	--	.40	.37	--
Partner sexuell anziehender	.36	.47	.36	.37	.41
Partner gut angezogen	.35	.45	--	.44	.44
Befriedigende Sexualität	--	.36	.44	--	--
Erfolg wichtiger als Körper	--	--	-.35	-.36	-.38
Alter	--	--	--	--	.42

Anm.: *Item umgepolt, nur a > .35 dargestellt, FR = Frankreich, D-Ost=Ostdeutschland, D-West=Westdeutschland, IR=Irland.

Nur sechs der Items weisen substantielle Ladungen in allen vier Untersuchungsländern auf, die Höhe und das Muster der latenten Dimension „physische Attraktivität" scheint über die Länder hinweg zwar ähnlich aber nicht im gleichen Ausmaß equivalent wie das Konstrukt „materielle Sicherheit" zu sein. Wieder scheint sich Irland am deutlichsten von den anderen Ländern abzuheben.
Um diese Vergleiche per Augenschein auch statistisch abzusichern, wurde für alle Länderpaare der Tucker'sche Koeffizient Φ berechnet. Für diese Berechnung wurden alle Ladungen auf einem Faktor unabhängig ihrer Höhe mit in die Analyse miteinbezogen. Wie die Tabelle 6-18 zeigt, gelangt ein paarweiser Vergleich aller Länder über alle Faktoren zu durchweg befriedigend hohen Übereinstimmungsgraden der Merkmalsstrukturen (range: .75-.95, $M = .93$). Die Tabelle zeigt aber auch, dass vorher aufgefallene Unterschiede in der Faktorstruktur der latenten Dimension „Liebe und beziehungsstabilisierende Eigenschaften" für die irische Population ihre empirische Entsprechung findet. Der Kongruenzkoeffizient zeigt für den Paarvergleich über alle Länder Werte unter dem empfohlenen Niveau von .80 auf, ist jedoch immer noch weit genug von dem kritischen Wert .45 entfernt, um einen Vergleich und die Konstruktion eines Index zu rechtfertigen.
Höher als die zwischen den Ländern durchgeführte Prüfung auf Strukturäquivalenz fallen – erwartungsgemäß – die Koeffizienten für die Paarvergleiche der

Faktoren der Gesamtstichprobe mit den einzelnen Untersuchungsländern aus, die durchweg befriedigend sind. Die Ländervergleiche zeigen, dass die Gesamtfaktorenstruktur die Faktorenstrukur der übrigen Länder nicht unterschätzt oder stark verzerrt abbildet. Für die hypothesentestende Untersuchung können deshalb die Faktoren, die aus der Faktorenanalyse über die Gesamtstichprobe gewonnen wurden (vgl. Tab. 6-14), verwendet werden. Dabei werden nur diejenigen Items für die Skalenbildung verwendet, deren Ladung > .35 ist und die keine substantiellen Doppelladungen auf anderen Faktoren aufweisen. Demnach besteht die so konstruierte Skala „materielle Sicherheit" aus 13 Items (alpha = .85), die Skala „Liebe und Beziehungsstabilität" bildet sich aus 8 Items (alpha = .74) und die Skala „physische Attraktivität setzt sich aus 9 Items zusammen (alpha = .65)[89]. Die so gewonnenen Faktoren sind genügend reliabel, wenn auch nur die Reliabilität für den Faktor „materielle Sicherheit" als überzeugend angesehen werden kann. Allerdings wird die Entscheidung, die weitere Analyse nicht mit den Einzelitems sondern auf Skalenbasis durchzuführen, durch die akzeptablen Faktorenladungen der verwendeten Items gerechtfertigt (Bortz, 1993). Bei keiner der Skalen führt die Eliminierung eines Items zu einer Erhöhung des alpha-Wertes.

Tab. 6-19: Strukturvergleich der extrahierten Faktoren in allen Ländern

	Materielle Sicherheit	Liebe und Stabilität	Physische Attraktivität
Westdeutschland/Frankreich	.93	.95	.91
West-/Ostdeutschland	.90	.89	.90
Westdeutschland/Irland	.95	.75	.86
Franreich/Ostdeutschland	.85	.93	.90
Frankreich/Irland	.82	.78	.85
Irland/Ostdeutschland	.81	.84	.85
Gesamt/Frankreich	.97	.97	.96
Gesamt/Ostdeutschland	.95	.94	.95
Gesamt/Westdeutschland	.97	.97	.96
Gesamt/Irland	.90	.84	.92

6.8.4.4 Zusammenfassung der Ergebnisse

Sowohl der Vergleich per Augenschein als auch der empirische paarweise Vergleich der Faktorenstrukturen zeigen, dass eine gemeinsame Konstruktbildung für die Untersuchungsländer möglich ist. Insbesondere die theorierelevanten Faktoren „materielle Sicherheit" und „physische Attraktivität" erreichen zufrie-

---

[89] Ein Überblick über die für die Skalenbildung verwendeten Items findet sich in Tab. 6-14.

denstellend hohe Werte für den Kongruenzkoeffizienten Φ. Weniger übereinstimmend fällt die Skalenstruktur für die Dimension „Stabilität und Liebe" aus, insbesondere Irland unterscheidet hier von den anderen Ländern, wenn auch für die weitere Analyse nicht in problematischer Weise.
Die Ergebnisse geben jedoch einen Hinweis darauf, dass sich Frankreich, West- und Ostdeutschland in den Merkmalsausprägungen ähnlicher sind, als dies für den katholischen Inselstaat der Fall ist. Auch historisch kulturell gesehen unterscheidet sich Irland von den anderen drei Kulturen. Irlands Bevölkerung gehört traditionell zu den ärmsten Westeuropas (eine Möglichkeit für die Erklärung der Assoziation zwischen „materieller Sicherheit" und „Geborgenheit") und besitzt einen vergleichsweise starken Einfluss der katholischen Kirche. Dies kann verantwortlich für den empirischen Befund sein, dass der Faktor „Liebe und Stabilität" sich im viel stärkeren Maße als bei den Vergleichsländern durch den „Wunsch nach Familie und Kindern" sowie „emotionale" und „sexuelle Treue" definiert.

6.9 Analyse der Sprecher et al.-Items

Die zwölf von Sprecher et al. (1994) formulierten Items zur Erfassung der Bereitschaft, eine Person mit bestimmten Eigenschaften zu heiraten, wurden aus der Skalenbildung ausgeschlossen. Die Faktorenanalyse ergab, dass diese Items unabhängig von den anderen Operationalisierungen eine eigenständige Dimension bildeten.
Im Folgenden wird empirisch geprüft, inwieweit diese Items sich in die von Sprecher et al. postulierten Konstrukte „materielle Sicherheit" (5 Items), „physische Attraktivität" (1 Item) und „Präferenz für Jugend" (2 Items) empirisch zuordnen lassen (die restlichen vier Items wurden von Sprecher et al. als so genannte „Filler-Items" erhoben). Dabei geht, wie bei den vorangegangenen Analysen auch, einer hypothesentestenden Auswertung zunächst die Überprüfung der Konstruktäquivalenz voraus. In einem ersten Schritt wird eine Faktorenanalyse über die Gesamtstichprobe durchgeführt, an die sich eine faktorenanalytische Betrachtung der jeweiligen Untersuchungsländer anschließt. Bei einer ähnlichen Faktorisierung der Items über die Länder hinweg wird abschließend eine Prüfung auf Konstruktäquivalenz vorgenommen. Ist die Konstruktäquivalenz gegeben, werden die Items zu Skalen zusammengefasst und varianzanalytisch auf Effekte der Familienpolitik, des Geschlechts und der Generationszugehörigkeit geprüft.

6.9.1 Skalenkonstruktion

Eine varimaxrotierte Faktorenanalyse über die gesamte Stichprobe der zwölf Items von Sprecher et al. resultiert in drei Faktoren mit Eigenwerten >1, die zwar substantielle Doppelladungen aufweisen, deren inhaltliche Interpretation aber möglich wäre (vgl. Tab. 6-19). Der Screetest suggeriert jedoch eher eine einfaktorielle Lösung (Eigenwertverlauf: 4.19, 1.40, 1.03).

Tab. 6-20: Varimaxrotierte Faktorenanalyse über die Sprecher et al.-Items, Gesamtstichprobe

	1	2	3
Weniger verdient	.75		
Keine feste Anstellung	.73		
Niedrigere Bildung	.67		
5 Jahre jünger	.60		
Andere Hautfarbe	.53	.40	
Höhere Bildung		.81	
Mehr verdient		.79	
5 Jahre älter		.53	.52
Andere Religion		.48	.37
Bereits Kinder			.81
Schon einmal verheiratet			.77
Nicht gut aussieht			.48

Bildet man jedoch anhand der faktorenanalytischen Lösung drei unterschiedliche Skalen, so betragen die Interkorrelationen je $r = .49$, $p < .001$. Entsprechend ist festzustellen, dass eine über alle Items gebildete Skala ein alpha von .84 besitzt; wobei die systematische Eliminierung von Items nicht zu einer weiteren Erhöhung beiträgt.

Um die Konstruktvalidität dieser Items über die Untersuchungsländer hinweg zu testen, wurde – wie bei der vorherigen Analyse auch – für jedes Land getrennt eine Faktorenanalyse durchgeführt.

6.9.1.1 Frankreich

Die varimaxrotierte Faktorenanalyse extrahiert drei Faktoren mit Eigenwerten >1 (Eigenwertverlauf: 4.90, 1.15, 1.04) und einer Gesamtvarianzaufklärung von 59.03 Prozent. Der Screetest weist jedoch eindeutig darauf hin, dass eine einfaktorielle Lösung zu bevorzugen ist. Weiter ist festzustellen, dass die Faktoren eine Reihe von substantiellen Fehlladungen aufweisen und eine saubere inhaltliche Interpretation der Faktoren kaum möglich ist (vgl. Anhang).

6.9.1.2 Ostdeutschland

Die Faktorenanalyse mit Varimaxrotation resultiert in einer Zweifaktorenlösung, deren Eigenwertverlauf (3.93, 1.75, Gesamtvarianzaufklärung 47.30 Prozent) jedoch auch die Extraktion nur eines Faktors zuließe. Aber auch die nähere Betrachtung der Zweifaktorenlösung macht deutlich, dass die Items sich in keiner Weise den von Sprecher et al. (1994) postulieren Dimensionen zuordnen lassen. Ein Vergleich per Augenschein mit den Faktorenlösungen der Gesamtstichprobe und Frankreich macht deutlich, dass die Anzahl der Items, die sich „gleich verhalten", äußerst gering ist.

6.9.1.3 Westdeutschland

Für die westdeutsche Stichprobe werden durch die varimaxrotierte Faktorenanalyse vier Faktoren mit einem Eigenwert >1 extrahiert (Eigenwertverlauf: 3.77, 1.69, 1.24, 1.00, Gesamtvarianzaufklärung: 64.15 Prozent). Wieder lässt die Analyse des Screetest auch eine Einfaktorenlösung zu. Allerdings ist festzustellen, dass die faktorisierten inhaltlichen Dimensionen denen von Sprecher et al. (1994) theoretisch zugewiesenen gut entsprechen. Auffallend ist hier jedoch der deutliche Unterschied zu der Faktorenanalyse für die ostdeutsche Population[90].

6.9.1.4 Irland

Die Faktorenananalyse mit Varimaxrotation resultiert in drei Faktoren, die zusammen 58.41 Prozent der Varianz aufklären. Der Eigenwertverlauf (4.43, 1.41, 1.16) suggeriert jedoch wie auch in den anderen drei Untersuchungsländern eine einfaktorielle Lösung. Zudem weisen die Faktoren eine Reihe von substantiellen Fehlladungen auf, die die Interpretation der Faktoren erschweren (vgl. Anhang).

6.9.2 Zusammenfassung und Diskussion der Ergebnisse der länderweisen Faktorenanalysen

Die durchgeführten Faktorenanalysen über die zwölf Items von Sprecher et al. zeigen keine befriedigenden Ergebnisse. Zunächst ist festzustellen, dass die Faktorenlösungen in den einzelnen Ländern zu durchweg unterschiedlichen Resultaten führten. Dies gilt sowohl für die Anzahl der Faktorenlösungen selbst, als auch für die inhaltliche Ausgestaltung dieser Faktoren, sodass von einer Kon-

---

[90] Dies gibt einen Hinweis darauf, dass die aufgezeigten Abweichungen von den postulierten Konstrukten nicht auf Übersetzungsfehler zurückzuführen sind, sondern die von Sprecher et al. gewählten Formulierungen Partnerpräferenzen nur unzureichend operationalisieren.

struktäquivalenz der Items über die Länder nicht ausgegangen werden kann und ein internationaler Vergleich auf dieser Basis deshalb nicht durchgeführt werden sollte (Poortinga, 1989). Zusätzlich zeigt in jedem Land der Verlauf der Eigenwerte, dass auch eine Einfaktorenlösung statistisch abgesichert ist.
Noch einmal betont werden muss an dieser Stelle, dass die von Sprecher et al. (1994) postulierte Operationalisierung sich allein in der Westdeutschen Population nachweisen lässt, in allen anderen Ländern weicht die erhaltene Faktorenstruktur von der postulierten ab[91].
Diese Resultate verstärken noch einmal die Zweifel, ob die Sprecher-Items nicht generell eher die Bereitschaft (im Sinne einer Verhaltensintention) oder auch den Wunsch überhaupt zu heiraten messen, anstatt spezifische Partner*präferenzen*. Eine multivariate Varianzanalyse mit dem Familienstand (Verheiratete vs. feste Beziehung vs. Single) als unabhängige Variable bestätigt diese Annahme [multiv. $F(24/1592) = 3.27$, $p < .001$]. Die sich anschließende univariate Analyse zeigt, dass Verheiratete eine geringere Bereitschaft zeigen, jemanden zu heiraten als Unverheiratete – unabhängig von dem gefragten Item[92]. Die Tatsache, dass Familienstand mit Lebensalter korreliert ist, erschwert zudem noch die statistische Kontrolle.
Zwar konnten Kümmerling und Hassebrauck (2001) zeigen, dass die Verwendung der Sprecher Items für eine deutsche Stichprobe, bestehend aus Ledigen und Verheirateten unterschiedlichen Alters, zu vergleichbaren Ergebnissen kam, wie die an amerikanischen Singles durchgeführte Originalstudie[93], aber offensichtlich bereitet die Auswertung und Interpretation der Sprecher-Items anhand der vorliegenden Stichprobe theoretische Probleme.
Aufgrund dieser theoretischen Überlegungen und der erhaltenen Faktorenstruktur, die für alle Länder eine Einfaktorenlösung zulässt, wird im Folgenden die interne Konsistenz einer über die gesamten zwölf Items berechneten Skala geprüft und bei gegebener Reliabilität die Auswertung für die so ad-hoc kreierte Skala „Heiratsabsicht" vorgenommen.
Die Berechnung der internen Konsistenzen auf Länderbasis ergibt durchweg hohe Reliabilitäten, wobei in keinem Land die Eliminierung eines Items zu einer Erhöhung des alpha-Wertes beiträgt. Auch zeigen die statistischen Skalenkennwerte (vgl. Anhang), dass trotz der Tatsache, dass die Items zum Teil gegensätzlich formuliert sind[94], sie nicht negativ miteinander korrelieren. Dies unterstützt

---

[91] Eine Erklärung für dieses Phänomen könnte darin liegen, dass die westdeutsche Gesellschaft aufgrund ihrer Nachkriegserfahrungen stärker der amerikanischen ähnelt, als es Frankreich, Irland und Ostdeutschland tun.
[92] Ein entsprechend homogenes Muster lässt sich für die Skalen „materielle Sicherheit", „physische Attraktivität" und „Liebe und Stabilität" nicht nachweisen.
[93] Ein möglicher Grund, warum die gleichen Effekte sich nicht in der Studie von 2001 zeigten, mag in der verwendeten Erhebungsmethode liegen. Die Befragung von Kümmerling und Hassebrauck wurde telefonisch durchgeführt. Auf Unklarheiten aufgrund der Fragestellung „würden Sie jemanden heiraten..." konnte sogleich reagiert werden und der Präferenzcharakter der Frage so beibehalten werden.
[94] (z.B. würden Sie jemanden heiraten, der eine niedrigere vs. höhere Bildung als Sie besitzt, vgl. Fragebogen im Anhang).

die Annahme, dass die Sprecher-Items nicht in der Lage sind, zwischen Partnerpräferenzen zu diskriminieren, sondern tatsächlich die Bereitschaft oder den Wunsch überhaupt zu heiraten, messen.

Tab. 6-21: Alpha-Werte und aufgeklärte Varianz einer Skala „Heiratsabsicht" nach Ländern

	Frankreich	D-Ost	D-West	Irland
Alpha	.86	.81	.79	.83
Aufgekl. Varianz	40.81 %	32.73 %	31.38 %	36.94 %

Wie ersichtlich wird, erreicht die Skala „Heiratsabsicht" in allen Untersuchungsländern gute Reliabilitäten und eine hohe Varianzaufklärung.

7 Hypothesenprüfung

Die Berechnung der Strukturäquivalenz hat gezeigt, dass die Zusammenfassung der erhobenen Items zu Skalen für einen internationalen Vergleich der Daten zulässig ist. Für die folgende Hypothesenprüfung werden die Analysen auf der Grundlage zweier Datensätze durchgeführt. Zunächst werden die Ergebnisse auf Basis der Rohwerte dargestellt, und daran anknüpfend die gleichen Analysen für die transformierten Werte des Datensatzes noch einmal durchgeführt. Wie dargestellt, kann auch bei den hier untersuchten Ländern ein unterschiedliches Antwortverhalten aufgrund einer länderspezifischen Skalenbenutzung nicht ausgeschlossen werden. Mittels der Transformation der Rohwerte könnte für die vorliegenden Daten ausgeschlossen werden, dass die erhaltenen Ergebnisse allein aufgrund eines unterschiedlichen Antwortverhaltens zustande gekommen sind und die Validität der Resultate somit erhöht werden. Auf der anderen Seite existiert derzeit in der Literatur kein einheitliches Transformationsverfahren und es scheinen häufig allein Praktikabilitätsgründe oder die Beliebigkeit des Forschenden für die Entscheidung bei der Wahl eines bestimmten Verfahrens ausschlaggebend zu sein. Zudem wird in der Literatur auch darauf hingewiesen, dass transformierte Daten der Gefahr der Ipsativität unterliegen und interindividuelle Vergleiche nur noch eingeschränkt möglich seien (Fischer, 2003). Mit dem hier gewählten Vorgehen der doppelten Analyse soll diesen Gefahren begegnet werden. Auf der einen Seite soll sichergestellt werden, dass sich ergebene Unterschiede zwischen Ländern keine artifiziellen sind, auf der anderen Seite sollen wahre Werte nicht durch eine vorgenommene Transformation verzerrt werden. Eventuell sich ergebene Unterschiede beider Analysegrundlagen werden in Anschluss an die Ergebnispräsentation diskutiert.

Zur Überprüfung der Hypothesen wird über die nach den oben beschriebenen Prozeduren gewonnenen Indizes „materielle Sicherheit", „Liebe und Stabilität" sowie „physische Attraktivität" zunächst eine multivariate Varianzanalyse mit den drei Faktoren Geschlecht, Generation und Land durchgeführt. Gezeigt werden soll, dass Familienpolitik (Land/ Kultur)[95] und gesellschaftlicher Wandel (Kohorte/ Generation) das Ausmaß, in dem geschlechtsspezifische Unterschiede in Partnerpräferenzen bestehen, determinieren. Ein solches Ergebnis stünde im Widerspruch zu evolutionspsychologischen Aussagen, die davon ausgehen, dass Partnerwahlkriterien kultur- und generationsübergreifende Universalien darstellen.

---

[95] Im Folgenden werden der Einfachheit halber die Begriffe „Nation", „Kultur", „Familienpolitik" und „Land" synonym verwendet. Dabei werden rein begrifflich Westdeutschland und Ostdeutschland wie zwei unterschiedliche Länder behandelt, so z.B., wenn von einem 4-Ländervergleich gesprochen wird.

Die multivariate Varianzanalyse über die drei Indizes „materielle Sicherheit", „physische Attraktivität" sowie „Liebe und Beziehungsstabilität" mit den Faktoren Geschlecht, Land und Generation resultiert in drei Haupteffekten sowie zwei Interaktionen für Geschlecht X Land/ Kultur und Geschlecht X Kohorte/ Generation (vgl. Tab. 7-1 und 7-2).

Tab. 7-1: Ergebnisse der multivariaten Analyse auf Basis des untransformierten Datensatzes

	df	F	p <
SEX	3/817	108.03	.001
LAND	9/2457	11.76	.001
GENERATION	6/1636	9.66	.001
SEX x LAND	9/2457	2.35	.05
SEX x GENERATION	6/1636	4.27	.001
LAND x GENERATION	18/2457	<1	ns
SEX x LAND x GENERATION	18/2457	<1	ns

Tab. 7-2: Ergebnisse der multivariaten Analyse auf Basis des transformierten Datensatzes

	df	F	p <
SEX	3/817	102.44	.001
LAND	9/2457	9.26	.001
GENERATION	6/1636	15.77	.001
SEX x LAND	9/2457	2.15	.03
SEX x GENERATION	6/1636	5.24	.001
GENERATION x LAND	18/2457	<1	ns
SEX x LAND x GENERATION	18/2457	<1	ns

Damit können die beiden zentralen Hypothesen (Hypothese 3 und 4) bereits als bestätigt gelten: Die beiden Interaktionseffekte besagen, dass das Partnerwahlmuster von Frauen und Männern nicht unabhängig ist von der Familienpolitik eines Landes und dem Zeitalter, in dem Individuen sozialisiert worden sind. Die univariate Prüfung kann jetzt Aufschluss darüber geben, inwieweit auch die spezifischen Hypothesen bestätigt werden bzw. falsifiziert werden müssen.

7.1 Hypothesentestung: Partnerpräferenz „materielle Sicherheit"

Die univariate Prüfung der Skala „materielle Sicherheit" ergibt drei signifikante Haupteffekte und je eine signifikante Interaktion für Geschlecht X Land und Geschlecht X Generation (vgl. Tab. 7-3 und 7-4); dies lässt sich sowohl für die untransformierten als auch für die transformierten Daten feststellen.

Tab. 7-3: Univariate Ergebnisse präferierte Partnereigenschaft „materielle Sicherheit", untransformierte Daten

	df	F	p <
SEX	1/819	111.06	.001
LAND	3/819	9.19	.001
GENERATION	2/819	10.39	.001
SEX x LAND	3/819	6.38	.001
SEX x GENERATION	2/819	7.98	.001
LAND x GENERATION	6/819	<1	ns
SEX x LAND x GENERATION	6/819	<1	ns

Tab. 7-4: Univariate Ergebnisse präferierte Partnereigenschaft „materielle Sicherheit", transformierte Daten

	df	F	p <
SEX	1/819	116.12	.001
LAND	3/819	20.91	.001
GENERATION	2/819	15.96	.001
SEX x LAND	3/819	5.17	.01
SEX x GENERATION	2/819	6.68	.01
GENERATION x LAND	6/819	1.09	ns
SEX x GENERATION x LAND	6/819	<1	ns

Die Analyse der signifikanten Haupteffekte ergibt sowohl für die *untransformierten* als auch die *transformierten* Daten zunächst, dass Frauen unabhängig von der Kultur und dem Zeitalter, in dem sie aufwachsen, mehr Wert auf die „materielle Sicherheit" legen als Männer. Ältere Menschen bewerten diese höher als jüngere, wobei post hoc Scheffé-Analysen zeigen, dass sich diesbezüglich die über 45jährigen signifikant von den beiden jüngeren Alterskohorten unterscheiden (vgl. Tab. 7-5). Dies bestätigt zunächst die globalen Hypothesen (Hypothese 1, Hypothese 3 und Hypothese 4)

Tab. 7-5: Mittelwerte für die Partnerpräferenz „materielle Sicherheit" für die Haupteffekte Geschlecht, Generation und Land

	M	F	KH_{16-29}	KH_{30-45}	$KH_{>45}$
Untransformiert	3.32_a (1.24)	4.31_b (1.56)	3.61_a (1.34)	3.72_a (1.55)	4.13_b (1.54)
Transformiert	2.94_a (.99)	3.65_b (1.10)	3.16_a (.99)	3.16_a (1.08)	3.57_b (1.10)

Anm.: M=Männer, F=Frauen, KH=Kohorte, Standardabweichung in Klammern, Mittelwerte mit unterschiedlichen Suffixen unterscheiden sich signifikant voneinander ($p < .05$).

7.1.1 Präferenz für „materielle Sicherheit": Einfluss von gesellschaftlichem Wandel

Hypostasiert wurde, dass sich die Unterschiede in der Partnerwahl von Männern und Frauen in Abhängigkeit der Geburtskohorte (als Operationalisierung unterschiedlicher gesellschaftlicher Bedingungen) verändern. Dabei wurde erwartet, dass jüngere Frauen weniger Wert auf finanzielle Sicherheit legen als ältere, für Männer wurde ein geringerer Effekt der Generationszugehörigkeit angenommen (Hypothese 3 und Hypothese 3a).

Der erhaltene Interaktionseffekt bestätigt diese Hypothese: Die Unterschiedlichkeiten in der Partnerpräferenz „materielle Sicherheit" verändern sich in Abhängigkeit der betrachteten Generation. Wie die nähere Betrachtung des Interaktionseffektes zwischen Generation und Geschlecht ergibt, bleibt für die Männer über die verschiedenen Kohorten hinweg die Einschätzung der Wichtigkeit von materieller Sicherheit als relevantes Partnerkriterium nahezu unverändert (vgl. Abbildungen 7-1 und 7.2). Entsprechend ergeben post-hoc Scheffé-Analysen für Frauen und Männer getrennt für die Männer keine signifikanten Unterschiede über die Alterskohorten. Den Geburtsjahrgängen von 1970 bis 1980 ist die Fähigkeit zur Ressourcenakquisition bei einer Partnerin genau so (un)wichtig wie den Jahrgängen von 1910 bis 1930. Anders die Ergebnisse für die Frauen, hier zeigt sich bezüglich der Wertschätzung von finanzieller Sicherheit ein deutlicher Unterschied in Abhängigkeit der untersuchten Geburtsjahrgänge: Post-hoc Scheffé-Analysen ergeben, dass ältere Frauen (>45 Jahre) sich bezüglich der Wichtigkeitseinschätzung von „materieller Sicherheit" signifikant von den beiden jüngeren Geburtskohorten unterscheiden und mehr Wert auf eine finanzielle Absicherung durch den Partner legen. Dies gilt sowohl für die Analysen auf Basis der *transformierten* als auch der *untransformierten* Werte (vgl. Tab. 7-6).

Tab. 7-6: Mittelwerte Partnerpräferenz „materielle Sicherheit" nach Geschlecht und Geburtskohorte, untransformierte und transformierte Daten

		Kohorte$_{16-29}$	Kohorte$_{30-45}$	Kohorte$_{>45}$
Untransformiert	Männer	3.35$_a$ (1.11)	3.19$_a$ (1.34)	3.40$_a$ (1.26)
	Frauen	3.87$_a$ (1.50)	4.23$_a$ (157)	4.83$_b$ (1.47)
Transformiert	Männer	2.95$_a$ (.87)	2.80$_a$ (.97)	3.06$_a$ (.90)
	Frauen	3.37$_a$ (1.05)	3.52$_a$ (1.07)	4.06$_a$ (1.05)

Anm.: Standardabweichung in Klammern, Mittelwerte mit unterschiedlichen Suffixen unterscheiden sich signifikant voneinander ($p < .05$).

Abb. 7-1 und 7-2: Präferenz für „materielle Sicherheit" nach Geschlecht und Kohortenzugehörigkeit, untransformierte und transformierte Daten

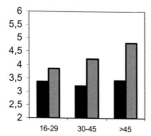
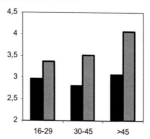

Legende: schwarz: Männer, grau: Frauen.

Hypostasiert wurde auch, dass sich die Unterschiede zwischen Männern und Frauen in der Bewertung der materiellen Sicherheit von Generation zu Generation verringerten. In Abbildung 7-1 und 7-2 sind die Differenzwerte der Mittelwerte von Männern und Frauen für jede Generation abgetragen. Aus der Abbildung wird deutlich, dass sich die Mittelwertunterschiede von Männern und Frauen über die drei untersuchten Generationen hinweg kontinuierlich verringern – auch wenn der gefundene Haupteffekt für Geschlecht darauf hinweist, dass die Unterschiede zwischen Männer und Frauen in jeder Generationsstufe signifikant bleiben.

Abb. 7-3 und 7-4: Mittelwertdifferenzen für „materielle Sicherheit" nach Kohortenzugehörigkeit

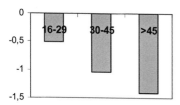
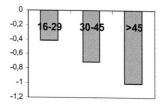

Anm.: Je höher der Differenzwert, desto stärker messen Frauen dieser Eigenschaft Wert bei.

Fazit

Der Auswertung zugrunde lag die Annahme, dass sich ein gesellschaftlicher Wandel hin zu einer egalitären Verteilung von Lebenschancen für Männer und Frauen in veränderten Partnerpräferenzen v.a. für Frauen äußern würde. Empirisch wurde eine signifikante Interaktion zwischen Geburtskohorte und Geschlecht erwartet. Diese Hypothese konnte für das Konstrukt „materielle Sicherheit" bestätigt werden, und es konnte gezeigt werden, dass entgegen den Aussagen der EP (Hypothese 3d) Frauen der jüngeren Geburtskohorte weniger Wert auf „materielle Sicherheit" bei der Partnerwahl legen als ältere.

7.1.2 Präferenz für „materielle Sicherheit": Einfluss der länderspezifischen Familienpolitik

Die Analyse des Haupteffektes zu Lasten der Kulturzugehörigkeit zeigt hypothesengemäß (Hypothese 4), dass sich die Befragten in Abhängigkeit ihrer Nationenzugehörigkeit in der Einschätzung der Wichtigkeit materieller Sicherheit bei der Partnerwahl unterscheiden. Post-hoc Scheffé Analysen ergeben, dass die Teilnehmer aus Frankreich und der ehemaligen DDR, in denen eine progressive Familienpolitik identifiziert wurde, weniger Wert auf die „materielle Sicherheit" bei der Partnerwahl legen als Westdeutsche und Iren (signifikante Mittelwertunterschiede finden sich in Tab. 7-7). Damit können die aufgestellten Hypothesen, dass länderspezifische familienpolitische Unterschiede sich systematisch auf Partnerpräferenzen auswirken, zunächst als global bestätigt gelten.

Tab. 7-7: Mittelwerte für „materielle Sicherheit" nach Land, untransformierte und transformierte Daten

	FR	D-Ost	D-West	IR
Untransformiert	3.46_a (1.48)	$3.73_{a,b}$ (1.42)	$3.90_{b,c}$ (1.51)	4.15_c (1.48)
Transformiert	2.98_a (1.06)	$3.17_{a,b}$ (1.02)	3.34_b (1.04)	3.72_c (1.04)

Anm.: FR=Frankreich, D-Ost=Ostdeutschland, D-West=Westdeutschland, IR=Irland, Standardabweichung in Klammern, Mittelwerte mit unterschiedlichen Suffixen unterscheiden sich signifikant voneinander ($p < .05$)

Post-hoc Scheffé-Tests für die *untransformierten* Werte ergeben, dass Franzosen der Eigenschaft „Fähigkeit zur Ressourcenakquisition" signifikant weniger Gewicht bei der Partnerwahl beimessen als Westdeutsche und Iren. Ostdeutsche unterscheiden sich diesbezüglich nicht von Westdeutschen und Franzosen, jedoch schätzen sie dieses Merkmal signifikant weniger wichtig als Iren ein. Keine signifikanten Unterschiede lassen sich zwischen Iren und Westdeutschen feststellen.

Post-hoc Analysen für die *transformierten* Werte ergeben hierzu leichte Unterschiede, die aber das Gesamtbild nicht verändern. Festzustellen ist, dass sich, wie bei den vorangegangenen Analysen auch, Franzosen von Westdeutschen und Iren signifikant unterscheiden, indem sie insgesamt „materielle Sicherheit" bei der Partnerwahl für unwichtiger halten. Ostdeutsche bewerten die Wichtigkeit von „materieller Sicherheit" signifikant geringer als die irischen Befragten, und Westdeutsche unterscheiden sich bezüglich dieser Einschätzung nicht von

den Teilnehmern aus der ehemaligen DDR, messen aber der materiellen Sicherheit signifikant mehr Wichtigkeit bei als die Franzosen und signifikant weniger als die irischen Befragten.
Für die weiteren Analysen, die sich aus dem signifikanten Interaktionseffekt ergeben, wurden Auswertungen für Männer und Frauen gesondert vorgenommen.

Abb. 7-5 und 7-6: Präferenz für „materielle Sicherheit" nach Geschlecht und Land, untransformierte und transformierte Daten

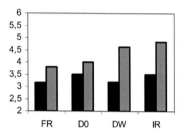
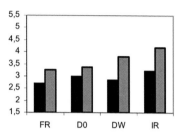

Legende: Schwarz: Männer, grau: Fauen, FR=Frankreich, DO=Ostdeutschland, DW=Westdeutschland, IR=Irland.

Wie aus den Abbildungen deutlich wird, folgt die Wichtigkeitseinschätzung für „materielle Sicherheit" bei einem Partner innerhalb der Geschlechtergruppen der hypostasierten Ordnung: Französischen und ostdeutschen Frauen jeder Altersklasse ist die finanzielle Sicherheit weniger wichtig als westdeutschen und irischen Frauen. Post-hoc Scheffé-Analysen getrennt für Männer und Frauen bestätigen dieses Ergebnis statistisch (vgl. Tab. 7-8).

Tab. 7-8: Mittelwerte Partnerpräferenz „materielle Sicherheit" nach Geschlecht und Land, untransformierte und transformierte Daten

		FR	D-Ost	D-West	IR
Untransformiert	Männer	3.13_a(1.22)	3.47_a(1.37)	3.18_a(1.12)	3.49_a(1.20)
	Frauen	3.82_a(1.64)	3.99_a(1.44)	4.60_b(1.50)	4.82_b(1.44)
Transformiert	Männer	2.70_a(.90)	2.99_a(1.01)	$2.85_{a,b}$(.82)	3.24_b(.85)
	Frauen	3.25_a(1.13)	3.36_a(1.00)	3.80_b(1.02)	4.17_b(.99)

Anm.: FR = Frankreich, D-Ost = Ostdeutschland, D-West=Westdeutschland, IR=Irland, Standardabweichung in Klammern, Mittelwerte mit unterschiedlichen Suffixen unterscheiden sich signifikant voneinander (p < .05).

Untransformierte Daten: Französische und ostdeutsche Frauen unterscheiden sich in dieser Präferenzlegung signifikant von der Gruppe der westdeutschen und irischen Frauen. Keine signifikanten Unterschiede gibt es zwischen Westdeutschen und Irinnen sowie Französinnen und ostdeutschen Frauen. Für die

Gruppe der männlichen Befragten erreichen die post-hoc durchgeführten Analysen für die untransformierten Werte keine Signifikanz. Das heißt, unabhängig von der Kultur (Familienpolitik), in der die männlichen Befragten aufgewachsen sind, zeigen sie die gleiche Wertschätzung von materiellen Ressourcen. Ebenfalls aus der Graphik ersichtlich ist, dass das Ausmaß der Geschlechterunterschiede von Land zu Land variiert. Die Differenz zwischen Männern und Frauen ist zwar in allen Ländern signifikant, jedoch in Westdeutschland und Irland deutlich höher als in Frankreich und Ostdeutschland.

Wie bei der Analyse des Haupteffektes für Familienpolitik weichen die Ergebnisse auch bei der Betrachtung der *transformierten* Werte des Interaktionseffektes leicht von den untransformierten ab. Im Gegensatz zu den untransformierten Werten ergeben sich für die transformierten Daten bei der Analyse der Geschlechtergruppen hier auch für die Männer signifikante Unterschiede. Irische Männer legen demnach signifikant mehr Wert auf finanzielle Sicherheit bei der Partnerwahl als westdeutsche und französische Männer. Festzustellen ist also, dass die irischen Befragten beiderlei Geschlechts in der vorliegenden Stichprobe am meisten Wert auf einen finanzkräftigen Partner legen.

Auch das Muster der Frauen unterscheidet sich von den untransformierten Werten. Für die transformierten Daten zeigen sich signifikante Unterschiede zwischen Irinnen und Französinnen, Ostdeutsche und Westdeutsche als auch zwischen Westdeutschen, Ostdeutschen, Irinnen und Französinnen. Nur zwischen Französinnen und ostdeutschen Frauen lassen sich keine signifikanten Unterschiede bezüglich der Einschätzung der Wichtigkeit materieller Ressourcen erkennen.

Abb. 7-7 und Abb. 7-8: Mittelwertdifferenzen für „materielle Sicherheit" nach Land

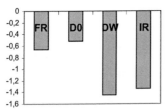 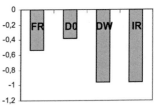

Anm.: FR=Frankreich, DO=Ostdeutschland, DW=Westdeutschland, IR = Irland, je höher die Differenz, desto stärker messen Frauen dieser Eigenschaft Wert bei.

Bei der Betrachtung des Ausmaßes der Mittelwertunterschiede zwischen Männern und Frauen ergibt sich ein Muster, das zusätzlich diese Ergebnisse bestätigt. Wie in Abbildung 7-7 und 7-8 graphisch aufgezeigt, ist der Geschlechterunterschied in Ostdeutschland am geringsten ausgeprägt, gefolgt von Frankreich.

In Westdeutschland sind die Mittelwertdifferenzen für die Skala „materielle Sicherheit" dagegen am stärksten ausgeprägt.

Fazit

Im Zentrum der entwickelten Hypothesen stand die Annahme, dass sich die länderspezifischen familienpolitischen Maßnahmen stärker auf die Partnerpräferenzen von Frauen auswirken sollten, da eine progressive bzw. konservative Familienpolitik unmittelbar das weibliche Rollenverständnis und die ständige finanzielle Situation der Frau beeinflusst. Empirisch impliziert dies die Annahme einer signifikanten Wechselwirkung zwischen Geschlecht und Land. Wie in Tabelle 7-8 dargestellt, konnte sich diese Annahme bestätigen und so nachgewiesen werden, dass die unterschiedliche Einschätzung von finanzieller Sicherheit bei der Partnerwahl von Männern und Frauen nicht universal ist, sondern einem länderspezifischen Muster folgt (vgl. Abbildung 7-7 und 7-8).

7.2 Hypothesentestung: Partnerpräferenz „Physische Attraktivität"

Die aus der TSM abgeleiteten Hypothesen bezüglich Variationen in Geschlechterunterschieden in der Präferenz für einen „physisch attraktiven" Partner in Abhängigkeit der Generationszugehörigkeit und der Familienpolitik eines Landes lassen wiederum eine signifikante Interaktionen zwischen Geschlecht und Generationszugehörigkeit (Hypothese 3b) sowie Geschlecht und Familienpolitik (Hypothese 4b) erwarten.

Die univariate Prüfung der Faktoren Geschlecht, Generation und Land/ Familienpolitik auf die Präferenz für einen „physisch attraktiven" Partner resultiert jedoch nur in drei signifikanten Haupteffekten, die besagen, dass Männer und Frauen unabhängig von dem Zeitalter, in dem sie aufgewachsen sind und unbeeinflusst von der Familienpolitik, die in ihrem Land herrscht, sich in der Wichtigkeitsbeimessung von physischer Attraktivität bei der Partnerwahl unterscheiden, wobei Männer signifikant mehr Wert auf Schönheit legen als Frauen (vgl. Tab. 7-9). Mit diesen Ergebnissen wird Hypothese 1 bestätigt, die Annahmen in Hypothese 3b und 4b können jedoch als falsifiziert gelten.

Tab. 7-9: Univariate Ergebnisse präferierte Partnereigenschaft „physische Attraktivität", untransformierte Daten

	df	F	p <
SEX	1/819	85.71	.001
LAND	3/819	6.29	.001
GENERATION	2/819	5.87	.05
SEX x LAND	3/819	<1	ns
SEX x GENERATION	2/819	<1	ns
GENERATION x LAND	6/819	<1	ns
SEX x GENERATION x LAND	6/819	<1	ns

Tab. 7-10: Univariate Ergebnisse präferierte Partnereigenschaft „physische Attraktivität", transformierte Daten

	df	F	p <
SEX	1/819	253.13	.001
LAND	3/819	7.64	.001
GENERATION	2/819	17.018	.05
SEX x LAND	3/819	1.41	ns
SEX x GENERATION	2/819	1.58	ns
GENERATION x LAND	6/819	<1	ns
SEX x GENERATION x LAND	6/819	<1	ns

7.2.1 Partnerpräferenz für „physische Attraktivität": Einfluss von gesellschaftlichem Wandel

Für den Haupteffekt der Kohorte ist festzustellen, dass Angehörige der jüngsten Generation die „physische Attraktivität" bei der Partnerwahl als signifikant wichtiger beurteilen als die beiden älteren Kohorten (vgl. Tab. 7-11). Jedoch beeinflusst der gesellschaftliche Wandel das Ausmaß der Geschlechterdifferenz über die Generationen hinweg nicht. Dies gilt sowohl für die untransformierten als auch für die transformierten Daten.

Tab. 7-11: Mittelwerte für die Haupteffekte Geschlecht und Geburtskohorte für „physische Attraktivität", untransformierte und transformierte Daten

	Männer	Frauen	Kohorte 16-29	Kohorte 30-45	Kohorte >45
Untransformiert	5.31$_a$ (1.18)	4.58$_b$ (1.13)	5.14$_a$ (1.21)	4.87$_b$ (1.21)	4.82$_b$ (1.19)
Transformiert	4.93$_a$ (.95)	3.92$_b$ (.94)	4.69$_a$ (1.00)	4.31$_b$ (1.10)	4.26$_b$ (1.06)

Anm.: Standardabweichung in Klammern, Mittelwerte mit unterschiedlichen Suffixen unterscheiden sich signifikant voneinander ($p < .05$).

Abb. 7-9 und Abb. 7-10: Mittelwerte für die Partnerpräferenz „physische Attraktivität" nach Geburtskohorte und Geschlecht, untransformierte und transformierte Daten

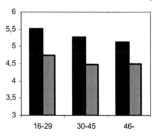
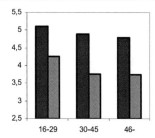

Legende: schwarz: Männer, grau: Frauen.

7.2.2 Partnerpräferenz für „physische Attraktivität": Einfluss der länderspezifischen Familienpolitik

Post-hoc durchgeführte Scheffé-Analysen für die *untransformierten* Daten ergeben für den Ländereffekt, dass für die irischen Befragten die „physische Attraktivität" eines Partners signifikant weniger wichtig ist als für die westdeutschen und französischen Vpn. Die ostdeutschen Befragten unterscheiden sich dagegen nicht von den anderen Ländergruppen.

Für die *transformierten* Werte ist festzustellen, dass sie sich in der post-hoc Analyse geringfügig von den untransformierten Rohwerten unterscheiden. Während die Ergebnisse für den Kohorten- und Geschlechtereffekt für beide Varianten gleiche Resultate erzielen, lassen sich für den Haupteffekt „Land" post-hoc hier zusätzliche signifikante Differenzen zwischen Franzosen und Ostdeutschen finden, wobei Franzosen „physische Attraktivität" signifikant höher bewerten als Ostdeutsche (vgl. Tab. 7-12).

Tab. 7-12: Mittelwerte für den Ländereffekt „physische Attraktivität", untransformierte und transformierte Daten

	FR	D-Ost	D-West	IR
Untransformiert	5.12_a	$4.92_{a,b}$	5.05_a	4.66_b
	(1.19)	(1.23)	(1.16)	(1.22)
Transformiert	4.63_a	$4.37_{b,c}$	$4.47_{a,b}$	4.21_c
	(.98)	(1.04)	(1.09)	(1.15)

Anm.: FR=Frankreich, D-Ost=Ostdeutschland, D-West=Westdeutschland, IR=Irland, Standardabweichung in Klammern, Mittelwerte mit unterschiedlichen Suffixen unterscheiden sich signifikant voneinander (p < .05).

Abb. 7-11 und Abb. 7-12: Mittelwerte für gewünschtes Partnermerkmal „physische Attraktivität" nach Land und Geschlecht, untransformierte und transformierte Daten

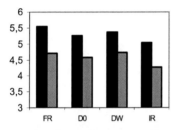
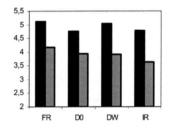

Legende: schwarz: Männer, grau: Frauen, FR=Frankreich, DO=Ostdeutschland, DW=Westdeutschland, IR=Irland, Mittelwerte mit unterschiedlichen Suffixen unterscheiden sich signifikant voneinander (p < .05).

Fazit

Das Ausmaß, in dem Männer und Frauen „physische Attraktivität" bei der Partnerwahl bewerten, zeigt sich nicht unbeeinflusst von dem Land, in dem Individuen aufwachsen und von dem Zeitalter, in dem sie sozialisiert werden. Doch obwohl ein direkter Effekt der Länderzugehörigkeit und der Geburtskohorte gezeigt werden konnte, bleibt der Geschlechtereffekt über beide Faktoren stabil, womit sich die Annahmen der TSM nicht bestätigen konnten.

Zwar schätzen jüngere Vpn – wie in Hypothese 3 angenommen – das Aussehen wichtiger ein als ältere, dies lässt sich aber im gleichen Maße für Männer und Frauen zeigen. Dieses Resultat spricht zunächst eher für die Gültigkeit evolutionspsychologischer Annahmen, die eine Universalität von Geschlechtereffekten über unterschiedliche Kulturen hinweg postulieren. Jedoch postuliert die EP auch, dass jüngere Frauen im Vergleich zu älteren Frauen und ältere Männer im Vergleich zu jüngeren anspruchsvoller in ihrer Partnerwahl seien, dieses Muster spiegelt sich im vorliegenden Datenmaterial nicht wider.

Für den Ländereffekt ließ sich kein Muster erkennen, das sich mit familienpolitischen Variationen in Verbindung bringen ließe. Damit ist festzustellen, dass die Familienpolitik kein guter Indikator für geschlechtsspezifische Unterschiede in Partnerpräferenzen hinsichtlich physischer Attraktivität zu sein scheint.

7.3 Hypothesentestung: Partnerpräferenz „Liebe und beziehungsstabilisierende Eigenschaften"

Angenommen wurde für die Skala „Liebe und beziehungsstabilisierende Eigenschaften", dass Angehörige jüngerer Geburtskohorten generell, aber insbesondere Frauen, dieses Partnermerkmal als wichtiger einschätzen als ältere Generationen (Hypothese 3c). Zudem wurde erwartet, dass Geschlechtereffekte in Abhängigkeit der Nationalität variieren, wobei die Hypothese aufgestellt wurde, dass insbesondere französische und ostdeutsche Frauen mehr Wert auf „Liebe und beziehungsstabilisierende" Partnereigenschaften legen sollten als westdeutsche und irische Frauen (Hypothese 4c).

Die univariate Varianzanalyse mit den Faktoren Geschlecht, Generation und Land für die abhängige Variable „Liebe und beziehungsstabilisierende Eigenschaften" erbringt für die *untransformierten* Daten drei signifikante Haupteffekte, signifikante Wechselwirkungen sind dagegen nicht festzustellen (vgl. Tab. 7-13).

Tab. 7-13: Univariate Ergebnisse für die Skala „Liebe und beziehungsstabilisierende Eigenschaften", untransformierte Datenbasis

	df	F	p <
SEX	1/819	89.730	.001
LAND	3/819	24.676	.001
KOHORTE	2/819	14.810	.001
SEX x LAND	3/819	1.098	ns
SEX x KOHORTE	2/819	1.344	ns
LAND x KOHORTE	6/819	<1	ns
LAND x SEX x KOHORTE	6/819	<1	ns

Ein von den untransformierten Daten abweichendes Ergebnis lässt sich dagegen für die *transformierte* Datenbasis feststellen, hier ist zusätzlich zu den drei signifikanten Haupteffekten eine signifikante Interaktion zwischen Geschlecht und Generationszugehörigkeit festzustellen (vgl. Tab. 7-14).

Tab. 7-14: Univariate Ergebnisse für die Skala „Liebe und beziehungsstabilisierende Eigenschaften", transformierte Datenbasis

	df	F	p <
SEX	1/819	38.609	.001
LAND	3/819	29.154	.001
KOHORTE	2/819	13.995	.001
SEX x LAND	3/819	<1	ns
SEX x KOHORTE	6/819	<1	ns
LAND x KOHORTE	2/819	3.174	.05
LAND x SEX x KOHORTE	6/819	1.268	ns

Die Betrachtung der Mittelwerte für die *untransformierten* Daten zeigt, dass über alle Generationen und Untersuchungsländer hinweg Frauen im Vergleich zu Männern „Liebe und beziehungsstabilisierende Eigenschaften" als wichtigeres Partnerkriterium einstufen. Für die Geburtskohorten ist festzustellen, dass jüngere Befragte „beziehungsstabilisierende Eigenschaften" wie „Zuverlässigkeit", „Liebe" und „Treue" als unwichtiger bei der Partnerwahl erachten als ältere, dies gilt im gleichen Maße für Männer und Frauen und über die Ländergrenzen hinweg (vgl. Tab. 7-15). Posthoc-Scheffé-Analysen können signifikante Unterschiede zwischen allen Geburtskohorten nachweisen. Für den Ländervergleich ergibt die post-hoc Analyse, dass Iren „Liebe und beziehungsstabilisierende Eigenschaften" eines Partners als signifikant unwichtiger einstufen als Franzosen, Ost- und Westdeutsche. Dieses Ergebnis bestätigt zwar die Annahme, dass sich Partnerpräferenzen nicht unabhängig von dem Zeitalter, in dem Individuen aufwachsen und der Kultur, in der sie leben, gerieren (Hypothesen 3 und 4). Jedoch kann nicht festgestellt werden, dass sich dies in unterschiedlicher Weise auf Frauen und Männer auswirkt, womit die spezifischen Hypothesen (3c und 4c) widerlegt werden.

Tab. 7-15: Mittelwerte Partnerpräferenz: „Liebe und beziehungsstabilisierende Eigenschaften" für Geschlecht und Kohorten

	Männer	Frauen	Kohorte 16-29	Kohorte 30-45	Kohorte >45
Untransfomiert	6.85_a (.99)	7.42_b (.86)	6.94_a (.99)	7.13_b (.95)	7.33_c (.93)
Transformiert	6.47_a (.78)	6.76_b (.68)	6.49_a (.77)	6.58_a (.71)	6.79_b (.73)

Anm.: Standardabweichung in Klammern, Mittelwerte mit unterschiedlichen Suffixen unterscheiden sich signifikant voneinander (p < .05).

Tab. 7-16: Mittelwerte Partnerpräferenz: „Liebe und beziehungsstabilisierende Eigenschaften" für Land (Standardabweichung in Klammern)

	FR	D-Ost	D-West	IR
Untransformiert	7.21$_a$ (.85)	7.39$_a$ (.82)	7.21$_a$ (.90)	6.67$_b$ (1.17)
Transformiert	6.73$_{ab}$ (.68)	6.83$_a$ (.69)	6.63$_b$ (.66)	6.23$_c$ (.83)

Anm.: FR=Frankreich, D-Ost=Ostdeutschland, D-West=Westdeutschland, IR=Irland, Standardabweichung in Klammern, Mittelwerte mit unterschiedlichen Suffixen unterscheiden sich signifikant voneinander (p < .05).

Die *transformierten* Daten unterscheiden sich in den Ergebnissen von den untransformierten. Zusätzlich zu den drei signifikanten Haupteffekten lässt sich hier eine signifikante Interaktion zwischen Geschlecht und Generationszugehörigkeit feststellen. Die Analyse der Mittelwerte für die Haupteffekte zeigen, dass Frauen signifikant mehr Wert auf einen Partner mit beziehungsstabilisierenden Eigenschaften legen als Männer (vgl. Tab. 7-15 und 7-16). Älteren Befragten sind beziehungsstabilisierende Eigenschaften wichtiger als jüngeren Altersgruppen, wobei im Gegensatz zu den untransformierten Daten sich nicht mehr alle Kohorten signifikant voneinander unterscheiden (dies kann auf die hier erhaltene Interaktion zurückgeführt werden). Die Wechselwirkung zwischen Geschlecht und Generationszugehörigkeit verfehlte bei der Berechnung auf Basis der Rohwerte die Signifikanz deutlich (vgl. Tab. 7-13), für die transformierten Daten ließ sich jedoch ein signifikanter Effekt feststellen.

Abb. 7-13 und 7-14: Wichtigkeitseinschätzung für „Liebe und beziehungsstabilisierende Eigenschaften" nach Geburtskohorte und Geschlecht, für untransformierte und transformierte Daten

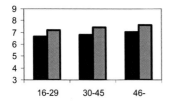 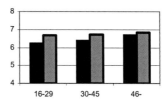

Legende: schwarz: Männer, grau: Frauen.

Post-hoc Scheffé-Analysen für Männer und Frauen getrennt zeigen für Frauen keine signifikanten Unterschiede über die Generationen hinweg. Stattdessen ist der erhaltene Effekt den Männern geschuldet. Demnach unterscheiden sich Männer der beiden jüngeren Geburtskohorten signifikant von den älteren, indem sie weniger Gewicht auf „beziehungsstabilisierende Beziehungseigenschaften" legen.

Tab. 7-17: Mittelwerte Partnerpräferenz „Liebe und beziehungsstabilisierende Eigenschaften" nach Geschlecht und Geburtskohorte, untransformierte und transformierte Daten

		Kohorte$_{16-29}$	Kohorte$_{30-45}$	Kohorte$_{>45}$
Untransformiert	Männer	6.68 (1.00)	6.82 (1.00)	7.06 (.93)
	Frauen	7.21 (.91)	7.43 (.78)	7.62 (.85)
Transformiert	Männer	6.28$_a$ (.75)	6.43$_a$ (.78)	6.72$_b$ (.75)
	Frauen	6.71 (.73)	6.72 (.60)	6.85 (.70)

Anm.: Standardabweichung in Klammern, Mittelwerte mit unterschiedlichen Suffixen unterscheiden sich signifikant voneinander ($p < .05$).

Leichte Unterschiede zu den untransformierten Daten zeigen sich auch bei der post-hoc durchgeführten Analyse für den Ländervergleich. Wie bei den untransfomierten Daten auch unterscheiden sich die irischen Vpn signifikant von Franzosen, Ost- und Westdeutschen, indem sie „Liebe und beziehungsstabilisierende Eigenschaften" im Ländervergleich am geringsten einstufen. Zusätzlich lässt sich jedoch auch feststellen, dass Ostdeutsche insgesamt mehr Wert auf beziehungsstabilisierende Merkmale legen als Westdeutsche.

Abb. 7-15 und 7-16: Wichtigkeitseinschätzung von „Liebe und Stabilität" für Geschlecht und Kultur, untransformierte und transformierte Daten

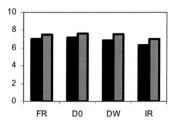
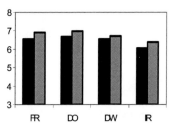

Legende: schwarz: Männer, grau: Frauen, FR=Frankreich, DO=Ostdeutschland, DW=Westdeutschland, IR = Irland.

Wie auch in den Abbildungen 7-15 und 7-16 deutlich wird, übt die nationale Herkunft auf geschlechtsspezifische Unterschiede in der Wichtigkeitsbeimessung von „Liebe und beziehungsstabilisierenden Eigenschaften" bei der Partnerwahl keinen interagierenden Einfluss aus. Die Mittelwertdifferenzen zwischen Frauen und Männern bleiben über die Kulturen hinweg stabil.

Fazit
Die Ergebnisse für die Skala „Liebe und beziehungsstabilisierende Eigenschaften" sprechen nur eingeschränkt für die aufgestellten Hypothesen. Es konnte ge-

zeigt werden, dass sich die Wichtigkeitseinschätzung von „partnerschaftsstabilisierenden Eigenschaften" der Befragten in Abhängigkeit von ihrer Länder- und Generationenzugehörigkeit unterscheiden. Zwar verfehlte in beiden Datensätzen die Interaktion zwischen Geschlecht und Land das Signifikanzniveau, aber es ließ sich feststellen, dass in Ländern mit einer egalitären bzw. moderaten Familienpolitik „Liebe und beziehungsstabilisierende Eigenschaften" höher eingeschätzt wurden als in Ländern mit einem konservativen Familienleitbild.

Es wurde auch erwartet, dass insbesondere „Liebe und beziehungsstabilisierende Eigenschaften" von jüngeren Generationen wichtiger eingeschätzt würde als in älteren Generationen, diese Annahme konnte nicht bestätigt werden. Die Haupteffekte für transformierte und untransformierte Daten zeigen Evidenz dafür, dass ältere Generationen „Liebe und beziehungsstabilisierenden" Partnermerkmalen mehr Gewicht zumessen als jüngere Geburtskohorten. Zudem ließ sich für die *transformierten* Daten ein Interaktionseffekt zwischen Geschlecht und Geburtskohorte nachweisen. Zwar konnten für Frauen in post-hoc Analysen keine Effekte zwischen den Generationen festgestellt werden, jedoch ließ sich für Männer feststellen, dass jüngere weniger Wert auf beziehungsstabilisierende Eigenschaften legen als ältere.

Dieses Ergebnis ist mit den aus der TSM abgeleiteten aufgestellten Hypothesen unvereinbar, geht jedoch mit den Aussagen der EP konform, die für ältere Männer höhere Partneransprüche annimmt.

7.4 Effekte der Familienpolitik oder Kultur?

Im vorangegangenen Kapitel wurde gezeigt, dass die Familienpolitik eines Landes einen Einfluss auf die Partnerpräferenzen von Männern und Frauen hat. Menschen, die in Ländern mit einer progressiven Familienpolitik aufwachsen und leben, zeigen ein weniger stark ausgeprägtes traditionelles Partnerwahlmuster als Individuen, die in Ländern mit einer konservativen Familienpolitik sozialisiert wurden. Dabei wurde die jeweilige in einem Land herrschende Familienpolitik durch die Nationalität der Befragten operationalisiert, wobei zusätzlich bei dem Befragtenscreening sichergestellt wurde, dass die Befragten auch tatsächlich in dem jeweiligen Land aufgewachsen waren.

Das Problem bei der vorgenommenen Operationalisierung liegt darin, dass Nationalität mit Kultur konfundiert ist und Kultur wiederum aus einer ganzen Bandbreite von Konzepten, wie Werte, Einstellungen zur Geschlechterrolle, Mutter-Kind-Ideologien, Individualismus/ Kollektivismus, Autoritarismus etc. besteht. Diese Konfundierung erschwert eine kausale Schlussfolgerung: Ist wirklich eine unterschiedliche Familienpolitik für die festgestellte Variation in Partnerpräferenzen verantwortlich oder sind es andere länder- oder kulturspezifische Eigenschaften? Anhand der gewählten unabhängigen Variable „Nationenzugehörigkeit" ist diese Frage nicht abschließend zu klären. Aus der Literatur ist bekannt, dass Konstrukte wie Geschlechtsrolle, Geschlechtsrollenidentität, Individualismus/ Kollektivismus aber auch Religiosität von Land zu Land erheblich variieren können und diese somit ebenso verantwortlich für die beschriebenen Ländereffekte sein könnten (Best & Williams, 2001). Um dies auszuschließen, wurden diese psychologischen Konstrukte teils mittels Kurzskalen (vgl. Tab. 7-18) ebenfalls erhoben und werden im Folgenden in Hinblick auf ihre Effekte auf die Partnerwahl analysiert.

Tab. 7-18: Überblick über die zusätzlich geprüften möglichen Einflussfaktoren auf Partnerwahlpräferenzen

Skala	Quelle	Itemanzahl/ Skala	Alpha
Expressivität	Spence et al., 1974	7/ 1-9	.80
Instrumentalität	Spence et al., 1974	7/ 1-9	.73
Individualismus/ Kollektivismus IK	Triandis et al., 1995	9/ 1-9	.56
Traditionelle Geschlechtsrollenorientierung (TRADGRO)	Abele & Andrä, 1997	3/ 1-9	.60
Liberale Geschlechtsrollenorientierung (LIBGRO)	Abele & Andrä, 1997	2/ 1-9	.56
Religiosität	Eigene	2/ 1-9	.85

Die Reliabilitäten der Konzepte „Expressivität" und „Instrumentalität" sowie „Religiosität" sind zufriedenstellend und auch diejenige der TRADGRO kann noch als akzeptabel angesehen werden (vgl. Tab. 7-18). Die Probleme des Konstruktes „IK" bezüglich seiner internen Konsistenz wurden bereits diskutiert und die hier erzielten äußerst geringen Werte für seine interne Konsistenz stellen keine Ausnahme dar, die zum Ausschluss der Skala für die hier durchzuführende Analyse führen würde. Der ebenfalls niedrige alpha-Wert für die Messung von LIBGRO kann darauf zurückgeführt werden, dass die Operationalisierung des Konstruktes nur durch zwei Items erfolgte. Da die Faktorenanalyse jedoch ergab, dass beide Items hoch auf dem Faktor LIBGRO laden (beide $\underline{a}$ > .7), wurde entschieden, diese Skala trotz ihrer mangelnden internen Konsistenz als solche zu behandeln und zu analysieren.

7.4.1 Statistische Prüfung eines möglichen „kulturellen" Einflusses auf die Partnerwahl

Zunächst wird mittels einer multivariaten Analyse geprüft, inwieweit sich die im vorangegangenen Kapitel als mögliche kulturelle Einflussfaktoren indentifizierten Konstrukte in den Untersuchungsländern unterscheiden. Sollte dies der Fall sein, werden die Berechnungen aus den vorherigen Abschnitten wiederholt, jedoch werden neben den Faktoren Geschlecht, Land und Generationszugehörigkeit auch o.g. Skalen als Kovariate berücksichtigt.

Die Berechnung der Unterschiedlichkeiten der Konstrukte in Abhängigkeit des Untersuchungslandes wurde mit einer multivariaten Varianzanalyse geprüft und zeigt einen hochsignifikanten Ländereffekt [multiv. $F(18/2545) = 14.775$, $p < .001$]. Nachdem kulturelle Unterschiede für die verschiedenen psychologischen Konstrukte nachgewiesen werden konnten, werden zur strengen Prüfung der getroffenen Annahmen die im vorherigen Kapitel dargestellten Ergebnisse einer weiteren Analyse unterzogen. Da die Interkorrelationen der sechs Konstrukte insgesamt gering sind, werden sie gleichzeitig als Kovariate in einer multivariate Varianzanalyse mit den Faktoren Geschlecht, Generationszugehörigkeit und Land sowie den drei entwickelten Skalen für Partnerpräferenzen („Liebe und partnerschaftsstabilisierende Eigenschaften", „materielle Sicherheit" und „physische Attraktivität") betrachtet.

Die multivariaten Ergebnisse für die Partnerpräferenzeffekte in Abhängigkeit von Geschlecht, Land und Generationszugehörigkeit unter Berücksichtigung der Kovariaten zeigen für beide Datenbasen, dass unter der Kontrolle zusätzlicher kultureller Merkmale die beschriebenen Interaktionseffekte für Geschlecht und Land sowie Geschlecht und Generationszugehörigkeit in ihrem Signifikanzniveau erhöht wird (Tab. 7-19 und 7-20).

Tab. 7-19: Ergebnisse der multivariaten Varianzanalyse für Partnerpräferenzen unter der Kontrolle von IK, Expressivität, Instrumentalität, LIBGRO, TRADGRO sowie Religiosität für untransformierte Daten

	F	df	p <
IK	12.73	3/791	.001
EXPRESS	30.44	3/791	.001
INSTRUM	7.76	3/791	.001
LIBGRO	<1	3/791	ns
TRADGRO	17.65	3/791	.001
GLAUBE	4.09	3/791	.01
LAND	14.73	9/2379	.001
SEX	96.52	3/791	.001
KOHORTE	7.36	6/1584	.001
LAND x SEX	3.52	9/2379	.001
LAND x KOHORTE	1.26	9/2379	ns
SEX x KOHORTE	3.24	6/1584	.01
LAND x SEX x KOHORTE	<1	18/2379	ns

Tab. 7-20: Ergebnisse der multivariaten Varianzanalyse für Partnerpräfe-renzen unter der Kontrolle von IK, Expressivität, Instrumentalität, LIBGRO, TRADGRO sowie Religiosität, transformierte Daten

	F	df	p <
INDKOL (IK)	2.62	3/778	.05
EXPRESS	5.46	3/778	.001
INSTRUM	6.61	3/778	.001
LIBGRO	1.32	3/778	ns
TRADGRO	4.69	3/778	.01
GLAUBE	8.05	3/778	.001
LAND	9.85	9/2340	.001
SEX	97.634	3/778	.001
KOHORTE	10.30	6/1558	.001
LAND x SEX	2.920	9/2340	.01
LAND x KOHORTE	<1	18/2340	ns
SEX x KOHORTE	4.144	6/1558	.001
LAND x SEX x KOHORTE	<1	18/2340	ns

Bis auf die liberale Geschlechtsrolleneinstellung (LIBGRO) tragen alle Kovariate signifikant zur Varianzaufklärung bei, ohne jedoch den Effekt von Nationszugehörigkeit als Operationalisierung der Familienpolitik zu verringern.

Fazit

Keine der zusätzlichen Variablen war in der Lage, die gefundenen Haupteffekte von Generationszugehörigkeit und Land oder die Interaktionen zwischen Geschlecht und Land sowie Geschlecht und Generationszugehörigkeit zu verringern. Im Gegenteil, es zeigte sich bei der multivariaten Prüfung sowohl standardisierter als auch unstandardisierter Werte eine leichte Erhöhung des Signifikanzniveaus, unter der Kontrolle von kulturell unterschiedlich ausgeprägten Konstrukten wie Einstellung zur Geschlechtsrolle, IK, Expressivität/ Instrumentalität und Religiosität. Dies kann als Hinweis dafür interpretiert werden, dass es tatsächlich die identifizierten gesellschaftlichen Strukturen wie Familienpolitik sind, die verantwortlich für die Veränderungen in Partnerpräferenzen sind[96].

7.5 Heiratsbereitschaft

Die Skala „Heiratsabsicht" wird im Folgenden univariat mit den Faktoren Geschlecht, Geburtskohorte und Land ausgewertet.

Tab. 7-21: Univariate Varianzanalyse: „Bereitschaft zu heiraten" für Geschlecht, Land und Kohortenzugehörigkeit, untransformierte Daten

	df	F	p<
SEX	1/818	6.37	.05
LAND	3/818	4.93	.01
KOHORTE	2/818	26.67	.001
SEX x LAND	3/818	<1	ns
SEX x KOHORTE	2/818	<1	ns
LAND x KOHORTE	6/818	<1	ns
LAND x SEX x KOHORTE	6/818	1.75	ns

---

[96] Allerdings kann auch nicht ausgeschlossen werden, dass relevante Einflussvariablen nicht identifiziert worden sind. Zudem bestanden die gewählten Moderatorvariablen zu einem Teil aus Kurzskalen mit nur geringer interner Konsistenz, sodass auch hier die Gefahr besteht, nur Ausschnitte von Konstrukten wie Geschlechtsrollenorientierung erhoben zu haben.

Tab. 7-22: Univariate Varianzanalyse: „Bereitschaft zu heiraten" für Geschlecht, Land und Kohortenzugehörigkeit, transformierte Daten

	df	F	p <
SEX	1/818	22.58	.001
LAND	3/818	6.23	.001
KOHORTE	2/818	24.96	.001
SEX x LAND	3/818	1.64	ns
SEX x KOHORTE	2/818	<1	ns
LAND x KOHORTE	6/818	1.03	ns
LAND x SEX x KOHORTE	6/818	1.48	ns

Wie aus den Tabellen 7-21 und 7-22 ersichtlich wird, lassen sich für die „Bereitschaft, einen Partner mit bestimmten Eigenschaften zu heiraten" sowohl für die untransformierten als auch für die transformierten Daten drei signifikante Haupteffekte feststellen. Die Mittelwertanalyse zeigt, dass über die Länder und Generationen hinweg Männer mehr Bereitschaft zeigen, einen Partner zu heiraten. Für den Hautpeffekt Generationszugehörigkeit lassen sich wieder in den post-hoc Scheffé Analysen Unterschiede in Abhängigkeit des Datenmaterials feststellen (vgl. Tab. 7-23).

Tab. 7-23: Mittelwerte für „Heiratsbereitschaft" für Geschlecht, Geburtskohorte und Land, untransformierte und transformierte Daten

	Männer	Frauen	KH (16-30)	KH (31-45)	KH (>45)	FR	DO	DW	IR
Untransformiert	6.04_a (1.55)	5.81_b (1.44)	5.97_a (1.47)	6.31_b (1.35)	5.47_c (1.27)	6.20_a (1.62)	5.74_b (1.33)	5.81_b (1.23)	$5.96_{a,b}$ (1.54)
Transformiert	5.60_a (1.43)	5.17_b (1.40)	5.49_a (1.41)	5.71_a (1.40)	4.93_b (1.29)	5.65_a (1.51)	5.16_b (1.31)	5.25_b (1.32)	$5.50_{a,b}$ (1.45)

Anm.: KH=Kohorte, FR=Frankreich, DO=Ostdeutschland, DW=Westdeutschland, IR=Irland, Standardabweichung in Klammern, Mittelwerte mit unterschiedlichen Suffixen unterscheiden sich signifikant voneinander ($p < .05$).

Die post-hoc Analysen für die *untransformierten Daten* ergeben für den Generationseffekt signifikante Unterschiede zwischen allen Gruppen. Demnach zeigt die älteste Kohorte (also die über 45jährigen) die geringste Bereitschaft, einen Partner zu heiraten, die mittlere dagegen die höchste. Bezüglich des Ländereffektes ist festzustellen, dass von allen Befragten die Franzosen und Iren die größte Bereitschaft äußern zu heiraten und die Deutschen insgesamt weniger Heiratsabsichten zeigen. Allerdings erreichen nur die Differenzen zwischen Frankreich und den beiden deutschen Stichproben Signifikanz, die irischen Befragten unterscheiden sich in ihrer Heiratsabsicht nicht von den anderen Ländern.

Die *transformierten* Daten ergeben im Vergleich hierzu wieder ein leicht unterschiedliches Ergebnis. Zunächst ist für den post-hoc durchgeführten Kohortenvergleich festzustellen, dass sich hier nur die älteste Generation signifikant von den beiden jüngeren Kohorten unterscheidet. Die Angehörigen der beiden jüngeren Befragtengenerationen sind signifikant eher bereit, eine Ehe einzugehen als die älteste Generation. Hinsichtlich des Ländervergleiches unterscheiden sich die transformierten Werte nicht von den untransformierten Daten.

Fazit
Es wurde bereits diskutiert, dass die vorhandene Datenbasis einen Hinweis darauf gibt, dass die von Sprecher et al. (1994) entwickelten Items weniger Partnerpräferenzen operationalisieren zu scheinen als eine generelle Heiratsabsicht. Aufgrund der hohen Interkorrelation dieser zwölf Items wurde entschieden, sie in einer Skala zusammenzufassen und diese zu analysieren. Da die Items sowohl negativ wie auch positiv formuliert worden sind, aber dennoch alle positiv miteinander korrelieren, kann die Interpretation der Ergebnisse nicht über die Tendenzfeststellung „eine Heiratsabsicht" zu haben hinausgehen. Da im Zentrum der vorliegenden Arbeit „Partnerpräferenzen" stehen, wurden zudem keine Hypothesen für eine Heiratsneigung formuliert.
Die Ergebnisse zeigen, dass Männer stärker als Frauen die Bereitschaft zeigen, jemanden zu heiraten, jüngere Befragte im Vergleich zu Älteren eine ausgeprägtere Neigung zu heiraten haben, und im Ländervergleich Franzosen und Iren die höchste Absicht äußern, während Deutsche am wenigsten bereit sind, zu heiraten.

7.6 Hypothesen zu Partnerpräferenzen aus der Theorie der konditionalen Strategien

Die Theorie der konditionalen Strategien besagt, dass Frauen in Abhängigkeit von ihren eigenen Ressourcen sowie den Bedingungen in der Umwelt, in der sie leben, entweder einen Partner suchen, der einen hochwertigen Genpool besitzt oder einen, der ihnen die benötigten materiellen Ressourcen liefern kann (Hypothese 5). Für Männer wird dies nicht im gleichen Maße angenommen.
Um diese Annahme zu testen, wurden zunächst für die Gesamtstichprobe, anschließend für Frauen und Männer getrennt, Korrelationen zwischen den drei Konstrukten berechnet. Bei Gültigkeit der Hypothese würde man empirisch eine negative Korrelation zwischen der Präferenz für einen „physisch attraktiven" Partner und dem Wunsch nach Partnereigenschaften, die mit „materieller Sicherheit" verbunden sind, erwarten (Gangestad & Simpson, 2000). Das hieße, dass Frauen, die sehr viel Wert auf die materiellen Ressourcen eines Partners legen, weniger Wert auf gutes Aussehen desselben legen sollten.

Festzustellen ist für die Gesamtstichprobe, das heißt für Frauen und Männer aller Untersuchungsländer und über die Kohorten hinweg, ein schwacher aber signifikant positiver Zusammenhang zwischen der Präferenz für „materielle Sicherheit" und einem „physisch attraktiven" Partner (r = .13, p < .001)[97]. Zudem korreliert der Wunsch nach einem „materiell abgesicherten" Partner signifikant mit der Wertlegung auf „Liebe und beziehungsstabilisierende Eigenschaften" (r= .20, p < .001). Dagegen konnte kein signifikanter Zusammenhang zwischen der Präferenz für einen „gut aussehenden" Partner und einem Partner mit „beziehungsstabilisierenden" Eigenschaften gefunden werden (r = -.04, p = ns).

Zu einem gleichen Ergebnismuster kommt man, wenn die Korrelationen für Männer und Frauen getrennt durchgeführt werden. Männer, denen die „finanzielle Absicherung" bei der Partnersuche wichtig ist, legen auch Wert auf die „physische Attraktivität" ihrer Partnerin (r = .24, p < .001) und auf „beziehungsstabilisierende Eigenschaften" (r = .12, p < .05). Wiederum besteht kein Zusammenhang zwischen der Präferenz für eine „gut aussehende" Partnerin und dem Wunsch, dass diese „beziehungsstabilisierende Eigenschaften" besitzt (r = .01, p = ns).

Für die befragten Frauen fallen die Korrelationen sehr ähnlich, nur leicht höher aus. Ein positiver Zusammenhang besteht zwischen der Wichtigkeitseinschätzung, einen Partner mit Ressourcen zu erhalten und der Wertbeimessung von physischer Attraktivität (r = .28, p < .001[98]). Je mehr also Frauen sich einen finanziell abgesicherten Partner wünschen, desto wichtiger ist ihnen auch, dass er gut aussieht. Weiterhin lässt sich eine positive Korrelation zwischen der Präferenz für „materielle Sicherheit" und dem Wunsch nach „Liebe und Stabilität" in der Partnerschaft finden (r = .15, p < .001). Wiederum kein statistischer Zusammenhang besteht zwischen der Vorliebe für einen attraktiven Partner und nach beziehungsstabilisierenden Eigenschaften (r = .07, p = ns). Damit können die Annahmen der TSP für die vorliegende Stichprobe als widerlegt gelten.

---

[97] Auch unter der Kontrolle vom Alter der Befragten bleibt die Korrelation zwischen der Präferenz für „physische Attraktivität" und „finanzieller Sicherheit" stabil (r_{alter} = .14, p < .001.)
[98] Partialisiert man wiederum einen möglichen Effekt vom Alter der Befragten heraus, so zeigt sich für die Frauen eine geringfügige Erhöhung der Korrelation auf r_{alter} = .3, (p < .001).

8 Zusammenfassende Ergebnisdiskussion
8.1 Zusammenfassung der Fragestellung

Das Ziel der vorliegenden Arbeit bestand darin zu zeigen, dass geschlechtsspezifische Unterschiede in Partnerpräferenzen nicht, wie die EP annimmt, erblichen Ursprungs und universal robust sind, sondern gemäß dem von der TSM entwickelten theoretischen Rahmen die Konsequenz gesellschaftlicher, Frauen ökonomisch diskriminierender Strukturbedingungen sind.

Dabei basierte die Ausgangsüberlegung der Arbeit auf der Annahme, dass bisherige Versuche der TSM, ihre Überlegenheit im Vergleich zur EP hinsichtlich der Erklärung von geschlechtsspezifischen Partnerpräferenzen nachzuweisen, deshalb nicht überzeugend waren, weil Vertreter der TSM es bislang versäumten, ihre zentralen Annahmen tatsächlich systematisch zu testen.

Die grundlegenden Aussagen der TSM lauten, dass ein Wandel bzw. kulturelle Unterschiede in den sozioökonomischen Bedingungen einer Gesellschaft hin zu einer egalitären Verteilung von Lebenschancen eine Angleichung der Partnerpräferenzen von Männern und Frauen zu Folge haben sollte (Hatfield & Sprecher, 1995). Entsprechend stehen im Zentrum der TSM v.a. Partnermerkmale, die mit materieller Sicherheit verbunden sind. Die Ausgangsthese der TSM impliziert, dass Partnerpräferenzen von Frauen und Männern a) Ausdruck der kulturellen Gegebenheiten und b) Resultat des Zeitalters sind, in dem Individuen aufwachsen und sozialisiert werden. Es wurde weiter ausgeführt, dass, obwohl die TSM gesellschaftliche Strukturen als Auslöser für geschlechtsspezifische Partnerpräferenzen identifiziert hat, sie es bisher schuldig geblieben ist, diese Strukturen klar zu benennen und deren spezifische Wirkungsmechanismen zu beschreiben. In der vorliegenden Arbeit wurden länderspezifische Variationen in der Familienpolitik als kausale Variable für Partnerpräferenzen eingeführt. Da sich in der Familienpolitik eines Landes kulturelle Leitbilder über die Ausgestaltung des Zusammenlebens von Mann und Frau sowie normative Vorstellungen über eine geschlechtsspezifische Aufgabenverteilung in einer Gesellschaft manifestieren (Pfau-Effinger, 1996), wurde ein direkter Einfluss auf Partnerpräferenzen angenommen. Allein in Westeuropa kann festgestellt werden, dass die Familienpolitik der Länder auf einer Skala mit den Endpolen konservativ (auf der männlichen Versorgerehe basierend) bis progressiv (auf dem Ziel der Gleichverteilung der Aufgaben in Familie und Beruf basierend) stark variiert (Kaufmann, 1993). Für die dargestellte Untersuchung wurden daher Länder ausgewählt, die als exemplarisch für unterschiedliche Modelle der Familienpolitik gelten können: Frankreich (als Vertreter einer progressiven Familienpolitik), Deutschland (wobei die DDR eine progressive Familienpolitik besaß und Westdeutschlands Familienpolitik eher moderat konservativ ist) und Irland (dessen familienpolitische Maßnahmen konservativ sind und stark auf dem traditionellen Ernährer-Ehemann-Modell beruhen). Dabei wurde die Hypothese aufgestellt, dass länderspezifische Variationen in der Familienpolitik Variationen in geschlechtsspezifisch divergierenden Partnerpräferenzen determinieren: Je progressiver die Familienpolitik in einem Land ist, desto weniger sollten sich die traditionellen Partnerpräferenzen v.a. auf Seiten der Frauen zeigen, da Frauen von familienpolitischen Maßnahmen aufgrund der geschlechtsspezifischen Aufgabenverteilung in westeuropäischen Gesellschaften zunächst stärker betroffen sind. Dabei wurde angenommen, dass die französischen und die ostdeutschen Befragten die am wenigsten traditionellen Partnerpräferenzen aufweisen, und die Iren sich am traditionellsten in der Beurteilung von Partnerpräferenzen erweisen, wobei stärkere Effekte auf Seiten der Frauen erwartet wurden.

Zudem wurde postuliert, dass das Zeitalter, in dem Menschen sozialisiert werden, Unterschiede in Partnerpräferenzen generiert. Dies impliziert, dass sich Einstellungen bzw. Partnerpräferenzen nicht unabhängig von gesellschaftlichen Veränderungen zeigen. Um die Auswirkungen von gesellschaftlichem Wandel auf das Partnerwahlmuster zu untersuchen, wurden die Befragten in Geburtskohorten unterteilt, das heißt unterschiedlichen Generationen zugeordnet. Dabei wurde davon ausgegangen, dass Individuen unterschiedlicher Geburtsjahrgänge unter unterschiedlichen gesellschaftlichen Bedingungen aufwachsen, welche sich in differierenden Partnerpräferenzen widerspiegeln sollten – dies entspricht der soziologischen Definition von Kohorten, die als spezifische sozialhistorische Lage verstanden werden (Mayer & Huinink, 1990).

Dieses Vorgehen bedeutet auch, dass Partnerpräferenzen, so sie vom Individuum einmal entwickelt sind, als relativ stabile Größe angesehen werden, die sich intraindividuell nur wenig über das Lebensalter verändern. Diese Annahmen sind denjenigen der EP diametral entgegengesetzt: Die EP erwartet im Gegensatz zu der TSM keine Kohorteneffekte, sondern hypostasiert, dass das *Lebensalter* der Befragten im kausalen Zusammenhang mit Partnerpräferenzen steht. Demnach prognostiziert sie für Männer (aufgrund dessen, dass finanzielle Sicherheit mit dem Alter positiv korreliert), dass ihre Ansprüche an eine Partnerin mit höherem Alter steigen und für Frauen, dass sie mit steigendem Alter geringere Forderungen an einen Partner stellen (weil ihr Partnermarktwert mit ihrer Fertilität korreliert, die mit steigendem Alter sinkt). Die TSM erwartet dagegen einen gegensätzlichen Verlauf: Angenommen wird, dass insbesondere weibliche Angehörige jüngerer Geburtskohorten weniger traditionelle Partnerpräferenzen äußern als ältere Generationen. Begründet wird diese Annahme mit den gesellschaftlichen Veränderungen, die sich in den letzten 100 Jahren v.a. für die Frauen ergeben haben: Junge Frauen haben heute deutlich mehr gleichberechtigte Lebenschancen als Frauen, die vor 50 oder 70 Jahren geboren wurden. Dabei wurde nicht übersehen, dass diese Veränderungen der weiblichen Lebenschancen, und als Folge davon auch Lebensstile und Partnerpräferenzen, auch Konsequenzen für die Männer haben sollten. Postuliert wurden aber aufgrund der stärkeren gesellschaftlichen Veränderungen der Frauen auch stärkere Effekte für diese Geschlechtsgruppe.

8.2 Operationalisierung von Partnerpräferenzen

Aufgrund der Tatsache, dass in der Partnerwahlforschung kein einheitliches validiertes und reliables Messinstrument existiert, wurden Partnerpräferenzen mittels unterschiedlicher Fragemethoden erfasst. In Anlehnung an die in der Literatur favorisierten Wichtigkeitseinschätzungen von Partnermerkmalen wurden 18 mögliche Partnereigenschaften, die im Wesentlichen auf den Studien von Buss (z.B. Buss et al., 1990, 2001) sowie der „klassischen" Itemliste von Christensen (1947) basierten, abgefragt. Zusätzlich wurde eine Reihe von Einstellungsitems von Townsend (1989, 1993) und Bailey et al. (1994) erhoben, die die Präferenz für einen Partner, der die Fähigkeit besitzt „materielle Sicherheit" zu bieten, operationalisieren. Von Bailey et al. (1994) wurde auch eine leicht modifizierte Skala zur Messung der Präferenz für einen „physisch attraktiven" Partner entnommen. Der Fragebogen wurde durch zwölf von Sprecher et al. (1994) entwickelten Items abgerundet, die die Bereitschaft, einen Partner mit bestimmten Eigenschaften zu heiraten, erfassen. Insgesamt wurden so 52 Partnerpräferenzen erfasst, von denen sich 30 in die Konstrukte Präferenz für „materielle Sicherheit", „physische Attraktivität" sowie „Liebe und beziehungsstabilisierende Eigenschaften" faktorisieren ließen. Die Faktorenanalyse machte aber auch deutlich, dass die Sprecher-Items eine von den anderen Items unabhängige Dimension bilden und gesondert ausgewertet werden mussten.

Diese Ergebnisse zeigen, wie unerlässlich es für die Partnerwahlforschung ist, ein einheitliches Messinstrument zu entwickeln, mit dessen Hilfe es dann nicht nur möglich wäre, eine Verbesserung der Vergleichbarkeit der verschiedenen Studien zu Partnerpräferenzen zu erhalten, sondern auch zu gewährleisten, dass die erhaltenen Befunde tatsächlich für Männer und Frauen relevante Partnerpräferenzen widerspiegeln. Den Empfehlungen aus der interkulturell vergleichenden Psychologie (van de Vijver & Leung, 1997) entsprechend, wurde vor der Skalenkonstruktion die Konstruktäquivalenz der Items über die Länder hinweg überprüft und festgestellt, dass trotz minimaler Abweichungen, insbesondere der irischen Population, eine befriedigend hohe Konstruktübereinstimmung festzustellen war, die eine interkulturelle Auswertung erlaubte.

8.3 Untransformierte vs. transformierte Daten

Eine Transformation der Daten wurde vorgenommen, da sich feststellen ließ, dass sich die Befragten in Abhängigkeit ihrer Geburtskohorte und Nationalität in dem Gebrauch von extremen und indifferenten Skalenwerten signifikant unterschieden. Nach Hui & Triandis (1989) kann dies ein Hinweis dafür sein, dass kulturspezifische Eigenheiten in der Skaleninterpretation bestehen, die unabhängig von tatsächlichen wahren Werten einen Effekt auf die Ergebnisse haben können, der aber tatsächlich einer unterschiedlichen Skalenhandhabung geschuldet ist. Aus diesem Grund wurde das vorliegende Datenmaterial nach einer bewährten Prozedur transfomiert (Hassebrauck, 2003; Singelis et al., 1995), gleichzeitig aber entschieden die Daten sowohl auf Basis der Rohdaten als auch Transformationen zu analysieren. Für dieses ungewöhnliche Vorgehen wurde sich aufgrund der derzeit in der Diskussion herrschenden Uneindeutigkeit bezüglich der Verwendung von Rohdaten oder transformierten Daten bei interkulturellen Vergleichen entschieden. Wie in Kapitel 4 dargestellt, wird in der interkulturellen Psychologie auf der einen Seite zwar eine Transformation der Daten vor der eigentlichen Auswertung favorisiert, jedoch gleichzeitig vor den mit ihr verbundenen Gefahren gewarnt (Fischer, 2003).

Insgesamt gesehen kann festgestellt werden, dass die durchgeführten Analysen, die parallel für untransformierte und transformierte Daten vorgenommen wurden, mit Ausnahme der Skala „Liebe und beziehungsstabilisierende Eigenschaften", sich nur wenig in ihren Ergebnissen unterscheiden. Über alle Skalen hinweg bleibt das Verhältnis der untersuchten Mittelwerte zueinander für transformierte und untransformierte Daten gleich; allerdings ergeben sich zum Teil Veränderungen hinsichtlich der Signifikanz dieser Mittelwertunterschiede. Diese berührten ausschließlich das Verhältnis der Iren und Ostdeutschen zu den anderen Ländern – also diejenigen Länder, deren Befragten, den geringsten Anteil sowohl an neutralen wie auch extremen Antworten aufweisen.

Fazit

In der kulturvergleichenden Psychologie wird seit langem gefordert, die Daten aus internationalen Vergleichen zu standardisieren, um durch dieses Verfahren kulturelle Unterschiede im Antwortverhalten auszugleichen, gleichzeitig existiert jedoch kein allgemein anerkanntes Standardverfahren, und Ergebnisse aus interkulturellen Vergleichen werden sowohl in standardisierter als auch unstandardisierter Form publiziert, ohne dass das jeweilig gewählte Verfahren gerechtfertigt werden muss. Der hier als Nebenprodukt dieser Arbeit dargestellte Vergleich von transformierten vs. untransformierten Werten zeigt, wenn auch geringe, Unterschiede in den erreichten Signifikanzniveaus auf, obgleich sie mit Ausnahme der Skala „Liebe und beziehungsstabilisierende Eigenschaften" nur in post-hoc Vergleichen auftreten. Das Gesamtergebnis sowie das Verhältnis der Mittelwertunterschiede zueinander bleiben davon unberührt. Dies wirft die Frage auf, warum die Transformation der Daten nur für die Skala „Liebe und beziehungsstabilisierende Eigenschaften" hier in diesen deutlichen Unterschieden resultiert. Denkbar wäre, dass hier Effekte der sozialen Erwünschtheit wirken, die auf Individuen hinsichtlich der Präferenz für „Liebe und beziehungsstabilisierende Eigenschaften" einen besonders starken normativen Druck, dieses Merkmal als wichtig einzustufen. Das Thema Partnerwahl ist sicherlich eines, das viele normative Assoziationen hervorruft, und es ist plausibel anzunehmen, dass

Einstellungen, die hierzu geäußert werden, durch generations- und kulturspezifische Vorstellungen „bereinigt" wiedergegeben werden. Insgesamt ist zu konstatieren, dass in der vorliegenden Studie nicht, wie einige Autoren warnen (Leung & Bond, 1989), Mittelwertunterschiede zwischen den Befragten unterdrückt werden, sondern im Gegenteil nach der Transformation mehr signifikante Unterschiede zwischen den einzelnen Befragtengruppen festzustellen sind. Die Verfasserin vertritt die Ansicht, dass insbesondere in den post-hoc durchgeführten Analysen die Ergebnisse dafür sprechen, dass die transformierten Ergebnisse die „wahreren" widerspiegeln (da sie um soziale Erwünschtheitseffekte bereinigt sind), daher soll in der folgenden Auswertungsdiskussion das Gewicht auf die transformierten Daten gelegt werden.

Abschließend ist festzustellen, dass diese Ergebnisse auf der einen Seite zwar zeigen, dass insgesamt nicht zu erwarten ist, dass die Durchführung einer Transformation von Rohdaten und deren Auswertung Ergebnisse erzielt, die sich im Vergleich zu untransformierten Daten gänzlich widersprechen oder Hypothesen falsifizieren. Auf der anderen Seite sind jedoch Abweichungen durchaus möglich. Anzunehmen ist, dass größere Effekte festgestellt werden können, wenn es sich bei dem durchgeführten Vergleich um entferntere Kulturen handelt als die hier untersuchten. So lange die kulturvergleichende Psychologie sich nicht entscheidet, wie sie mit dem Problem kulturell divergierender Skalenverwendung umgehen will, kein Standardtransformationsverfahren und Richtlinien entwickelt, bleibt das Berichten und Verwenden untransformierter oder transformierten Daten arbiträr und dem Gutdünken des Wissenschaftlers überlassen. Gleichzeitig öffnet es der Willkür Tür und Tor und erlaubt dem Forschenden, allein diejenigen Ergebnisse zu berichten, die seinen Hypothesen (besser) entsprechen.

8.4 Diskussion der Ergebnisse in Hinblick auf die Hypothesen
8.4.1 Allgemeine Befunde

Die Analyse der Daten zeigte, dass Frauen insgesamt, das heißt über die hier untersuchten Kulturen und Generationen hinweg, wählerischer in der Partnerwahl als Männer sind. Dies zeigte sich sowohl bei der Einzelitemanalyse als auch bei der Auswertung der zu Skalen zusammengefassten Konstrukte. Insgesamt bewerten Frauen mehr Items höher und befinden sie somit als wichtiger für die Partnerwahl, als Männer dies tun. Insbesondere legen Frauen mehr Wert auf „materielle Sicherheit" sowie „Liebe und beziehungsstabilisierende Eigenschaften" bei der Partnersuche. Im Vergleich zu Frauen bewerten Männer dagegen die „physische Attraktivität" eines Partners als wichtiger.

Diese Ergebnisse stehen sowohl mit den aus evolutionspsychologischer Perspektive formulierten Hypothesen als auch mit soziokulturellen Annahmen im Einklang (vgl. Hypothesen 1 und 2).

8.4.2 Gesellschaftlicher Wandel und präferierte Partnermerkmale

Die im Rahmen der Untersuchung der Auswirkungen gesellschaftlichen Wandels auf die Partnerwahl aufgestellte Hypothese lautete, dass sich Unterschiede in den geschlechtsspezifischen Ausprägungen von Partnerpräferenzen in Abhängigkeit der Generationszugehörigkeit der Befragten aufzeigen lassen. Die Befragten wurden zu diesem Vergleich in drei Alterscluster eingeteilt (16-29 vs. 30-45 vs. > 46 Jahre), von denen angenommen werden kann, dass sie sowohl wichtige Kohorten im Sinne der TSM darstellen als auch relevante Altersabschnitte im Sinne der EP abbilden. Analog der TSM wurde erwartet, dass sich die Kohorteneffekte deutlicher auf Seiten der Frauen ergeben würden, da diese stärker von den Veränderungen im gesellschaftlichen wie auch im partnerschaftlichen Miteinander der Geschlechter betroffen wurden bzw. sind. Da Frauen der jüngsten Alterskohorte die gleichberechtigsten Lebenschancen und den größten Zugang zu materiellen Ressourcen besitzen und Frauen der ältesten Generation die am wenigsten gleichberechtigten Lebenschancen und nur geringen Zugang zu ökonomischen Ressourcen innehaben, wurde hypostasiert, dass jüngere Befragte weniger Wert auf „materielle Sicherheit" (Hypothese 3a) legen und ihnen gleichzeitig andere Partnereigenschaften wie „physische Attraktivität" (Hypothese 3b) und „Liebe" (Hypothese 3c) wichtiger sind. Die EP würde im Gegensatz zu der TSM annehmen, dass ältere Frauen (insbesondere Frauen nach dem Einsetzen der Menopause) weniger Wert auf „materielle Sicherheit", „physische Attraktivität" und „Liebe" als jüngere Frauen legen, da sie es sich nicht mehr „leisten" können im gleichen Maße wählerisch zu sein.

Das vorliegende Datenmaterial lässt erkennen, dass sich Partnerpräferenzen nicht unbeeinflusst vom Zeitalter zeigen, in dem die befragten Individuen aufgewachsen sind. Es konnte festgestellt werden, dass Angehörige jüngerer Geburtskohorten insgesamt Partnermerkmale, die mit der Fähigkeit zur Ressourcenakquisition assoziiert sind, als weniger wichtig erachten als ältere Generationen. Gleichzeitig legt die jüngste Generation signifikant mehr Wert auf die „physische Attraktivität" eines potentiellen Partners. Dies steht im Einklang mit den aus der TSM abgeleiteten Hypothesen (Hypothese 3). Zudem lässt sich nachweisen, dass sich die älteste Befragtenkohorte signifikant von den beiden jüngeren in Hinblick auf die Wichtigkeitseinschätzung von „Liebe und Stabilität" unterscheidet. Entgegen den Erwartungen zeigen ältere Befragte im Vergleich zu jüngeren hinsichtlich dieser Skala eine höhere Wichtigkeitsbeimessung.

Bezüglich der Hypothese 3a (Frauen jüngerer Generationszugehörigkeit legen weniger Wert auf „materielle Sicherheit" bei der Partnerwahl als ältere) bestätigen die statistischen Ergebnisse die aufgestellten Annahmen sehr deutlich. Während sich für die Männer keine Unterschiede in Abhängigkeit ihrer Generationszugehörigkeit finden lassen, zeigt sich für die Frauen der Effekt in der erwarteten Richtung: Frauen der jüngsten und mittleren Geburtskohorte legen signifikant weniger Wert auf „materielle Sicherheit" bei der Partnersuche als Frauen der ältesten Generation. Zwar wird nur die Differenz zwischen der jüngsten und der ältesten sowie der mittleren und der ältesten Frauenkohorte signifikant, jedoch zeigt die Höhe der Mittelwerte auch für die 16-30jährigen und 31-45jährigen die postulierte Richtung (vgl. Tab. 7-6). Diese Resultate lassen sich evolutionspsychologisch nicht erklären und sprechen stark für einen soziokulturellen Hintergrund von geschlechtsspezifischen Unterschieden in der Partnerpräferenz.

Die EP geht davon aus, dass geschlechtsspezifische Unterschiede in Partnerpräferenzen evolutionäre Anpassungsleistungen an die Umweltbedingungen im Pleistozän darstellen. Der Grund dafür, dass Frauen „materielle Sicherheit" bei der Partnerwahl im Allgemeinen höher als Männer bewerten, liegt nach evolutionspsychologischer Ansicht darin, dass Frauen, die eine sexuelle Bindung eingehen, sich mit dem Problem Schwangerschaft und Kinderbetreuung konfrontiert sahen und auf den Beitrag eines Partners angewiesen waren, um ihr Überleben und das des Kindes zu gewährleisten. Die EP postuliert auch, dass sich Partnerpräferenzen in sehr großen Zeiträumen entwickelt haben und von gesellschaftlichen Veränderungen relativ unberührt bleiben (Buss, 1994), das heißt, dass sich in dem hier beobachteten Zeitrahmen von drei Generationen, der ca. 80 Jahre umfasst, keine gravierenden systematischen Veränderungen in der Einstufung der Wichtigkeit wesentlicher Partnermerkmale ergeben dürften. Gleichzeitig nimmt die EP jedoch auch an, dass Partnerpräferenzen nicht kontextunabhängig sind und erwartet, dass sich geschlechtsspezifische Veränderungen in Partnerpräferenzen in Abhängigkeit des individuellen Lebensalters ergeben. Im Widerspruch zu evolutionspsychologischen Hypothesen sind jedoch in der vorliegenden Studie die Frauen, die am wenigsten Wert auf einen Partner legen, der ihnen „materielle Sicherheit" bieten kann, auch diejenigen, deren reproduktiver Wert am höchsten ist. Das heißt also, dass die Gruppe von Frauen, bei der es am wahrscheinlichsten ist, dass sie durch Schwangerschaft und/ oder Kinderbetreuungspflichten am Broterwerb gehindert wird oder bereits ist, die am geringsten ausgeprägte Präferenz für „materielle Sicherheit" bei einem Partner besitzt[99].

Vor dem Hintergrund, dass es sich gleichzeitig um die Frauengenerationen handelt, die die besten Bildungs- und Ausbildungschancen besitzt und die durch zunehmende Sicherheit von Verhütungsmitteln in der Lage ist, selbst zu bestimmen wann und ob sie Kinder haben wollen, kann die Schlussfolgerung gezogen werden, dass sich hier die TSM gegenüber der EP bewähren konnte: Gesellschaftliche Rahmenbedingungen beeinflussen die weibliche Präferenz für „materielle Sicherheit". Auch der Befund, dass die Geschlechtsunterschiede auch in der jüngsten Alterskohorte noch signifikant werden, kann die Falsifizierung evolutionspsychologischer Aussagen nicht einschränken. Denn trotz einer v.a. in der westlichen Gesellschaft bislang nie erreichten Chancengleichheit von

---

[99] Die beschriebenen Effekte bleiben auch stabil, wenn bei der Durchführung der Varianzanalysen für „Kinder vorhanden" kontrolliert wird.

Männern und Frauen, insbesondere für Angehörige der jüngsten Generation, macht es das herrschende Geschlechterrollenverständnis Frauen im Vergleich zu Männern immer noch leichter, zwecks Kindererziehung auf eine eigene Berufstätigkeit zu verzichten als ihren männlichen Geschlechtsgenossen. Dies kann dazu führen, dass Frauen eine zumindest temporäre finanzielle Abhängigkeit vom Partner antizipieren; eine Erwartung, die schließlich auch in entsprechenden Partnerpräferenzen ihren Niederschlag findet.

Erwartet worden war jedoch auch, dass sich zwischen der jüngsten und mittleren Geburtskohorte signifikante Unterschiede nachweisen ließen, dies wurde durch das vorliegende Datenmaterial nicht bestätigt. Zwar unterscheidet sich die mittlere weibliche Geburtskohorte stärker von der Gruppe der Männer als es die jüngste tut, aber das Verhältnis innerhalb der weiblichen Befragtengruppe bleibt davon unberührt. Dieses Ergebnis ist vor dem Hintergrund der dargestellten Ausführungen unerwartet. In den letzten beiden Jahrzehnten haben Frauen europaweit hinsichtlich ihrer Ausbildung und Qualifikation große Fortschritte gemacht und zum Teil bereits mit den Männern gleichgezogen (eurostat, 2000; Hradil, 1994). Es wäre im Sinne der TSM logisch plausibel anzunehmen, dass sich dies in einer weiteren Veränderung von Partnerpräferenzen zeigen lassen würde. Allerdings thematisieren gleichzeitig insbesondere Feministinnen (Faludi, 1993) einen „backlash" in den normativen Rollenvorstellungen für Frauen. Eine Studie konnte dementsprechend zeigen, dass Studierende gegen Ende ihres Studiums die Anziehungskraft von beruflich erfolgreichen Frauen auf das andere Geschlecht als geringer einschätzten als zu Beginn ihres Studiums (Bechtold, 1998). Parallel wird eine karriereorientierte Frau von Studierenden als weniger feminin und weniger physisch attraktiv eingeschätzt als eine nicht karriereorientierte Frau - Weiblichkeit gilt sozusagen als Gegensatz zu beruflichem Erfolg (Kümmerling, 1999). Zudem ist festzustellen, dass aus Angst vor einem weiteren Bevölkerungsrückgang „Geburtenverweigerung" mehr und mehr in der Öffentlichkeit diskutiert und insbesondere von meinungsbildenden Medien wie z.B. „der Spiegel" (Dürr & Voigt, 2004) zum Titelthema erhoben werden. Frauen wie Claudia Schiffer oder Steffi Graf könnten entsprechend als Vorreiterin für ein neues altes Frauenmodell angesehen werden, die ihre (erfolgreiche) berufliche Karriere mit der Erfüllung ihres Kinderwunsches aufgegeben bzw. nicht weiterverfolgt haben und nun in der Öffentlichkeit v.a. in der Rolle der glücklichen Mutter wahrgenommen werden.

Die Hypothese für eine Veränderung der Wichtigkeitseinschätzung in Abhängigkeit der gesellschaftlichen Rahmenbedingungen lässt sich für das Partnermerkmal „physische Attraktivität" nur bedingt bestätigen (Hypothese 3b). Festgestellt werden konnte, dass Männer und Frauen der jüngsten Kohorte dieses Partnerattribut signifikant höher bewerteten als die beiden älteren Generationen; der Geschlechtereffekt (Männer bewerten „physische Attraktivität" als wichtigeres Kriterium als Frauen) blieb jedoch über die Generationen hinweg stabil.

Dieses Resultat wurde in dieser Weise nicht erwartet. Angenommen wurde zwar eine Veränderung in der Bewertung der Wichtigkeit physischer Attraktivität bei den Frauen, aber nicht im gleichen Maße bei den Männern. Stattdessen wurde geschlussfolgert, dass aufgrund der Veränderung von gesellschaftlichen Rahmenbedingungen und verbesserten ökonomischen Bedingungen für Frauen, diese nicht nur weniger Wert auf materielle Sicherheit legen würden, sondern sie als Konsequenz dieses „es sich leisten Könnens", andere Partnermerkmale wie z.b. Attraktivität höher bewerten würden. Zwar zeigen die Ergebnisse, dass dies der Fall ist, aber der Unterschied zu den Männern hat sich über die Generationen nicht verändert, die hypostasierte Interaktion zwischen Geschlecht und Kohortenzugehörigkeit verfehlte das Signifikanzniveau deutlich. Zudem kann die Erklärung für die Veränderung in weiblichen Partnerpräferenzen aufgrund der vorangegangen Argumentationslinie und der unterschiedlichen Ausgangslage nicht in gleicher Weise für die männlichen Befragten gelten, die jedoch das gleiche intergenerative Veränderungsmuster wie die Frauen aufweisen. Deshalb wäre zu vermuten, dass sich in dem gezeigten Phänomen der steigenden Wichtigkeit von physischer Attraktivität der Zeitgeist widerspiegelt (Davis, Dionne & Shuster, 2001), der aktuell der körperlichen Erscheinung ein großes Gewicht beimisst und sich in gleicher Weise für Männer und Frauen in der jüngsten Befragtengeneration auswirkt. Inhaltsanalysen von Mädchenmagazinen zeigen in entsprechender Weise, dass Ratschläge zur „Aufwertung" (o: „self-improvement") für Mädchen fast ausschließlich auf Maßnahmen fokussieren, die ihre Attraktivität erhöhen (Evans, Rutberg, Sather & Turner, 1991). In den letzten Jahren ist jedoch auch die Aufmerksamkeit, die der männlichen Attraktivität entgegengebracht wird, gestiegen, dies lässt sich an verschiedenen Punkten, v.a. in der nicht-wissenschaftlichen Öffentlichkeit zeigen. So wendet sich in den Massenmedien in zunehmenden Maße das Interesse auch dem männlichen Körper zu, dies ist anhand einer Reihe von Neuerscheinungen von so genannten „Männerzeitschriften" (z.B. Men's health, FHM oder Maxim) zu konstatieren (Werkmeister, 2003). Aber auch feministische Autorinnen haben den (jugendlichen) männlichen Körper für sich entdeckt, wie die neueste Veröffentlichung von Germaine Greer „The beautiful boy" (2003) erkennen lässt. Auch das Phänomen der 1990er Jahre, der Erfolg der Boygroups, die sich in der Regel nicht nach ihrem musikalischen Können konstituieren, sondern v.a. aufgrund ihres Aussehens, deutet darauf hin, dass physische Attraktivität auch für die Beurteilung eines männlichen Partners immer wichtiger wird (Fritzsche, 2003; Westphal, 1999). In die gleiche Richtung weisen Erkenntnisse aus der Medizin, die zeigen, dass vormals reine Frauenkrankheiten wie Anorexie auch bei Männern auf dem Vormarsch sind und parallel dazu auch die Zahl der Schönheitsoperationen beim männlichen Geschlecht ansteigen (Hofstadler & Buchinger, 2001). Dies zeigt, dass in den letzten Jahrzehnten „physische Attraktivität" in den westlichen Gesellschaften generell eine Aufwertung erfahren hat, die sich vermutlich in einer höheren Wertschätzung dieser Eigenschaft auch in einem geänderten Partnerwahlmuster niederschlagen. Auch Buss et al. (2001) konnten in ihrem Vergleich von Partnerpräferenzstudien der letzten 50 Jahre feststellen, dass generell ein Trend zu existieren scheint, „physische Attraktivität" als wichtiger zu beurteilen. Dennoch sind diese Ausführungen ad hoc zunächst nicht sehr befriedigend und bedürfen einer weiteren empirischen Überprüfung. Zudem wurde bereits diskutiert, dass die Erklärungen der TSM für die Existenz von Geschlechterdifferenzen hinsichtlich der physischen Attraktivität nicht die logische Stringenz besitzen wie sie sie für die Präferenz für materielle Sicherheit anbietet. So kann sie nicht begründen, warum Schönheit überhaupt zum Tauschwert für Frauen werden konnte oder weshalb Attraktivität bei Frauen mit Jugend zusammenhängt, während der Attraktivitätsgrad von Männern mit dem Alter ansteigt (Deutsch, Zalenski & Clark, 1986; Henss, 1992)[100].

Auf den ersten Blick scheinen demnach die dargestellten Befunde für die „physische Attraktivität" eher evolutionspsychologische Annahmen zu bestätigen, die kulturelle Überformungen und Kontextabhängigkeit von geschlechtsspezifischen Partnerpräferenzen nicht ausschließen (Buss, 2004)[101].

Aber auch die Erklärungen der Evolutionspsychologie für das Phänomen des Geschlechtsunterschieds hinsichtlich der Wichtigkeitseinschätzung von physischer Attraktivität bei der Partnerwahl sind theoretisch nicht erschöpfend. Zwar konnten Studien zeigen, dass physische Attraktivität bei Frauen tatsächlich mit Fertilität assoziiert wird (Cunningham, 1986), aber gleichzeitig als Heuristik für eine Reihe weiterer positiver Eigenschaften dient. So werden physisch attraktiven Individuen im Vergleich zu weniger attraktiven Vorteile im Leben zugeschrieben: Sie gelten als gesünder, glücklicher, erfolgreicher im Beruf und Privatleben. Ihnen wird Stärke, Selbstsicherheit, Dominanz und Durchsetzungsvermögen attribuiert – und zwar von Männern und Frauen (Hatfield & Sprecher, 1986; Henss, 1992). Daraus muss sich die Frage ableiten, warum – bei Gültigkeit dieses Stereotyps – diese Heuristiken von Frauen in der Partnerwahl nicht angewendet werden sollten, insbesondere vor dem Hintergrund, dass beruflicher Erfolg mit materieller Sicherheit assoziiert ist.

Bei näherer Betrachtung, wird zudem deutlich, dass die erhaltenen Ergebnisse die Annahmen der EP zwar auf der einen Seite bestätigen, auf der anderen Seite jedoch gleichsam widerlegen. Wie ausgeführt, nimmt die EP für Männer und Frauen einen Lebenszykluseffekt an, aufgrund dessen sie erwartet, dass jüngere Frauen im Vergleich zu älteren wählerischer in ihren Ansprüchen an einen Partner sein sollten. Diese Hypothese wird durch den dargestellten Effekt belegt: Die jüngste Geburtskohorte unterscheidet sich in der Einschätzung der Wichtigkeit von physischer Attraktivität von den beiden älteren Generationen.

---

[100] Desgleichen bietet die TSM auch keine Erklärung für das Phänomen an, dass sich weltweit patriarchalische Strukturen durchsetzen konnten.
[101] Dabei kann man sich kulturelle Überformung ähnlich dem Konzept der Modifikation genetischer Merkmale in der Biologie vorstellen.

Allerdings ist das gleiche Ergebnis für die Männer festzustellen, und dies widerspricht den von der EP aufgestellten Hypothesen, die erwarten, dass jüngere Männer im Vergleich zu älteren, es sich weniger leisten können, hohe Ansprüche bei der Partnerwahl zu stellen (Waynforth & Dunbar, 1995). Bei Gültigkeit der EP wäre hier für die Männer zu erwarten gewesen, dass ältere Befragte mehr Wert auf „physische Attraktivität" legten als jüngere. Zu diskutieren wäre, ob es sich bei diesem Lebenszykluseffekt tatsächlich um eine evolvierte Adaption handeln kann oder ob sich nicht tatsächlich in diesem Phänomen eine Anpassung der Wahrnehmung an sich verändernde Gegebenheiten im Lebensalter widerspiegelt. Ein evolvierter Logarithmus „präferiere reichen Mann, wenn du jung bist und schraube deine Ansprüche herunter, wenn du alt bist" erscheint ein zu komplizierter Mechanismus zu sein. Wie Hemminger (1983) ausführt, muss nicht jede Eigenschaft, die adaptiv ist, notwendigerweise auch evolviert sein[102].

Es muss also abschließend konstatiert werden, dass sich für das Partnermerkmal „physische Attraktivität" weder die Annahmen der EP noch der TSM voll bestätigen konnten.

Bezüglich der Partnerpräferenz „Liebe und beziehungsstabilisierende Eigenschaften" konnte festgestellt werden, dass die älteste Befragtengeneration signifikant mehr Wert auf beziehungsstabilisierende Partnereigenschaften legt als die beiden jüngeren Altersgruppen. Dieses Resultat ist in vielerlei Hinsicht erstaunlich und widerlegt die aufgestellte Hypothese 3c. Eine Reihe von Forschungsergebnissen zeigen, dass romantische Attribute wie Liebe für das Eingehen einer Beziehung im letzten Jahrhundert zunehmend wichtiger wurden (Allgeier & Wiederman, 1991; Kümmerling, 1997; Simpson, Campbell & Berscheid, 1986). Theoretisch argumentiert, würde man erwarten, dass je freier von finanziellen oder gesellschaftlichen Zwängen sich die Partnerwahl geriert, desto mehr sollten Liebe und Eigenschaften, die ein Zusammenleben angenehmer machen wie „Treue", „Zuverlässigkeit", etc. eine Rolle bei der Partnerentscheidung spielen. Jedoch belegen die erzielten empirischen Ergebnisse für die vorliegende Stichprobe das Gegenteil. Post-hoc durchgeführte Analysen für Männer und Frauen getrennt zeigen, dass die Einschätzung der Wichtigkeit dieser Eigenschaften für die Gruppe der Frauen über die Generationen hinweg nahezu unverändert bleibt und Männer, je älter sie sind, mehr Wert auf Liebe und beziehungsstabilisierende Eigenschaften legen. Aufgrund der Tatsache, dass Männer als das romantische Geschlecht (Hassebrauck, 2003) gelten können, die unbeeinflusst von pragmatischen Beweggründen wie finanzielle Absicherung oder eigenen Fertilitätserwägungen[103] eine Partnerentscheidung treffen könnten, macht diese Redu-

---

[102] Schwierigkeiten, Lebenszykluseffekte in einen evolutionspsychologischen Theorierahmen zu integrieren, thematisieren auch Oliver und Hyde (1993).
[103] In der Hinsicht, dass bei Männern die Fertilität nicht im gleichen Maße wie bei Frauen mit steigendem Alter abnimmt.

zierung der Ansprüche in den beiden jüngeren Generationen keinen Sinn. Nicht auszuschließen ist jedoch auch der umgekehrte Fall: Die beiden jüngeren Generationen zeigen kein Absinken in ihren Ansprüchen, sondern es kommt zu einer Aufwertung dieser Eigenschaften bei den älteren Generationen. Je älter die Befragten sind, desto stärker wächst die Angst vor dem Alleinsein im Alter und desto positiver werden Eigenschaften bei einem Partner bewertet, die mit der Stabilität einer Partnerschaft assoziiert werden. Die Befragten in der ältesten Generation sind im Durchschnitt 57 Jahre alt, stehen also kurz vor der Rente und bereiten sich auf den letzten Lebensabschnitt vor, sodass diese Begründung sicherlich plausibel ist. Auf der anderen Seite ist aber nicht klar, warum dies dann in einem verstärkten Maße für die Männer gelten sollte, insbesondere vor einem evolutionspsychologischen Hintergrund, der älteren Männern im Vergleich zu älteren Frauen eine größere Wahrscheinlichkeit, auch noch mit höherem Alter einen Partner zu finden, zuspricht (Buss, 1996a; Low, 2000)[104]. Möglich wäre aus evolutionspsychologischer Sicht aber auch folgende Argumentationslinie: Wie ausgeführt, erwartet die EP Lebenszykluseffekte für Männer und Frauen, demnach sollten jüngere Männer geringere Ansprüche bei der Partnersuche stellen als ältere. Diese Annahme wird von dem vorliegenden Datenmaterial belegt. Zu überlegen wäre, ob die geringere Wertschätzung von „Liebe und beziehungsstabilisierenden Eigenschaften" jüngeren Männern nicht auch reproduktive Vorteile bietet. Evolutionspsychologisch bedeutet eine frühe Bindung (Treue vorausgesetzt), dass Männer in ihrer Reproduktivität eingeschränkt werden, da sie im Gegensatz zu Frauen eine Erhöhung ihres Reproduktionserfolges durch das Eingehen mehrerer sexueller Beziehungen erreichen können (vgl. Kapitel 2). Allerdings sprechen die Ergebnisse für die Gruppe der Frauen nicht im gleichen Maße für evolutionspsychologische Erklärungen. Bei Gültigkeit der Lebenszyklushypothese sollte empirisch gezeigt werden können, dass jüngere Frauen mit hohem reproduktiven Wert insgesamt wählerischer sind als ältere Frauen. Dies sollte insbesondere für den Wunsch nach einem verlässlichen, liebenden Mann gelten, da Frauen gerade im fertilen Alter einen Partner, der signalisiert, dass er sie und potentielle Nachkommen auch unterstützt, hoch einschätzen sollten.

Wie auch für die Ergebnisse zur physischen Attraktivität ist bezüglich der Wichtigkeitseinschätzung von Liebe und beziehungsstabilisierenden Partnermerkmalen festzustellen, dass keine der beiden Theorien in der Lage ist, das Muster der erhaltenen Ergebnisse befriedigend zu erklären.

Abschließend muss für die vorliegende Arbeit einschränkend konstatiert werden, dass die durchgeführte Studie aufgrund ihres Querschnittscharakters nicht in der Lage ist, sauber zwischen Kohorten- und Lebenszykluseffekten zu trennen. Dies könnte nur eine Längsschnittuntersuchung, die mehrere Generationen

---

[104] Eventuell ließe sich der gefundene Effekt auch dahingehend erklären, dass Frauen stärker als Männer in soziale Netzwerke eingebunden sind (Stroebe & Stroebe, 1996), die sie das Leben ohne Partner im Alter weniger fürchten lassen.

umfasst, leisten. Selbst wenn man jedoch die dargestellten Befunde als reine Lebenszykluseffekte interpretieren wollte, käme die EP in einen Erklärungsnotstand, da gezeigt werden konnte, dass insbesondere die Annahmen, die sie für junge Frauen aufstellt, empirisch widerlegt werden konnten.

8.5 Familienpolitik und Partnerwahl

Der Einfluss von Familienpolitik auf die Partnerpräferenz von Männern und Frauen wurde durch die Nationalitätszugehörigkeit der Befragten operationalisiert. Dabei wurde davon ausgegangen, dass a) konkrete familienpolitische Leistungen wie z.B. die Bereitstellung von öffentlich finanzierten Kinderbetreuungseinrichtungen und b) die durch die Familienpolitik transportierten Familienleitbilder eines Landes einen Einfluss auf Partnerpräferenzen ausüben (Hypothese 4).

Hypostasiert wurde auch, dass sich diese länderspezifischen Unterschiede, die aufgrund der Unterschiede in der nationalen Familienpolitik erwartet wurden, v.a. auf der Seite der Frauen zeigen würden, weil diese am stärksten von ihr betroffen sind. Dabei wurde ein kulturspezifisches Partnerpräferenzmuster angenommen: Französische und ostdeutsche Frauen sollten demnach die egalitärsten Partnerpräferenzen aufweisen, die Westdeutschen sich in der Mitte befinden und die traditionellsten Partnerwünsche von Irinnen geäußert werden. Konkret wurde erwartet, dass Französinnen und ostdeutsche Frauen im Vergleich zu Westdeutschen und Irinnen weniger Wert auf einen Partner legen, der ihnen „materielle Sicherheit" bieten kann (Hypothese 4a), ihnen dafür aber „physische Attraktivität" (Hypothese 4b) und Liebe (Hypothese 4c) wichtiger bei der Partnerwahl sind. Aufgrund der Tatsache, dass strukturelle Unterschiede, die das Zusammenleben der Geschlechter betreffen, Männer nicht unbeeinflusst lassen sollten, wurde auch erwartet, dass sich länderspezifische Effekte (wenn auch nicht im gleichen Ausmaße wie für die Frauen) für Männer zeigen lassen. Zudem ist es im Sinne beider hier überprüfter Theorien plausibel anzunehmen, dass Partnerpräferenzen von Männern und Frauen nicht voneinander unabhängig bestehen, sondern Veränderungen auf der einen Seite längerfristig auch Veränderungen auf der anderen Seite nach sich ziehen. Spezifisch heißt das, dass zwar davon ausgegangen wurde, dass sich die Familienpolitik v.a. auf die Partnerwahl von Frauen auswirken sollte, dass aber zusätzlich zu dem hypostasierten Interaktionseffekt auch ein Haupteffekt für Familienpolitik erwartet wurde.

Auch aus der EP lassen sich klare Hypothesen für die Ausprägung von Geschlechtsunterschieden in Partnerpräferenzen im Kulturvergleich ableiten. Aufgrund des von der EP postulierten Universalitätsanspruchs würde die EP wie die TSM auch in allen Untersuchungsländern geschlechtsspezifische Partnerpräferenzen erwarten. Dabei wären auch eventuelle Länderunterschiede, so sie nicht mit dem Faktor Geschlecht interagieren, mit der EP vereinbar (Buss et al.,

1990). Nicht kompatibel wären dagegen Effekte, die zeigen können, dass systematische Unterschiede zwischen Frauen bestehen, die in ökologisch, wirtschaftlich, politisch, gesellschaftlich und historisch sehr ähnlichen Ländern leben, die sich nur in einigen wenigen politischen Maßnahmenkatalogen, sprich der Familienpolitik, unterscheiden[105].

Die Analyse der Daten zeigte, dass entsprechend den Hypothesen die Länderzugehörigkeit der Befragten sowohl auf die Präferenz für „materielle Sicherheit" und „physische Attraktivität" als auch für „Liebe und beziehungsstabilisierenden Eigenschaften" einen Effekt aufwies. Bei Betrachtung der Mittelwertunterschiede ergab sich – ebenso hypothesengemäß – dass Franzosen im Allgemeinen die „moderneren" Partnerwünsche aufwiesen und die irischen Befragten die „traditionellsten". Die Partnerpräferenzen der Ostdeutschen waren, bei Berücksichtigung der Mittelwerte allein, meist zwischen Franzosen und Westdeutschen einzuordnen, wiesen aber nicht immer Signifikanz auf. Zudem wird bei einem Vergleich der transformierten und untransformierten Daten hier auffällig, dass sich die post-hoc analysierten Mittelwerte auf Länderbasis zum Teil leicht unterschiedlich gestalteten. Im Falle, dass die beiden Datenbasen in ihren Ergebnissen voneinander abweichen sollten und es sich um theorierelevante Unterschiede handelt, wird im Folgenden darauf hingewiesen.

Den Hypothesen entsprechend wurde festgestellt, dass im Ländervergleich für Franzosen die „materielle Sicherheit" bei der Partnerwahl die unwichtigste Rolle spielt und für die irischen Befragten insgesamt am wichtigsten ist. Wobei jedoch angemerkt werden muss, dass der Mittelwertverlauf der Länder zwar dem prognostizierten entspricht, jedoch die Mittelwertdifferenz nicht für alle Länder signifikant wird (vgl. Tab. 7.7). So unterscheiden sich zwar, wie angenommen, die Ostdeutschen nicht von den Franzosen in der Wertbeimessung materieller Sicherheit, aber gleichfalls auch nicht von den Westdeutschen. Die meisten signifikanten Unterschiede zu den anderen Ländern sind für die irischen Befragten festzustellen; sie unterscheiden sich von den Franzosen, Ostdeutschen und (bei den transformierten Daten) auch von den Westdeutschen.

Hypostasiert wurde auch, dass sich die länderspezifischen Unterschiede, die aufgrund der unterschiedlich ausgeprägten Familienpolitik erwartet wurden, v.a. auf der Seite der Frauen zeigen würden, da angenommen wurde, dass diese am

---

[105] An dieser Stelle muss angemerkt werden, dass neuere Studien innerhalb der EP von diesem Postulat abgehen. McCraw (2002) untersuchte weibliche Kontaktanzeigen in verschiedenen geographischen Gebieten und konnte Effekte für Frauen in Abhängigkeit der Größe ihres Wohnortes zeigen. McCraw stellte fest, dass Frauen, die in dichtbesiedelten Städten mit hohen Lebenshaltungskosten lebten, mehr Wert auf materielle Sicherheit legten als Frauen, die in weniger besiedelten Gegenden wohnten. Desgleichen konnte er nachweisen, dass das Ausmaß, in dem Frauen einen Partner mit Ressourcen suchten, nicht mit ihrer eigenen ökonomischen Situation oder ihrer Arbeitsmarktintegration zusammenhing. Keinen Zusammenhang zwischen Lebensmittelpunkt und Partnerpräferenz konnte er für das Partnermerkmal „physische Attraktivität" erhalten. Leider stellte McCraw die Partnerpräferenzen von Frauen unterschiedlicher Lokalität nicht in Zusammenhang mit Partnerwünschen von Männern aus verschiedenen Regionen, sodass nicht ersichtlich ist, ob sich dieses Muster auch für Männer finden lässt.

stärksten von ihren Auswirkungen betroffen sein würden. Auch diese Hypothese konnte bestätigt werden. Wie dargestellt, konnten für die Gruppe der Männer im wesentlichen keine signifikanten Unterschiede in Abhängigkeit der Familienpolitik festgestellt werden. Eine Ausnahme stellten lediglich die Iren bei den transformierten Daten dar, bei denen sich feststellen ließ, dass sie signifikant mehr Wert auf „materielle Sicherheit" legten als Angehörige der anderen Länder. Dieses Ergebnis entspricht nicht ganz den Annahmen und weicht hier deutlich von den untransformierten Werten ab. Eine mögliche Erklärung für dieses Ergebnis ist, dass durch die Datentransformation kulturell bedingte Effekte der sozialen Erwünschtheit aufgedeckt wurden. Irlands Familienpolitik und auch das gelebte Familienmodell (National Women's Council of Ireland, 2002a, 2002b) gilt im westeuropäischen Vergleich als eher patriarchalisch und stark an einem Ernährer-Ehemann-Modell orientiert. Dies sollte nach der TSM zur Folge haben, dass Irlands Männer, wenn überhaupt, eher weniger Wert auf „materielle Sicherheit" bei der Partnerwahl legen sollten als die Männer aus den Vergleichsländern. Diese Annahme wird jedoch durch die empirischen Ergebnisse nicht bestätigt. Eine Erklärung kann eventuell in der spezifisch irischen Arbeitsmarktsituation liegen. Irland war lange Zeit eines der ärmsten Länder in Westeuropa bzw. der EU. Auf der einen Seite waren und sind viele Iren Kleinfarmer (das zeigte sich auch in der vorliegenden Stichprobe) oder stammen aus bäuerlichen Familien, was mit geringeren finanziellen Einkünften verbunden ist. Auf der anderen Seite ist die Arbeitslosigkeit in Irland traditionell sehr hoch bei gleichzeitig nur geringen wohlfahrtsstaatlichen Leistungen. Möglich wäre, dass diese historischen Erfahrungen zu einer Erhöhung der Wichtigkeitseinschätzungen von materieller Sicherheit beigetragen haben[106].

Für die Gruppe der Frauen zeigen die post-hoc durchgeführten Scheffé-Analysen sehr deutlich, dass in Ländern mit traditioneller Familienpolitik, traditionellem Geschlechterrollenverständnis und geringerer weiblicher Erwerbstätigkeit (hier: Westdeutschland und Irland) die Einschätzung der Wertigkeit von materieller Sicherheit signifikant höher ist, als in Ländern mit einer egalitäreren Familienpolitik. Dabei spalten sich die Einstellungen der Frauen für die untransformierten Daten in zwei Gruppen auf: Auf der einen Seite zeigen Französinnen und Ostdeutsche keine signifikanten Unterschiede, auf der anderen Seite weisen Irinnen und Westdeutsche keine Differenzen in der Präferenz für einen Partner, der ihnen finanzielle Sicherheit bieten kann, auf. Für die transformierten Daten konnte wiederum ein differenzierteres Ergebnis festgestellt werden, konstant blieb das Verhältnis der Französinnen und ostdeutschen Frauen zueinander. Jedoch ließen sich für die restlichen durchgeführten Vergleiche jeweils signifikante Unterschiede in der hypostasierten Ordnung zeigen (F=OD<WD<IRL).

---

[106] Betrachtet man jedoch die Geschlechtsunterschiede länderweise, so ist festzustellen, dass trotz einer hohen Wertschätzung von materieller Sicherheit bei den Männern das Ausmaß dieser Differenzen bei den irischen Befragten mit am höchsten ist.

Dieses Ergebnis wirft die Frage auf, warum eine Veränderung auf Seiten der Frauen nicht gleichfalls eine Veränderung der Männer nach sich zieht. Könnte man nicht davon ausgehen, dass in Ländern, in denen die Arbeitsmarktbeteiligung von Frauen sehr weit vorangeschritten ist, nicht gleichfalls Männer mehr Wert auf „materielle Sicherheit" legen? Empirisch ist dies auf Basis der vorliegenden Stichprobe nicht nachzuweisen. Weder wurde eine Wechselwirkung zwischen Kultur und Generation, noch die Triple-Interaktion signifikant. Jedoch zeigt sich bei Betrachtung der Mittelwertdifferenzen für Männer und Frauen in den Untersuchungsländern, dass die Geschlechtsunterschiede in Ländern mit einer konservativeren Familienpolitik (wie Irland oder auch Westdeutschland) größer sind als in Ländern mit einer progressiven bzw. mit einer vormaligen progressiven Familienpolitik (wie Frankreich oder die DDR). Dies kann, auch unter Berücksichtigung des Mittelwertverlaufs der männlichen Befragten über die Länder hinweg, ein Hinweis dafür sein, dass sich die Männer in der Tat bereits bewegt haben, sich dies aber noch nicht empirisch signifikant niederschlägt.

Auch für die Präferenz für einen „physisch attraktiven" Partner erreichte der Ländereffekt Signifikanz, dennoch werden bei der Betrachtung der Mittelwerte mit Ausnahme Irlands nur geringe Unterschiede zwischen den Ländern deutlich. Demnach ist das Aussehen eines Partners in Frankreich und Westdeutschland am wichtigsten und in Ostdeutschland[107] und Irland am unwichtigsten. Es ist nicht ganz klar, wie diese Ländereffekte in die theoretischen Rahmen eingebettet werden können, ohne nationale Klischees zu bedienen. Aber dass Franzosen Attraktivität bei einem Partner als wichtiger erachten als Iren und sich die Deutschen irgendwo in der Mitte zwischen diesen beiden Polen befinden, scheint zumindest aus populärwissenschaftlichem Verständnis, nicht erstaunlich. Seit dem Ancien Régime (Passet; 2003, Stewart, 2001) wird Mode bzw. modisch gekleidet sein als wichtig in Frankreich eingeschätzt; damit wird nicht nur die eigene Attraktivität hervorgehoben, sondern auch der Persönlichkeit ein individueller Anstrich gegeben. Für die Iren mag der starke Einfluss der katholischen Kirche ausschlaggebend für die empirischen Ergebnisse sein, die Schönheit und Attraktivität kirchengeschichtlich als Buhle des Bösen „verteufelt" (Deschner, 1987).

Nicht hypostasiert wurde dagegen, dass das Verhältnis der Geschlechter über die Länder hinweg unberührt von den Auswirkungen einer liberalen bzw. konservativen Familienpolitik oder dem vorherrschenden Familienleitbild bleibt. Die Wechselwirkung zwischen Geschlecht und Kultur verfehlt hier die Signifikanz deutlich und spricht somit eher für die Gültigkeit evolutionspsychologischer Theorien. Zwar könnte man von einem soziokulturellen Hintergrund argumen-

---

[107] Wobei die Unterschiede zwischen West- und Ostdeutschland nicht signifikant werden. Der Vergleich transformierter vs. untransformierter Daten erbringt hier keine diskussionswerten oder theorierelevanten Unterschiede, weshalb hier nicht näher darauf eingegangen wird.

tieren, dass gerade in heutiger Zeit (vgl. Kapitel 2.2) das Aussehen und immer noch insbesondere das weibliche Aussehen einen hohen Wichtigkeitsgrad besitzt (Alfermann, 1996), und Frauen immer noch mehr als Männer aufgrund ihrer Attraktivität beurteilt werden. Zudem zeigen Studien, dass Frauen den Besitz von Eigenschaften, die mit aktuellen Schönheitsidealen korrespondieren, mit „Erfolg im Leben" gleichsetzen (Evans, 2003). Die steigenden Statistiken von Krankheiten, die als hauptsächlich weibliche Überadaptionen an herrschende Schönheitsvorstellungen (Mazur, 1986) interpretiert werden können, wurden schon im vorangegangenen Kapitel diskutiert. Dies spricht dafür, wie wichtig die eigene physische Attraktivität für Frauen auch heutzutage noch ist, und dass mangelnde Schönheit auch im Auge des weiblichen Betrachters kaum kompensiert werden kann. Dennoch bliebe auch bei diesem Argumentationsstrang die oft gestellte Frage offen, warum Schönheit überhaupt zu einem wichtigen Partnerkriterium werden konnte.

Die Bewertung der Wichtigkeit von partnerschaftsstabilisierenden Eigenschaften wie „Liebe" und „Treue" wird von den irischen Befragten im Vergleich zu allen anderen Ländern am signifikant niedrigsten eingeschätzt. Das Geschlecht hat hierauf keinen Einfluss. Für den bestehenden Unterschied zwischen Iren und den anderen Befragtengruppen lassen sich zwei Erklärungen finden. In dem vorliegenden Ländervergleich äußern die Iren die kollektivistischsten Einstellungen – aus der Literatur ist bekannt, dass Einstellungen wie die „romantische Liebe" als „Erfindungen" von individualistischen Gesellschaften angesehen werden können und „Liebe" in kollektivistischen Gesellschaften weniger wichtig ist als in individualistischen (Best & Williams, 2001; Dion & Dion, 1993). Auf der anderen Seite kann auch hier wieder der spezifische Einfluss der katholischen Kirche eine Erklärungsmöglichkeit bieten. Aufgrund des Drucks, der von der katholischen Kirche in Irland lange Zeit ausgeübt wurde, ist eine Scheidung in Irland erst seit Mitte der 1990er gesetzlich erlaubt. Dies kann dazu geführt haben, dass die Wichtigkeitseinschätzungen partnerschaftsverlängernder Faktoren im europäischen Vergleich weniger ausgeprägt ist.

Die fehlende Interaktion zwischen Geschlecht und Kultur ist für die hier vertretene Theorie nicht dramatisch: Die befragten Frauen weisen bereits einen hohen (und im Vergleich zu den Männern höheren) Anspruch bezüglich „Liebe und beziehungsstabilisierende Eigenschaften" an einen Partner auf und es ist nicht anzunehmen, dass dieser Anspruch sich reduzieren sollte, wenn Frauen eigene finanzielle Unabhängigkeit antizipieren können. Zudem sind für Männer und Frauen insgesamt die Mittelwerte bereits so hoch (im Gesamtdurchschnitt liegt er auf einer neunstufigen Skala bei 7.61), dass ein ceiling-effekt eine signifikante Interaktion verhindert haben kann. Fraglich ist jedoch vor dem Hintergrund, dass Studien Männer als das romantischere Geschlecht identifiziert haben (Hassebrauck, 2003), warum Männer in der vorliegenden Stichprobe nicht mehr Wert auf diese Eigenschaften legen als Frauen.

Insgesamt ist auch festzustellen, dass die evolutionspsychologische Literatur bezüglich Geschlechtsdifferenzen in der Präferenz für einen Partner der „beziehungsstabilisierende Eigenschaften" besitzt inkonsistent ist. Während Buss und Barnes (1986, vgl. auch, Buss & Schmitt, 1993) keine Unterschiede zwischen Männern und Frauen bezüglich der Einschätzung beziehungsstabilisierender Eigenschaften für eine langfristige Beziehung prognostizieren und feststellen, lassen sich in einer Reihe anderer evolutionspsychologischer Studien diese Hypothesen finden (Banse, 2001; Buss, 2004).

8.6 Diskussion der Sprecher et al.-Items

Wie sich zeigen ließ, konnten die von Sprecher et al. (1995) generierten Items nicht in die Hypothesentestung der vorliegenden Arbeit integriert werden. Faktorenanalytisch musste festgestellt werden, dass diese zwölf Items eine andere Dimension von Partnerwünschen operationalisieren als die Autoren es postulieren. Eine Faktorenanalyse über diese Items ergab, dass alle Items unabhängig von ihrer formulierten Richtung substantiell positiv auf einem Faktor laden, weshalb entschieden wurde, diese Items in einer Skala „Heiratsbereitschaft" zusammenzufassen. Die Ergebnisse für diese Skala machen deutlich, dass Männer mehr Bereitschaft zeigen, einen Partner zu heiraten als Frauen, die älteste Generation eine geringere Heiratsabsicht äußert als die beiden jüngeren und im Ländervergleich es Franzosen und Iren sind, die eine höhere Bereitschaft zeigen, jemanden mit bestimmten Eigenschaften zu heiraten, während die ostdeutschen Befragten die niedrigsten Werte auf dieser Skala erzielen.

Für die Sprecher-Items wurden keine speziellen Hypothesen aufgestellt, allerdings soll post-hoc ein Versuch gemacht werden, die erhaltenen Ergebnisse in den hier zur Verfügung stehenden Theorierahmen von EP und TSM zu integrieren.

Beide Theorien würden erwarten, dass Frauen im Vergleich zu Männern eine größere „Heiratsbereitschaft" zeigen sollten, da sie durch eine Heirat erwarten können, eine finanzielle Absicherung zu erhalten (es wurde dargestellt, dass die Familienpolitik in den meisten hier untersuchten Ländern es Frauen ermöglicht, durch eine Heirat soziale Absicherung in Form von Rentenansprüchen etc. zu erlangen). In der Tat ist dies jedoch für die vorliegende Stichprobe nicht festzustellen[108] und ad hoc – zumindest aus dem hier vertretenen theoretischen Hintergrund – nicht zu erklären. Die geringere „Heiratsbereitschaft" von Frauen passt jedoch gut zu dem strukturellen Merkmal, dass zwei Drittel aller Ehescheidungsanträge ebenfalls von Frauen eingereicht werden (Beck-Gernsheim, 1994).

---

[108] Wobei dieses Ergebnis auch nicht mit einem unterschiedlich hohem Anteil verheirateter Männer und Frauen erklärt werden kann. Der Anteil männlicher und weiblicher Eheleute beträgt je 21 Prozent.

Die Generationsergebnisse spiegeln die Tatsache wider, dass ältere Menschen eher verheiratet sind als jüngere[109] – und vermutlich aus diesem Grund eine geringere „Heiratsbereitschaft" zeigen als Unverheiratete. Wie ausgeführt, haben sich die sozialen Rahmenbedingungen in den letzten 100 Jahren sehr verändert. Mit einem Partner zusammenzuleben, ohne eine Ehe einzugehen, ist heute problemlos und auf Paare wird kein normativer Druck mehr ausgeübt zu heiraten[110] (Höpflinger, 1997). Deshalb hätte man hier auch ein umgekehrtes Antwortmuster erwarten können; nämlich dass sich ältere Generationen generell eher bereit zeigen sollten, eine Ehe einzugehen. Aufgrund der hier vorliegenden Konfundierung von Ehe und Alter ist es jedoch nicht möglich, diese Frage ursächlich zu klären.

Im Ländervergleich ließ sich feststellen, dass Franzosen und Iren die höchste Bereitschaft, jemanden zu heiraten, äußern. Dieses Ergebnis widerspricht auf den ersten Blick den anderen Resultaten, die konsistent signifikante Unterschiede zwischen Iren und Franzosen hinsichtlich präferierter Partnermerkmale zeigen konnten. Aber auch im Hinblick auf die länderspezifische Familienpolitikausprägung scheint dies nicht plausibel: Frankreichs liberale Familienpolitik stellt nicht-verheiratete Paare verheirateten gleich, während dies in Irland nicht der Fall ist. Möglich ist, dass gänzlich unterschiedliche Faktoren für die Äquivalenz in der „Heiratsbereitschaft" verantwortlich sind: Studien zeigen, dass eine Erleichterung der Ehescheidung mit geringerem Heiratsalter einhergeht – je geringer die Kosten einer Fehlentscheidung sind, desto höher die Heiratsneigung (Diekmann, 1995). Allerdings ist dies in Irland nicht der Fall, wo die Scheidung erst seit Mitte der 1990er Jahre erlaubt ist – hier kann einmal mehr der starke Einfluss der katholischen Kirche bemüht werden, die Sexualität vor der Ehe als unerwünscht ansieht, entsprechend sind Kontrazeptiva in Apotheken nur für Verheiratet zu erhalten. Auch dies kann die individuelle Heiratsbereitschaft erhöhen. Allerdings müssen diese Ausführungen zunächst spekulativ bleiben, insbesondere vor dem Hintergrund, dass sich auch West- und Ostdeutschland nicht in diese Ausführungen einfügen. Geht man jedoch davon aus, dass Heiratsverhalten als proximaler Faktor von Verhalten sehr viel stärker von aktuellen Gegebenheiten abhängig ist als z.B. Präferenzen, so wird die fehlende signifikante Differenz zwischen Ost- und Westdeutschen Befragten plausibel: Da sie unter den gleichen rechtlichen Bedingungen eine Ehe eingehen, sollte sich dies auch in gleicher Weise auf die „Heiratsbereitschaft" auswirken.

Auch die EP würde erwarten, dass Frauen eine höhere Bereitschaft zeigen, einen Partner zu heiraten als Männer. Allerdings würde die EP auch erwarten lassen, dass sich Frauen im Vergleich zu Männern bei der Auswahl eines Partners wäh-

---

[109] Verheiratete in der vorliegenden Stichprobe sind im Durchschnitt 49.26, in Beziehung lebende 30.59 und Singles 31.62 Jahre alt.
[110] Diese Veränderung ist auch für das katholische Irland festzustellen: Mehr und mehr junge Paare verzichten zunächst auf den Trauschein und leben unverheiratet zusammen – dies gilt v.a. für Großstädte.

lerischer zeigen. Dies ist auf der vorliegenden Datenbasis jedoch nicht zu überprüfen[111]. Da aber die Skala „Heiratsbereitschaft" nicht zwischen hoher und niedriger materieller Sicherheit diskriminiert, ist es nicht möglich, die erhaltenen Ergebnisse als Falsifikation evolutionspsychologischer Aussagen zu interpretieren. Abschließend ist für den Ländervergleich anzumerken, dass sich aus der EP hierzu keine Hypothesen ableiten lassen.

Fazit
Die Ergebnisse dieser Studie, in der verschiedene Operationalisierungen zur Messung geschlechtsspezifischer Partnerpräferenzen angewandt wurden, macht deutlich, dass es für die Partnerwahlforschung unerlässlich ist, in der nächsten Zeit ein einheitliches Messinstrument zu konstruieren bzw. genauere Angaben darüber zu machen, wie verwendete Items entwickelt worden sind und welche Dimensionen sie genau operationalisieren. Die Verfasserin der vorliegenden Arbeit hat bei einer oberflächlichen Synopse von in der Forschung verwendeten Messinstrumenten allein in den letzten 20 Jahren zur Erfassung selbstberichteter Partnerpräferenzen mehr als 35 (sic!) unterschiedliche Fragebogen gezählt[112]. Bei keinem Autor dieser Skalen oder Items konnten genauere Angaben wie Skalenkennwerte, Interkorrelationen oder zur diskriminanten bzw. konvergenten Validität der verwendeten Skalen entdeckt werden. Dieses Versäumnis ist umso erstaunlicher, als von den verschiedensten Autoren die Untersuchung von Partnerpräferenzen zum Prüfstein evolutionspsychologischer Aussagen erhoben worden ist.

8.7 Diskussion der Hypothesen zur Theorie des strategischen Pluralismus (TSP)

Als Nebenprodukt dieser Arbeit wurden auch neuere Entwicklungen innerhalb der EP in die Datenanalyse miteinbezogen. Die TSP geht davon aus, dass Individuen – aber insbesondere Frauen – ihre Partnerpräferenzen in Abhängigkeit ihrer eigenen Ressourcen variieren. Das heißt, dass nicht eine komplexe statische Partnerpräferenz für Männer und Frauen evolvierte, sondern die gewünschten Partnermerkmale kontextabhängig sind. Die von Gangestad und Simpson (2000) aufgestellten Hypothesen für Frauen lauten, dass Frauen (je nach ihrer individuellen Situation) entweder mehr Wert auf einen „physisch attraktiven" Partner legen *oder* „materielle Sicherheit" präferieren.

---

[111] Es wurde schon angemerkt, dass die zwölf Items von Sprecher et al. (1994) sowohl nach der Bereitschaft fragen, jemanden zu heiraten, der weniger Geld verdient, als auch jemanden, der mehr verdient, wobei beide Items positiv miteinander korrelieren.
[112] Die entsprechende Literatur ist von der Verfasserin erhältlich.

Die durchgeführten Analysen widersprechen der von Gangestad und Simpson (2000) aufgestellten Hypothese eines trade-offs bei der weiblichen Partnerwahl. Die dargestellten Resultate implizieren sowohl für Männer als auch für Frauen weniger einen trade-off in der Partnerwahl, sondern eher die Wahl nach einem „alles oder nichts"-Prinzip. Wer es sich leisten kann, Geld nachzufragen, der stellt gleichzeitig auch Ansprüche an die „physische Attraktivität" und erwartet zudem von seinem Partner „Liebe und beziehungsstabilisierende" Eigenschaften. Interessant ist allerdings der Befund, dass der Wunsch nach einem attraktiven Partner in keinerlei Zusammenhang mit dem Wunsch nach „Liebe und Beziehungssicherheit" steht: Der Volksmund irrt also, wenn er die Frage nach „Geld oder Liebe" stellt – tatsächlich müsste es eher „Schönheit oder Liebe" heißen.

Evolutionspsychologen könnten nun bezüglich des letzten Ergebnisses argumentieren, dass diejenigen, denen es aufgrund ihres eigenen geringen Partnermarktwerts nicht gelingt, eine dauerhafte Beziehung einzugehen, wenigstens gute Gene an ihre Nachkommen weitergeben wollen[113]. Dennoch kann dies die anderen, den Aussagen der EP widersprechenden, Resultate nicht kompensieren.

Die Evolutionspsychologie muss deutlicher dazu Stellung nehmen, ob Partnerpräferenzen nun Strategien oder Idealvorstellungen darstellen (Buss, 2004; Symons & Ellis, 1989). Operationalisieren sie Strategien, so macht es wenig Sinn, nur Präferenzen zu messen – auch das reelle Partnerwahl*verhalten* (im Sinne des Vorgehens bei der Partnersuche) sollte dann stärker in den Mittelpunkt von Studien gezogen werden. Operationalisieren sie jedoch Wunschvorstellungen, so muss hinterfragt werden, warum nicht alle Individuen das Beste wollen (und vor allem äußern), nämlich einen reichen, attraktiven Partner, der nur einen selbst liebt. Dies hätte auch Auswirkungen auf die statistische Vorgehensweise, die geeignete Analysemethode von ideellen Wünschen sollte dann ausschließlich auf der Auswertung von Rangreihen beruhen, während die Analyse von Strategien eher einen Mittelwertvergleich erfordern würde.

8.8 Kritische Reflexion

Die vorliegende Studie erfasste Partnerpräferenzen anhand eines Fragebogens, der in vier „Kulturen" zur Anwendung kam. Damit fügt sich die Arbeit in eine Reihe anderer ein, die erwarten, durch eine „Selbstauskunft" der Befragten zu reliablen und validen Ergebnissen innerhalb der Partnerwahlforschung zu kommen, alle in der Hoffnung durchgeführt, dass „Befragte nicht lügen" (Esser,

---

[113] Wobei in diesem Fall jedoch zu diskutieren wäre, ob sich diese „guten Gene" tatsächlich nur in der Attraktivität eines Individuums widerspiegeln. Vor dem Hintergrund, dass die Attraktivitätsforschung feststellen konnte, dass attraktive Menschen eine höhere Wahrscheinlichkeit besitzen, auch beruflich erfolgreich zu sein bzw. dies mit ihnen assoziiert wird, ist es fraglich, inwieweit man diese Konfundierung kontrollieren kann.

1986) und ihre Antworten nicht durch normative Vorstellungen sozialer Erwünschtheit verzerrt werden. Schon früh wurde deshalb das Instrument der Fragebogenerhebung zur Partnerpräferenzermittlung kritisiert (Sprecher, 1989), dennoch kann es als die verbreiteste Erhebungsmethode angesehen werden. Zudem kamen Metaanalysen (Feingold, 1990) sowie eine Reihe von anderen Untersuchungsdesigns wie Experimente (Li et al., 2000) und die Analyse von Kontaktanzeigen zu gleichen Ergebnissen wie die Fragebogenforschung, sodass konstatiert werden kann, dass trotz aller Kritik an der Reaktivität des gewählten Messinstruments, es in der Lage ist, valide Ergebnisse zu liefern (Buss, 2004).

Bedenkenswerter als das Erhebungsinstrument selbst können die verwendeten Items angesehen werden, die sämtlich amerikanischen oder deutschen Ursprungs sind und bisher auch nur in diesen Ländern untersucht wurden. Spezielle Items, die in Irland oder Frankreich entwickelt oder verwendet wurden, waren in der Literatur nicht zu finden. Zwar wurden die erhobenen Skalen durch das in der Literatur anerkannte Verfahren der back-translation (Brislin, 1970) von Bilinguisten übersetzt[114], jedoch wurde ein Pretest zum Verständnis der Fragen nur in Deutschland durchgeführt und die Korrektheit der Fragen in Frankreich und Irland nur im Anschluss an die Erhebung durchgeführt.

Nicht ausgeschlossen werden kann daher, dass insbesondere hinsichtlich der Einschätzungen zur Wichtigkeit bestimmter Partnereigenschaften für die irischen und französischen Vpn auch andere, hier nicht erfasste kulturspezifische Partnereigenschaften eine Rolle bei der Partnerwahl spielen.

Bei der hier vorgestellten Stichprobe kann nicht davon ausgegangen werden, dass sie repräsentativ für die Bevölkerung der untersuchten Länder ist. Generell ist festzustellen, dass in der Fragebogenforschung hoch gebildete Vpn überrepräsentiert sind (Schnell et al., 1999). Auch die Freiwilligkeit der Teilnahme in solchen Erhebungen kann zu Verzerrungen in den Ergebnissen führen. Wie unterscheiden sich z.B. Menschen, die in der Öffentlichkeit angesprochen werden und sich bereit erklären an einer Befragung teilzunehmen von denjenigen, die die Aussage verweigern? Gibt es überhaupt Unterschiede oder passieren solche Entscheidungen situationsbedingt, sodass Ausfälle nicht systematisch sind? Darauf kann für die vorliegende Stichprobe (und in der Fragebogenforschung generell) keine Antwort gegeben werden, weil sich so genannte „Verweigerer" gerade dadurch auszeichnen, dass sie eben Antworten verweigern. Es wurde jedoch bei der Konstruktion des Fragebogens darauf geachtet, die in der Literatur genannten Empfehlungen für nichtrepräsentative, interkulturelle Vergleiche zu beachten und eine möglichst große Anzahl demographischer Variablen zu erfassen, die einen Vergleich mit anderen Studien sowie die statistische Kontrolle möglicher Einflussvariablen ermöglichen (Williams & Best, 1990). Abschließend kann festgestellt werden, dass die Ergebnisse der durchgeführten Analysen sich gut in andere Forschungsresultate einfügen, sodass davon ausgegangen

---

[114] Wobei für die französische Übersetzung der vollständige deutsche Fragebogen als Grundlage diente.

werden kann, dass die gezogene Stichprobe qualitativ so hochwertig ist, wie sie es bei einer nichtrepräsentativen Erhebung sein kann.

Im Zentrum der vorliegenden Arbeit standen die Auswirkungen von gesellschaftlichem Wandel und länderspezifischer Familienpolitik auf die Partnerwahl. Beide Konstrukte konnten nicht direkt gemessen werden, sondern wurden durch geeignet erscheinende Operationalisierungen ermittelt.

Als Indikator für gesellschaftlichen Wandel wurde das Konzept der Generationszugehörigkeit also der Geburtskohorte entwickelt. Dabei wurde davon ausgegangen, dass Individuen durch das Zeitalter (mit seinen spezifischen Normen und Wertvorstellungen), in dem sie sozialisiert werden und aufwachsen, langfristig geprägt werden und die in ihren „formativen" Jahren (Inglehart, 1979) entwickelten Einstellungen über das Leben von Individuen relativ stabil bleiben. Kohorten definieren sich dadurch, dass sie entscheidende Ereignisse zu einem gleichen Zeitpunkt erfahren haben (z.B. die Erfahrung von Krieg, Wirtschaftskrisen, etc.) und diese sich über das ganze Leben lang auswirken (Mayer & Huinink, 1990). Damit ist das Konzept der Kohorte dem des Lebenszyklus' diametral entgegengesetzt. Lebenszykluseffekte beziehen sich auf intraindividuelle Veränderungen über das Leben hinweg, diese können aufgrund veränderter Lebensbedingungen (Eintritt in den Berufsalltag, das Gründen einer Familie, Trennungen, Erfahrungen, etc.) auftreten und resultieren in unterschiedlichen Einstellungen und Werthaltungen.

Aufgrund des Querschnittscharakters der durchgeführten Studie lassen sich die erhaltenen Effekte nicht in Kohorten- oder Lebenszykluseffekte trennen. Dies stellt jedoch für die Interpretation der erhaltenen Ergebnisse insofern kein großes Problem dar, als EP und TSM für Partnerpräferenzen sich widersprechende Hypothesen darstellten und diese – unabhängig von der Tatsache, ob die erhaltenen Ergebnisse nun die Resultate von Lebenszyklus- oder Kohorteneffekten sind – widerlegt bzw. bestätigt werden konnten.

Ein ähnliches Problem stellte sich für die Operationalisierung des Einflusses von Familienpolitik, die durch die Nationalität der Befragten gemessen wurde. Mit einer solchen Vorgehensweise ist es nicht möglich, „Kultur" von reinen Effekten der Familienpolitik zu trennen, da die Nationalität mit einer Reihe anderer länderspezifischer und kultureller Variablen kovariiert, deren Einfluss nicht gänzlich kontrolliert werden kann. Um diese Gefahr zu verringern, wurde eine Reihe möglicher Mediator- und Moderatorvariablen erhoben, die zusätzliche Varianzaufklärung leisten sollten. Die Ergebnisse zeigten, dass keines dieser Kontrollkonstrukte in der Lage war, den Effekt von Familienpolitik/ Land zu verringern, was für die Kausalität der Familienpolitik als Einflussvariable spricht. Nicht auszuschließen ist jedoch, dass zusätzlich zu den vier kontrollierten Konstrukten noch andere, nicht erfasste Mediatorvariablen für die Kovariation von Nationalität mit Partnerpräferenzen verantwortlich sind. So konnte McCraw (2002) feststellen, dass weibliche Partnerpräferenzen sich in Abhän-

gigkeit der Einwohnerzahl des Wohnortes und den lokalen Lebenshaltungskosten veränderten. Zwar fand die Studie in den verschiedenen Ländern an lokal begrenzten Orten mittlerer Größe statt, jedoch wurde nicht erfasst, ob die Befragten dort auch ihren Wohnort hatten[115].
Dies ist aber ein Problem, das die vorliegende Studie mit allen interkulturell vergleichenden Arbeiten teilt: „Culture is a variable that is beyond experimental control" (van de Vijver & Leung, 1997, S. 4).

8.9 Abschließende kritische Würdigung und Ausblick

„Science has helped demythologize some purported biological sex differences, but is has also facilitated the social construction of other differences supposedly based on biological imperatives" (Caporael, 1989, S. 17).

"If we are all Darwinians – what's the fuss about" (Symons, 1987, S. 121).

Sowohl der intergenerative Vergleich wie auch der interkulturelle Vergleich sind für die Partnerwahlforschung wichtige Instrumente, um in der Klärung der Streitfrage, die auch unter den Schlagworten „nature versus nurture" zusammengefasst wird, zu weiteren Erkenntnisgewinnen zu kommen. In der vorliegenden Arbeit konnte gezeigt werden, dass die TSM bezüglich der geschlechtsspezifischen Ausprägung des Wunsches nach materieller Sicherheit überlegendere Erklärungsbeiträge zu liefern in der Lage ist. Frauen, denen es durch staatliche Instrumente erleichtert wird, die Vereinbarkeit von Beruf und Familie zu antizipieren, ist die „materielle Sicherheit" bei der Partnerwahl signifikant weniger wichtig als Frauen, die in Ländern leben, wo staatliche Maßnahmen dies nicht oder nur teilweise ermöglichen. Dieses Ergebnis ist mit evolutionspsychologischen Hypothesen nicht vereinbar. Dabei unterstützt die Tatsache, dass diese Resultate in kulturell, historischen und wirtschaftlichen sehr ähnlichen Ländern gefunden wurden, noch zusätzlich den Befund.

Allerdings versteht sich die EP nicht als deterministische Wissenschaft und behauptet, dass geschlechtsspezifische Unterschiede nicht unveränderbar seien (Buss, 2004; Buss & Barnes, 1986). „(...) context includes variations by sex due

---

[115] Ermittelt wurde jedoch, wie hoch die Einwohnerzahl des Ortes ist, indem die Befragten aufgewachsen sind. Eine multivariate Varianzanalyse mit den abhängigen Variablen „materielle Sicherheit", „physische Attraktivität" und „Liebe" für Geschlecht, Land und Generation mit „Einwohnerzahl des Herkunftsorts" als Kovariate ergab jedoch keine Veränderung der berichteten Effekte.

to sex-differentiated socialisation as well as variation due to culture" (Buss, 1996a, S. 9). Zudem könnten situationale Gegebenheiten einen Einfluss auf evolvierte Merkmale ausüben (Buss, 1996a, 2004). Gleichzeitig konstatiert sie jedoch, dass es sich bei Partnerpräferenzen (wie einer Reihe anderer Geschlechtsunterschiede auch) um derzeit *universale* Phänomene handele:

"Whereas modern conditions of mating differ from ancestral conditions, our same sexual strategies operate with unbridled force. Our evolved psychology of mating remains. It is the only mating psychology we have; it just gets played out in a modern environment" (Buss, 1996a, S. 15).

Überspitzt lassen sich diese Aussagen wie folgt subsumieren: Männer und Frauen unterscheiden sich in ihren Partneransprüchen, diese Unterschiede sind interkulturell und über Generationen hinweg festzustellen und zu erwarten. Aber sie sind auch kontextabhängig, das heißt, wenn Frauen wahrnehmen, dass sie aufgrund der Tatsache, dass sie nicht mehr jung oder nicht schön genug sind, auf dem Partnermarkt keine Chancen haben, dann ändern sie ihre Ansprüche, werden zum Beispiel weniger wählerisch bei der Akzeptanz eines Intimpartners oder legen weniger Wert auf „materielle Sicherheit". Frauen, die jünger sind (also eine hohe Wahrscheinlichkeit besitzen, fertil zu sein), sind wählerischer in der Partnerwahl als solche, die es nicht (mehr) sind (Buss, 2004; Waynforth & Dunbar, 1995) – ohne polemisch sein zu wollen, stellt sich hier die Frage, wie die Partnerpräferenzen sich von jungen hässlichen Frauen im Vergleich zu älteren aber physisch attraktiven gestalten. Desgleichen hypostasiert die EP auch, dass Frauen in ihrer Partnerwahlstrategie auch auf die Gegebenheiten der Kultur, in der sie leben, reagieren: Frauen, die in Gebieten leben, in denen Ressourcen knapp sind, haben demnach andere Partnerpräferenzen als Frauen, die in Gebieten des Überflusses leben (McCraw, 2002).

Diese Aufzählung wirft eine Reihe von Fragen auf:
Erstens, wie wahrscheinlich ist es, dass solche komplexen Mechanismen tatsächlich evolviert sein können? Spricht die beschriebene Komplexität des Verhaltens nicht eher dafür, dass allein die Fähigkeit auf Umweltbedingungen und individuelle (Persönlichkeits-) Eigenschaften angemessen reagieren zu können, evolviert wurde?
Zweitens, wie erkenntnistheoretisch gewinnbringend kann eine Theorie sein, die jede Eventualität erklären kann? Wird sie nicht dann beliebig und damit trivial?
Drittens stellt sich die Frage nach der Falsifizierbarkeit der Theorie: Mit welcher Prozedur lassen sich kontextabhängige Universalien widerlegen? So führen Kenrick und Li (2000) aus, dass das empirische Ergebnis, dass Frauen mit höherer Ressourcenkontrolle weniger Wert auf einen Partner mit dieser Eigenschaft legen, evolutionspsychologischen Hypothesen nicht widerspreche, da die Evolution nicht stehen bleibe sondern weitergehe. Allerdings lassen sich in diesen Argumentationsstrang nicht die Resultate von Wiederman und Allgeier (1992) so-

wie Townsend (1993) integrieren, die beide feststellten, dass Frauen, mit einem höheren Potential Ressourcen zu akquirieren, *mehr* Wert auf einen Partner legten, der eigene finanzielle Sicherheit besitzt. Wenn also *sowohl* die Ergebnisse, dass Frauen, die eigene finanzielle Ressourcen besitzen, materieller Sicherheit bei der Partnerwahl eine größere Wichtigkeit beimessen, als *auch* der Befund, dass sie dies eben nicht tun, mit evolutionspsychologischen Aussagen übereinstimmen, dann kommt der Falsifikationsanspruch der EP (Buss, 1996a) in Bedrängnis.

Mit einer solchen Beliebigkeit in den Argumentationssträngen verkauft sich die EP unter Wert. Ihr großer Verdienst ist es, einen umfassenden Theorierahmen geschaffen zu haben, der in der Lage ist, eine Reihe sozialwissenschaftlich bisher nicht geklärter Phänomene zu integrieren und ursächlich zu erklären (so z.B. den Erfolg patriarchalischer Gesellschaften, Goldberg, 1993; Smuts, 1995). Erfolg versprechend scheinen auch neuere Untersuchungen zu weiblichen Partnerpräferenzen zu sein, die Effekte des Menstruationszyklus auf die Partnerwahl bzw. das Partnerwahlverhalten) untersuchen (Denk & Hassebrauck, 2004; Gangestad & Thornhill, 1998; Penton-Voak & Perett, 2000; Schwarz & Hassebrauck, 2004) oder die Ergebnisse von Soler et al. (2003), die zeigen konnten, dass männliche Attraktivität einen Hinweis auf Spermenqualität darstellt.

Trotz des immer wiederkehrenden Aufrufs, evolutionspsychologische und soziokulturelle Theorien zu integrieren (Kenrick, 2001; Simpson & Gangestad, 2001), ist mit wenigen Ausnahmen (Wood & Eagly, 1999, 2002) derzeit zu konstatieren, dass eine gewinnbringende Annäherung beider Theorien bislang nicht erfolgt ist. Sowohl TSM als auch EP stehen gemeinhin nebeneinander und versäumen es, Ergebnisse der anderen Disziplin in ihren Forschungsrahmen zu integrieren (vgl. Kapitel 3). Zudem zeigt die dargestellte Rezeption bisheriger Studien, dass beide Theorien nicht in der Lage sind, bestimmte empirische Befunde allein zu erklären. Dies gilt auch für die vorliegende Arbeit: Trotz des Erfolges, die weibliche Präferenz für „materielle Sicherheit" auf länderspezifische Variationen in der Familienpolitik zurückzuführen, konnte der geschlechtsspezifische Unterschied für die Präferenz eines „physisch attraktiven" Partners anhand der Datenbasis nicht erklärt werden. Dieses Ergebnis fügt sich in die Befunde zweier anderer Studien, die die Auswirkungen von gesellschaftlichem Wandel auf die Partnerwahl untersuchten (Buss et al., 2001; Kümmerling & Hassebrauck, 2001), und könnte darauf hinweisen, dass für diese Partnerwahldimension evolutionspsychologische Erklärungsansätze in den soziostrukturellen Rahmen integriert werden sollten.

Abschließend soll die Frage aufgeworfen werden, welche weiteren Veränderungen in präferierten Partnermerkmalen zukünftig, das heißt bei vorausgesetzter weiterer Angleichung der Lebenschancen von Männern und Frauen, erwartet werden können. Wird sich der Trend fortsetzen, dass sich die Partnerpräferenzen der Frauen an die der Männer annähern oder werden sich auf der Basis gleichberechtigter gesellschaftlicher Bedingungen gänzlich neue Partnerwünsche herausbilden? Oder ist dies bereits der Fall, aber die aktuell existierenden Messinstrumente sind aufgrund ihres Fokus auf *geschlechtsspezifische Unterschiede* in Partnerpräferenzen nicht in der Lage auf diese (neue und verstärkte) Konvergenz sensibel zu reagieren?

Die Ergebnisse der vorliegenden Studie deuten darauf hin, dass sich die Partnerwahlforschung einer Reihe von Aufgaben stellen muss. Zunächst muss sie an ihren Operationalisierungen arbeiten und deutlicher herausstellen, welches Partnerwahlmuster sie für Männer und Frauen nun in langfristigen Beziehungen erwarten würde (zumindest für die weiblichen Präferenzen hat Buss, 2004, einen guten Anfang gemacht). Dies gilt insbesondere für das Partnermerkmal „Beziehungsstabiliät", von dem auf der einen Seite angenommen wird, dass es häufiger von Frauen nachgefragt werden sollte, auf der anderen Seite jedoch, dass es für Männer und Frauen gleichermaßen wichtig sein sollte. Des Weiteren sollte die Präferenz für „physische Attraktivität" nicht allein global erfragt werden, sondern für Männer und Frauen wichtige konkrete Merkmale erfasst werden. Hinsichtlich der Präferenz für „materielle Sicherheit" sollte stärker zwischen aktuellem Status und Potential unterschieden werden und schließlich sollte ein neues Messinstrument auch stärker interaktionsrelevante Eigenschaften erfassen, um ein modernes zeitgenössisches Bild von Partnervorstellungen erhalten zu können.

9 Literaturverzeichnis

Abele, A. & Andrä, M. (1997). *Entwicklung und Validierung einer Skala zur Messung der Einstellungen zu beruflichen und familiären Rollen von Männern und Frauen (EBFR)*. Unveröffentlichtes Manuskript: Erlangen.

Alfermann, D. (1996). *Geschlechterrollen und geschlechtstypisches Verhalten*. Stuttgart: Kohlhammer.

Alfermann, D., Reigber, D. & Turan, J. (1999). Androgynie, soziale Einstellungen und psychische Gesundheit. Zwei Untersuchungen an Frauen im Zeitvergleich. In U. Bock & D. Alfermann (Hrsg.), *Querelles. Jahrbuch für Frauenforschung 1999, Androgynie. Vielfalt der Möglichkeiten, Bd. 4* (S. 142–155). Stuttgart: Metzler.

Allgeier, E. R. & Wiederman, M. W. (1991). Love and mate selection in the 1990s. *Free Inquiry, 11,* 25–27.

Allgeier, E. R. & Wiederman, M. W. (1994). How useful is evolutionary psychology for understanding contemporary human sexual behavior? *Annual Review of Sex Research, 5,* 218–256.

Archer, J. (1996). Sex differences in social behavior. Are the social role and evolutionary explanations compatible? *American Psychologist, 51,* 909–917.

Archer, J. (2001). Evolving theories of behavior. *The Psychologist, 14,* 414–419.

Atkinson, M. P. & Boles, J. (1984). WASP (wife and senior partners). *Journal of Marriage and the Family, 46,* 861–870.

Baecker, G., Bispinck, R., Hofemann, K. & Naegele, G. (2000). *Sozialpolitik und soziale Lage in Deutschland. Gesundheit und Gesundheitssystem, Familie, Alter, soziale Dienste, Bd. 2* (3. Aufl.). Wiesbaden: Westdeutscher Verlag.

Bahle, T. (1995). *Familienpolitik in Europa*. Frankfurt: Campus.

Bailey, J. M., Gaulin, S., Agyei, Y. & Gladue, B. A. (1994). Effects of gender and sexual orientation on evolutionarily relevant aspects of human mating psychology. *Journal of Personality and Social Psychology, 66,* 1081–1093.

Baize, H. R. & Schroeder, J. E. (1995). Personality and mate selection in personal ads: Evolutionary preferences in a public mate selection process. *Journal of Social Behavior and Personality, 10,* 517–536.

Bandura, A. J. (1977). *Social learning theory*. Englewood Cliffs, NJ: Prentice-Hall.

Banse, R. (2001). *Implicit and explicit relational schemata: Experimental approaches in the adult attachment, cognitive, and evolutionary psychology paradigms*. Habilitationsschrift, Humboldt-Universität zu Berlin.

Barkow, J. H., Cosmides, L. & Tooby, J. (1992). *The adapted mind. Evolutionary psychology and the generation of culture*. New York, NY: Oxford University Press.

Bechtold, S. (1998). *Ursachen für sinkende Karrieremotivation im Studienverlauf von Frauen*. Unveröffentlichte Diplomarbeit. Universität Mannheim.

Beck-Gernsheim, E. (1994). Auf dem Weg in die postfamiliale Familie – von der Notgemeinschaft zur Wahlverwandtschaft. In U. Beck & E. Beck-Gernsheim (Hrsg.), *Riskante Freiheiten* (S. 115-138). Frankfurt: Suhrkamp.

Beck-Gernsheim, E. (1998). Anspruch und Wirklichkeit – Zum Wandel der Geschlechtsrollen in der Familie. In K. A. Schneewind & L. v. Rosenstiel (Hrsg.), *Wandel der Familie* (S. 37–47) (2. Auflage). Göttingen: Hogrefe.

Bereczkei, T. & Csanaky, A. (1996). Mate choice, marital success, and reproduction in a modern society. *Ethology and Sociobiology, 17,* 17–35.

Bereczkei, T., Voros, S., Gal, A. & Bernath, L. (1997). Resources, attractiveness, family commitment; reproductive decisions in human mate choice. *Ethology, 103,* 681–699.

Bernard, J. (1981). The good provider role. Its rise and fall. *American Psychologist, 36,* 1–12.

Berry, J. W. (1969). On cross-cultural comparability. *International Journal of Psychology, 4,* 119–128.

Berry, J. W. (1980). Introduction to methodology. In H. C. Triandis & J. W. Berry (Hrsg.), *Handbook of cross-cultural psychology, Methodology, Bd. 2* (S. 1–28). Boston: Allyn & Bacon.

Berry, J. W. (1989). Imposed etics-emics-derived etics: The operationalization of a compelling idea. *International Journal of Psychology, 24,* 721–735.

Berry, J. W. (1999). Emics and etics: a symbiotic conception. *Culture & Psychology, 5,* 165–171.

Berry, J. W., Poortinga, Y. H., Segall, M. H. & Dasen, P. R. (1992). *Cross-cultural psychology*. Cambridge: University Press.

Bertram, B. (1993). Zur Entwicklung der sozialen Geschlechterverhältnisse in den neuen Bundesländern. *Aus Politik und Zeitgeschichte, B6,* 27–38.

Best, D. L. & Williams, J. E. (1997). Sex, gender, and culture. In J. W. Berry (Hrsg.), *Handbook of Cross-Cultural Psychology, Vol. 3: Social behavior and application* (S. 163–212). Boston: Allyn & Bacon.

Best, D. L. & Williams, J. E. (2001). Gender and culture. In D. Matsumoto (Hrsg.), *Handbook of Culture and Psychology* (S. 195–219). Oxford: University Press.

Bierhoff-Alfermann, D. (1989). *Androgynie. Möglichkeiten und Grenzen der Geschlechterrollen*. Opladen: Westdeutscher Verlag.

Bleier, R. (1984). *Science and gender. A critique of biology and its theories of women*. New York: Pergamon Press.

Blossfeld, H.-P. (1991). Der Wandel von Ausbildung und Berufseinstieg bei Frauen. In K. U. Mayer, J. Allmendinger & J. Huinink (Hrsg.), *Vom Regen in die Traufe: Frauen zwischen Beruf und Familie* (S. 1–22). Frankfurt am Main: Campus.

Bock, G. (2000). *Frauen in der europäischen Geschichte: Vom Mittelalter bis zur Gegenwart.* München: Beck.

Boeckmann-Schewe, L., Kulke, C. & Röhring, A. (1994). Wandel und Brüche in Lebensentwürfen von Frauen in den neuen Bundesländern. *Aus Politik und Zeitgeschichte, B6,* 33–44.

Boehnke, K. & Merkens, H. (1994). Methodologische Probleme des Ost-West-Vergleichs am Beispiel der Wertforschung zu Kollektivismus und Individualismus. *Zeitschrift für Soziologie, der Erziehung und Sozialisation, 14,* 212–226.

Borgia, G. (1989). Typology and human mating preferences. *Behavioral and Brain Sciences, 12,* 16–17.

Borkenau, P. (1993). Reicher Mann und schöne Frau? Zwei Studien zu Geschlechtsunterschieden in der Partnerpräferenz. *Zeitschrift für Sozialpsychologie, 24,* 289–297.

Bortz, J. (1993). *Statistik für Sozialwissenschaftler* (4. Aufl.). Berlin: Springer.

Boulding, E. (1976). Familial constraints on women's work roles. *Journal of Women in Culture and Society, 1,* 95–118.

Braun, M. & Scott, J. (1998). Multidimensional scaling and equivalence. Is having a job the same as working? In J. A. Harkness (Hrsg.), *ZUMA-Nachrichten Spezial, Cross-Cultural Survey Equivalence* (S. 129–144). Mannheim: Zentrum für Umfragen, Methoden und Analysen (ZUMA).

Braun, M., Scott, J. & Alwin, D. F. (1994). Economic necessity or self-actualization? Attidudes toward women's labour-force participation in East and West Germany. *European Sociological Review, 10,* 29–47.

Brehm, S. S. (1985). *Intimate relationships.* New York: Random House.

Brettschneider, F., Ahlstich, K., Klett, B. & Vetter, A. (1994). Materialien zu Gesellschaft, Wirtschaft und Politik in den Mitgliedstaaten der Europäischen Gemeinschaft. In O. W. Gabriel & F. Brettschneider (Hrsg.), *Die EU-Staaten im Vergleich. Strukturen, Prozesse, Politikinhalte* (S. 433–625). Opladen: Westdeutscher Verlag.

Brewer, M. B. & Caporael, L. R. (1990). Selfish genes vs. selfish people: Sociobiology as orign myth. *Emotion and Behavior, 14,* 237–243.

Brislin, R. W. (1970). Back-translation for cross-cultural research. *Journal of Cross-Cultural Psychology, 1,* 195–216.

Brislin, R. W. (1986). The wording and translation of research instruments. In W. J. Lonner & J. W. Berry (Hrsg), *Field methods in cross-culture research* (S. 137–164). Beverly Hills, CA: Sage.

Brislin, R. W. & Baumgardner, S. R. (1971). Non-random sampling of individuals in cross-culture research. *Journal of Cross-Cultural Psychology, 2,* 397–400.

Brislin, R. W., Lonner, W. J. & Thorndike, R. M. (1973). *Cross-culture research methods.* New York: John Wiley & Sons.

Buss, D. M. (1989). Sex differences in human mate preferences: Evolutionary hypotheses tested in 37 cultures. *Behavioral and Brain Sciences, 12,* 1–49.

Buss, D. M. (1995a). *Die Evolution des Begehrens. Geheimnisse der Partnerwahl.* Hamburg: Kabel.

Buss, D. M. (1995b). Psychological sex differences. Origins through sexual selection. *American Psychologist, 50,* 164–168.

Buss, D. M. (1995c). Evolutionary psychology: A new paradigm for psychological sciences. *Psychological Inquiry, 6,* 1–30.

Buss, D. M. (1996a). The evolutionary psychology of human social strategies. In E. T. Higgins & A. W. Kruglanski (Hrsg.), *Social Psychology: Handbook of basic principles* (S. 3–35). New York: Guilford Press.

Buss, D. M (1996b). Sexual conflict: Can evolutionary and feminist perspectives converge. In D. M. Buss & N. M. Malamuth (Hrsg.), *Sex, power, conflict. Evolutionary and feminist perspectives* (S. 296–318). New York: Oxford University Press.

Buss, D. M. (1998). Sexual strategies theory: Historical origins and current status. *Journal of Sex Research, 35,* 19–31.

Buss, D. M. (1999). Evolutionary Psychology: A new paradigm for the Psychological Science. In D. H. Rosen & M. C. Luebbert (Hrsg.), *Evolution of the psyche* (S. 1–33). Westport: Praeger.

Buss, D. M. (2004). *Evolutionary Psychology. The new science of the mind.* (2. Aufl.). Boston: Allyn & Bacon.

Buss, D. M. & et al. (1990). International preferences in selecting mates. A study of 37 cultures. *Journal of Cross-Cultural Psychology, 21,* 5–47.

Buss, D. M. & Barnes M. (1986). Preferences in human mate selection. *Journal of Personality and Social Psychology, 50,* 359–370.

Buss, D. M., Larsen, R., Westen, D. & Semmelroth, J. (1992). Sex differences in jealousy: Evolution, physiology, and psychology. *Psychological Science, 3,* 251–255.

Buss, D. M. & Schmitt, D. P. (1993). Sexual strategies theory: An evolutionary perspective on human mating. *Psychological Review, 100,* 204–232.

Buss, D. M., Shackelford, T. K., Kirkpatrick, L. A. & Larsen, R. J. (2001). A half century of mate preferences: The cultural evolution of values. *Journal of Marriage and the Family, 63,* 491–503.

Campbell, D. T. & Fiske, D. W. (1959). Convergent and discrimination validation by the multitrait-multimethod matrix. *Psychological Bulletin, 56,* 81–105.

Campbell, D. T. & Simpson, J. A. & Orina, M. (1999). Sex and mating. In D. H. Rosen & M. C. Luebbert (Hrsg.), *Evolution of the psyche* (S. 34–61). Westport: Praeger.

Campos, L. de S., Otta, E. & Siqueira, J. de O. (2002). Sex differences in mate selection strategies: Content analyses and responses to personal advertisements in Brazil. *Evolution and Human Behavior, 23,* 395–406.

Caporael, L. R. (1989). Mechanism matter. The difference between sociobiology and evolutionary psychology. *Behavioral and Brain Sciences, 12,* 17–18.

Caporael, L. R. (2001). Evolutionary Psychology: Toward a unifying theory and a hybrid science. *Annual Review of Psychology, 52,* 607–628.

Caporael, L. R. & Brewer, M. B. (1991). Reviving evolutionary psychology: Biology meets society. *Journal of Social Issues, 47,* 187–195.

Caprara, G. V., Barbaranelli, C., Bermudez, J., Maslach, C. & Ruch, W. (2000). Multivariate methods for the comparison of factor structures in cross-cultural research. *Journal of Cross-Cultural Psychology, 31,* 437–464.

Christensen, H. T. (1947). Student views on mate selection. *Marriage and Family Living,* 85–88.

Church, A. T. (2001). Introduction. *Journal of Personality, 69,* 787–801.

Cialdini, R. B. & Trost, M. R. (1998). Social influence: Social norms, conformity and compliance. In D. T. Gilbert, S. T. Fiske & G. Lindzey (Hrsg.), *The handbook of social psychology* (S. 151–192) (4. Aufl.). Boston: McGraw-Hill.

Clutton-Brock, T. H. & Vincent, A. C. J. (1991). Sexual selection and the potential reproductive rates of males and females. *Nature, 351,* 58–60.

Cohen, J. & Cohen, P. (1983). *Applied multiple regression. Correlation analysis for the behavioral sciences* (2. Aufl.). Hillsdale, NJ: Erlbaum.

Coman, L. (1977). *Catholics and the Welfare State.* London: Longman.

Cook, G. & McCashin, A. (1997). Male breadwinner: A case study of gender and social security in the Republic of Ireland. In A. Byrne & M. Leonard (Hrsg.), *Women and Irish Society – A Sociological Reader* (S. 167–180). Belfast: Beyond the Pale Publications.

Cornell, D. G. (1997). Post hoc explanation is not prediction. *American Psychologist, 52,* 1380.

Cosmides, L. & Tooby, J. (1987). From evolution to behavior: Evolutionary psychology as the missing link. In J. Dupré (Hrsg.), *The latest on the best: Essays on evolution and optimality* (S. 227–306). Massachusetts: MIT.

Cosmides, L. & Tooby, J. (1997). *Evolutionary psychology: A primer.* www.psych.ucsb.edu/research/cep/primer.html

Cosmides, L., Tooby, J. & Barkow, J. H. (1992). Introduction: Evolutionary psychology and conceptual integration. In J. H. Barkow, L. Cosmides & J. Tooby (Hrsg.), *The adapted mind: Evolutionary psychology and the generation of culture* (S. 19–136). New York: Oxford University Press.

Crawford, C. (1987). Sociobiology. Of what value to psychology? In C. Crawford, M. Smith & D. Krebs (Hrsg.), *Sociobiology and psychology. Ideas, issues, and appliciations.* (S. 30–30) Hillsdale, NJ: Erlbaum.

Cunningham, M. R. (1986). Measuring the physical attractiveness: Quasi-experiments on the sociobiology of female facial beauty. *Journal of Personality and Social Psychology, 50,* 925–935.

Cunningham, M. R., Barbee, A. & Pike, C. L. (1990). What do women want? Facialmetric assessment of multiple motives in the perception of male facial physical attractiveness. *Journal of Personality and Social Psychology, 59,* 61–72.

Cyba, E. (2002). Mechanismen der Diskriminierung und Strategie ihrer Überwindung. In B. Keller & A. Mischau (Hrsg.), *Frauen machen Karriere in Wissenschaft, Wirtschaft und Politik, Schriften des Heidelberger Instituts für Interdisziplinäre Frauenforschung (HIFI) e. V., Bd. 4* (S. 31–48). Baden-Baden: Nomos Verlagsgesellschaft.

Daly, M. E. (1981). Women in the Irish workforce from pre-industrial to modern times, *SAOTHAR, 9,* 74–83.

Daly, M. & Wilson, M. (1978). *Sex, evolution, and behavior.* Boston: Willard Grant Press.

Daly, M., Wilson, M. & Weghorst, S. J. (1982). Male sexual jealousy. *Ethology and Sociobiology, 3,* 11–27.

Dasko, F. (2002). Vereinbarkeit von Familie und Beruf – Weiterhin ein Frauenproblem? Ein ost-westdeutscher Vergleich. In B. Keller & A. Mischau (Hrsg.), *Frauen machen Karriere in Wissenschaft, Wirtschaft und Politik Schriften des Heidelberger Instituts für Interdisziplinäre Frauenforschung (HIFI) e. V., Bd. 4* (S. 97–110). Baden-Baden: Nomos Verlagsgesellschaft.

Davis, A. (1998). Age differences in dating und marriage: Reproductive strategies or social preferences? *Current Anthropology, 41,* 374–380.

Davis, C., Dionne, M. & Shuster, B. (2001). Physical and psychological correlates of appearance orientation. *Personality and Individual Differences, 30,* 21–30.

De Raad, B. & Doddema-Winsemius, M. (1992). Factors in the assortment of human mates: Differential preferences in Germany and the Netherlands. *Personality and Individual Differences, 13,* 103–114.

Deaux, K. & Hanna, R. (1984). Courtship in the personals column: The influence of gender and sexual orientation. *Sex Roles, 11,* 363–375.

Denk, M. & Hassebrauck, M. (2004). *Versteckte Signale der Ovulation – Selbstwahrnehmungsprozesse und Verhalten in Abhängigkeit des Menstruationszyklus,* in Vorbereitung.

Derry, P. S. (1996). Buss and sexual selection: The issue of culture. *American Psychologist, 51,* 159 – 160.

Deschner, K. (1987). *Das Kreuz mit der Kirche: Eine Sexualgeschichte des Christentums.* Düsseldorf: Econ-Verlag.

DeSteno, D., Bartlett, M. Y., Salovey, P. & Braverman, J. (2002). Sex differences in jealousy: Evolutionary mechanism or artifact of measurement? *Journal of Personality and Social Psychology, 83*, 1103–1116.
Deutsch, F. M., Zalenski, C. M. & Clark, M. E. (1986). Is there a double standard of aging? *Journal of Applied Social Psychology, 16*, 771–785.
Deutscher, I. (1973). Asking questions cross-culturally: Some problems of linguistic comparability. In D. P. Warwick & S. Osherson (Hrsg.), *Comparative research methods* (S. 136–186). Englewood Cliffs, NJ: Prentice-Hall.
Diekmann, A. (1995). *Empirische Sozialforschung. Grundlagen, Methoden, Anwendungen.* Reinbek: Rowohlt.
Dienel, C. (2002). Frauenkarriere im europäischen Vergleich. In B. Keller & A. Mischau (Hrsg.), *Frauen machen Karriere in Wissenschaft, Wirtschaft und Schriften des Heidelberger Instituts für Interdisziplinäre Frauenforschung (HIFI) e. V., Bd. 4* (S. 17–30). Baden-Baden: Nomos Verlagsgesellschaft.
Dietzinger, A. (1993). Geschlechterverhältnisse und Individualisierung: Von der Ungleichheitrelevanz primärer Beziehungen. In P. Frerichs & M. Steinrücke (Hrsg.), *Soziale Ungleichheit und Geschlechterverhältnisse* (S. 145–158). Opladen: Leske und Budrich.
Dion, K. K. & Dion, K. L. (1993). Individualistic and collectivistic perspectives on gender and the cultural context of love and intimacy. *Journal of Social Issues, 49*, 52–69.
Doosje, B., Rojahn, K. & Fischer, A. (1999). Partner preferences as a function of gender, age, political orientation and level of education. *Sex Roles, 40, 1/2*, 45–60.
Drasgow, F. & Kanfer, R. (1985). Equivalence of psychological measurement in heterogenous population. *Journal of Applied Psychology, 70*, 662–680.
Duggan, L. (1995). Restacking the deck: Family policy and women's fall-back position in Germany before and after unification. *Feminist Economics, 1*, 175–194.
Dürr, A. & Voigt, C. (2004). Land ohne Lachen. *Der Spiegel, 2*, 38–53.

Eagly, A. H. (1987). *Sex differences in social behavior: A social-role interpretation*, Hillsdale, N. J.: Lawrence Erlbaum.
Eagly, A. H. (1995). The science and politics of comparing women and men. *American Psychologist, 50,* 145–158.
Eagly, A. H. (1997). Sex differences in social behavior: Comparing social role theory and evolutionary psychology. *American Psychologist, 52,* 1380–1382.
Eagly, A. H. & Steffen, V. J. (1984). Gender stereotypes from the distribution of women and men into social roles. *Journal of Personality and Social Psychology, 46,* 735–754.

Eagly, A. H. & Wood, W. (1999). The origins of sex differences in human behavior. Evolved dispositions versus social roles. *American Psychologist, 54,* 408–423.

Eagly, A. H., Wood, W. & Diekman, A. B. (2000). Social role theory of sex differences and similarities: A current appraisal. In T. Eckes & H. M. Trautner (Hrsg.), *The developmental social psychology of gender* (S. 123–174). Mahwah, NJ: Erlbaum.

Ehmann, S. (1999). *Familienpolitik in Frankreich und Deutschland – ein Vergleich.* Frankfurt am Main: Peter Lang.

Einon, D. (1997). Individual differences in age preferences in mates: Taking a closer look. *Behavioral and Brain Sciences, 20,* 137–143.

Ellis, B. J. (1992). The evolution of sexual attraction. Evaluative mechanisms in woman. In J. Barkow, L. Cosmides & J. Tooby (Hrsg.), *The adapted mind. Evolutionary psychology and the generation of culture* (S. 267–288). Oxford, NY: Oxford University Press.

Engelbrech, G. (1994). Frauenerwerbslosigkeit in den neuen Bundesländern. Folgen und Auswege. *Aus Politik und Zeitgeschichte, B6,* 22–32.

Enders, U. (1986). Kinder, Küche, Kombinat – Frauen in der DDR. *Aus Politik und Zeitgeschichte, B6-7,* 26–37.

Epstein, E. & Gutmann, R. (1984). Mate selection in man: Evidence, theory, and outcome. *Social Biology, 31,* 243–278.

Esser, H. (1986). Können Befragte lügen? Zum Konzept des „wahren Wertes" im Rahmen der handlungstheoretischen Erklärung von Situationseinflüssen bei der Befragung. *Kölner Zeitschrift für Soziologie und Sozialpsychologie, 38,* 314–336.

Europäisches Parlament, Ausschuss für Beschäftigung und soziale Angelegenheiten (2001). www.europarl.eu.int/meetdocs/committees/empl/20010709/439432de.pdf

Eurostat (2000). Das Leben von Frauen und Männern in Europa. Ein statistisches Portrait. Daten aus den Jahren 1980–2000. *Themenkreis 3, Bevölkerung und soziale Bedingungen.* EU: Luxemburg. *www.europa.eu.int/comm/eurostat.de*

Evans (2003). "If only I were thin like her, maybe I could be happy like her": The self-implications of associating a thin female ideal with life success. *Psychology of Women Quaterly, 27,* 209–214.

Evans, E. D., Rutberg, J., Sather, C. & Turner, C. (1991). Content analysis of contemporary teen magazines for adolescent females. *Youth and Society, 23,* 99–120.

Fagot, B. I., Rodgers, C. S. & Leinbach, M. D. (2000). Theories of gender socialization. In T. Eckes & H. M. Trautner (Hrsg.), *The developmental social psychology of gender* (S. 65–90). Mahwah, NJ: Erlbaum.

Faludi, S. (1993). *Backlash. Die Männer schlagen zurück.* Hamburg: Rowohlt.

Federkeil, G. & Strohmeier, K. (1992). *Familiale Lebensformen, Lebenslagen und Familienalltag im internationalen Vergleich.* Projektbericht. Universität Bielefeld. Institut für Bevölkerungsforschung und Sozialpolitik.

Feingold, A. (1990). Gender differences in effects of physical attractiveness on romantic attraction. A comparison across five research paradigms. *Journal of Personality and Social Psychology, 59*, 981–993.

Feingold, A. (1992). Gender differences in mate selection preferences: A test of the parental investment model. *Psychological Bulletin, 112*, 125–139.

Ferketich, S., Phillips, L. & Verran, J. (1993). Development and administration of a survey instrument for cross-cultural psychiatric research. *Journal of Nervous and Mental Disease, 176*, 227–230.

Fischer, R. (2002). Standardisation and cross-cultural differences. *Persönliche Kommunikation/Diskussionsforum der IACCP am 04.04. 2002, IACCP@lyris.fit.edu.*

Fischer, R. (2003). *Standardisation and response styles: A review of cross-cultural studies between 1980 and 2002.* Paper presented on the 6th European Congress of the IACCP, 6.-12.06.2003, Budapest, Hungary.

Fishbein, M. & Ajzen, I. (1975). Belief, attitude, intention, and behavior: An *introduction to theory and research.* Reading, AM: Addison-Welsey.

Fritzsche, B. (2003). *Pop-Fans. Studie einer Mädchenkultur.* Opladen: Leske + Budrich.

Funken, K. (1996). Keine Wende am Arbeitsmarkt in Ostdeutschland: eine Zwischenbilanz im Jahre 1996. *Reihe Wirtschaftspolitische Diskurse, 89*, Bonn: FES.

Galligan, Y. (1998). The changing role of women. In W. Crotty & D. E. Schmitt (Hrsg.). *Ireland and the politics of change* (S. 107–121). London: Longman.

Gangestad, S. W. (1993). Sexual selection and physical attractiveness. Implications for mating dynamics. *Human Nature, 4*, 205–235.

Gangestad, S. W. & Buss, D. M. (1993). Pathogen prevalence and human mate preferences. *Ethology and Sociobiology, 14*, 89–96.

Gangestad, S. W. & Simpson, J. A. (1990). Toward an evolutionary history of female sociosexual variation. *Journal of Personality, 58*, 69–96.

Gangestad, S. W. & Simpson, J. A. (2000). The evolution of human mating: Trade-offs and strategic pluralism. *Behavioral and Brain* Sciences, 23, 573–644.

Gangestad, S. W. & Thornhill, R. (1998). Menstrual cycle variation in women's preferences for the scent of symmetrical men. *Proceedings of the Royal Society of London B 265,* 927–933.

Gauthier, A. H. (1996). *The state and the family: A comparative analysis of family policies in industrialized countries.* Oxford: Clarendon Press.

Geary, D. C. (1998). *Male, female: The evolution of human sex differences*. Washington, DC: APA.
Gerhard, U. (1990). *Unerhört. Die Geschichte der deutschen Frauenbewegung*. Hamburg: Rowohlt.
Gerhard, U., Knijn, T. & Weckwert, A. (2003). *Erwerbstätige Mütter. Ein europäischer Vergleich*. München: Beck.
Goldberg, S. (1993). *Why men rule. A theory of male dominance*. Chicago, Il: Open Court.
Gowaty, P. A. (1982). Sexual terms in sociobiology: Emotionally evocative and, paradoxically, jargon. *Animal behavior, 30*, 630–631.
Gowaty, P. A. (1992a). Evolutionary biology and feminism. *Human Nature, 3*, 217–249.
Gowaty, P. A. (1992b). What if within-sex variation is greater than between-sex variation. *Behavioral and Brain Sciences, 15*, 389–390.
Grammer, K. (1989). Human courtship behaviour: Biological basis and cognitive processing. In A. E. Rasa, C. Vogel & E. Voland (Hrsg.), *The sociobiology of sexual and reproductive strategies* (S. 146–168). London: Chapman and Hall Ltd.
Grammer, K. (1996). *Signale der Liebe* (2. Aufl.). München: dtv
Grammer, K. & Thornhill, R. (1994). Human facial attractiveness and sexual selection: The role of symmetry and averageness. *Journal of Comparative Psychology, 108*, 233–242.
Greenless, I. A. & McGrew, W. C. (1994). Sex and age differences in preferences and tactics of mate attraction: Analysis of published advertisements. *Ethology and Sociobiology, 15*, 59–72.
Greer, G. (2003). *The beautiful boy*. New York: Rizzoli International Publications.
Grimm, S. D. and Church, A. T. (1999). A cross-cultural study of response biases in personality measures. *Journal of Research in Personality, 33*, 415–441.
Gross, M. R. (1996). Alternative reproductive strategies and tactics: Diversity within sexes. *TREE, 11*, 92–98.
Gustafsson, S. S. & Bryun-Hundt, M. (1991). Incentives for women to work: A comparison between the Netherlands, Sweden and West Germany. *Journal of Economic Studies, 18*, 30–65.

Handl, J. (1988). *Berufschancen und Heiratsmuster von Frauen. Empirische Untersuchungsprozesse sozialer Mobilität*. Frankfurt/M.: Campus.
Harkness, J. A. (1996). *Thinking aloud about survey translation*. Posterpräsentation auf der International Sociological Association Conference on Social Science Methodology, Colchester.

Harrison, A. A. & Saeed, L. (1977). Let's make a deal: An analysis of revelations and stipulations in lonely hearts adevertisements. *Ethology and Sociobiology, 35*, 254–264.

Hartung, J. (1989). Too many P's in the pod. *Behavioral and Brain Sciences, 12*, 23.

Hasenkamp, A. (2002). *Unterschiede in den Partnerwahlkriterien von Sehenden und Geburtsblinden. Eine Überprüfung der Gültigkeit evolutionspsychologischer und soziokultureller Aussagen.* Unveröffentlichte Diplomarbeit, Wuppertal.

Hasenkamp, A., Kümmerling, A. & Hassebrauck, M. (2002). *Unterschiede in Partnerwahlkriterien Sehender und Geburtsblinder. Eine Überprüfung der Gültigkeit evolutionspsychologischer Aussagen.* Posterpräsentation auf dem 43. Kongreß der Deutschen Gesellschaft für Psychologie. 22. – 26. 09. 2002, Berlin, Deutschland.

Hassebrauck, M. (1990). Wer sucht wen? Eine inhaltsanalytische Untersuchung von Heirats- und Bekanntschaftsanzeigen. *Zeitschrift für Sozialpsychologie, 21*, 101–112.

Hassebrauck, M. (1991). ZIP – Ein Instrumentarium zur Erfassung der Zufriedenheit in Paarbeziehungen. *Zeitschrift für Sozialpsychologie, 22*, 256–259.

Hassebrauck, M. (1998). The visual process method: A new method to study physical attractiveness. *Evolution and Human Behavior, 19*, 111–123.

Hassebrauck, M. (2003). Romantische Männer und realistische Frauen. Geschlechtsunterschiede in Beziehungskognitionen. *Zeitschrift für Sozialpsychologie, 34*, 23–35.

Hassebrauck, M. & Fehr, B. (2002). Dimensions of relationship quality. *Personal Relationships, 9*, 253–270.

Hatfield, E. & Rapson, R. L. (1996). *Love and sex. Cross-cultural perspectives.* Massachusetts: Allyn and Bacon.

Hatfield, E. & Sprecher, S. (1986). *Mirror, Mirror... The importance of looks in everyday life.* New York: State University of New York Press.

Hatfield, E. & Sprecher, S. (1995). Men's and women's preferences in marital partners in the United States, Russia and Japan. *Journal of Cross-Cultural Psychology, 26*, 728–750.

Helmreich, R. L., Spence, J. T. & Gibson, R. H. (1982). Sex-role attitudes: 1972–1980. *Personality and Social Psychology Bulletin, 8*, 656–662.

Hemminger, H. (1983). *Der Mensch – eine Marionette der Evolution. Eine Kritik an der Soziobiologie.* Frankfurt: Fischer Taschenbuch.

Henss, R. (1992). „Spieglein, Spieglein an der Wand...". *Geschlecht, Alter und physische Attraktivität.* Frankfurt: Fischer Taschenbuch.

Hill, J. (1984). Prestige and reproductive success in man. *Ethology and Sociobiology, 5*, 77–95.

Hill, R. (1945). Campus values in mate selection. *Journal of Home Economics, 37*, 554–558.

Ho, D. Y. F. (1996). Filial piety and its psychological consequences. In M. H. Bond (Hrsg.), *Handbook of Chinese Psychology* (S. 155–165). Hong Kong: Oxford University Press.

Höpflinger, F. (1997). Entwicklung der Elternschaft in europäischen Ländern. In L. A. Vaskovics (Hrsg.), *Familienleitbilder und Familienrealitäten* (S. 168–186). Opladen: Leske + Budrich.

Höllinger, F. (1991). Frauenerwerbstätigkeit und Wandel der Geschlechtsrollen im internationalen Vergleich. *Kölner Zeitschrift für Soziologie und Sozialpsychologie, 43*, 753–771.

Hofstadler, B. & Buchinger, B. (2001). *KörperNormen – KörperFormen. Männer über Körper, Geschlecht und Sexualität.* Wien: Turia + Kant.

Horstkemper M. (1993). Berufs- und Lebensalltag von Frauen in der Bundesrepublik: Ein Ost-West-Vergleich. In D. Reigber (Hrsg.), *Frauen-Welten* (S. 62–110). Düsseldorf: Econ.

Howard, J. A., Blumstein, P. & Schwartz, P. (1987). Social or evolutionary theories? Some observations on preferences in human mate selection. *Journal of Personality and Social Psychology, 53*, 194–200.

Hoyt, L. L. & Hudson, J. W. (1981). Personal characteristics important in mate preference among college students. *Social Behavior and Personality, 9*, 97–100.

Hradil, S. (1994). Sozialstruktur und gesellschaftlicher Wandel. In O. W. Gabriel & F. Brettschneider (Hrsg.), *Die EU-Staaten im Vergleich. Strukturen, Prozesse, Politikinhalte* (S. 50–94) (2. Aufl.). Opladen: Westdeutscher Verlag.

Hrdy, S. B. (1997). Raising Darwin's consciousness. Female sexuality and the prehominid origins of patriarchy. *Human Nature, 8*, 1–49.

Hui, C. H. (1988). Measurement of individualism – collectivism. *Journal of Research in Personality, 22*, 17–36.

Hui, C. H. & Triandis, H. C. (1985). Measurement in cross-cultural psychology: A review and comparison of strategies. *Journal of Cross-Cultural Psychology, 18*, 115–142.

Hui, C. H. & Triandis, H. C. (1989). Effects of culture and response format on extreme response style. *Journal of Cross-Culture Psychology, 20*, 296–309.

Huinink, J. (1987). Soziale Herkunft, Bildung und das Alter bei der Geburt des ersten Kindes. *Zeitschrift für Soziologie, 16*, 353–366.

Hulin, C. L. (1987). Psychometric theory of item and scale translations: Equivalence across languages. *Journal of Cross Culture Psychology, 18*, 115–142.

Hussey, G. (1995). *Ireland today (2. Aufl.).* London: Penguin Books.

Hyde, J. S. (1996). Where are the gender differences? Where are the gender similarities? In D. M. Buss & N. M. Malamuth (Hrsg.), *Sex, power, conflict. Evolutionary and feminist perspectives* (S. 107–118). New York: Oxford University Press.

Ingelhart, R. (1979). Wertwandel in den westlichen Gesellschaften. Politische Konsequenzen von materialistischen und postmaterialistischen Prioritäten. In H. Klages & P. Kmieciak (Hrsg.), *Wertwandel und gesellschaftlicher Wandel* (2. Aufl.). Frankfurt: Campus.

ILO (2003)./www.ilo.org/public/english/bureau/inf/download/pdf/factsheet.pdf

Jahoda, M., Lazarsfeld, P. F. & Zeisel, H. (2002*). Die Arbeitslosen von Marienthal: Ein soziographischer Versuch über die Wirkungen langandauernder Arbeitslosigkeit* (15. Aufl.). Frankfurt a. M.: Suhrkamp Verlag.

Johanson, D. & Edey, M. (1982). *Lucy. Die Anfänge der Menschheit.* München: Pieper.

Johnson, T. P. (1998). Approaches to equivalence in cross-cultural and cross-national survey research. In J. A. Harkness (Hrsg.), *ZUMA-Nachrichten Spezial, Cross-Cultural Survey Equivalence* (S. 1–40). Mannheim: Zentrum für Umfragen, Methoden und Analysen (ZUMA).

Kalin, R., Heusser, E. & Edwards, J. (1982). Cross-national equivalence of a sex-role ideology scale. *Journal of Social Psychology, 116,* 141–142.

Kasser, T. & Sharma, Y. S. (1999). Reproductive freedom, educational equality, and females' preference for resource-acquisition characteristics in mates. *Psychological Science, 10,* 374–377.

Kaufmann, F. X. (1993). Familienpolitik in Europa. In Bundesministerium für Familie und Senioren (Hrsg.), *40 Jahre Familienpolitik Deutschland: Rückblick/Ausblick. Festschrift* (S. 141–167). Neuwied: Luchterhand.

Kaufmann, F. X., Kuijsten, A., Schulze, H.J. & Strohmeier, K.P. (2002). Family Life and Family Policies in Europe 2. Problems and Issues in Comparative Perspective. New York: Oxford University Press

Kenrick, D. T. (2001). Evolutionary psychology, cognitive science, and dynamical systems: Building an integrative paradigm. Current directions in *Psychological Science, 10,* 13–17.

Kenrick, D. T., Groth, E. G., Trost, M. R. & Sadalla, E. (1993). Integrating evolutionary and social exchange perspectives on relationships: Effects of gender, self-appraisal, and involvement level on mate selection criteria. *Journal of Personality and Social Psychology, 64,* 951–969.

Kenrick, D. T. & Keefe, R. C. (1992). Age preferences in mates reflect sex differences in human reproductive strategies. *Behavioral and Brain Sciences, 15,* 75–133.

Kenrick, D. T. & Li, N. (2000). The Darwin's in the details. *American Psychologist, 55,* 1060–1061.

Kenrick, D. T., Sadalla, E. K., Groth, G. & Trost, M. R. (1990). Evolution, traits, and the stages of human courtship: Qualifying the parental investment model. *Journal of Personality, 58,* 97–116.

Kenrick, D. T., Trost, M. R. & Sheets, V. L. (1996). Power, harassment, and trophy mates: The feminist advantages of an evolutionary perspective. In D. M. Buss & N. M. Malamuth (Hrsg.), *Sex, power, conflict. Evolutionary and feminist perspectives* (S. 29–54). New York: Oxford University Press.

Ketelaar, T. & Ellis, B. J. (2000). Are evolutionary explanations unfalsifiable? Evolutionary psychology and the Lakatosian philosophy of science. *Psychological Inquiry, 11,* 1–21.

Kim, U., Triandis, H.C. Kagitcibasi, C., Choi, S.–C. & Yoon, G. (1994). *Individualism and collectivism: Theory, method, and applications.* Thousand Oaks, CA: Sage

Kirner, E. & Roloff, J. (1990). Vereintes Deutschland – geteilte Frauengesellschaft? Erwerbsbeteiligung und Kinderzahl in beiden Teilen Deutschlands. *DIW–Wochenbericht, 41,* 575–583.

Koslowski, P. (1984). Evolution und Gesellschaft. Eine Auseinandersetzung mit der Soziobiologie. In W. Eucken Institut (Hrsg.), *Vorträge und Aufsätze 98.* Tübingen: Mohr.

Krampen, G. (1979). Eine Skala zur Messung der normativen Geschlechtsrollen-Orientierung (GRO-Skala). *Zeitschrift für Soziologie, 8,* 256–266.

Kreckel, R. (1993). Doppelte Vergesellschaftung und gesellschlechtsspezifische Arbeitsmarktstrukturierung. In P. Frerichs & M. Steinrücke (Hrsg.), *Soziale Ungleichheit und Geschlechterverhältnisse* (S. 51–64). Oplanden: Leske und Budrich.

Kümmerling, A. (1997). *Der Einfluss von Wertwandel auf die Partnerwahl. Eine computergestützte Telefonfeldstudie zur Überprüfung soziobiologischer und soziokultureller Erklärungsansätze.* Unveröffentlichte Diplomarbeit. Mannheim.

Kümmerling, A. (1999). *Sinkende Motivation im Karriereverlauf von Frauen. Eine Funktion wahrgenommenen Attraktionsverlustes.* Unveröffentlichter Forschungsantrag an die Senatskommission zur Förderung der gleichberechtigten Entfaltung von Frauen im Studium, Forschung und Lehre der Universität Mannheim.

Kümmerling, A. & Dickenberger, D. (2002). Karrieremotivation und familiale Orientierung. Eine Studie über die Karriereorientierung von Statusgruppen. In B. Keller & A. Mischau (Hrsg.), *Frauen machen Karriere in Wissenschaft, Wirtschaft und Politik, Schriften des Heidelberger Instituts für Interdisziplinäre Frauenforschung (HIFI) e. V* (S. 65–80), Bd. 4. Baden-Baden: Nomos Verlagsgesellschaft.

Kümmerling, A. & Dickenberger, D (2001). *Karrieremotivation und familiale Orientierung.* Vortrag im Rahmen des Symposiums „Frauen machen Karriere in Wissenschaft, Wirtschaft und Politik" des Heidelberger Institutes für Interdisziplinäre Frauenforschung (HIFI) und der Deutschen Stiftung Frauen- und Geschlechterforschung, Heidelberg, 26.–27. Juli 2001.

Kümmerling, A. & Hassebrauck, M. (2001). Schöner Mann und reiche Frau? Die Gesetze der Partnerwahl unter Berücksichtigung gesellschaftlichen Wandels. *Zeitschrift für Sozialpsychologie, 32,* 81–94.

Kümmerling, A. & Hassebrauck, M. (2002). *Unterschiede in Partnerpräferenzen von deutschen und französischen Frauen. Eine Überprüfung des Einflusses soziokultureller Faktoren.* Posterpräsentation auf dem 43. Kongreß der Deutschen Gesellschaft für Psychologie. 22.–26. 09. 2002, Berlin, Deutschland.

Küpper, B. (2002). *Sind Singles anders?* Göttingen: Hogrefe.

Kuhn, A. & Appenzeller, D. (1985). *Mehrheit ohne Macht. Frauen in der Bundesrepublik Deutschland.* Düsseldorf: Schwann.

Kuper, A. (1988). *The invention of primitive society. Transformation of an illusion.* London: Routlege.

Lepp, C. & Nowak, K. (2001). *Evangelische Kirche im geteilten Deutschland (1945-1989/90).* Göttingen: Vandenhoeck & Ruprecht.

Leung, K. & Bond, M. H. (1989). On the empirical indentification of dimensions for cross-cultural comparisons. *Journal of Cross-Cultural Psychology, 20,* 133–151.

Li, N. P., Bailey, J. M., Kenrick, D. T. & Linsemeyer, J. A. W. (2002). The necessities and luxuries of mate preferences: Testing the tradeoffs. *Journal of Personality and Social Psychology, 82,* 947–955.

Liston, A. & Salts, C. J. (1988). Mate selection values: A comparison of Malaysian and United States student. *Journal of Comparative Family Studies, 19,* 361–370.

Lohkamp-Himmighofen, M. (1994). Vereinbarkeit von Familie und Beruf: Die Situation in den zwölf Ländern der EG. *Aus Politik und Zeitgeschichte, B7-8,* 3–13.

Lonner, W. J. & Adamopoulos, J. (1997). Culture as antecedent to behavior. In J. W. Berry, Y. H. Poortinga & J. Pandey (Hrsg.), *Handbook of cross-cultural psychology, Bd. 1* (S. 43–83) (2. Aufl.). Chicago: Allyn & Bacon.

Lonner, W. J. & Berry, J. W. (1986). *Field methods in cross-culture research.* Beverly Hills, CA: Sage.

Looy, H. (2001). Sex differences: Evolved, constructed, and designed. *Journal of Psychology and Theology, 29,* 301–313.

Lott, B. (1996). Politics or science? The question of gender sameness/difference. *American Psychologist, 51,* 155–156.

Low, B. (2000). Sex, wealth, and fertility. Old rules, new environments. In L. Cront, N. Chagnon & W. Irons (Hrsg.). *Adaption and Human Behavior. An Anthropological Perspective* (S. 323–344). New York: de Gruyter.

Luszyk, D. (2001). Geschlechtsunterschiede in Partnerwahlpräferenzen. Ein Beitrag zur Diskussion zwischen Evolutionspsychologie und Sozioökonomie. *Zeitschrift für Sozialpsychologie, 32,* 95–106.

Lynn, M. & Bolig, R. (1985). Personal advertisement: The influence of implicit notion of attraction and role expectations. *Journal of Social and Personal Relationships, 5,* 149–190.

Maier, F. (1997). Entwicklung der Frauenerwerbstätigkeit in der Europäischen Union. *Aus Politik und Zeitgeschichte, B52,* 15–27.

Majerus, M. E. N. (1986). The genetics and evolution of female choice. *Trends in ecology and evolution, 1,* 1–7.

Martiny, U. (1993). Eine gesellschaftliche Großgruppe formiert sich: Verschärfung sozialer Ungleichheit für Frauen durch Nicht-Verheiratet-Leben. In P. Frerichs & M. Steinrücke (Hrsg*.), Soziale Ungleichheit und Geschlechterverhältnisse* (S. 159–190). Opladen: Leske und Budrich.

Mayer, K. U., Allmendinger, J. & Huinink, J. (1991). *Vom Regen in die Traufe. Frauen zwischen Beruf und Familie.* Frankfurt: Campus.

Mayer, K. U. & Huinik, J. (1990). Alters-, Perioden- und Kohorteneffekte in der Analyse von Lebensverläufen oder Lexis ade. In K. U. Mayer (Hrsg.), *Lebensverläufe und sozialer Wandel. Kölner Zeitschrift für Soziologie und Sozialpsychologie, Sonderheft, 31,* 442–459.

Mayr, E. (1972). Sexual selection and natural selection. In B. Campbell (Hrsg.), *Sexual selection and the descent of man 1871–1971* (S. 87–104). Chicago: Aldine.

Mazur, A. (1986). U. S. Trends in feminine beauty and overadaptation. *Journal of Sex Research, 22,* 281–303.

McCraw, K. J. (2002). Environmental predictors of geographic variation in human mating preferences. *Ethology, 108,* 303–317.

McLoughlin, E. (1993). Ireland: Catholic corporatism. In A. Cochrane & J. Clarke (Hrsg.), *Comparing Welfare States: Britain in international context* (S. 205–237). London: Sage.

McNeill, W. (1963). *The rise of the West.* Chicago: University of Chicago Press.

Miller, G. F. & Todd, P. M. (1998). Mate choice turns cognitive. *Trends in cognitive science, 2,* 190–198.

Mey, J. (1995). Soziobiologie – die jüngste Blüte des Neodarwinismus. In J. Mey, R. Schmidt & S. Zibulla (Hrsg.), *Streitfall Evolution. Kontroverse Beiträge zum Neodarwinismus.* Stuttgart: Hirzel.

Meyer, P. (1982). Soziobiologie und Soziologie. Eine Einführung in die biologischen Voraussetzungen sozialen Handelns. In J. Berger, G. Büschges, J. Matthes & R. Wippler (Hrsg.), *Soziologische Texte, Bd. 125.*

Mommsen, M. (1986). Die politische Rolle der Frau in Ost und West. *Aus Politik und Zeitgeschichte, B6-7*, 3–13.

Müller-Rückert, G. (1993). *Frauenleben und Geschlechterverhältnis in der ehemaligen DDR. Weibliche Lebenswelten im Spiegel literarischer 'Frauengeschichten' und sozialwissenschaftlicher Auswertung.* Bielefeld: Kleine.

Murstein, B. (1976). Qualities of desired spouse: A cross-cultural comparison between French and American students. *Journal of Comparative Studies, 7*, 455–469.

National Women's Council of Ireland (2002a). *Valuing care work.* Dublin

National Women's Council of Ireland (2002b). *Jobs for the boys.* Dublin.

Nave-Herz, R. (1988). *Die Geschichte der Frauenbewegung in Deutschland.* Bonn: Bundeszentrale für politische Bildung.

Nickel, H. M. (1990). Frauen in der DDR. *Aus Politik und Zeitgeschichte, B16-17*, 39–45.

Noll, H.-H. (1991). Beschäftigungsstrukturen im Wandel: Die Bundesrepublik im internationalen Vergleich. In W. Zapf (Hrsg.), *Die Modernisierung moderner Gesellschaften: Verhandlungen zum 25 dt. Soziologentag in Frankfurt a. M. (S. 279–291)*, Frankfurt/M.: Campus.

O'Donald, P. (1983). Sexual selection by female choice. In P. Bateson (Hrsg.), *Mate choice* (S. 53–64), Cambridge: Cambridge University Press.

Oda, R. (2001). Sexually dimorphic mate preference in Japan. An analysis of lonely hearts advertisements. *Human Nature, 3*, 191–206.

Oliver, M. B. & Hyde, J. S. (1993). Gender differences in sexuality: A meta-analysis. *Psychological Bulletin, 114*, 29–51.

Osgood, C. E., May, W. H. & Miron, M. S. (1975). *Cross-cultural universals of affective meaning.* Urbana, IL: University of Illinois Press.

Ostner, I. (1995a). Arm ohne Ehemann? Sozialpolitische Regulierung von Lebenschancen für Frauen im internationalen Vergleich. *Aus Politik und Zeitgeschichte, B36-37*, 3–12.

Ostner, I. (1995b). Sozialstaatsmodelle und die Situation der Frauen. *Jahrbuch Arbeit und Technik 1995*, 57–67.

Ostner, I. (1997). Zuckerbrot und Peitsche. Sozialstaat und Familienpolitik im Ländervergleich. *Varia, 1*, 64–71.

Pareek, U. & Rao, T. V. (1980). Cross-cultural surveys and interviewing. In H. C. Triandis & J. W. Berry (Hrsg.), *Handbook of Cross-Culture Psychology, Vol. 2* (S. 127–179). Boston: Allyn and Bacon.

Passet, E. (2003). *Kultur Schlüssel Frankreich (3. Aufl.).* Ismaning: Hüber.

Penton-Voak, I. S. & Perett, D. I. (2000). Female preference for male faces changes cyclically: Futher evidence. *Evolution and Behavior, 21*, 39–48.

Pérusse, D. (1994). Mate choice in modern societies. Testing evolutionary hypotheses with behavioral data. *Human Nature, 5*, 255–278.

Peters, J. F. (1980). High school dating: Implications for equality. *International Journal of Comparative Sociology, XXI*, 109–118.

Pfarr, H. M. (2002). Frauenerwerbstätigkeit im europäischen Vergleich. *Aus Politik und Zeitgeschichte, B46-47*, 32–35.

Pfau-Effinger, B. (1996). Analyse internationaler Differenzen in der Erwerbsbeteiligung von Frauen. Theoretischer Rahmen und empirische Ergebnisse. *Kölner Zeitschrift für Soziologie und Sozialpsychologie, 48*, 462–492.

Pfister, G. & Voigt, D. (1982). Geschlechterstereotype im Systemvergleich. Eine Analyse von Heiratsanzeigen In D. Voigt & M. Messing (Hrsg.), *Beiträge zur Deutschlandforschung, Bd. 1* (S. 238–285). Bochum: Brockmeyer.

Pinl, C. (2003). Uralt, aber immer noch rüstig: Der deutsche Ernährer. *Aus Politik und Zeitgeschichte, B44*, 6–8.

Poortinga, Y. H. (1989). Equivalence of cross-culture data: An overview of basic issues. *International Journal of Psychology, 24*, 737–756.

Poortinga, Y. H. & Malpass, R. S. (1986). Making inferences from cross-cultural data. In W. J. Lonner & J. W. Berry (Hrsg.), *Field methods in cross-cultural psychology* (S. 11–16). Newbury Park, CA: Sage.

Pratto, F. (1996). Sexual politics: The gender gap in the bedroom, the cupboard, and the cabinet. In D. M. Buss & M. Malamuth (Hrsg.), *Sex, Power, Conflict. Evolutionary and Feminist Perpectives* (S. 179–227). New York: Oxford University Press.

Prince, R. & Mombour, W. (1969). A technique for improving linguistic equivalence in cross-cultural surveys. *Journal of Social Psychology, 13*, 229–237.

Rader, U. (1985). Wie geheuert so gefeuert. Frauen als industrielle Reservearmee. In A. Kuhn & D. Appenzeller (Hrsg.), *Mehrheit ohne Macht. Frauen in der Bundesrepublik Deutschland* (S. 27–53). Düsseldorf: Schwann.

Radtke, P., Störmann, W. & Ziegler, A. (1998). Frauen auf dem europäischen Arbeitsmarkt – Was brachte der Beschäftigungsgipfel? *Eurokolleg, 39*, 1–14.

Rapson, R. L. (1988). *American yearnings: Love, money, and endless possibility*. Lanham, MD: University Press of America.

Regan, P. C. (1998). Minimum mate selection standards as a function of perceived mate value, relationship context, and gender. *Journal of Psychology and Human Sexuality, 10*, 53–73.

Regan, P. C., Levin, L., Sprecher, S., Christopher, F. S. & Cate, R. (2000). Partner preferences: What characteristics do men and women desire in their short-term sexual and long-term romantic partners? *Journal of Psychology & Human Sexuality, 12*, 1–21.

Rémond, R. (2000). *Religion und Gesellschaft in Europa.* München: Beck.
Reuter, S. (2003). Frankreich: Die vollzeitberufstätige Mutter als Auslaufmodell. *Aus Politik und Zeitgeschichte, B44,* 39–46.
Rose, H. & Rose, S. (2000). *Alas, poor Darwin. Arguments against evolutionary psychology.* London: Jonathan Cape.
Rose, L. M. & Marshall, F. (1996). Meat eating, hominid sociality and home bases revisited. *Current Anthropology, 37,* 307–338.
Rosenthal, R. & Rosnow, R. L. (1975). *The volunteer subject.* New York: Wiley.

Saris, W. E. (1998). The effects of measurement error in cross-culture Research. In J. A. Harkness (Hrsg.), *ZUMA-Nachrichten, Spezial, Cross-Cultural Survey Equivalence* (S. 67–86). Mannheim: Zentrum für Umfragen, Methoden und Analysen (ZUMA).
Scheib, J. E. (2001). Context-specific mate choice criteria: Women's trade offs in the contexts of long-term and extra-pair mateships. *Personal Relationships, 8,* 371–389.
Scher, S. J. (1999). Are adaptations necessarily genetic? *American Psychologist, 54,* 436–437.
Scheuch, E. K. (1993). The cross-cultural use of sample surveys: Problems of comparability. *Historical Social Research, 18,* 218–222.
Schlegel, A. (1977). Toward a theory of sexual stratification. In A. Schlegel (Hrsg.), *Sexual stratification: A cross-cultural view* (S. 1–40). New York: Columbia University Press.
Schnell, R., Hill, P. B. & Esser, E. (1999). *Methoden der empirischen Sozialforschung.* München: Oldenbourg.
Schoen, Robert, Wooldredge, John, & Thomas, Barbara (1989). Ethnic and educational effects on marriage choice. *Social Science Quarterly, 70,* 617–630.
Schulte-Florian, G. (1999). *Determinanten der Karriere. Eine theoretische Analyse unter Berücksichtigung geschlechtsspezifischer Besonderheiten.* München und Mering: Hampp Verlag.
Schupp, J. & Holst, E. (1996). Erwerbstätigkeit von Frauen in Ost- und Westdeutschland weiterhin von steigender Bedeutung. *DIW-Wochenbericht, 63,* 461–469.
Schwartz, S. H. (1992). Universals in the content and structure of values: Theoretical advances and empirical tests in 20 countries. In M. P. Zanna (Hrsg.), *Advances in experimental social psychology, Vol. 25* (S. 1–65). San Diego: Academic Press.
Schwartz, S. H. (1994). Beyond individualism and collectivism: New cultural dimensions of values. In U. Kim, H. C. Triandis, C. Kagitcibasi, S.-G. Choi & G. Yoon (Hrsg.). *Individualism and collectivism: Theory, method, and applications* (S. 85–119). Newbury Park: Sage.

Schwarz, S. & Hassebrauck, M. (2004). *Einfluss der weiblichen Fertilität auf Strategien und Prozesse der Partnerwahl. Eine evolutionspsychologische Betrachtung*, in Vorbereitung.
Segall, M. H., Lonner, W. J. & Berry, J. W. (1998). Cross-cultural psychology as a scholarly discipline. On the flowering of culture in behavioral research. *American Psychologist, 53,* 1101–1111.
Segall, M. H., Dasen, P. R., Berry, J. W. & Poortinga, Y. H. (1990). *Human behavior in global perspectives: An introduction to cross-cultural psychology*. New York: Pergamon/Allyn & Bacon.
Silverstein, L. B. (1996). Evolutionary psychology and the search for sex differences. *American Psychologist, 51,* 160–161.
Simpson, J. A., Campbell, B. & Berscheid, E. (1986). The association between romantic love and marriage: Kephart (1967) twice revisited. *Personality and Social Psychology Bulletin, 12,* 363–372.
Simpson, J. A. & Gangestad, S. W. (1991). Individual differences in sociosexuality: Evidence for convergent and discriminant validity. *Journal of Personality and Social Psychology, 60,* 870–883.
Simpson, J. A. & Gangestad, S. W. (1992). Sociosexuality and romantic partner choice. *Journal of Personality, 60,* 31–51.
Simpson, J. A. & Gangestad, S. W. (2001). Evolution and relationships. A call for integration. *Personal Relationships, 8,* 341–355.
Singelis, T., Choo, P. & Hatfield, E. (1995). Love schema and romantic love. *Journal of Social Behavior and Personality, 10,* 15–36.
Singh, D. (1995). Female judgments of male attractiveness and desirability for relationships. Role of waist-to-hip ration and financial status. *Journal of Personality and Social Psychology, 69,* 1089–1101.
Sieverding, M. (1990). *Psychologische Barrieren in der beruflichen Entwicklung von Frauen. Das Beispiel der Medizinerinnen*. Stuttgart.
Sieverding, M. & Alfermann, D. (1992). Instrumentelles (maskulines) und expressives (feminines) Selbstkonzept: Ihre Bedeutung für die Geschlechtsrollenforschung. *Zeitschrift für Sozialpsychologie, 23,* 6–15.
Sloman, S. & Sloman, L. (1988). Mate selection in the service of human evolution. *Journal of Social Biological Structure, 11,* 457–468.
Smith, T. W. (1988). The ups and downs of cross–national survey research. *GSS Cross–National Report No. 8*. National Opinion Research Center, University of Chicago (mimeo).
Smuts, B. (1985). *Sex and friendship in baboons*. New York: Aldine.
Smuts, B. (1995). The evolutionary origins of patriarchy. *Human Nature, 6,* 1–32.
Soler, C., Nunez, M., Gutierrez, R., Nunez, J., Medina, P., Sancho, M., Alvarez, J. & Nunez, A. (2003). Facial attractiveness in men provides clues to semen quality. *Evolution and Human Behavior, 24,* 199–207.

Spence, J. T., Helmreich, R. L. & Stapp, J. (1974). The personal attributes questionnaire: A measure of sex-role stereotypes and masculinity and femininity. JSAS: *Catalog of Selected Documents in Psychology, 4,* 43–44.

Spence, J. T., Deaux, K. & Helmreich, R. L. (1985). Sex roles in contemporary American society. In G. Lindzey & E. Aronson (Hrsg.), *Handbook of social psychology, Vol. 2* (S. 149–178) (3. Aufl.). New York: Random House.

Sperber, A. D., DeVellis, R. F. & Boehlecke, B. (1994). Cross-cultural translation: Methodology and validation. *Journal of Cross-Cultural Psychology, 25,* 501–524.

Sprecher, S. (1989). The importance to males and females of physical attractiveness, earning potential, and expressiveness in initial attraction. *Sex Roles, 21,* 591–607.

Sprecher, S., Sullivan, Q. & Hatfield, E. (1994). Mate selection preferences. Gender differences examined in a national sample. *Journal of Personality and Social Psychology, 66,* 1074–1080.

Statistisches Bundesamt (2001). Frauenanteile in verschiedenen Stadien der akademischen Laufbahn 2001. http://www.statistik-bund.de/basis/d/biwiku/hochtab8.htm

Stenning, B. W. & Everett, J. E. (1984). Response styles in a cross-culture managerial study. *The Journal of Social Psychology, 122,* 151–156.

Stewart, M. L. (2001). *For health and beauty: Physical culture for Frenchwomen, 1880s – 1930s.* Baltimore, Md.: Johns Hopkins Univ. Press.

Stewart, S., Stinnett, H. & Rosenfeld, L. B. (2000). Sex differences in desired characteristics of short-term and long-term relationship partners. *Journal of Social and Personal Relationships, 17,* 843–853.

Stockard, J. & Johnson, M. M. (1980). *Sex roles. Sex inequality and sex role development.* Englewood Cliffs, NJ: Prentice Hall.

Stroebe, W. & Stroebe, M. (1996). The social psychology of social support. In E. T. Higgins & A. W. Kruglanski (Hrsg.), *Social Psychology: Handbook of basic principles* (S. 597–621). New York: Guilford Press.

Strohmeier, P. (1997). Strukturierung familialer Entwicklung – ein europäischer Vergleich. In L. A. Vaskovics (Hrsg.), *Familienleitbilder und Familienrealitäten* (S. 289–307). Opladen: Leske + Budrich.

Symons, D. (1979). *The evolution of human sexuality.* New York: Oxford University Press.

Symons, D. (1987). If we're all Darwinians, what's the fuss about? In C. Crawford, et al. (eds.), *Sociobiology and Psychology: Ideas, Issues, and Applications* (121–146). Hillsdale, NJ: Lawrence Erlbaum Associates.

Symons, D. & Ellis B. (1989). Human male-female differences in sexual desire. In A. E. Rasa, C. Vogel & E. Voland (Hrsg.), *The Sociobiology of sexual and reproductive strategies* (S. 131–145). London: Chapman and Hall Ltd.

Tabachnik, B. G. & Fidell, L. S. (1989). *Using multivariate statistics.* New York: Harper Collins Publishers.
Tavris, C. L. & Wade, C. (1984). *The longest war. Sex differences in perspective* (2. Aufl.). New York: Harcourt.
Tavris, C. L. & Yeager, C. P. (1991). Sexual selection, parental investment and sexism. *Journal of Social Issues, 47*, 117–129.
Taylor und Glen (1976). The utility of education and attractiveness for females' status attainement through marriage. *American Sociological Review, 41*, 484–498.
Ten Berge, J. M. F. (1985). Some relationships between descriptive comparisons of components from different studies. *Multivariate Behavioral Research, 21*, 29–40.
Thomas, A. (1993). *Kulturvergleichende Psychologie.* Göttingen: Hogrefe.
Thompson, A. P. (1983). Extramarital sex: A review of literature. *Journal of Sex Research, 19*, 1–22.
Thornhill, R. & Gangestad, S. W. (1994). Fluctuating asymmetry and human sexual behavior. *Psychological Science, 5*, 297–302.
Thornhill, R. & Thornhill, N. W. (1983). Human rape: An evolutionary analysis. *Ethology and Sociobiology, 4*, 137–173.
Thornhill, R. & Thornhill, N. W. (1992). The evolutionary psychology of men's coercive sexuality. *Behavioral and Brain Sciences, 15*, 363–421.
Tooby, J. & Cosmides, L. (1989). The innate versus the manifest: How universal does universal have to be? *Behavioral and Brain Sciences, 12*, 36–37.
Tooby, J. & Cosmides, L. (1990). On the universality of human nature and the uniqueness of the individual: The role of genetics and adaption. *Journal of Personality, 58*, 17–67.
Tooby, J. & Cosmides, L. (1992). The psychological foundation of culture. In J. H. Barkow, L. Cosmides & J. Tooby (Hrsg.), *The adapted mind: Evolutionary psychology and the generation of culture.* New York: Oxford University Press.
Townsend, J. M. (1989). Mate selection criteria. A pilot study. *Ethology and Sociobiology, 10*, 241–253.
Townsend, J. M. (1993). Sexuality and partner selection: Sex differences among college students. *Ethology and Sociobiology, 14*, 305–330.
Townsend, J. M. & Levy, G. D. (1990). Effects of potential partners' physical attractiveness and socioeconomic status on sexuality and partner selection. *Archives of Sexual Behavior, 19*, 149–164.
Townsend, J. M. & Wasserman, T. (1998). Sexual attractiveness: Sex differences in assessment and criteria. *Evolution and Human Behavior, 19*, 171–191.
Triandis, H. C. (1972). *The analysis of subjectives culture.* New York: John Wiley & Sons.

Triandis, H. C. (1980). *Handbook of cross-cultural psychology*. Boston: Allyn & Bacon.
Triandis, H. C. (1988). Collectivism vs. individualism: A reconceptualization of a basis concept in cross-cultural social psychology. In C. Bagley & G. K. Verma (Hrsg.), *Personality, cognition and values*. London: MacMillian.
Triandis, H. C. (1990). Cross-cultural studies of individualism and collectivism. In H. Howe, Jr. (Hrsg.), *Nebraska Symposium on Motivation 1989*. Lincoln, NB: University of Nebraska Press.
Triandis, H. C. (1996). The psychological measurement of cultural syndromes. *American Psychologist, 51,* 407–415.
Triandis, H. C. (2001). Individualism and collectivism. Past, present and future. In D. Matsumoto (Hrsg.), *Handbook of Culture and Psychology*. Oxford: University Press.
Triandis, H. C. (2002). Triandis measure translation. *Persönliche Kommunikation/ Diskussionsforum der IACCP am 04.04. 2002, IACCP@lyris.fit.edu.*
Triandis, H. C., Bontempo, R., Leung, K. & Hui, C. H. (1990). A method for determining cultural, demographic, and personal constructs. *Journal of Cross-Cultural Psychology, 21,* 302–318.
Triandis, H. C., Chan, D. K.-S., Bhawuk, D. P. S., Iwao, S. & Sinha, J. B. P. (1995). Multimethod probes of allocentrism and idiocentrism. *International Journal of Psychgology, 30,* 461–480.
Triandis, H. C., McCusker, C. & Hui, C. H. (1990). Multimethod probes of individualism and collectivism. *Journal of Personality and Social Psychology, 59,* 1006–1020.
Trivers, R. L. (1972). Parental investment and sexual selection. In B. Campbell (Hrsg.), *Sexual selection and the descent of man 1871–1971 (S. 136–180)*. Chicago: Aldine.

Van de Vijver, F. J. R. (1998). Towards a theory of bias and equivalence. In J. A. Harkness (Hrsg.), *ZUMA-Nachrichten Spezial, Cross-Cultural Survey Equivalence* (S. 61–66). Mannheim: Zentrum für Umfragen, Methoden und Analysen (ZUMA).
Van de Vijver, F. J. R. (2001). The evolution of Cross-Cultural research methods. In D. Matsumoto (Hrsg.), *Handbook of Culture and Psychology*. Oxford: University Press.
Van de Vijver, F. J. R. & Leung, K. (1997). *Methods and data analysis for cross-culture research*. London: Sage.
Van de Vijver, F. J. R. & Leung, K. (2000). Methodological issues in psychological research on culture. *Journal of Cross-Cultural Psychology, 31,* 33–51.
Van de Vijver, F. J. R. & Leung, K. (2001). Personality in cultural context: Methodological issues. *Journal of Personality, 69,* 1007–1031.

Van de Vijver, F. J. R. & Poortinga, Y. H. (1997). Towards an integrated analysis of bias in cross-cultural assessment. *European Journal of Psychological Assessment, 13,* 21–29.
Vandello, J. A. & Cohen, D. (1999). Patterns of individualism and collectivism across the United States. *Journal of Personality and Social Psychology, 77,* 279–292.
Veil, M. (1997). Zwischen Wunsch und Wirklichkeit: Frauen im Sozialstaat. Ein Ländervergleich zwischen Frankreich, Schweden und Deutschland. *Aus Politik und Zeitgeschichte, B52,* 29–38.
Voland, E. (1993). *Grundriß der Soziobiologie.* Stuttgart: Fischer.

Wakil, S.-P. (1973). Campus mate selection preferences: A cross-national comparison, *Social Forces, 51,* 471–476.
Wallen, K. (1989). Mate selection. Economics and affection. *Behavioral and Brain Sciences, 12,* 37–38.
Walster, E., Aronson, E., Abrahams, D. & Rottmann, L. (1966). The importance of physical attractiveness in dating behavior. *Journal of Personality and Social Psychology, 4,* 508–516.
Walter, A. (1997). The evolutionary psychology of mate selection in Marocco. A multivariate Analysis. *Human Nature, 8,* 113–137.
Waynforth, D. & Dunbar, R. I. M. (1995). Conditional mate choice strategies in humans: Evidence from 'lonely hearts' advertisements. *Behaviour, 132,* 9–10.
Werkmeister, M. (2003). Men's magazines in Germany. In D. Gauntlett (Hrsg.), *Media, gender and identity.* London: Routledge.
Werner, L. & Campbell, D. T. (1970). Translating, working through interpreters and the problem of decentering. In R. Naroll & R. Cohen (Hrsg.), *American Handbook of Methods in Cultural Anthropology.* Garden City, NY: Natural History Press.
Westphal, A. (1999). Friedhof der Kuscheltiere: Mädchen stehen auf Boygroups. *Die Frau in unserer Zeit, 1,* 1998, 25–27.
Whiting, B. B. (1976). The problem of the packaged variable. In K. Riegel and J. Meacham (Hrsg.), *The developing individual in a changing world, Vol. 1.* The Hague: Mouton.
Wiederman, M. W. & Allgeier, E. R. (1992). Gender differences in mate selection criteria: Sociobiological or socioeconomic explanation. *Ethology and Sociobiology, 13,* 115–124.
Wiederman, M. W. & Allgeier, E. R. (1994). Male economic status and gender differences in mate selection preferences: Evolutionary versus sociocultural explanations. In L. Ellis (Hrsg.), *Social stratification and socioeconomic inequality. Reproductive and Interpersonal Aspects of dominance and Status, Vol. 2.* Westport, CT: Praeger Publishers.

Wiederman, M. W. & Dubois, S. L. (1998). Evolution and sex differences in preferences for short-term mates: Results from a policy capturing study. *Evolution and Human Behavior, 19,* 153–170.

Williams, J. E. & Best, D. L. (1982). *Measuring sex stereotypes: A thirty nations study.* London: Sage.

Williams, J. E. & Best, D. L. (1990). *Sex and psyche: Gender and self viewed cross-culturally.* Newbury Park, CA: Sage.

Williamson, R. C (1965). Dating courtship and the ideal mate. Some relevant subcultural variables. *Family Life Coordinator, 14,* 137–143.

Wilson, E. O. (1975). *Sociobiology. The new synthesis.* Cambridge, MA: Harvard University Press.

Wilson, G. D. (1987). Male-female differences in sexual activity, enjoyment, and fantasies. *Personality and Individual Differences, 8,* 125–126.

Wolf, N. (1994). *Der Mythos Schönheit.* Hamburg: Rowohlt.

Wood, W. & Eagly, A. H. (1999). A call to recognize the breadth of evolutionary perspectives: Sociocultural theories and evolutionary psychology. *Psychological Inquiry, 11,* 52–55.

Wood, W. & Eagly, A. H. (2002). A cross-cultural analysis of the behavior of women and men: Implications for the origins of sex differences. *Psychological Bulletin, 128,* 699–727.

Wutketis, F. M. (1997). *Soziobiologie. Die Macht der Gene und die Evolution sozialen Verhaltens.* Heidelberg: Spektrum Akademischer Verlag.

Yogev, S. (1981). Do professional women have egalitarian marital relationships? *Journal of Marriage and the Family, 43,* 865–871.

Anhang

	Fragebogen zur Erfassung von Einstellungen zu Partnerschaft und Familie Liebe Teilnehmerin, lieber Teilnehmer Vielen Dank, dass Sie sich bereit erklärt haben an unserer internationalen Studie teilzunehmen. Die Studie beschäftigt sich mit der Erfassung von Partnerwünschen sowie der beruflichen und familiären Orientierung und wird von den Universitäten Mannheim und Duisburg in den Ländern Deutschland, Frankreich und Irland durchgeführt. Bitte beantworten Sie alle Fragen so, wie Sie es für richtig halten – es gibt keine richtigen oder falschen, guten oder schlechten Antworten. Die Umfrage ist vollkommen anonym. Bitte verwenden Sie für Ihre Antworten die Skala, die sie unter jeder Frage finden, dabei bedeutet (1), dass Sie eine Eigenschaft ganz und gar nicht für wichtig halten (bzw. eine Aussage ganz und gar nicht zutrifft) und (9), dass Sie eine Eigenschaft als sehr wichtig einstufen (bzw. Sie der Aussage ganz und gar zustimmen). **Vielen Dank für Ihre Mitarbeit!!!**
Partner- präferen- zen Block 1	Im Folgenden finden Sie eine Liste von Eigenschaften, die ein/e Partner/in haben könnte, der/die für Sie als Heiratskandidat/in in Frage käme, bitte geben Sie uns an, für wie wichtig Sie die folgenden Eigenschaften bei einer/m Partner/in halten. (Falls Sie derzeit selbst eine Beziehung führen: es interessiert uns nicht, inwieweit Ihr/e derzeitige/r Partner/in diese Eigenschaft besitzt – nur inwiefern Sie GENERELL diese Eigenschaften als wichtig erachten).
Antwort- Kategorien (Block 1)	1 = überhaupt nicht wichtig 9 = sehr wichtig
V1.1	Wie wichtig ist Ihnen die Zuverlässigkeit eines Partners?
V1.2	Wie wichtig ist Ihnen der Humor Ihres Partners?
V1.3	Wie wichtig ist Ihnen das Alter Ihres Partners?
V1.4	Wie wichtig ist Ihnen gutes Aussehen bei einem Partner?
V1.5	Wie wichtig ist Ihnen die emotionale Treue eines Partners?
V1.6	Wie wichtig ist Ihnen die Intelligenz eines Partners?
V1.7	Wie wichtig ist Ihnen Liebe und Zuneigung bei einem Partner?
V1.8	Wie wichtig sind Ihnen gute Verdienstaussichten bei einem Partner?
V1.9	Wie wichtig ist Ihnen, dass Ihnen ein Partner Geborgenheit geben kann?
V1.10	Wie wichtig ist Ihnen, dass ein Partner neben der Beziehung auch ein eigenes Leben führt (eigene Hobbys, Interessen etc.)?
V1.11	Wie wichtig ist Ihnen eine hohe Bildung bei einem Partner?
V1.12	Wie wichtig ist Ihnen, dass ein Partner gepflegt und gut gekleidet ist?

V1.13	Wie wichtig ist Ihnen der berufliche Erfolg eines Partners?
V1.14	Wie wichtig ist Ihnen eine befriedigende Sexualität in Ihrer Partnerschaft?
V1.15	Wie wichtig ist es Ihnen, dass Ihr Partner beruflichen Ehrgeiz besitzt?
V1.16	Wie wichtig ist Ihnen der Wunsch nach Familie bei einem Partner?
V1.17	Wie wichtig ist Ihnen, dass Ihr Partner von Ihnen finanziell unabhängig ist?
V1.18	Wie wichtig ist ihnen die sexuelle Treue eines Partners?
Partnerpräferenzen Block 2	**Im Folgenden finden Sie verschiedene Aussagen, die zum Thema Partnerschaft und Partnerwahl gemacht worden sind. Bitte geben Sie an, inwieweit Sie eine Aussage ablehnen (1) oder zustimmen (9).**
V2.1	Es ist wichtig für mich, dass der Mann/ die Frau, die/den ich einmal heirate, sehr attraktiv ist.
V2.2	Ich würde es vorziehen, niemanden zu heiraten, der/die wesentlich weniger als ich verdient.
V2.3	Es ist wichtig für mich, dass der Mann/ die Frau, die/den ich einmal heirate werde, in ihrem/seinem (beruflichen) Gebiet hohes Ansehen genießt.
V2.4	Ich würde lieber eine/n Mann/ Frau heiraten, der mehr als ich verdient, als einen, der weniger als ich verdient.
V2.5	Das Aussehen eines Partners ist nicht so wichtig für mich.
V2.6	Es würde mich stören, wenn ich doppelt so viel verdienen würde wie mein Mann/ meine Frau.
V2.7	Wenn ich die Wahl hätte, wäre mir beruflicher Erfolg bei meinem Mann/ meiner Frau wichtiger als ein schöner Körper.
V2.8	Es ist wichtig für mich, dass der Mann/ die Frau, die/den ich einmal heirate, mindestens genau so erfolgreich in ihrem/ seinem Beruf ist wie ich in meinem.
V2.9	Es würde mich ärgern, wenn mein Partner nicht versuchen würde, sein gutes Aussehen zu bewahren.
V2.10	Ich würde wahrscheinlich niemanden heiraten, der/ die nicht so einen guten Job hat wie ich.
V2.11	Für mich ist die Nettigkeit eines potentiellen Partners wichtiger als sein Aussehen.
V2.12	Idealerweise wünsche ich mir einen Partner der mindestens eine genau so gute Bildung hat wie ich.
V2.13	Wenn ich herausfinden würde, dass ein potentielle Partner sehr viel mehr Geld als ich verdiente, würde das ihn/sie für mich attraktiver machen.
V2.14	Früher habe ich mich üblicherweise zunächst hauptsächlich deshalb für jemanden interessiert, weil er gut aussah.
V2.15	Es würde mir nichts ausmachen, mit jemandem eine ernsthafte Beziehung einzugehen, dessen/deren Karriereambitionen deutlich niedriger als meine sind.
V2.16	Wenn mein Partner viel von seinem guten Aussehen verlieren würde, wäre es schwer für mich, bei ihm zu bleiben.

V2.17	Manchmal stelle ich mir vor, mit jemandem eine Beziehung zu haben, der gesellschaftlich einflussreich und reich ist.
V2.18	Ich hätte gerne eine Partner/in, die aus einer höheren Gesellschaftsschicht kommt als ich.
V2.19	Ich fände es gut, wenn mein Partner sexuell anziehender wäre als ich.
V2.20	Ich kann mir gut vorstellen, mit jemandem eine Beziehung einzugehen, den/die ich zunächst unattraktiv gefunden habe, wenn ich ihn/ sie besser kennengelernt habe.
V2.21	Die Aussicht auf einen Partner, der so gut beruflich etabliert ist, dass ich nicht arbeiten müsste, wenn ich nicht wollte, finde ich sehr attraktiv.
V2.22	Ich wünsche mir, dass sich mein Partner gut anzieht, auch wenn es mit Anstrengungen von seiner Seite verbunden wäre.
Block 3 Antwortkategorien	**Wären Sie bereit, jemanden zu heiraten, der...** **1 = überhaupt nicht bereit** **9 = sehr bereit**
V3.1	... fünf oder mehr Jahre jünger ist als Sie?
V3.2	... schon einmal verheiratet war?
V3.3	... fünf oder mehr Jahre älter ist als Sie?
V3.4	... wahrscheinlich keine feste Anstellung finden wird?
V3.5	... eine höhere Bildung als Sie besitzt?
V3.6	... einer anderen Religion als Sie angehört?
V3.7	... bereits Kinder hat?
V3.8	... wesentlich weniger als Sie verdient?
V3.9	... eine andere Hautfarbe als Sie hat?
V3.10	... wesentlich mehr als Sie verdient?
V3.11	... nicht gut aussieht?
V3.12	... eine niedrigere Bildung als sie besitzt?
Block 4	**Lebenseinstellung/ Werthaltung** **Auf den folgenden Seiten finden Sie eine Reihe von Verhaltensweisen und Einstellungen aus dem täglichen Leben. Bitte lesen Sie jeden der Sätze durch und überlegen sich, wie stark diese Aussage zu ihnen passt (9) oder nicht passt (1).** **Bitte geben Sie im Folgenden an, inwieweit es zu Ihnen passt...**
V4.1	...Ihre Eltern zu fragen, ob sie bei Ihnen wohnen wollen, wenn sie älter sind?
V4.2	...bei Freunden statt in einem Hotel zu übernachten, wenn Sie in einer anderen Stadt sind (auch wenn Sie sehr viel Geld haben)?
V4.3	...lieber zu einer Cocktail-Party zu gehen als mit vier Ihrer engsten Freunde zum Essen?
V4.4	...sich bei Verwandten Geld zu leihen?
V4.5	...sich frei zu nehmen, um einen kranken Freund zu besuchen?
V4.6	...Ihre Eltern in ein Pflege- oder Altenheim zu geben?

V4.7	... auch unwillkommene Gäste zu empfangen und unterhalten?
V4.8	...von Ihren Eltern weit entfernt zu wohnen?
V4.9	...Ihren Ärger zu äußern, wenn Sie von Besuchern bei Ihrer Arbeit gestört werden?
V4.10	... lieber Geld auszugeben (Blumen zu schicken etc.) als einen kranken Freund zu besuchen?
V4.11	... das zu tun, was Ihrer Familie gefällt, auch wenn Sie diese Tätigkeit verabscheuen?
	Im Folgenden geht es um Ihre Einstellungen zu Beruf und Karriere, Partnerschaft und Familie und darum, was Sie sich diesbezüglich für Ihre Zukunft wünschen. Bitte entscheiden Sie bei jeder der folgenden Aussagen, ob sie Ihrer Einstellung entspricht, Sie also zustimmen (9), oder ob die Aussage nicht Ihrer Meinung entspricht, Sie ihr also nicht zustimmen bzw. diese Einstellung ablehnen (1).
V5.1	Meiner Meinung nach schadet es der Entwicklung kleiner Kinder, wenn ihre Mütter ganztags berufstätig sind.
V5.2	Ich bin der Ansicht, dass familiäre und berufliche Verpflichtungen zwischen Mann und Frau gleichverteilt sein sollten.
V5.3	Meiner Meinung nach sollten bei zunehmender Stellenknappheit auf dem Arbeitsmarkt Frauen von gutverdienenden Männern ihre Arbeit aufgeben.
V5.4	Ich bin der Ansicht, dass eine Frau ohne eigene Kinder im Grunde unerfüllt ist, selbst wenn sie einen guten Beruf hat.
V5.5	Männer sollten sich stärker in der Familie und bei der Hausarbeit engagieren.
	Bitte geben Sie an, inwieweit die folgenden Eigenschaften auf sie voll und ganz zutreffen (9) bzw. nicht zutreffen (1)
V6.1	Herzlich
V6.2	Selbstsicher
V6.3	Verständnisvoll
V6.4	Überlegen
V6.5	Unabhängig
V6.6	Freundlich
V6.7	kann Druck gut standhalten
V6.8	der Gefühle Anderer bewusst
V6.9	Aktiv
V6.10	Hilfreich
V6.11	Gefühlsbetont
V6.12	fälle leicht Entscheidungen
V6.13	gebe nicht leicht auf
V6.14	Sanft
Demographische Angaben	*Geschlecht* männlich ☐ weiblich ☐
	Wie alt sind Sie? _____ Jahre

	Was ist Ihr höchster Bildungsabschluss?
	Was ist Ihr momentaner beruflicher Status? ☐ in Ausbildung: Studium/Lehre als Erwerbstätig als _____ in Rente/Pension (erwerbstätig gewesen als) _____ ☐ zur Zeit nicht erwerbstätig ☐ Hausfrau/Hausmann
	Welchen Beruf hat(te) Ihr Vater? ☐ erwerbstätig als_____ ☐ in Rente/Pension (erwerbstätig gewesen als _____ ☐ zur Zeit nicht erwerbstätig d☐ Hausfrau / Hausmann
	Welchen Beruf hat(t)e Ihre Mutter? ☐ erwerbstätig als_____ ☐ in Rente/Pension (erwerbstätig gewesen als) _____ ☐ zur Zeit nicht erwerbstätig ☐ Hausfrau / Hausmann
	Wie ist Ihr Familienstand? verheiratet ☐ in einer festen Beziehung ☐ in einer eher lockeren Beziehung ☐ Single ☐
	Haben Sie Kinder? ja ☐ wie viele ____ nein ☐
	Wie viele Einwohner hat die Stadt in der sie hauptsächlich Ihre ersten 15 Lebensjahre verbracht haben? Unter 5000 Einwohner ☐ 5000 – 20.000 Einwohner ☐ 20.000 – 50.000 Einwohner ☐ 50.000 – 100.000 Einwohner ☐ 100.000 – 500.000 Einwohner ☐ mehr als 500.000 Einwohner ☐
	In welchem Bundesland sind Sie aufgewachsen?
	Welcher Religion oder Glaubensrichtung gehören Sie an?
	Würden Sie sich selbst als religiös bezeichnen? (1 überhaupt nicht, 9 ja sehr)
	Wie wichtig ist es für Sie, sich nach den Geboten und Regeln Ihrer Religion zu richten? (1 überhaupt nicht wichtig, 9 sehr wichtig)

I Faktorenanalytische Auswertungen

I.1 Varimaxrotierte Faktorenlösung über 52 Partnerpräferenzen - Gesamtstichprobe

	Anfängliche Eigenwerte			Summen von quadrierten Faktorladungen			Rotierte Summe der quadrierten Ladungen		
	Gesamt	% der Varianz	Kumulierte %	Gesamt	% der Varianz	Kumulierte %	Gesamt	% der Varianz	Kumulierte %
1	7.58	14.58	14.58	7.58	14.58	14.58	5.31	1.21	10.21
2	3.90	7.49	22.07	3.90	7.49	22.07	3.76	7.24	17.45
3	3.46	6.64	28.72	3.46	6.64	28.72	2.80	5.39	22.84
4	3.06	5.88	34.60	3.06	5.88	34.60	2.48	4.77	27.61
5	1.97	3.79	38.39	1.97	3.79	38.39	2.35	4.52	32.13
6	1.55	2.98	41.37	1.55	2.98	41.37	2.27	4.37	36.49
7	1.46	2.81	44.19	1.46	2.81	44.19	2.02	3.88	40.37
8	1.39	2.66	46.85	1.39	2.66	46.85	2.00	3.84	44.21
9	1.27	2.44	49.29	1.27	2.44	49.29	1.68	3.23	47.44
10	1.24	2.39	51.68	1.24	2.39	51.68	1.47	2.83	50.27
11	1.17	2.26	53.94	1.17	2.26	53.94	1.39	2.68	52.95
12	1.11	2.13	56.07	1.11	2.13	56.07	1.37	2.63	55.58
13	1.07	2.06	58.13	1.07	2.06	58.13	1.33	2.55	58.13
14	.99	1.91	60.04						
15	.92	1.77	61.81						
16	.90	1.74	63.54						
17	.86	1.65	65.19						
18	.83	1.59	66.78						
19	.80	1.55	68.33						
20	.79	1.51	69.84						
21	.78	1.50	71.34						
22	.75	1.44	72.77						
23	.73	1.40	74.17						
24	.72	1.38	75.56						
25	.67	1.30	76.85						
26	.67	1.28	78.14						
27	.62	1.20	79.34						
28	.62	1.19	80.53						
29	.60	1.16	81.68						
30	.58	1.11	82.79						
31	.57	1.10	83.90						
32	.55	1.07	84.97						
33	.54	1.04	86.00						
34	.52	1.00	87.01						
35	.51	.99	87.99						
36	.51	.97	88.96						
37	.47	.90	89.87						
38	.45	.87	90.73						
39	.43	.83	91.56						
40	.42	.80	92.36						
41	.41	.79	93.15						
42	.39	.75	93.90						
43	.37	.72	94.62						
44	.37	.70	95.32						
45	.36	.68	96.00						
46	.34	.65	96.66						
47	.32	.62	97.28						
48	.31	.59	97.87						

	Anfängliche Eigenwerte			Summen von quadrierten Faktorladungen	Rotierte Summe der quadrierten Ladungen
49	.30	.57	98.45		
50	.29	.56	99.01		
51	.28	.53	99.54		
52	.24	.46	100.00		

Fortsetzung Tabelle I.1

I.3 Faktorenladung für die Gesamtstichprobe

	1	2	3	4	5	6	7	8	9	10	11	12	13
V2.2	.80												
V2.4	.77											.12	
V2.10	.66	-.17	-.15									-.11	
V2.6	.60											-.22	.20
V3.8	-.60						.22			-.17			
V2.3	.57	.46		.10			.20	.13					
V1.8	.50							.20	.19			.15	
V3.4	-.48		.14	.44			-.11		.13	-.25		-.25	-.21
V3.2		.37		.42			.26	-.12		.11		-.14	-.31
V3.7		.74										-.12	.15
V3.6		.71	-.13	-.11		-.11			.13				.31
V3.10		.65											.26
V3.9	-.24	.63					.18	.14	.18	.10	-.14	.30	
V3.3		.57		-.14		.11		-.12	-.16		-.39	.23	
V3.5		.53				.28	.13			-.17	-.18	.32	.30
V3.11	-.11	.50	-.64					.12					
V2.5	-.10	.39	.63					-.19					
V2.11			.58	.23	-.10	-.22	-.19	.16		-.24	.18	.12	-.16
V2.20		-.17	.56			.15	.13	.19	.31		-.16	-.16	
V1.4	.41		.52	.16			.13				.45		.18
V2.7	.11		-.51	.22		.12		.24	.29	-.13		-.11	.15
V2.1		.10	.45	-.21			.22	.25	.12	.13	.31	-.19	.14
V2.14			.36	.74	.10	.13	.10	.15		.12		.14	
V1.13	.22			.73	.13	.23		.12					
V1.15	.14			.48		.16							
V2.8	.48		-.15			.10							
V1.5					.73			.11		-.19			
V1.18					.66					.17		.19	.11
V1.7					.65				.15				
V1.1				.13	.57			.18		-.30	.11	.12	
V1.16		-.11	-.11	.29	.43				.13		.11		-.21
V1.11				.28		.78							

	1	2	3	4	5	6	7	8	9	10	11	12	13
V2.12	.17							.15					
V1.6	-.34	.42							.12	.17	.19	-.10	
V3.12		-.17		.11	.17	.76	.13		.19		.10	.18	.13
V2.17				.18		.70	.76			.18	-.15		
V2.18	.21				-.13	-.44	.73				.10		
V2.13	.42						.59	.11			.10	-.19	
V2.21	.36						.45	.81			.16	.14	
V2.22	.18		.17	.12	.23	.12		.67	.14			.30	
V2.9	.18		.20	.30				.61					
V1.12			.15	.33	.30						.13		-.12
V1.14					-.22	.14	.15		.61	.11			
V1.2	.10				-.15				.56	.32	-.15		
V2.19	-.24	.34		-.10		.20		.22	.53	-.17			.13
V3.1	-.15			-.17			.19	.10	.40	-.10	.10		-.13
V1.10	.27								.13	.65			
V1.17	.14			.30		.13			-.11	.56			.15
V1.3	.12	-.13	.14		.12				-.14			-.10	
V2.16	.18		.25	.22			.29	.21	.11		.76	-.53	.20
V1.9										.10		.47	
V2.15					.35	.12					-.11		-.72

Fortsetzung Tab. I.3

I.4 Varimaxrotierte Faktorenanalyse für die Gesamtstichprobe nach Ausschluss der Sprecher et al.-Items

	Anfängliche Eigenwerte			Summen von quadrierten Faktorladungen für Extraktion			Rotierte Summe der quadrierten Ladungen		
	Gesamt	% der Varianz	Kumulierte %	Gesamt	% der Varianz	Kumulierte %	Gesamt	% der Varianz	Kumulierte %
1	6.43	16.08	16.08	6.43	16.08	16.08	4.39	1.97	10.97
2	3.09	7.71	23.80	3.09	7.71	23.80	2.41	6.02	16.99
3	2.99	7.47	31.27	2.99	7.47	31.27	2.19	5.46	22.45
4	1.97	4.92	36.19	1.97	4.92	36.19	2.15	5.37	27.82
5	1.55	3.88	40.07	1.55	3.88	40.07	2.10	5.25	33.07
6	1.45	3.62	43.69	1.45	3.62	43.69	2.07	5.18	38.26
7	1.32	3.31	47.00	1.32	3.31	47.00	2.07	5.18	43.43
8	1.23	3.09	50.08	1.23	3.09	50.08	1.62	4.04	47.48
9	1.14	2.84	52.93	1.14	2.84	52.93	1.47	3.68	51.16
10	1.07	2.67	55.60	1.07	2.67	55.60	1.42	3.54	54.70
11	1.03	2.57	58.17	1.03	2.57	58.17	1.39	3.47	58.17
12	.96	2.41	60.58						
13	.90	2.24	62.82						
14	.87	2.17	64.99						
15	.83	2.08	67.08						
16	.79	1.98	69.06						
17	.77	1.92	70.98						
18	.73	1.82	72.80						
19	.71	1.78	74.58						
20	.70	1.75	76.33						
21	.69	1.72	78.06						
22	.65	1.62	79.68						
23	.64	1.60	81.28						
24	.60	1.50	82.78						
25	.59	1.47	84.25						
26	.58	1.44	85.69						
27	.53	1.34	87.03						
28	.53	1.33	88.36						
29	.49	1.23	89.59						
30	.48	1.21	90.80						
31	.45	1.13	91.92						
32	.42	1.06	92.98						
33	.42	1.05	94.03						
34	.39	.97	95.01						
35	.37	.93	95.94						
36	.37	.93	96.86						
37	.35	.88	97.74						
38	.33	.82	98.56						
39	.30	.75	99.31						
40	.28	.69	10.00						

I.6 Tabelle: Faktorenladungen für Partnerpräferenzen nach Ausschluss der Sprecher-Items für die Gesamtstichprobe

	1	2	3	4	5	6	7
V2.3	.71				-.10	-.18	-.16
V1.8	.71			.12	-.18	.18	
V2.4	.66	-.35					.15
V1.13	.64	.12	-.22		-.24	.13	-.37
V2.2	.64	-.31		.11			.15
V2.8	.63	-.19	-.16		-.13	-.15	-.15
V1.15	.59	.18	-.19	-.13	-.26		-.32
V2.10	.58	-.37				-.14	
V2.13	.52	-.36	.21		.15	.22	.16
V1.12	.50	.40		.25			
V2.18	.48	-.28	.28		.16	.28	
V2.22	.45	.19	.15	.24	.20	-.26	-.17
V2.6	.45	-.29		.18		-.30	
V2.12	.45	.11	-.13	-.41			.37
V1.17	.44			-.20		.25	-.17
V2.9	.40	.28	.24		.17	-.28	-.11
V2.21	.37	-.29			.35	.21	
V2.7	.35	-.48	-.24			-.25	
V2.5		.43	.36			.24	.11
V1.1	.15	.35	-.32	.26			
V1.4	.26	.48	.53				.14
V2.16	.27			.49	.16		
V1.7	.13	.38	-.47		.24	.18	
V1.5	.13	.31	-.45	.24	.31		.15
V2.11		.15	.45	.22	-.29	.35	
V2.1	.38	.42	.45			-.13	
V2.14		.20	.43		.11	.28	.12
V2.19			.41	-.11	.33	-.27	-.17
V1.9	.31	.13	-.37	.21		.22	
V1.11	.44	.29	-.13	-.53	-.17	-.13	.22
V1.10		.16	-.17	-.49		.22	
V1.18	.19	.21	-.29	.49	.24		
V1.6	.38	.35	-.24	-.43			.37
V1.16	.22	.25	-.33	.39			
V2.20		.20	.32	.21	-.46		-.12
V1.2	.16	.26	-.13	-.23	.41		-.11
V2.17	.32	-.29	.22		.30	.50	
V1.3	.26	.23		.13	-.20		.45
V1.14	.21	.36		-.26	.13		-.44
V2.15	.13				-.16	.27	

Fortsetzung Tab. I.6

I.7 Frankreich: varimaxrotierte Faktorenanalyse über 52 Partnerpräferenzen

Komponente	Anfängliche Eigenwerte			Rotierte Summe der quadrierten Ladungen		
	Gesamt	% der Varianz	Kumulierte %	Gesamt	% der Varianz	Kumulierte %
1	8.08	15.53	15.53	4.72	9.08	9.08
2	4.63	8.90	24.44	3.81	7.32	16.40
3	3.59	6.91	31.35	2.96	5.70	22.10
4	3.07	5.90	37.24	2.90	5.57	27.67
5	2.13	4.09	41.33	2.58	4.97	32.64
6	1.86	3.58	44.91	2.46	4.74	37.38
7	1.68	3.23	48.14	2.35	4.53	41.90
8	1.51	2.91	51.05	2.12	4.07	45.97
9	1.47	2.83	53.88	1.99	3.83	49.81
10	1.41	2.72	56.59	1.78	3.43	53.24
11	1.35	2.59	59.19	1.74	3.35	56.59
12	1.26	2.43	61.62	1.55	2.97	59.56
13	1.16	2.23	63.86	1.53	2.93	62.49
14	1.09	2.10	65.96	1.45	2.79	65.28
15	1.04	2.00	67.95	1.39	2.67	67.95
16	.98	1.88	69.83			
17	.94	1.80	71.63			
18	.90	1.73	73.36			
19	.82	1.58	74.94			
20	.80	1.53	76.48			
21	.76	1.46	77.94			
22	.71	1.37	79.31			
23	.70	1.35	80.66			
24	.68	1.31	81.97			
25	.65	1.25	83.22			
26	.63	1.22	84.43			
27	.59	1.13	85.56			
28	.56	1.08	86.64			
29	.54	1.04	87.68			
30	.51	.98	88.66			
31	.48	.92	89.58			
32	.45	.86	90.44			
33	.41	.80	91.24			
34	.40	.77	92.00			
35	.39	.75	92.75			
36	.36	.70	93.45			
37	.33	.64	94.09			
38	.33	.63	94.72			
39	.32	.61	95.33			
40	.30	.58	95.90			
41	.25	.49	96.39			
42	.25	.48	96.87			
43	.23	.45	97.32			
44	.21	.41	97.72			
45	.20	.38	98.11			
46	.18	.34	98.45			
47	.17	.33	98.77			
48	.15	.30	99.07			
49	.15	.28	99.35			
50	.12	.23	99.58			
51	.11	.22	99.80			
52	.10	.20	100.00			

I.9 Frankreich: Faktorladungen der varimaxrotierten Faktorenanalyse

	1	2	3	4	5	6	7	8	9	10	11	12	13	14	15
V3.10	.80								-.13		.10				
V3.6	.75	-.11							.14						
V3.9	.72	-.16	-.21									.19			.27
V3.7	.64		-.10	-.18							-.32			.14	-.21
V3.8	.64	-.40	-.26		-.16						.29				
V3.5	.63				.13	-.17			-.13	.15	-.41				
V3.2	.58		-.12			.18		-.13		.18	-.16				
V3.3	.51					.12		.11		.24	-.16				
V3.4	.42			-.17		.16			-.15	.25					-.21
V2.6		-.28	-.16		.20	-.25		.10		.31					
V2.2		.77	-.23	-.41	-.15				.16						
V2.4		.74	.27				-.12		.23						
V2.10	-.12	.70	.35	.12		.19		-.12		-.11	.12		.13	-.14	.12
V2.7		.68	.45	.11		.24				-.17				.20	.15
V2.15		.61	.14	-.24	.15	.11	-.11	.11		.15	.12	-.11		.13	.19
V2.13	-.12	.26	.73		.13				.17	.18			.15	.34	-.34
V2.18	-.17	.26	.72		.15			.11	.15	.10	-.10	.13	-.31		-.11
V2.21		.36	.72		.15			.22	.12	-.20	-.29		.21		
V1.4	.47		.43	-.11	-.28	.13	-.17	-.11		.10			.13		
V3.11				.68				.45	-.14			.11	.18	-.17	
V2.11	.26	.13		-.59	.14			.27	.10	.24			-.33	.23	.24
V2.14				.58	.32					-.11			.15	.20	.15
V2.1		.15	.34	.55	.79					.17			-.17	.20	.15
V2.16	-.17	-.17	-.23	.48	.76	.28		.16	-.25		-.27	-.36	.11		
V2.5		.18	.12	.44	.64				.13	-.10	.14				
V2.22			.15	.39		.16		.30			.19	.12		-.12	.17
V1.12	.26	.13		.19		.79					-.18	-.17		.12	.14
V2.9		.16		.13		.75			.15			.15	.22	.12	-.15
V2.12	.14	.12		.12		.61			.24			.34		-.17	
V1.11						-.49					.13				.13
V1.6										.37					
V3.12	.47			-.12	-.17		.77						.33	.12	
V1.5			-.14		.17										

	1	2	3	4	5	6	7	8	9	10	11	12	13	14	15
V1.1															
V1.7		.41													
V1.18	-.18	.10													
V1.14		.30	.22	.16											
V1.8	-.16	.13		.12	.11	.18		.15	.13	-.19	.18	.32	-.11	.16	.11
V1.2		.46	.15	.16			.73	.80	.14			-.33	.14		
V2.8			.19	.22			.71	.45	.75				.19	-.18	.12
V1.13			.10		.26	.11	.59	.43	.48		.30	-.24	-.28		
V2.3			-.25	.33	.30	.11		-.11	.47			.26			
V1.15	-.11			-.24	.25	.11	.37	.39	.43	-.15	.27	.38	.12		.24
V2.20	-.20			.28	.15		.13	.24	.35	-.30	-.10	-.19	.14		-.12
V1.9			.19		.16	.17	-.14	.32	.33	.75	.32		.19	-.28	-.24
V3.1	.22				.22			.22	-.12	.54	.78			.13	
V2.19					.15			.15	.12					-.23	
V1.16			-.15		.15		-.19		.12			.73		.14	-.10
V1.10	.18	.17		.18						-.11					
V1.3	-.16	-.13			.23			.14					.77		
V2.15		.15												.81	
V1.17			.21			.13						.11			.75

I.10 Frankreich: Vierfaktorenlösung über 52 Partnerpräferenzen

Komponente	Anfängliche Eigenwerte			Rotierte Summe der quadrierten Ladungen		
	Gesamt	% der Varianz	Kumulierte %	Gesamt	% der Varianz	Kumulierte %
1	8.08	15.53	15.53	5.89	11.32	11.32
2	4.63	8.90	24.44	5.30	10.20	21.52
3	3.59	6.91	31.35	4.58	8.81	30.33
4	3.07	5.90	37.24	3.60	6.91	37.24
5	2.13	4.09	41.33			
6	1.86	3.58	44.91			
7	1.68	3.23	48.14			
8	1.51	2.91	51.05			
9	1.47	2.83	53.88			
10	1.41	2.72	56.59			
11	1.35	2.59	59.19			
12	1.26	2.43	61.62			
13	1.16	2.23	63.86			
14	1.09	2.10	65.96			
15	1.04	2.00	67.95			
16	.98	1.88	69.83			
17	.94	1.80	71.63			
18	.90	1.73	73.36			
19	.82	1.58	74.94			
20	.80	1.53	76.48			
21	.76	1.46	77.94			
22	.71	1.37	79.31			
23	.70	1.35	80.66			
24	.68	1.31	81.97			
25	.65	1.25	83.22			
26	.63	1.22	84.43			
27	.59	1.13	85.56			
28	.56	1.08	86.64			
29	.54	1.04	87.68			
30	.51	.98	88.66			
31	.48	.92	89.58			
32	.45	.86	90.44			
33	.41	.80	91.24			
34	.40	.77	92.00			
35	.39	.75	92.75			
36	.36	.70	93.45			
37	.33	.64	94.09			
38	.33	.63	94.72			
39	.32	.61	95.33			
40	.30	.58	95.90			
41	.25	.49	96.39			
42	.25	.48	96.87			
43	.23	.45	97.32			
44	.21	.41	97.72			
45	.20	.38	98.11			
46	.18	.34	98.45			
47	.17	.33	98.77			
48	.15	.30	99.07			
49	.15	.28	99.35			
50	.12	.23	99.58			
51	.11	.22	99.80			
52	.10	.20	100.00			

I.11 Frankreich: Faktorladungen der varimaxrotierten auf vier Faktoren begrenzten Faktorenanalyse

	1	2	3	4
V2.10	.80	-.15		
V2.4	.79		.14	
V2.2	.72		.20	
V2.13	.68			.17
V2.18	.66	-.14		.20
V2.7	.58	.12		-.21
V2.3	.55		.48	.25
V2.21	.53			
V1.8	.47	-.17	.33	.23
V2.6	.45		.10	
V2.8	.44		.31	
V2.17	.42			.11
V2.15	-.16	.12		
V3.10		.73		
V3.7		.71		
V3.9	-.29	.71	-.11	
V3.2		.70		
V3.6		.70	.14	
V3.8	-.50	.62		
V3.5		.60	.15	
V3.3		.57		-.24
V3.4	-.38	.49	-.26	.11
V3.12	-.10	.48	-.26	-.15
V3.1		.40	-.22	.20
V1.10	-.21	.30	.15	
V1.15	.19		.61	
V1.13	.33	-.15	.59	
V1.9	.15		.55	-.26
V1.11	.11	.21	.49	.17
V1.12	.21	-.12	.49	.28
V1.6		.14	.48	
V1.5	-.27	-.18	.47	-.22
V1.7	-.27	-.12	.44	-.22
V1.2			.43	
V2.22	.28		.42	.40
V1.16		-.17	.41	
V1.14		.15	.40	.25
V2.9	.12	.27	.37	.28
V1.1	-.12		.34	-.21
V1.3	.12	-.27	.33	.19
V2.12	.30	.15	.33	
V1.18	-.14	-.27	.32	
V1.17	.28		.29	
V1.4			.30	.67
V2.16	.33			.57
V3.11		.51	-.14	-.57
V2.11			-.11	.55
V2.5	-.31	-.12	.23	.53
V2.21	.12			.53
V2.14				.50
V2.1		.19	.31	.45
V2.20		-.27		.28

I.12 Frankreich: Varimaxrotierte Faktorenanalyse über Partnerpräferenzen nach Ausschluss der Sprecher-Items

	Anfängliche Eigenwerte			Rotierte Summe der quadrierten Ladungen		
Komponente	Gesamt	% der Varianz	Kumulierte %	Gesamt	% der Varianz	Kumulierte %
1	6.75	16.87	16.87	3.24	8.09	8.09
2	3.52	8.79	25.66	3.12	7.80	15.89
3	2.68	6.70	32.36	2.35	5.88	21.77
4	2.09	5.23	37.59	2.29	5.73	27.51
5	1.86	4.64	42.23	2.26	5.65	33.16
6	1.68	4.20	46.43	2.15	5.37	38.53
7	1.51	3.78	50.21	2.04	5.09	43.63
8	1.43	3.58	53.79	2.02	5.06	48.69
9	1.26	3.15	56.94	1.73	4.33	53.01
10	1.17	2.91	59.85	1.61	4.03	57.04
11	1.14	2.85	62.70	1.53	3.83	60.87
12	1.06	2.65	65.35	1.44	3.60	64.47
13	1.03	2.58	67.93	1.38	3.46	67.93
14	.92	2.30	70.23			
15	.90	2.25	72.48			
16	.78	1.95	74.43			
17	.74	1.86	76.29			
18	.74	1.86	78.15			
19	.72	1.80	79.95			
20	.68	1.70	81.65			
21	.65	1.62	83.27			
22	.60	1.50	84.77			
23	.56	1.39	86.17			
24	.54	1.36	87.53			
25	.52	1.30	88.83			
26	.48	1.19	9.02			
27	.46	1.15	91.17			
28	.41	1.02	92.18			
29	.38	.95	93.13			
30	.36	.91	94.04			
31	.35	.88	94.93			
32	.33	.82	95.75			
33	.28	.69	96.44			
34	.27	.67	97.11			
35	.25	.63	97.74			
36	.23	.57	98.31			
37	.20	.51	98.82			
38	.18	.45	99.26			
39	.17	.42	99.68			
40	.13	.32	1.00			

I.14 Frankreich: Faktorladungen der varimaxrotierten Faktorenanalyse nach Ausschluss der Sprecher-Items

	1	2	3	4	5	6	7	8	9	10	11	12	13
V2.6	.79												
V2.2	.72	-.13											-.12
V2.10	.64	.32						-.12					-.11
V2.4	.63	.52											-.16
V2.7	.62	.42			.12						.14		.22
V2.3	.42	.16		.20	.26	.17	.12						
V1.8	.39	.28		.12		.19	.27	.18					
V2.8	.31	.30		-.25				.25		.12			
V2.21	.30	.15		.23	.25	.13	.52	.14			.20	-.24	
V2.5	-.23	.55		.31	.12	.11	.21	-.16	.26		-.27	.17	.24
V1.3	.21	-.21	.14	-.13	.14	.17	.70	.14	-.26		.13		
V2.18	.19	.77		-.18	.15	-.11	-.15	-.17			.15	-.10	
V2.13	.19	.75	-.13	.44	.82	.23	.11	.10	.17	.23	.79	.13	
V1.17	.16	.13		.68	.22		.13	.13	.40		.17		
V2.22	.16	.12		.10			.10	.14	.11	.34			
V2.19	-.13	.22	-.32			.79	.11		-.58	-.12		-.16	-.15
V2.12	.13	.11				.16	.25	.15		.19		-.16	.12
V1.9	.13			.11	.21	.80	.21	.36			.11		.14
V1.11	.12								-.27				-.15
V2.15	-.11				.17			.27	.11	-.10			.80
V1.13	.11	.16	-.13	.55	.11	-.17	.48		.17	.25	.49	.13	
V2.11	-.10			.42		.12	.12	.49		-.42			
V2.1	.10							.11	.37		.11		-.23
V2.17		.68					-.11	.31		-.19	.11	-.10	.34
V2.16		.31		.20	.13		.18	.13		-.43	.25	-.30	
V1.12		.15		.12	.72			.23		.21	.17	-.12	.14
V1.15		.15	.14		.11				-.16	.26	.22	.40	-.10
V1.5		-.12	.77		.16					.12	.35		
V1.10		-.16					.50						
V2.20		-.18		.26	.12	-.18	.51	.22	.25	-.10	.12	.81	.12
V1.4				.66	.18		.13		-.15	.22	-.23	-.17	.11
V1.6			.63	.24	.12	.67	-.12		.11	.16		.24	-.32
V1.18				.22	-.18	-.14	.23				.11	-.22	.15

	1	2	3	4	5	6	7	8	9	10	11	12	13
V2.9				.20	.70	.20	.10			-.19	-.15	.15	.15
V1.14				.11	.11						.16		
V2.14			.34	.11				.74	.74				.15
V1.2			.72	-.11		.10		.66				.18	-.14
V1.1			.11	-.14	.11					.78	.12		
V1.16							.15	.27	-.21		-.11		
V1.7			.68									.26	

Fortsetzung Tab. I.14

I.15 Frankreich: Dreifaktorenlösung über Partnerpräferenzen nach Ausschluss der Sprecher-Items

Komponente	Anfängliche Eigenwerte			Rotierte Summe der quadrierten Ladungen		
	Gesamt	% der Varianz	Kumulierte %	Gesamt	% der Varianz	Kumulierte %
1	6.75	16.87	16.87	5.70	14.24	14.24
2	3.52	8.79	25.66	3.87	9.66	23.90
3	2.68	6.70	32.36	3.38	8.46	32.36
4	2.09	5.23	37.59			
5	1.86	4.64	42.23			
6	1.68	4.20	46.43			
7	1.51	3.78	50.21			
8	1.43	3.58	53.79			
9	1.26	3.15	56.94			
10	1.17	2.91	59.85			
11	1.14	2.85	62.70			
12	1.06	2.65	65.35			
13	1.03	2.58	67.93			
14	.92	2.30	70.23			
15	.90	2.25	72.48			
16	.78	1.95	74.43			
17	.74	1.86	76.29			
18	.74	1.86	78.15			
19	.72	1.80	79.95			
20	.68	1.70	81.65			
21	.65	1.62	83.27			
22	.60	1.50	84.77			
23	.56	1.39	86.17			
24	.54	1.36	87.53			
25	.52	1.30	88.83			
26	.48	1.19	90.02			
27	.46	1.15	91.17			
28	.41	1.02	92.18			
29	.38	.95	93.13			
30	.36	.91	94.04			
31	.35	.88	94.93			
32	.33	.82	95.75			
33	.28	.69	96.44			
34	.27	.67	97.11			
35	.25	.63	97.74			
36	.23	.57	98.31			
37	.20	.51	98.82			
38	.18	.45	99.26			
39	.17	.42	99.68			
40	.13	.32	100.00			

I.16 Frankreich: Faktorladungen der varimaxrotierten auf drei Faktoren begrenzten Faktorenanalyse nach Ausschluss der Sprecher-Items

	1	2	3
V2.10	.82		
V2.4	.80		
V2.2	.74	.11	.11
V2.13	.69	-.13	.15
V2.18	.67		.19
V2.3	.61	.39	.31
V2.7	.57		-.20
V1.8	.53	.27	.27
V2.21	.52		
V2.8	.51	.28	
V2.6	.50	.11	
V2.17	.40	-.15	.14
V1.13	.38	.55	.14
V2.12	.30	.24	.11
V2.22	.29	.31	.45
V1.17	.29	.27	.17
V1.15	.27	.57	.10
V2.16	.27	-.14	.57
V1.12	.24	.41	.36
V1.9	.18	.52	-.14
V1.3	.16	.32	.23
V2.9	.13	.25	.34
V2.19	.12		.47
V1.11	.10	.42	.24
V1.18	-.12	.41	
V2.15	-.14		
V1.10	-.19	.13	
V1.5	-.22	.55	-.17
V1.7	-.27	.54	-.13
V2.5	-.31	.17	.55
V1.2		.45	.15
V1.16		.45	
V1.6		.42	.12
V1.1		.40	-.16
V1.14		.34	.36
V2.1		.22	.50
V1.4		.18	.70
V2.14		-.11	.41
V2.11		-.21	.56
V2.20			.30

I.17 Ostdeutschland: Varimaxrotierte Faktorenanalyse über 52 Partnerpräferenzen

Komponente	Anfängliche Eigenwerte			Rotierte Summe der quadrierten Ladungen		
	Gesamt	% der Varianz	Kumulierte %	Gesamt	% der Varianz	Kumulierte %
1	7.63	14.67	14.67	5.14	9.89	9.89
2	4.23	8.14	22.81	3.24	6.24	16.13
3	3.46	6.66	29.47	3.15	6.05	22.18
4	3.00	5.76	35.24	2.99	5.75	27.93
5	2.46	4.73	39.96	2.56	4.93	32.86
6	1.85	3.56	43.52	2.44	4.69	37.55
7	1.82	3.49	47.01	2.34	4.49	42.05
8	1.67	3.21	50.22	2.20	4.22	46.27
9	1.59	3.07	53.29	1.76	3.38	49.65
10	1.35	2.59	55.88	1.62	3.11	52.77
11	1.29	2.47	58.36	1.58	3.04	55.80
12	1.23	2.37	60.73	1.52	2.92	58.72
13	1.16	2.23	62.96	1.49	2.87	61.59
14	1.15	2.21	65.17	1.47	2.83	64.42
15	1.02	1.97	67.13	1.41	2.71	67.13
16	.95	1.83	68.97			
17	.91	1.75	70.71			
18	.87	1.68	72.39			
19	.85	1.64	74.03			
20	.83	1.59	75.63			
21	.80	1.54	77.16			
22	.75	1.45	78.61			
23	.74	1.42	80.03			
24	.66	1.27	81.30			
25	.62	1.19	82.49			
26	.58	1.11	83.60			
27	.56	1.08	84.68			
28	.54	1.04	85.72			
29	.52	1.01	86.73			
30	.51	.98	87.71			
31	.50	.96	88.67			
32	.47	.91	89.58			
33	.45	.87	90.45			
34	.42	.81	91.26			
35	.38	.74	92.00			
36	.38	.73	92.72			
37	.35	.67	93.39			
38	.33	.63	94.02			
39	.31	.60	94.62			
40	.31	.59	95.21			
41	.29	.55	95.76			
42	.29	.55	96.31			
43	.28	.54	96.85			
44	.24	.46	97.32			
45	.22	.42	97.74			
46	.20	.39	98.13			
47	.20	.38	98.51			
48	.18	.35	98.86			
49	.16	.31	99.17			
50	.16	.30	99.47			
51	.14	.28	99.75			
52	.13	.25	100.00			

I.19 Ostdeutschland: Faktorladungen der varimaxrotierten Faktorenanalyse

	1	2	3	4	5	6	7	8	9	10	11	12	13	14	15
V1.8	.82					.11				.12			.10	.11	
V1.15	.69	.17	.25							-.20			-.18	.17	.12
V1.13	.69	-.12	.16								-.16		-.19		.13
V2.3	.69						.31					-.19	.16		
V2.8	.67			-.11									.18	-.13	.11
V2.4	.61		.14			.14				.11	.22		.16		
V2.2	.54		-.16			.25				-.18	.14		.18		
V2.13	.44				-.17					.27	.23				
V2.7	.34	.11			-.34		-.12	.17	.10	.32				-.10	.12
V2.10	.34	.14		.14				.14		.23					-.30
V1.12	.33	-.31	-.26	-.19	-.24	.46			-.25		.16				-.19
V1.17	.29	.26	.31		.18	.23	.18	.11	-.10	.21	.44		.23	.16	.20
V2.15	.28				-.12	.22	.13	.16			.13	-.21	.19	.11	.69
V1.3	.27			-.26	-.20	.16	.17	.38	-.10	.18	.11		-.23	.75	.10
V2.6	.27	.33		-.12	-.32										.29
V2.18	.26				-.13	.11		-.11	-.15			.23	.37		
V2.1	.25	.10				.82	.75	.33	-.15	.12	.70			.10	
V1.11	.25	.66					.10			.16	.21			-.19	
V2.9	.20	.13			.14	-.13	-.11	.67	.18	.13	.14	.14	.16	-.13	.13
V2.22	.20	.19	.18		-.16		-.12	.65	-.19	-.16			-.13	-.11	-.12
V1.16	.20	.16	.59			.14	.11	.10	.14	-.18	-.11		.11	-.29	-.14
V1.18	.19		.72					.36	.77		-.13		.36		
V1.4	.13	.69		-.15	.10			.10	.15	.74					
V2.21	.13					.33			.26						
V1.14	.12	.18	.23		-.14	.18		-.15		-.11	-.12	-.17	-.18		-.11
V1.6	.10	-.12	-.17				.71							.10	.33
V1.10	-.11		.16			.16	.54					.12			-.11
V3.12	-.17			.13	.64		-.31	.57	.24	.25		.10	-.17	-.13	
V2.19	-.21		-.14	-.19	.19	.16	-.11	-.18	.14	.13		.41		-.11	
V3.9	-.31	-.11		.25	.44					-.11			.24	.29	.11
V3.4	-.45				.55			.18			-.20		.14	-.17	-.11
V3.8	-.50			.23	.44	.10				-.29				-.19	

	1	2	3	4	5	6	7	8	9	10	11	12	13	14	15
V2.20														.26	-.14
V2.11		.69								-.10	.26	-.19	-.35		
V2.16		.55	-.11							-.17		.15			.29
V2.5		.38	-.13	-.16								.12			
V2.14		.27									-.12	.45	-.58		-.14
V3.6		.21	.10		-.10						-.21	.63	-.18	.14	-.11
V1.7		-.20		.33	.20	.28	-.13	-.30	-.12	.30		.14		-.27	-.14
V3.7		-.22	.59	.11		.51	-.11	.14	.23				-.24		-.11
V3.11		-.28		.60	.33	.12	.25	.28		-.12	.12	-.23		-.21	
V1.1		-.73	.73	.12		-.10	-.11		.15	-.14	.12	.38			
V1.5			.71	-.12	-.15				.73						-.30
V1.9			.49	.14	.67		.12	.15	.10		.24		.12	.21	
V1.2			.13				.11				-.24	.23			-.19
V3.1			-.24	.16		-.12	.28		-.11	.29	-.11	.10		.27	.14
V3.5				.65				-.16	.73	-.13					-.13
V3.3				.67	.18	.14		.14	-.16	.23		.16	-.24		.13
V3.2				.78		.78			.10	.14	-.20		.18	-.16	
V3.10				.69		.18	.60	-.16						-.11	
V2.17				.18	-.30			.26			-.15		.18		
V2.12															

I.20 Ostdeutschland: Fünffaktorenlösung über 52 Partnerpräferenzen

Komponente	Anfängliche Eigenwerte			Rotierte Summe der quadrierten Ladungen		
	Gesamt	% der Varianz	Kumulierte %	Gesamt	% der Varianz	Kumulierte %
1	7.63	14.67	14.67	6.20	11.92	11.92
2	4.23	8.14	22.81	4.28	8.23	20.15
3	3.46	6.66	29.47	3.73	7.17	27.31
4	3.00	5.76	35.24	3.72	7.15	34.47
5	2.46	4.73	39.96	2.86	5.50	39.96
6	1.85	3.56	43.52			
7	1.82	3.49	47.01			
8	1.67	3.21	50.22			
9	1.59	3.07	53.29			
10	1.35	2.59	55.88			
11	1.29	2.47	58.36			
12	1.23	2.37	60.73			
13	1.16	2.23	62.96			
14	1.15	2.21	65.17			
15	1.02	1.97	67.13			
16	.95	1.83	68.97			
17	.91	1.75	70.71			
18	.87	1.68	72.39			
19	.85	1.64	74.03			
20	.83	1.59	75.63			
21	.80	1.54	77.16			
22	.75	1.45	78.61			
23	.74	1.42	80.03			
24	.66	1.27	81.30			
25	.62	1.19	82.49			
26	.58	1.11	83.60			
27	.56	1.08	84.68			
28	.54	1.04	85.72			
29	.52	1.01	86.73			
30	.51	.98	87.71			
31	.50	.96	88.67			
32	.47	.91	89.58			
33	.45	.87	90.45			
34	.42	.81	91.26			
35	.38	.74	92.00			
36	.38	.73	92.72			
37	.35	.67	93.39			
38	.33	.63	94.02			
39	.31	.60	94.62			
40	.31	.59	95.21			
41	.29	.55	95.76			
42	.29	.55	96.31			
43	.28	.54	96.85			
44	.24	.46	97.32			
45	.22	.42	97.74			
46	.20	.39	98.13			
47	.20	.38	98.51			
48	.18	.35	98.86			
49	.16	.31	99.17			
50	.16	.30	99.47			
51	.14	.28	99.75			
52	.13	.25	100.00			

Extraktionsmethode: Hauptkomponentenanalyse.

I.21 Ostdeutschland: Faktorladungen der varimaxrotierten auf fünf Faktoren begrenzten Faktorenanalyse

	1	2	3	4	5
V1.8	.73	-.19	.13	.22	
V2.4	.68		.20		
V2.8	.67			.26	
V2.2	.65		.15		
V2.10	.64	-.25			
V2.3	.62			.23	.12
V2.18	.61		.22	-.16	-.11
V2.13	.60		.21	-.22	
V1.13	.53			.29	.35
V2.7	.51	.14	-.26		
V2.6	.48	-.21			-.21
V1.15	.47	-.16		.42	.18
V2.21	.38	.16	.13	-.23	
V1.17	.38	-.20			.13
V2.17	.36	.23	.17	-.25	
V2.15	.33	-.34	-.15		.16
V1.3	.30	-.38	.17		
V2.1	.26		.75		
V2.16	.24		.44	-.27	
V2.22	.22	.15	.41	.37	
V1.12	.22		.40	.43	.15
V1.11	.21				.58
V2.9	.20		.51	.16	.32
V2.12	.17	.17			.51
V1.16	.15			.61	-.18
V3.10	.14	.65			
V1.9	.13			.45	
V1.7	-.11	.12	-.18	.57	.31
V2.20	-.11	-.33	.43		-.12
V3.2	-.12	.67			
V2.5	-.12	-.10	.33		
V1.5	-.13		-.13	.59	.10
V3.1	-.21	.45	.14	-.19	.10
V3.9	-.30	.54		-.26	
V3.12	-.33	.43		.15	-.40
V3.4	-.44	.30			-.31
V3.8	-.52	.48			
V3.7		.70	-.15	.12	-.11
V3.6		.54			
V3.3		.47	-.10		
V3.5		.47	-.13		.31
V3.11		.42	-.60	.11	-.10
V2.14		.24	.48		-.10
V2.19		.11	.36	-.13	
V1.1		-.10		.71	
V1.4		-.19	.77		.20
V2.11		-.27	.39	-.22	-.17
V1.14			.29		.41
V1.2			.11		.47
V1.6			-.14	.24	.68
V1.18				.70	-.14
V1.10				-.30	.56

I.22 Ostdeutschland: Varimaxrotierte Faktorenanalyse über Partnerpräferenzen nach Ausschluss der Sprecher-Items

Komponente	Anfängliche Eigenwerte			Rotierte Summe der quadrierten Ladungen		
	Gesamt	% der Varianz	Kumulierte %	Gesamt	% der Varianz	Kumulierte %
1	6.32	15.80	15.80	3.25	8.13	8.13
2	3.76	9.40	25.20	3.11	7.77	15.91
3	2.79	6.98	32.18	2.95	7.38	23.29
4	2.24	5.61	37.79	2.57	6.43	29.72
5	1.95	4.86	42.65	2.29	5.72	35.44
6	1.74	4.35	47.00	2.22	5.55	40.99
7	1.43	3.56	50.56	2.11	5.28	46.27
8	1.33	3.32	53.89	1.85	4.63	50.89
9	1.26	3.15	57.04	1.51	3.78	54.67
10	1.19	2.97	60.01	1.46	3.65	58.32
11	1.08	2.70	62.71	1.41	3.54	61.86
12	1.05	2.64	65.35	1.39	3.49	65.35
13	.96	2.40	67.74			
14	.92	2.30	70.05			
15	.87	2.18	72.22			
16	.84	2.11	74.33			
17	.81	2.01	76.34			
18	.74	1.85	78.19			
19	.71	1.77	79.96			
20	.64	1.59	81.54			
21	.62	1.55	83.09			
22	.59	1.46	84.56			
23	.54	1.36	85.91			
24	.52	1.31	87.22			
25	.50	1.25	88.47			
26	.47	1.18	89.65			
27	.45	1.12	90.77			
28	.41	1.03	91.81			
29	.39	.99	92.79			
30	.36	.90	93.69			
31	.34	.86	94.55			
32	.33	.83	95.38			
33	.31	.77	96.15			
34	.28	.70	96.85			
35	.27	.66	97.51			
36	.24	.61	98.13			
37	.23	.57	98.69			
38	.19	.47	99.17			
39	.17	.44	99.60			
40	.16	.40	100.00			

I.24 Ostdeutschland: Faktorladungen der varimaxrotierten Faktorenanalyse für Ostdeutschland nach Ausschluss der Sprecher-Items

	1	2	3	4	5	6	7	8	9	10	11	12
V2.8	.64	.25	.12	.19				-.14	-.23	.15	.12	.11
V2.7	.21	.22		.19			.21	-.35	-.30		-.11	.31
V2.6		.49	-.12			-.28		-.29	-.20		.24	.18
V2.5						.23			.76			
V2.4	.26	.71		.12	.16	.15						
V2.3	.48	.56			.11				-.19			
V2.2	.14	.84			.70					.15		
V2.22	.14	.11	.17	.46	-.10			-.12	-.14			-.10
V2.21	-.10	.48					.10	.20				.15
V2.20						.80					-.13	.41
V2.19	-.23	.15	-.13	.19			-.12	.30				.16
V2.18	.21	.32		.82			-.18	-.11				-.15
V2.1				.12	.56	.55		.11		.18		-.15
V2.17				.81	.45					-.11	-.11	.11
V2.16	.32		-.14	.53						.21	.10	.66
V2.15	-.11				.20	.32			.15	.12	.24	-.17
V2.14	.26	.33	-.25	.25	-.17	.18				.21	.16	.15
V2.13				.48	.29				.32		-.50	
V2.12	.12	.50		.13	.23	-.14	.69			.15	-.35	
V2.11	.13	.19		.30	-.21	.60		-.19	.38	.14		
V2.10		.15	.53	.21	.16		.11	.21	-.18	.14	.32	.34
V2.9		.45			.65		.15		.22	.12		
V1.9	.64			.15		.13	.13			.29	-.23	.34
V1.8	.14		.60	-.11				.17	.15	-.23	-.13	.10
V1.7	.14		.24			-.17	.24	.13	.10			.10
V1.6			.74				.73					.18
V1.5	.11		-.12							-.12	.16	
V1.4	.12	.17			.43	.54		.28	.15	.27	-.18	
V1.3			.17				.15			.87		
V1.2			.66			-.13	-.16					
.18	.26				.12			.71		.14		.18
V1.17	.26	.21		.20				-.10	.19	.18	.64	
V1.16	.20		.60					.11	-.31	.11		-.26

	1	2	3	4	5	6	7	8	9	10	11	12
V1.15	.79											
V1.14	.14		.20			-.10			.12			.14
V1.13	.78	.14		.12	.11	.20	.22	.76	-.16			
V1.12	.36		.25		.44	.32	.13		.10	-.16	.13	-.10
V1.11	.23	.13		.16	.13	.16	.66		-.20	-.19		
V1.10		-.23	-.19	-.11	-.12		.52	.28			.36	
V1.1			.71		.18					.16		

Fortsetzung Tab. I.24

I.25 Ostdeutschland: Dreifaktorenlösung über Partnerpräferenzen nach Ausschluss der Sprecher-Items für Ostdeutschland

Komponente	Anfängliche Eigenwerte			Rotierte Summe der quadrierten Ladungen		
	Gesamt	% der Varianz	Kumulierte %	Gesamt	% der Varianz	Kumulierte %
1	6.32	15.80	15.80	5.69	14.23	14.23
2	3.76	9.40	25.20	3.82	9.54	23.78
3	2.79	6.98	32.18	3.36	8.40	32.18
4	2.24	5.61	37.79			
5	1.95	4.86	42.65			
6	1.74	4.35	47.00			
7	1.43	3.56	50.56			
8	1.33	3.32	53.89			
9	1.26	3.15	57.04			
10	1.19	2.97	60.01			
11	1.08	2.70	62.71			
12	1.05	2.64	65.35			
13	.96	2.40	67.74			
14	.92	2.30	70.05			
15	.87	2.18	72.22			
16	.84	2.11	74.33			
17	.81	2.01	76.34			
18	.74	1.85	78.19			
19	.71	1.77	79.96			
20	.64	1.59	81.54			
21	.62	1.55	83.09			
22	.59	1.46	84.56			
23	.54	1.36	85.91			
24	.52	1.31	87.22			
25	.50	1.25	88.47			
26	.47	1.18	89.65			
27	.45	1.12	90.77			
28	.41	1.03	91.81			
29	.39	.99	92.79			
30	.36	.90	93.69			
31	.34	.86	94.55			
32	.33	.83	95.38			
33	.31	.77	96.15			
34	.28	.70	96.85			
35	.27	.66	97.51			
36	.24	.61	98.13			
37	.23	.57	98.69			
38	.19	.47	99.17			
39	.17	.44	99.60			
40	.16	.40	100.00			

I.26 Ostdeutschland: Faktorladungen der varimaxrotierten auf drei Faktoren begrenzten Faktorenanalyse nach Ausschluss der Sprecher-Items

Komponente	1	2	3
V1.8	.76	.22	
V2.9	.70	.26	-.15
V2.10	.67		
V2.5	.65		.16
V2.3	.64	.11	.11
V2.4	.63	.27	
V2.19	.62	-.19	.15
V2.13	.58	-.21	.20
V1.13	.54	.41	
V2.7	.50		
V1.15	.49	.45	
V2.8	.48		-.35
V1.17	.42		
V2.15	.38		-.11
V1.3	.37		
V2.21	.34	-.19	.15
V2.17	.33	-.25	.16
V2.18	.32		.72
V2.16	.30	-.30	.41
V1.12	.24	.42	.40
V1.11	.23	.30	.17
V2.22	.22	.35	.30
V2.1	.21	.26	.54
V2.12	.15	.23	.13
V1.4	.15		.79
V1.16	.14	.48	-.14
V2.6	-.10		.35
V1.5	-.14	.58	-.14
V1.7	-.15	.66	-.11
V1.1		.67	
V1.18		.59	-.13
V1.6		.50	
V1.9		.44	
V1.2		.27	.28
V1.14		.18	.44
V2.20		-.11	.40
V2.2		-.11	.36
V2.11		-.29	.39
V2.14			.45
V1.10			

I.27 Westdeutschland: Varimaxrotierte Faktorenanalyse über 52 Partnerpräferenzen

Erklärte Gesamtvarianz

Komponente	Anfängliche Eigenwerte			Rotierte Summe der quadrierten Ladungen		
	Gesamt	% der Varianz	Kumulierte %	Gesamt	% der Varianz	Kumulierte %
1	9.04	17.39	17.39	6.68	12.84	12.84
2	4.50	8.64	26.04	3.16	6.08	18.92
3	3.69	7.09	33.13	2.66	5.11	24.03
4	2.84	5.46	38.59	2.59	4.98	29.01
5	2.06	3.96	42.55	2.55	4.90	33.91
6	1.79	3.44	45.99	2.43	4.68	38.59
7	1.63	3.13	49.13	2.42	4.66	43.25
8	1.54	2.96	52.08	2.30	4.43	47.68
9	1.41	2.72	54.80	1.72	3.31	50.99
10	1.26	2.43	57.22	1.65	3.17	54.16
11	1.24	2.38	59.60	1.62	3.11	57.27
12	1.17	2.24	61.84	1.53	2.95	60.22
13	1.07	2.05	63.90	1.50	2.89	63.11
14	1.01	1.95	65.85	1.42	2.74	65.85
15	.98	1.88	67.73			
16	.97	1.86	69.58			
17	.90	1.73	71.32			
18	.86	1.66	72.98			
19	.78	1.50	74.48			
20	.74	1.41	75.89			
21	.71	1.36	77.25			
22	.69	1.32	78.57			
23	.64	1.24	79.81			
24	.64	1.23	81.04			
25	.61	1.16	82.21			
26	.58	1.12	83.32			
27	.56	1.07	84.40			
28	.55	1.06	85.46			
29	.52	1.00	86.46			
30	.51	.97	87.44			
31	.49	.95	88.38			
32	.46	.88	89.27			
33	.44	.85	9.11			
34	.42	.80	9.91			
35	.41	.78	91.70			
36	.39	.74	92.44			
37	.37	.71	93.14			
38	.35	.67	93.82			
39	.32	.61	94.43			
40	.31	.59	95.02			
41	.30	.58	95.60			
42	.29	.56	96.17			
43	.28	.53	96.70			
44	.26	.51	97.21			
45	.25	.48	97.69			
46	.21	.41	98.10			
47	.21	.40	98.50			
48	.19	.37	98.87			
49	.17	.32	99.20			
50	.15	.30	99.49			
51	.15	.28	99.77			
52	.12	.23	1.00			

Extraktionsmethode: Hauptkomponentenanalyse.

L.29 Westdeutschland: Faktorladungen der varimaxrotierten Faktorenanalyse

	1	2	3	4	5	6	7	8	9	10	11	12	13	14
V3.9	-.35													.10
V3.8	-.67											.17		
V3.7		-.11										-.10		
V3.6				-.19	.32	-.18				.17		.16	-.30	-.14
V3.5		-.14	.18	.16	.68					.18			-.23	
V3.4	-.60			-.16	.25		.11			-.20	-.13			
V3.3		-.22	.19		.30	-.13	.11	.28	.22	.13	-.23	.15	-.34	-.27
V3.2					.17	.16		.24					.10	
V3.12	-.55				.31		-.17	.77		-.32			.17	
V3.11			-.36		.15			.33		.17				-.18
V3.10		-.70		-.25	.81			.29						
V3.1	-.31		-.11			.15	.11		-.14	.23	.19			.16
V2.9	.72	-.13	.17	.18		-.22	-.18		.12		.20			
V2.8	.54	-.39					.17	.35	.23	.24	-.17	-.27		-.17
V2.7	.70				.11								.18	.11
V2.6	-.18	.45	.24	.49		.23	-.17		-.12					
V2.5	.69				.18	.27	.14	.14	-.23	-.11	.29			-.20
V2.4	.62		.34	.18		.20								
V2.3	.72								-.22	-.12		.24		
V2.22	.27													
V2.21	.18	.12			.26	.58				-.34			.13	
V2.20		.63	-.12	.74		-.29		-.29		-.14		-.16		-.26
V2.2				.23						.73		-.10		
V2.19	.31			.14		.66				.18				-.15
V2.18		.53	.10	.43		.12	.22			.23	.17		.22	
V2.17	.34	.29		.22		.64				.45	-.19	-.13	-.27	.17
V2.16	.19		-.35	-.16	-.11	-.39				.16	-.39		-.11	.18
V2.15	-.21	.63			.34	.10				.14	.14	.16		.12
V2.14	.44				.12	.54		-.12				-.13	.15	
V2.13	.37	-.17	.56		.26	.15		-.12			.11		-.14	.28
V2.12		.64			.10			.11				.16		-.20
V2.11	.79				-.30		.11					-.22		

	1	2	3	4	5	6	7	8	9	10	11	12	13	14
V2.1	.18	.16												
V1.9	.11	-.25		.71					.21	.15				.17
V1.8	.60	.15	.22	.13		.26	.19		.17		.19	.64	.10	-.17
V1.7							.20			-.11	.11			
V1.6	.12		.69		.12		.27		.16	-.11		.73	.11	.17
V1.5			.15	-.11			.34							.19
V1.4	-.16	.59		.28	.24	.18	.67		.13	.21	-.12	.24		
V1.3	.12										.13		.30	
V1.2			.19			-.10			.25				.82	
V1.18						.25	.20		-.24					.68
V1.17	.47	-.14		.14		.26	.66		.37		.12			.14
V1.16				.19	-.25		-.11		-.19			.16	.15	.23
V1.15	.47		.31	.18		.17	.52		.41	-.12	.35		-.11	
V1.14		.12	.15	.23			.19	.12	.12	-.13	.23		-.15	-.12
V1.13	.47		.31	.12					.28	.13	.74		-.13	.20
V1.12	.24	.19				.11	.18		.22	-.16	.43	.12	.13	-.18
V1.11	.17		.86	.62			.24					.12		
V1.10			.14						.77					
V1.1	.12		.12	.10	.13	-.13	.67		.12	-.18				.18

Fortsetzung Tab. I.29

I.30 Westdeutschland: Vierfaktorenlösung über 52 Partnerpräferenzen

Komponente	Anfängliche Eigenwerte			Rotierte Summe der quadrierten Ladungen		
	Gesamt	% der Varianz	Kumulierte %	Gesamt	% der Varianz	Kumulierte %
1	9.04	17.39	17.39	7.81	15.02	15.02
2	4.50	8.64	26.04	4.30	8.27	23.29
3	3.69	7.09	33.13	4.21	8.10	31.39
4	2.84	5.46	38.59	3.75	7.20	38.59
5	2.06	3.96	42.55			
6	1.79	3.44	45.99			
7	1.63	3.13	49.13			
8	1.54	2.96	52.08			
9	1.41	2.72	54.80			
10	1.26	2.43	57.22			
11	1.24	2.38	59.60			
12	1.17	2.24	61.84			
13	1.07	2.05	63.90			
14	1.01	1.95	65.85			
15	.98	1.88	67.73			
16	.97	1.86	69.58			
17	.90	1.73	71.32			
18	.86	1.66	72.98			
19	.78	1.50	74.48			
20	.74	1.41	75.89			
21	.71	1.36	77.25			
22	.69	1.32	78.57			
23	.64	1.24	79.81			
24	.64	1.23	81.04			
25	.61	1.16	82.21			
26	.58	1.12	83.32			
27	.56	1.07	84.40			
28	.55	1.06	85.46			
29	.52	1.00	86.46			
30	.51	.97	87.44			
31	.49	.95	88.38			
32	.46	.88	89.27			
33	.44	.85	90.11			
34	.42	.80	90.91			
35	.41	.78	91.70			
36	.39	.74	92.44			
37	.37	.71	93.14			
38	.35	.67	93.82			
39	.32	.61	94.43			
40	.31	.59	95.02			
41	.30	.58	95.60			
42	.29	.56	96.17			
43	.28	.53	96.70			
44	.26	.51	97.21			
45	.25	.48	97.69			
46	.21	.41	98.10			
47	.21	.40	98.50			
48	.19	.37	98.87			
49	.17	.32	99.20			
50	.15	.30	99.49			
51	.15	.28	99.77			
52	.12	.23	100.00			

I.31 Westdeutschland: Faktorladungen der varimaxrotierten auf vier Faktoren begrenzten Faktorenanalyse

	1	2	3	4
V3.9	-.31			.56
V3.8	-.69		-.10	.42
V3.7		-.12		.34
V3.6				.57
V3.5			.11	.63
V3.4	-.61			.39
V3.3	.12	-.30		.51
V3.2	-.11			.53
V3.12	-.54		-.19	.45
V3.11		-.64		.43
V3.10				.68
V3.1	-.41	.27	-.11	.24
V2.9	.66	-.11	.24	-.18
V2.8	.53	-.34	.12	
V2.7	.61			
V2.6		.66		
V2.5	.72			.13
V2.4	.61		.34	-.18
V2.3	.71			
V2.22	.34	.47		
V2.21	.45	.16	.11	.33
V2.20		.34	-.18	-.39
V2.2		.36	-.13	
V2.19	.57	.18		.16
V2.18		.74	.27	
V2.17	.60		-.12	.18
V2.16	.17	.41	-.14	-.11
V2.15	-.42		-.11	
V2.14		.56	-.12	
V2.13	.62	.11		.17
V2.12	.45		.37	
V2.11		.51	-.16	-.27
V2.10	.71			-.15
V2.1	.25	.56	.21	
V1.9	.13	-.24	.44	.14
V1.8	.65	.13	.31	-.14
V1.7			.52	
V1.6	.14		.71	
V1.5			.44	.18
V1.4		.74	.18	
V1.3		.11	.14	-.20
V1.2			.48	.13
V1.18	.16	.12	.39	
V1.17	.56		.12	
V1.16			.46	-.21
V1.15	.56		.45	-.10
V1.14		.24	.40	
V1.13	.48		.51	-.20
V1.12	.27	.44	.40	
V1.11	.22		.61	
V1.10			.37	.12
V1.1			.54	

I.32 Westdeutschland: Varimaxrotierte Faktorenanalyse über Partnerpräferenzen nach Ausschluss der Sprecher-Items

Erklärte Gesamtvarianz

Komponente	Anfängliche Eigenwerte			Rotierte Summe der quadrierten Ladungen		
	Gesamt	% der Varianz	Kumulierte %	Gesamt	% der Varianz	Kumulierte %
1	7.58	18.95	18.95	5.03	12.58	12.58
2	3.76	9.41	28.36	2.63	6.58	19.16
3	3.03	7.56	35.92	2.59	6.47	25.63
4	1.91	4.77	40.69	2.55	6.37	32.00
5	1.68	4.20	44.89	2.48	6.21	38.20
6	1.52	3.80	48.69	2.36	5.91	44.11
7	1.38	3.45	52.14	1.68	4.21	48.32
8	1.32	3.31	55.45	1.66	4.15	52.47
9	1.17	2.92	58.37	1.63	4.08	56.55
10	1.08	2.70	61.07	1.51	3.78	60.33
11	1.02	2.55	63.63	1.32	3.30	63.63
12	.99	2.47	66.09			
13	.93	2.31	68.41			
14	.89	2.22	70.63			
15	.86	2.14	72.77			
16	.81	2.02	74.80			
17	.78	1.95	76.75			
18	.73	1.82	78.57			
19	.66	1.65	8.22			
20	.65	1.62	81.84			
21	.61	1.52	83.36			
22	.57	1.41	84.77			
23	.53	1.32	86.09			
24	.52	1.29	87.38			
25	.50	1.25	88.63			
26	.46	1.15	89.77			
27	.41	1.04	9.81			
28	.40	1.01	91.82			
29	.38	.95	92.77			
30	.36	.89	93.66			
31	.33	.84	94.49			
32	.33	.82	95.32			
33	.31	.78	96.09			
34	.29	.71	96.81			
35	.27	.68	97.48			
36	.24	.59	98.08			
37	.23	.58	98.66			
38	.20	.51	99.16			
39	.17	.43	99.59			
40	.16	.41	1.00			

Extraktionsmethode: Hauptkomponentenanalyse.

I.34 Westdeutschland: Faktorladungen der varimaxrotierten Faktorenanalyse nach Ausschluss der Sprecher-Items

	1	2	3	4	5	6	7	8	9	10	11
V2.8	.73	.10	.19								
V2.7	.58	-.17	.16						.21	-.27	
V2.6	.66	.13							-.19		.24
V2.5	-.26	.48		.23	-.11						
V2.4	.63	.10	.23	.39	-.25						
V2.3	.62	.17	.36	.10	-.13					.15	
V2.2	.69	.15		.26	.38	-.20	.19	-.14	.30	-.12	-.12
V2.22	.22	.78				.13		-.25	-.12	.10	.25
V2.21	.12	.17									
V2.20				.68			-.23	-.30		.14	-.34
V2.19			-.12	-.29				.10	.15	-.19	-.13
V2.28	.26	.20			.72		-.19		-.12	-.20	.11
V2.1		.43	.18	.64	.12	.14	-.11	.17	.16	.12	-.12
V2.17	.28	.32	.12	.12	.50		.73	-.15	-.18		
V2.16	.18	-.18	-.47	.63	.23		.14	.12	-.29		
V2.15	-.13	.21	-.15	-.30			.28	-.13			
V2.14				.12	.55		.44				
V2.13	.39		.60	.62			.31				
V2.12	.34			.17			.11				
V2.11					-.16						
V2.10	.78				.66			-.10	.18	.18	-.19
V2.9	.16	.70	.12	.11	.12	.36	.17	.30	-.12	-.17	.13
V1.9		.22			-.30	.14	-.43		.22		
V1.8	.59		.27		.28	.38					
V1.7		.18	.12	.26	-.14	.34	-.39	-.11	.11	.10	.17
V1.6	.11		.70			.74		.12	-.18		.12
V1.5			.11					.14			
V1.4	-.17	.30	.15	.19	.53		.27			.34	.31
V1.3						.12				.24	
V1.2	.15					.15		.17	-.10	.23	
V1.18		.14	.18	.20		.65		-.25	.17		.80
V1.17	.50	.18		.29	-.15	-.12		.28	-.14	.26	-.11
V1.16		.16				.47		-.19	.56	-.10	.15

	1	2	3	4	5	6	7	8	9	10	11
V1.15	.47	.21	.34	.17	.14	.13	-.14	.39	.26		-.15
V1.14		.13	.14			-.10	.12	.14	.68	.33	-.12
V1.13	.47	.64	.35	.12	.15	.17	-.22	.31	.37	-.12	.12
V1.12	.22		.83		.18	.26		.19	.11		.10
V1.11	.15		.12		-.12			.11			
V1.10					-.10			.77		.19	
V1.1	.14					.65	-.12			.16	.11

Fortsetzung Tab. I.34

I.35 Westdeutschland: Dreifaktorenlösung über Partnerpräferenzen nach Ausschluss der Sprecher-Items

Erklärte Gesamtvarianz

Komponente	Anfängliche Eigenwerte			Rotierte Summe der quadrierten Ladungen		
	Gesamt	% der Varianz	Kumulierte %	Gesamt	% der Varianz	Kumulierte %
1	7.58	18.95	18.95	6.54	16.36	16.36
2	3.76	9.41	28.36	3.97	9.94	26.30
3	3.03	7.56	35.92	3.85	9.63	35.92
4	1.91	4.77	40.69			
5	1.68	4.20	44.89			
6	1.52	3.80	48.69			
7	1.38	3.45	52.14			
8	1.32	3.31	55.45			
9	1.17	2.92	58.37			
10	1.08	2.70	61.07			
11	1.02	2.55	63.63			
12	.99	2.47	66.09			
13	.93	2.31	68.41			
14	.89	2.22	70.63			
15	.86	2.14	72.77			
16	.81	2.02	74.80			
17	.78	1.95	76.75			
18	.73	1.82	78.57			
19	.66	1.65	80.22			
20	.65	1.62	81.84			
21	.61	1.52	83.36			
22	.57	1.41	84.77			
23	.53	1.32	86.09			
24	.52	1.29	87.38			
25	.50	1.25	88.63			
26	.46	1.15	89.77			
27	.41	1.04	90.81			
28	.40	1.01	91.82			
29	.38	.95	92.77			
30	.36	.89	93.66			
31	.33	.84	94.49			
32	.33	.82	95.32			
33	.31	.78	96.09			
34	.29	.71	96.81			
35	.27	.68	97.48			
36	.24	.59	98.08			
37	.23	.58	98.66			
38	.20	.51	99.16			
39	.17	.43	99.59			
40	.16	.41	100.00			

I.36 Westdeutschland: Faktorladungen der varimaxrotierten auf drei Faktoren begrenzten Faktorenanalyse nach Ausschluss der Sprecher-Items

	1	2	3
V2.8	.68	.22	
V2.7	.57	.10	-.36
V2.6	.61		
V2.5			.67
V2.4	.72		
V2.3	.65	.31	
V2.2	.72		
V2.22	.34		.44
V2.21	.41	.13	.12
V2.20		-.20	.37
V2.19		-.15	.37
V2.28	.57		.14
V2.1		.26	.76
V2.17	.57	-.11	
V2.16	.17	-.15	.43
V2.15	-.40	-.10	
V2.14		-.12	.55
V2.13	.62		
V2.12	.46	.34	
V2.11		-.16	.57
V2.10	.73		
V2.9	.27	.20	.56
V1.9	.11	.43	-.30
V1.8	.65	.30	.18
V1.7		.54	
V1.6	.16	.69	
V1.5		.44	-.15
V1.4		.17	.74
V1.3		.13	.15
V1.2	-.11	.49	
V1.18	.17	.39	.13
V1.17	.57	.11	
V1.16		.46	
V1.15	.58	.43	.10
V1.14		.38	.25
V1.13	.51	.49	
V1.12	.27	.40	.45
V1.11	.24	.58	
V1.10		.35	
V1.1		.55	

I.37 Irland: Varimaxrotierte Faktorenanalyse über 52 Partnerpräferenzen

Komponente	Anfängliche Eigenwerte			Rotierte Summe der quadrierten Ladungen		
	Gesamt	% der Varianz	Kumulierte %	Gesamt	% der Varianz	Kumulierte %
1	8.03	15.44	15.44	4.05	7.79	7.79
2	4.98	9.58	25.02	3.69	7.10	14.89
3	3.51	6.75	31.76	2.80	5.38	20.27
4	3.13	6.01	37.78	2.79	5.37	25.64
5	2.43	4.68	42.45	2.68	5.16	30.80
6	2.09	4.02	46.47	2.61	5.02	35.82
7	1.87	3.60	50.07	2.51	4.83	40.65
8	1.70	3.28	53.35	2.19	4.22	44.86
9	1.57	3.01	56.36	2.09	4.01	48.87
10	1.49	2.86	59.22	2.09	4.01	52.88
11	1.38	2.65	61.87	1.87	3.60	56.48
12	1.30	2.49	64.37	1.86	3.57	6.05
13	1.23	2.37	66.74	1.83	3.52	63.57
14	1.16	2.24	68.97	1.72	3.30	66.87
15	1.07	2.06	71.03	1.65	3.17	70.04
16	1.00	1.93	72.97	1.52	2.92	72.97
17	.98	1.89	74.85			
18	.85	1.63	76.48			
19	.79	1.52	78.00			
20	.78	1.49	79.49			
21	.76	1.46	80.95			
22	.70	1.35	82.30			
23	.68	1.31	83.60			
24	.60	1.16	84.77			
25	.59	1.13	85.89			
26	.55	1.07	86.96			
27	.54	1.04	88.00			
28	.53	1.02	89.02			
29	.44	.84	89.86			
30	.42	.81	90.67			
31	.39	.75	91.42			
32	.38	.73	92.15			
33	.35	.67	92.82			
34	.33	.64	93.46			
35	.32	.61	94.07			
36	.30	.58	94.65			
37	.29	.57	95.22			
38	.28	.54	95.75			
39	.26	.50	96.25			
40	.25	.48	96.73			
41	.21	.40	97.14			
42	.20	.38	97.51			
43	.18	.35	97.87			
44	.17	.34	98.20			
45	.17	.33	98.53			
46	.15	.28	98.82			
47	.14	.27	99.09			
48	.12	.23	99.33			
49	.10	.20	99.53			
50	.10	.19	99.71			
51	.08	.16	99.87			
52	.07	.13	100.00			

L39 Irland: Faktorladungen der varimaxrotierten Faktorenanalyse

	1	2	3	4	5	6	7	8	9	10	11	12	13	14	15	16
V3.9	-.16	-.28	.49	.45				-.13				.20		.10	.28	-.11
V3.8		-.62	.15	.43	-.18	-.14	-.11	-.13				-.16		.26		
V3.7			.72	.17			.15	-.13						.17		
V3.6	-.16	-.16	.63	.33		.12		-.27	.17						.14	
V3.5	.16			.80					-.14	-.18		.14				
V3.4	-.20	-.47	.22	.17	-.11	-.17	.23	.11	-.12	.18		-.18	.29	.32	.11	
V3.3		.30	.33	.41			-.17			-.42			.11	-.12		
V3.2			.86													
V3.12		-.53	.24	.13				-.45	-.13	-.16			.15	.28		-.16
V3.11			.24	.11				-.39	.16	-.35				-.11		-.21
V3.10			.29	.79					.20							
V3.1	-.13	-.16	.23	.14	-.18		.27	-.62			.10		.35	-.14		
V2.8	.51	.29		.21		.22		.33	.18			-.38	.15	.37	.21	.30
V2.7		.13	-.12	.24	-.14		-.12	.55	.23		.12			.14	-.11	
V2.6	.23		-.13	-.22	.15		.13	.57		.26				.14		.12
V2.5					.27		.10	-.17	.24		-.26			-.73		
V2.4	.32	.62		.20	.15	.13	.13	.30					.19			
V2.3	.66	.11						.14			.16		.21	-.16	.14	
V2.2	.25	.68			.75			.24			.19	.11	.23		.28	
V2.22	.20				.24						-.11		.26			
V2.21	.17	.19		.17		-.13	.43	.12		-.13			.73	-.16	-.12	.28
V2.20	-.16	.19	-.16	.21	-.21	.11	.18	-.24		.75			-.14	-.24	.21	.29
V2.19		.15	.15		-.14		.55			.20	.16	-.11	.28	.16	-.22	
V2.28	.35				.27			-.10	-.15	.42	.19	.49	.48		.16	
V2.1		.10		.25	.30	.14	.37	.13	-.21		-.11			-.15	.14	.56
V2.17	.12	-.67	.25	-.15					-.14	-.24	-.18	.73	.21	.25	.28	
V2.16	-.18	-.27	.18	.10			.28		-.14	-.10		.33			.15	.17
V2.15									-.10	-.16	-.20	.14	-.29	-.16	.11	
V2.14	.16	.59				.13						.14		.12		
V2.13	.19	.37	-.13		.34	.58		.13	-.16	.63		.49		.25	.45	.74
V2.12	-.19			-.21	.20	.14	-.15	.14						-.11		-.13
V2.11	.20	.28	-.11					.16								

	1	2	3	4	5	6	7	8	9	10	11	12	13	14	15	16
V2.9	.35															
V1.9	.61	.13	-.14													-.13
V1.8	.10	.27	-.11	-.17	.75	.14	.11	.12				.27	.24	-.12	.32	
V1.7	.17				.10	.20	.17	.20				.31		-.17	-.27	-.12
V1.6		.35	-.11	.10	.25	.52	.45		.58						.20	
V1.5			.14		.13	.58		.12	.77	.12						
V1.4		-.16		.19	.11		.80		.39	-.14	.22	.18		.19		
V1.3			.15	-.33	-.11		.65		.13	.12		-.11	-.14	-.30		
V1.2	-.17			-.12	.10	.64			.33	-.18	-.24		.12		-.20	
V1.18					-.12				.18	-.12	.79		-.18			.25
V1.17	.40	.16	.18	.22	.40	.22	-.12	.22	.12	.12	-.39		-.25			
V1.16							-.11		.53	.12	.41	.19	-.19	.22	-.15	-.10
V1.15	.88															
V1.14	.20								.19	-.13						
V1.13	.82	.15			.22	.17	-.10		.10		.20				.78	
V1.12	.33		.21		.66	.43			.14		-.16				.14	
V1.11	.45	.30			.29	.79	.16				.17			.29	-.19	.11
V1.10	.16					.12										.18
V1.1	.19		.16	-.14				-.20		.20	.57	-.25	.28			-.15

Fortsetzung Tab. I.39

I.40 Irland: Vierfaktorenlösung über 52 Partnerpräferenzen

Erklärte Gesamtvarianz

Komponente	Anfängliche Eigenwerte			Rotierte Summe der quadrierten Ladungen		
	Gesamt	% der Varianz	Kumulierte %	Gesamt	% der Varianz	Kumulierte %
1	8.03	15.44	15.44	6.93	13.32	13.32
2	4.98	9.58	25.02	5.52	10.62	23.94
3	3.51	6.75	31.76	3.65	7.03	30.96
4	3.13	6.01	37.78	3.54	6.81	37.78
5	2.43	4.68	42.45			
6	2.09	4.02	46.47			
7	1.87	3.60	50.07			
8	1.70	3.28	53.35			
9	1.57	3.01	56.36			
10	1.49	2.86	59.22			
11	1.38	2.65	61.87			
12	1.30	2.49	64.37			
13	1.23	2.37	66.74			
14	1.16	2.24	68.97			
15	1.07	2.06	71.03			
16	1.00	1.93	72.97			
17	.98	1.89	74.85			
18	.85	1.63	76.48			
19	.79	1.52	78.00			
20	.78	1.49	79.49			
21	.76	1.46	80.95			
22	.70	1.35	82.30			
23	.68	1.31	83.60			
24	.60	1.16	84.77			
25	.59	1.13	85.89			
26	.55	1.07	86.96			
27	.54	1.04	88.00			
28	.53	1.02	89.02			
29	.44	.84	89.86			
30	.42	.81	90.67			
31	.39	.75	91.42			
32	.38	.73	92.15			
33	.35	.67	92.82			
34	.33	.64	93.46			
35	.32	.61	94.07			
36	.30	.58	94.65			
37	.29	.57	95.22			
38	.28	.54	95.75			
39	.26	.50	96.25			
40	.25	.48	96.73			
41	.21	.40	97.14			
42	.20	.38	97.51			
43	.18	.35	97.87			
44	.17	.34	98.20			
45	.17	.33	98.53			
46	.15	.28	98.82			
47	.14	.27	99.09			
48	.12	.23	99.33			
49	.10	.20	99.53			
50	.10	.19	99.71			
51	.08	.16	99.87			
52	.07	.13	100.00			

I.41 Irland: Faktorladungen der varimaxrotierten auf vier Faktoren begrenzten Faktorenanalyse

	1	2	3	4
V3.9	-.15	.69	-.18	-.10
V3.8	-.29	.63		
V3.7		.62		
V3.6		.72		.14
V3.5	.34	.56	-.20	
V3.4	-.30	.39	-.13	.12
V3.3	.35	.43	-.11	-.37
V3.2		.55		
V3.12	-.34	.59	.18	
V3.11	-.11	.42	.26	-.47
V3.10	.24	.66	-.16	
V3.1	-.27	.50		.23
V2.8	.72		.11	
V2.7	.30			-.45
V2.6	.29	-.29	.28	
V2.5			-.18	.42
V2.4	.80	-.11	-.15	
V2.3	.60		.39	
V2.2	.64	-.20		
V2.22	.29		.39	.46
V2.21	.48	.10		
V2.20		-.39	-.23	.31
V2.19		.42	-.22	.27
V2.28	.29		-.23	.22
V2.1	.23	.11	.15	.70
V2.17	.31	.10	-.35	
V2.16	.22	.19	.15	.42
V2.15	-.42	.45		
V2.14		.32	-.13	.46
V2.13	.61		-.22	
V2.12	.56	-.17	.29	
V2.11	-.10	-.38	-.20	.37
V2.10	.40	-.26		
V2.9	.20		.19	.43
V1.9	.38	-.21	.37	
V1.8	.66	-.16		.22
V1.7	.12		.58	-.12
V1.6	.53		.26	.25
V1.5	.11		.56	
V1.4		.32		.67
V1.3			.26	.36
V1.2	.12		.20	
V1.18			.47	
V1.17	.52	.10	-.11	-.14
V1.16		-.20	.59	
V1.15	.62		.22	
V1.14	.15	.42	.26	
V1.13	.58		.32	
V1.12	.26	-.20	.48	.46
V1.11	.60		.26	.21
V1.10	.21		.42	
V1.1			.41	.11

I.42 Irland: Varimaxrotierte Faktorenanalyse über Partnerpräferenzen nach Ausschluss der Sprecher-Items

Erklärte Gesamtvarianz

Komponente	Anfängliche Eigenwerte			Rotierte Summe der quadrierten Ladungen		
	Gesamt	% der Varianz	Kumulierte %	Gesamt	% der Varianz	Kumulierte %
1	7.16	17.91	17.91	4.23	10.58	10.58
2	3.10	7.76	25.67	2.83	7.08	17.66
3	2.93	7.33	33.00	2.37	5.92	23.57
4	2.43	6.08	39.08	2.30	5.75	29.32
5	2.21	5.51	44.59	2.29	5.72	35.04
6	1.79	4.47	49.06	2.28	5.71	40.75
7	1.62	4.06	53.12	2.21	5.53	46.28
8	1.50	3.74	56.86	2.12	5.29	51.57
9	1.35	3.38	60.24	2.08	5.19	56.76
10	1.24	3.10	63.34	1.81	4.52	61.29
11	1.16	2.90	66.23	1.55	3.87	65.15
12	1.11	2.78	69.01	1.54	3.86	69.01
13	.90	2.26	71.27			
14	.88	2.21	73.48			
15	.83	2.08	75.56			
16	.78	1.94	77.50			
17	.72	1.80	79.30			
18	.71	1.77	81.07			
19	.69	1.72	82.78			
20	.62	1.55	84.33			
21	.60	1.50	85.83			
22	.54	1.35	87.19			
23	.49	1.24	88.42			
24	.48	1.20	89.62			
25	.42	1.06	90.68			
26	.39	.97	91.65			
27	.38	.94	92.59			
28	.34	.85	93.44			
29	.34	.84	94.28			
30	.32	.81	95.09			
31	.29	.72	95.81			
32	.26	.65	96.46			
33	.25	.61	97.08			
34	.23	.58	97.66			
35	.21	.52	98.18			
36	.19	.48	98.66			
37	.17	.42	99.08			
38	.15	.37	99.44			
39	.12	.30	99.75			
40	.10	.25	100.00			

I.44 Irland: Faktorladungen der varimaxrotierten Faktorenanalyse Irland nach Ausschluss der Sprecher-Items

	1	2	3	4	5	6	7	8	9	10	11	12
V2.8	.61	.18	.14	.15	.24		.26	-.13	-.27			
V2.7							.70			.20		.10
V2.6	.25					-.14	.44		.23		.45	
V2.5		-.17	.18		.15	.18	-.57	.36	-.24	.12		-.18
V2.4	.43	.28	.18	.36	.26		.37	.32	-.24	.18		
V2.3	.67	.12		.40			.21					
V2.2	.29	.20	.21		.21		.21	.34		-.14	.20	.38
V2.22	.22	.16	.13				.35			-.29	.25	
V2.21	.25		.73	.41	.11	-.13	-.15			-.21		
V2.20			.40				.34					
V2.19	-.14	-.16		.15		.32	-.23	.78	-.31		.14	.31
V2.28				.75		.19	-.18	-.14		-.17	.11	-.16
V2.1	.29	.21	.26	.56		.59	-.18	.26	-.53			.17
V2.17			.14	.26	-.10	-.13	-.17			.49	-.24	
V2.16		.20	.39			.39	.12	-.18				.35
V2.15	-.28	-.22			-.13	.13	-.21	-.53		.11	-.15	.15
V2.14				.65	-.13	.34	-.42	-.28		.39	.41	.12
V2.13	.17	.30	.21	.13	.12		.13	.13	.10	.18	.22	
V2.12	.18	.75	.20	.18	-.17		.16	.63	.11		.13	
V2.11	-.23		.17	-.11								
V2.10	.19	.13				-.12			.10	.19	.82	.18
V2.9	.42	-.10	.79	.24	.54	.13	.13	.10	.18		-.13	-.11
V1.9	.64	.17	.16	.42	.11	.11	.17	.11	.28			-.12
V1.8	.16				.70	.35	.22	.20	-.13			.25
V1.7	.20		.19	.12	.15		-.13		.14			
V1.6		.69			.70		-.21		-.15	-.17	.13	
V1.5		.27	.13	.17					.10			
V1.4					.15	.79			-.17			.12
V1.3	-.18	.37	-.10	.11	.63	.71			.63	.12	.14	-.12
V1.2					.11					-.34	.16	
V1.18	.44	.22	-.17		.11	-.10		.17	.75	.51	-.10	.25
V1.17			.22		.24							.13
V1.16												

	1	2	3	4	5	6	7	8	9	10	11	12
V1.15	.86	.19			-.18						.10	.14
V1.14	.20		.18	-.14	.13			-.18				.82
V1.13	.83		.52									.15
V1.12	.28	.24	.15			.16	-.19	.14	.42	-.11	.11	-.18
V1.11	.41	.68				.17					.17	
V1.10	.11	.64			.33	-.13	-.19	-.18	.14	-.76	-.10	
V1.1	.13		-.13				-.14					

Fortsetzung Tab. I.44

I.45 Irland: Dreifaktorenlösung über Partnerpräferenzen nach Ausschluss der Sprecher-Items

Erklärte Gesamtvarianz

Komponente	Anfängliche Eigenwerte			Rotierte Summe der quadrierten Ladungen		
	Gesamt	% der Varianz	Kumulierte %	Gesamt	% der Varianz	Kumulierte %
1	7.16	17.91	17.91	6.59	16.48	16.48
2	3.10	7.76	25.67	3.41	8.52	25.00
3	2.93	7.33	33.00	3.20	8.00	33.00
4	2.43	6.08	39.08			
5	2.21	5.51	44.59			
6	1.79	4.47	49.06			
7	1.62	4.06	53.12			
8	1.50	3.74	56.86			
9	1.35	3.38	60.24			
10	1.24	3.10	63.34			
11	1.16	2.90	66.23			
12	1.11	2.78	69.01			
13	.90	2.26	71.27			
14	.88	2.21	73.48			
15	.83	2.08	75.56			
16	.78	1.94	77.50			
17	.72	1.80	79.30			
18	.71	1.77	81.07			
19	.69	1.72	82.78			
20	.62	1.55	84.33			
21	.60	1.50	85.83			
22	.54	1.35	87.19			
23	.49	1.24	88.42			
24	.48	1.20	89.62			
25	.42	1.06	90.68			
26	.39	.97	91.65			
27	.38	.94	92.59			
28	.34	.85	93.44			
29	.34	.84	94.28			
30	.32	.81	95.09			
31	.29	.72	95.81			
32	.26	.65	96.46			
33	.25	.61	97.08			
34	.23	.58	97.66			
35	.21	.52	98.18			
36	.19	.48	98.66			
37	.17	.42	99.08			
38	.15	.37	99.44			
39	.12	.30	99.75			
40	.10	.25	100.00			

I.46 Irland: Faktorladungen der varimaxrotierten auf drei Faktoren begrenzten Faktorenanalyse nach Ausschluss der Sprecher-Items

	1	2	3
V2.8	.71		
V2.7	.32		-.38
V2.6	.38	.29	
V2.5			.32
V2.4	.81	-.18	
V2.3	.64	.32	
V2.2	.66		
V2.22	.26	.46	.44
V2.21	.47		
V2.20			
V2.19		-.37	.41
V2.28	.34	-.25	.14
V2.1	.25	.12	.69
V2.17	.27	-.34	
V2.16	.23		.51
V2.15	-.49	-.12	.22
V2.14	-.11	-.19	.58
V2.13	.61	-.26	
V2.12	.59	.25	
V2.11			.13
V2.10	.44		
V2.9	.18	.26	.42
V1.9	.42	.38	
V1.8	.69		.13
V1.7	.14	.49	
V1.6	.56	.15	.33
V1.5	.12	.52	
V1.4		-.16	.77
V1.3		.16	.42
V1.2	.17		
V1.18	-.10	.56	
V1.17	.48	-.14	
V1.16		.72	
V1.15	.63	.17	
V1.14		.12	.20
V1.13	.57	.27	.10
V1.12	.27	.58	.37
V1.11	.63	.15	.27
V1.10	.23	.31	
V1.1		.47	

I.47 Frankreich: Faktorenanalyse Sprecher-Items

Erklärte Gesamtvarianz

Komponente	Anfängliche Eigenwerte			Rotierte Summe der quadrierten Ladungen		
	Gesamt	% der Varianz	Kumulierte %	Gesamt	% der Varianz	Kumulierte %
1	4,897	40,807	40,807	2,721	22,674	22,674
2	1,151	9,592	50,399	2,276	18,967	41,641
3	1,035	8,627	59,026	2,086	17,385	59,026
4	,884	7,363	66,388			
5	,846	7,051	73,439			
6	,716	5,970	79,409			
7	,552	4,596	84,005			
8	,462	3,850	87,855			
9	,412	3,434	91,289			
10	,385	3,206	94,495			
11	,350	2,914	97,409			
12	,311	2,591	100,000			

Extraktionsmethode: Hauptkomponentenanalyse.
a. LAND Ländercode = 1 FR

Rotierte Komponentenmatrix

	Komponente		
	1	2	3
V3.6 andere Reli	,757		
V3.7 bereits Kinder	,735		
V3.2 schon einmal verheiratet	,728		
V3.9 andere Hautfarbe	,641		,421
V3.3 5 Jahre älter	,354	,704	
V3.11 nicht gut aussieht		,696	
V3.5 höhere Bildung als Sie		,654	
V3.10 mehr verdient als Sie	,469	,592	
V3.1 5 Jahre jünger			,696
V3.12 niedrigere Bildung als Sie		,404	,665
V3.4 keine feste Anstellung		,323	,651
V3.8 weniger verdient	,458	,301	,558

a. Die Rotation ist in 6 Iterationen konvergiert. Alle a > .30

I.48 Ostdeutschland: Faktorenanalyse Sprecher-Items

Erklärte Gesamtvarianz

Komponente	Anfängliche Eigenwerte			Rotierte Summe der quadrierten Ladungen		
	Gesamt	% der Varianz	Kumulierte %	Gesamt	% der Varianz	Kumulierte %
1	3,927	32,727	32,727	2,865	23,877	23,877
2	1,749	14,573	47,300	2,811	23,423	47,300
3	,995	8,291	55,591			
4	,909	7,572	63,163			
5	,845	7,039	70,202			
6	,690	5,750	75,952			
7	,628	5,236	81,188			
8	,614	5,118	86,305			
9	,539	4,488	90,793			
10	,408	3,397	94,191			
11	,370	3,082	97,272			
12	,327	2,728	100,000			

Extraktionsmethode: Hauptkomponentenanalyse.
a. LAND Ländercode = 2 D0

Rotierte Komponentenmatrix

	Komponente	
	1	2
V3.2 schon einmal verheiratet	,723	
V3.5 höhere Bildung als Sie	,721	
V3.10 mehr verdient als Sie	,716	
V3.3 5 Jahre älter	,646	
V3.7 bereits Kinder	,623	,433
V3.6 andere Reli	,490	
V3.4 keine feste Anstellung		,773
V3.8 weniger verdient		,734
V3.12 niedrigere Bildung als Sie		,706
V3.1 5 Jahre jünger		,579
V3.9 andere Hautfarbe	,315	,564
V3.11 nicht gut aussieht	,330	,388

a. Die Rotation ist in 3 Iterationen konvergiert. Alle a >.30

I.49 Westdeutschland: Faktorenanalyse Sprecher-Items

Erklärte Gesamtvarianz

Komponente	Anfängliche Eigenwerte			Rotierte Summe der quadrierten Ladungen		
	Gesamt	% der Varianz	Kumulierte %	Gesamt	% der Varianz	Kumulierte %
1	3,766	31,384	31,384	2,637	21,977	21,977
2	1,686	14,048	45,431	1,973	16,443	38,421
3	1,242	10,354	55,785	1,895	15,794	54,215
4	1,004	8,365	64,150	1,192	9,935	64,150
5	,852	7,104	71,254			
6	,727	6,058	77,312			
7	,565	4,708	82,020			
8	,550	4,580	86,600			
9	,466	3,887	90,487			
10	,432	3,600	94,087			
11	,376	3,134	97,221			
12	,333	2,779	100,000			

Extraktionsmethode: Hauptkomponentenanalyse.
a. LAND Ländercode = 3 DW

Rotierte Komponentenmatrix

	Komponente			
	1	2	3	4
V3.8 weniger verdient	,864			
V3.12 niedrigere Bildung als Sie	,808			
V3.4 keine feste Anstellung	,733			
V3.9 andere Hautfarbe	,557	,371		
V3.5 höhere Bildung als Sie		,839		
V3.10 mehr verdient als Sie		,765		
V3.3 5 Jahre älter		,585	,364	,346
V3.7 bereits Kinder			,823	
V3.2 schon einmal verheiratet			,766	
V3.6 andere Reli		,356	,471	
V3.11 nicht gut aussieht				,764
V3.1 5 Jahre jünger	,406		,337	-,640

die Rotation ist in 6 Iterationen konvergiert. alle a > .30

I.50 Irland: Faktorenanalyse Sprecher-Items

Erklärte Gesamtvarianz

Komponente	Anfängliche Eigenwerte			Rotierte Summe der quadrierten Ladungen		
	Gesamt	% der Varianz	Kumulierte %	Gesamt	% der Varianz	Kumulierte %
1	4,433	36,941	36,941	2,773	23,105	23,105
2	1,414	11,786	48,727	2,159	17,993	41,098
3	1,162	9,682	58,409	2,077	17,311	58,409
4	,997	8,310	66,719			
5	,817	6,808	73,527			
6	,697	5,811	79,338			
7	,544	4,532	83,871			
8	,458	3,817	87,688			
9	,429	3,571	91,259			
10	,372	3,103	94,361			
11	,355	2,961	97,322			
12	,321	2,678	100,000			

Extraktionsmethode: Hauptkomponentenanalyse.
a. LAND Ländercode = 4 IR

Rotierte Komponentenmatrix

	Komponente		
	1	2	3
V3.5 höhere Bildung als Sie	,847		
V3.10 mehr verdient als Sie	,844		
V3.6 andere Reli	,613	,355	,346
V3.9 andere Hautfarbe	,554	,451	
V3.3 5 Jahre älter	,534	-,315	,510
V3.4 keine feste Anstellung		,757	
V3.8 weniger verdient	,445	,658	
V3.1 5 Jahre jünger		,534	
V3.12 niedrigere Bildung als Sie	,330	,422	,398
V3.2 schon einmal verheiratet			,704
V3.7 bereits Kinder		,410	,688
V3.11 nicht gut aussieht			,672

a. Die Rotation ist in 5 Iterationen konvergiert, alle a > .30

II Skalenkennwerte
II.1 Skala: Materielle Sicherheit

```
R E L I A B I L I T Y   A N A L Y S I S  -  S C A L E    (A L P H A)

                           Mean        Std Dev       Cases

   1.    V2.4            3.9486        2.7042        740.0
   2.    V2.2            3.3581        2.4677        740.0
   3.    V2.10           2.6230        2.1568        740.0
   4.    V2.13           2.9878        2.2828        740.0
   5.    V2.3            4.4973        2.3888        740.0
   6.    V1.8            4.4730        2.3841        740.0
   7.    V2.8            4.3581        2.5954        740.0
   8.    V2.18           2.5284        2.0940        740.0
   9.    V2.6            3.0622        2.5510        740.0
  10.    V2.7            3.9959        2.6381        740.0
  11.    V2.21           4.1176        2.8553        740.0
  12.    V2.17           3.3432        2.6944        740.0
  13.    V1.17           5.9257        2.4602        740.0

                                                      N of
Statistics for      Mean      Variance    Std Dev  Variables
      SCALE       49.2189    373.1455    19.3170       13


Item-total Statistics

               Scale          Scale       Corrected
               Mean          Variance     Item-           Alpha
               if Item       if Item      Total           if Item
               Deleted       Deleted      Correlation     Deleted

V2.4           45.2703       301.9945       .6792          .8258
V2.2           45.8608       312.5232       .6250          .8304
V2.10          46.5959       321.7594       .6040          .8330
V2.13          46.2311       322.8789       .5492          .8358
V2.3           44.7216       318.7045       .5714          .8342
V1.8           44.7459       318.8934       .5704          .8343
V2.8           44.8608       316.2499       .5434          .8357
V2.18          46.6905       330.3710       .5043          .8389
V2.6           46.1568       324.8550       .4544          .8417
V2.7           45.2230       327.8514       .4013          .8455
V2.21          45.1014       323.8585       .4003          .8465
V2.17          45.8757       331.0698       .3551          .8489
V1.17          43.2932       334.2995       .3645          .8473


R E L I A B I L I T Y   A N A L Y S I S  -  S C A L E   (A L P H A)


Reliability Coefficients

N of Cases =     740.0              N of Items = 13

Alpha =     .8490
```

II.2 Skala: Liebe und beziehungsstabilisierende Eigenschaften

```
R E L I A B I L I T Y   A N A L Y S I S   -   S C A L E   (A L P H A)

                          Mean        Std Dev       Cases

  1.       V1.7          8.4811        .8720        769.0
  2.       V1.6          7.4720       1.4841        769.0
  3.       V1.5          8.2107       1.2384        769.0
  4.       V1.1          8.2562       1.3133        769.0
  5.       V1.16         6.7789       2.2863        769.0
  6.       V1.11         6.2952       2.0634        769.0
  7.       V1.9          7.4668       1.8326        769.0
  8.       V1.18         8.2003       1.4092        769.0

                                                     N of
Statistics for      Mean      Variance    Std Dev  Variables
     SCALE        61.1612     45.5990     6.7527       8

Item-total Statistics

               Scale         Scale       Corrected
               Mean         Variance      Item-                Alpha
              if Item        if Item      Total               if Item
              Deleted        Deleted   Correlation            Deleted

V1.7          52.6801        40.0590      .4330                .5757
V1.6          53.6892        36.8343      .3643                .5697
V1.5          52.9506        37.8856      .4054                .5656
V1.1          52.9051        38.2553      .3459                .5773
V1.16         54.3823        32.3224      .3096                .5955
V1.11         54.8661        36.0901      .2118                .6238
V1.9          53.6944        35.1187      .3279                .5789
V1.18         52.9610        38.0792      .3182                .5826

Reliability Coefficients

N of Cases =    769.0                   N of Items =   8

Alpha =    .6853
```

II.3 Skala: Physische Attraktivität

```
R E L I A B I L I T Y   A N A L Y S I S   -   S C A L E   (A L P H A)

                          Mean        Std Dev       Cases

  1.       V1.4          5.7372       1.8708        799.0
  2.       V2.2          5.6996       2.1050        799.0
  3.       V2.6          5.4406       2.3574        799.0
  4.       V2.10         6.6308       2.1369        799.0
  5.       V2.18         3.6158       2.4544        799.0
  6.       V2.13         3.2753       2.0346        799.0
  7.       V2.23         4.1615       2.4093        799.0
  8.       V2.16         5.6871       2.5305        799.0
  9.       V3.11         5.1427       2.1660        799.0
                                                     N of
Statistics for      Mean      Variance    Std Dev  Variables
     SCALE        45.3905    126.0002    11.2250       9
```

Item-total Statistics Skala Physische Attraktivität

	Scale Mean if Item Deleted	Scale Variance if Item Deleted	Corrected Item- Total Correlation	Alpha if Item Deleted
V1.4	39.6533	101.2894	.5633	.6733
V2.1	39.6909	99.8153	.5172	.6770
V2.5	39.9499	101.8772	.3901	.6991
V2.9	38.7597	109.1853	.2743	.7184
V2.16	41.7747	102.3878	.3541	.7065
V2.11	42.1151	106.1797	.3740	.7018
V2.20	41.2290	105.6981	.2926	.7178
V2.14	39.7034	102.2014	.3400	.7099
V2.19	40.2478	98.4849	.5309	.6737

Reliability Coefficients

N of Cases =   799.0   N of Items = 9

Alpha =   .7422

II.4 Skala: Heiratsbereitschaft

II.4.1 Gesamtstichprobe:

R E L I A B I L I T Y   A N A L Y S I S   -   S C A L E   (A L P H A)

		Mean	Std Dev	Cases
1.	V3.1	6.2549	2.6351	816.0
2.	V3.2	6.1397	2.4883	816.0
3.	V3.3	6.2929	2.5824	816.0
4.	V3.4	4.5270	2.5374	816.0
5.	V3.5	7.0650	1.9114	816.0
6.	V3.6	6.1569	2.5371	816.0
7.	V3.7	5.5453	2.5478	816.0
8.	V3.8	6.1140	2.3985	816.0
9.	V3.9	5.7500	2.7681	816.0
10.	V3.10	7.1630	1.9645	816.0
11.	V3.11	4.8775	2.1790	816.0
12.	V3.12	5.2488	2.3024	816.0

Statistics for	Mean	Variance	Std Dev	N of Variables
SCALE	71.1348	288.2223	16.9771	12

Item-total Statistics Skala Heiratsbereitschaft

	Scale Mean if Item Deleted	Scale Variance if Item Deleted	Corrected Item-Total Correlation	Alpha if Item Deleted
V3.1	64.8799	250.9402	.3634	.8229
V3.2	64.9951	240.1276	.5434	.8070
V3.3	64.8419	249.9590	.3869	.8206
V3.4	66.6078	246.8153	.4386	.8161
V3.5	64.0699	257.0049	.4498	.8154
V3.6	64.9779	240.0756	.5305	.8081
V3.7	65.5895	239.5159	.5353	.8077
V3.8	65.0208	239.5002	.5788	.8042
V3.9	65.3848	234.0824	.5487	.8064
V3.10	63.9718	252.3514	.5129	.8110
V3.11	66.2574	255.4012	.4031	.8183
V3.12	65.8860	246.5968	.5023	.8107

Reliability Coefficients

N of Cases =   816.00   N of Items = 12

Alpha =   .8254

II.4.2 Skala Heiratsbereitschaft: Frankreich

R E L I A B I L I T Y   A N A L Y S I S   -   S C A L E   (A L P H A)

		Mean	Std Dev	Cases
1.	V3.1	6.3109	2.8093	193.0
2.	V3.2	6.5130	2.5085	193.0
3.	V3.3	6.5389	2.5840	193.0
4.	V3.4	5.3264	2.6462	193.0
5.	V3.5	7.2539	2.0799	193.0
6.	V3.6	6.4352	2.5222	193.0
7.	V3.7	5.6736	2.7352	193.0
8.	V3.8	6.3782	2.6115	193.0
9.	V3.9	6.4819	2.8378	193.0
10.	V3.10	7.1036	2.3025	193.0
11.	V3.11	5.0466	2.3569	193.0
12.	V3.12	5.2694	2.2592	193.0

				N of
Statistics for	Mean	Variance	Std Dev	Variables
SCALE	74.3316	367.5978	19.1728	12

```
Item-total Statistics Skala Heiratsbereitschaft Frankreich

              Scale        Scale      Corrected
              Mean         Variance   Item-         Alpha
              if Item      if Item    Total         if Item
              Deleted      Deleted    Correlation   Deleted

V3.1          68.0207      326.4996    .3271         .8676
V3.2          67.8187      308.6284    .5977         .8485
V3.3          67.7927      317.0506    .4767         .8565
V3.4          69.0052      309.3281    .5508         .8516
V3.5          67.0777      324.8116    .5130         .8543
V3.6          67.8964      312.9059    .5416         .8521
V3.7          68.6580      301.4241    .6180         .8468
V3.8          67.9534      300.3884    .6671         .8435
V3.9          67.8497      298.4408    .6232         .8464
V3.10         67.2280      311.6978    .6223         .8474
V3.11         69.2850      320.4861    .4924         .8552
V3.12         69.0622      321.1836    .5101         .8542


Reliability Coefficients

N of Cases =    193.00                N of Items = 12

Alpha =    .8628
```

II.4.3 Skala Heiratsbereitschaft: Ostdeutschland

```
R E L I A B I L I T Y   A N A L Y S I S   -   S C A L E   (A L P H A)

                           Mean       Std Dev       Cases

   1.    V3.1             6.0909      2.5526        209.0
   2.    V3.2             6.3493      2.4627        209.0
   3.    V3.3             6.0191      2.5906        209.0
   4.    V3.4             4.5455      2.3203        209.0
   5.    V3.5             6.9091      1.8098        209.0
   6.    V3.6             5.5694      2.4896        209.0
   7.    V3.7             5.8995      2.4893        209.0
   8.    V3.8             6.1435      2.2400        209.0
   9.    V3.9             4.5167      2.7719        209.0
  10.    V3.10            7.1675      1.7855        209.0
  11.    V3.11            4.6890      2.0625        209.0
  12.    V3.12            4.9761      2.1018        209.0

                                                     N of
Statistics for      Mean      Variance    Std Dev    Variables
     SCALE        68.8756    248.9171    15.7771       12
```

Item-total Statistics Skala Heiratsbereitschaft Ostdeutschland

	Scale Mean if Item Deleted	Scale Variance if Item Deleted	Corrected Item-Total Correlation	Alpha if Item Deleted
V3.1	62.7847	211.7371	.4128	.7967
V3.2	62.5263	200.7794	.6028	.7776
V3.3	62.8565	215.8928	.3456	.8035
V3.4	64.3301	217.9818	.3729	.7996
V3.5	61.9665	226.8018	.3456	.8011
V3.6	63.3062	210.6654	.4435	.7935
V3.7	62.9761	198.1581	.6359	.7741
V3.8	62.7321	210.9182	.5069	.7877
V3.9	64.3589	200.8273	.5143	.7866
V3.10	61.7081	221.4769	.4563	.7935
V3.11	64.1866	220.7198	.3907	.7977
V3.12	63.8995	218.1197	.4249	.7949

Reliability Coefficients

N of Cases =   209.00   N of Items = 12

Alpha =   .8064

II.4.4 Skala Heiratsbereitschaft: Westdeutschland

		Mean	Std Dev	Cases
1.	V3.1	6.1459	2.4557	233.0
2.	V3.2	6.0472	2.2230	233.0
3.	V3.3	6.0086	2.5764	233.0
4.	V3.4	4.1588	2.2506	233.0
5.	V3.5	7.0558	1.7124	233.0
6.	V3.6	6.3734	2.4145	233.0
7.	V3.7	5.3176	2.3876	233.0
8.	V3.8	6.0644	2.2148	233.0
9.	V3.9	5.9528	2.5210	233.0
10.	V3.10	7.1545	1.6563	233.0
11.	V3.11	4.3820	1.8766	233.0
12.	V3.12	4.8712	2.2649	233.0

Statistics for	Mean	Variance	Std Dev	N of Variables
SCALE	69.5322	218.1897	14.7712	12

```
Item-total Statistics Skala Heiratsbereitschaft Westdeutschland

              Scale        Scale       Corrected
              Mean         Variance    Item-          Alpha
              if Item      if Item     Total          if Item
              Deleted      Deleted     Correlation    Deleted

V3.1          63.3863      191.2639     .3076          .7908
V3.2          63.4850      181.7509     .5255          .7680
V3.3          63.5236      187.5695     .3398          .7883
V3.4          65.3734      180.0626     .5474          .7657
V3.5          62.4764      196.5436     .3898          .7818
V3.6          63.1588      181.6945     .4711          .7733
V3.7          64.2146      187.6262     .3801          .7829
V3.8          63.4678      180.1380     .5575          .7648
V3.9          63.5794      180.5551     .4617          .7744
V3.10         62.3777      197.7102     .3808          .7826
V3.11         65.1502      195.8954     .3574          .7840
V3.12         64.6609      180.8802     .5282          .7676


Reliability Coefficients

N of Cases =    233.00              N of Items = 12

Alpha =    .7920
```

II.4.5 Skala Heiratsbereitschaft: Irland

```
R E L I A B I L I T Y   A N A L Y S I S  -  S C A L E   (A L P H A)

                         Mean         Std Dev      Cases

  1.    V3.1            6.5249        2.7559       181.0
  2.    V3.2            5.6188        2.7312       181.0
  3.    V3.3            6.7127        2.5156       181.0
  4.    V3.4            4.1271        2.8127       181.0
  5.    V3.5            7.0552        2.0729       181.0
  6.    V3.6            6.2597        2.6696       181.0
  7.    V3.7            5.2928        2.5706       181.0
  8.    V3.8            5.8619        2.5512       181.0
  9.    V3.9            6.1326        2.5482       181.0
 10.    V3.10           7.2320        2.1425       181.0
 11.    V3.11           5.5525        2.2958       181.0
 12.    V3.12           6.0276        2.4414       181.0

                                                   N of
Statistics for     Mean     Variance   Std Dev    Variables
     SCALE       72.3978    322.2298   17.9508       12
```

Item-total Statistics Skala Heiratsbereitschaft Irland

```
              Scale         Scale       Corrected
              Mean          Variance    Item-           Alpha
              if Item       if Item     Total           if Item
              Deleted       Deleted     Correlation     Deleted

V3.1          65.8729       277.1893    .4080           .8279
V3.2          66.7790       269.9953    .4989           .8201
V3.3          65.6851       285.4614    .3581           .8309
V3.4          68.2707       286.6652    .2903           .8382
V3.5          65.3425       282.0376    .5156           .8198
V3.6          66.1381       257.6086    .6709           .8053
V3.7          67.1050       269.3611    .5482           .8160
V3.8          66.5359       267.3501    .5798           .8135
V3.9          66.2652       264.0182    .6245           .8098
V3.10         65.1657       277.3168    .5651           .8162
V3.11         66.8453       290.2648    .3412           .8314
V3.12         66.3702       271.1789    .5608           .8153
```

Reliability Coefficients

N of Cases =   181.0   N of Items = 12

Alpha =   .8331

III Berechnungen für Kulturdimensionen
III.1 Reliabilitäten

III.1.1 Expressivität

```
R E L I A B I L I T Y   A N A L Y S I S  -  S C A L E   (A L P H A)

                          Mean        Std Dev      Cases

   1.     V7.3           7.4988       1.4510       802.0
   2.     V7.10          7.4988       1.4153       802.0
   3.     V7.6           7.5648       1.5062       802.0
   4.     V7.1           7.1496       1.6076       802.0
   5.     V7.14          6.4289       2.0964       802.0
   6.     V7.11          7.2930       1.8059       802.0
   7.     V7.8           7.1471       1.6590       802.0

                                                   N of
Statistics for      Mean      Variance   Std Dev   Variables
       SCALE      50.5810    61.4872     7.8414      7
```

Item-total Statistics

	Scale Mean if Item Deleted	Scale Variance if Item Deleted	Corrected Item-Total Correlation	Alpha if Item Deleted
V7.3	43.0823	46.4676	.6528	.7542
V7.10	43.0823	48.4701	.5589	.7700
V7.6	43.0162	47.1545	.5832	.7648
V7.1	43.4314	46.4429	.5687	.7663
V7.14	44.1521	43.7496	.4811	.7893
V7.11	43.2880	45.9956	.4993	.7797
V7.8	43.4339	48.5256	.4417	.7891

Reliability Coefficients

N of Cases =   802.00   N of Items = 7

Alpha =   .7991

III.1.2 Instrumentalität

R E L I A B I L I T Y   A N A L Y S I S - S C A L E   (A L P H A)

		Mean	Std Dev	Cases
1.	V7.2	6.2940	1.9972	823.0
2.	V7.12	5.8578	2.2438	823.0
3.	V7.7	6.6452	1.9565	823.0
4.	V7.13	7.1944	1.7856	823.0
5.	V7.5	7.0486	1.8627	823.0
6.	V7.4	4.8408	2.2626	823.0
7.	V7.9	7.1142	1.7219	823.0

Statistics for	Mean	Variance	Std Dev	N of Variables
SCALE	44.9951	72.8929	8.5377	7

Item-total Statistics Skala Instrumentalität

	Scale Mean if Item Deleted	Scale Variance if Item Deleted	Corrected Item-Total Correlation	Alpha if Item Deleted
V7.2	38.7011	52.0809	.5836	.6561
V7.12	39.1373	52.4081	.4756	.6835
V7.7	38.3499	54.9139	.4880	.6807
V7.13	37.8007	57.6731	.4436	.6922
V7.5	37.9465	57.1310	.4365	.6933
V7.4	40.1543	58.0990	.2805	.7358
V7.9	37.8809	59.7522	.3822	.7054

Reliability Coefficients

N of Cases =   823.00   N of Items = 7

Alpha =   .7250

III.1.3 Individualismus/ Kollektivismus

R E L I A B I L I T Y   A N A L Y S I S   -   S C A L E   (A L P H A)

		Mean	Std Dev	Cases
1.	V4.1	4.6696	2.7217	802.0
2.	V4.2	6.4726	2.6997	802.0
3.	V4.3	2.7257	2.3217	802.0
4.	V4.4	3.5898	2.6700	802.0
5.	V4.5	2.7618	1.9176	802.0
6.	V4.6	3.6085	2.3275	802.0
7.	V4.7	5.1160	2.5169	802.0
8.	V4.8	5.6521	2.5188	802.0
9.	V4.9	4.6908	2.4427	802.0
10.	V4.10	2.8317	2.0403	802.0
11.	V4.11	5.7793	2.6166	802.0

Statistics for	Mean	Variance	Std Dev	N of Variables
SCALE	47.8978	123.3553	11.1065	11

Item-total Statistics Skala Individualismus/ Kollektivismus

	Scale Mean if Item Deleted	Scale Variance if Item Deleted	Corrected Item-Total Correlation	Alpha if Item Deleted
V4.1	43.2282	99.4298	.3043	.4568
V4.2	41.4252	110.8340	.0921	.5229
V4.3	45.1721	109.8280	.1672	.4983
V4.4	44.3080	110.5305	.1015	.5197
V4.5	45.1359	115.8130	.0936	.5135
V4.6	44.2893	103.8788	.2963	.4635
V4.7	42.7818	108.3506	.1655	.4996
V4.8	42.2456	101.3666	.3084	.4576
V4.9	43.2070	103.1381	.2872	.4648
V4.10	45.0661	107.5549	.2750	.4727
V4.11	42.1185	105.4379	.2060	.4881

Reliability Coefficients

N of Cases =   802.00   N of Items = 11

Alpha =   .5618

III.1.4 Traditionelle Geschlechtsrollenorientierung (TRADGRO)

R E L I A B I L I T Y   A N A L Y S I S   -   S C A L E   (A L P H A)

		Mean	Std Dev	Cases
1.	V5.1	5.4805	2.7796	822.0
2.	V5.3	3.5681	2.7709	822.0
3.	V5.4	4.1350	2.9287	822.0

Statistics for	Mean	Variance	Std Dev	N of Variables
SCALE	13.1837	38.3864	6.1957	3

Item-total Statistics Skala Tradgro

	Scale Mean if Item Deleted	Scale Variance if Item Deleted	Corrected Item-Total Correlation	Alpha if Item Deleted
V5.1	7.7032	20.3844	.4094	.4051
V5.3	9.6156	20.9410	.3851	.4429
V5.4	9.0487	21.0427	.3263	.5359

Reliability Coefficients

N of Cases =   822.00   N of Items = 3

Alpha =   .6029

III.1.5 Liberale Geschlechtsrollenorientierung (LIBGRO)

R E L I A B I L I T Y   A N A L Y S I S   -   S C A L E   (A L P H A)

		Mean	Std Dev	Cases
1.	V5.2	7.4477	1.8973	822.0
2.	V5.5	7.1910	1.9221	822.0

Statistics for	Mean	Variance	Std Dev	N of Variables
SCALE	14.6387	9.9168	3.1491	2

Item-total Statistics Skala Libgro

	Scale Mean if Item Deleted	Scale Variance if Item Deleted	Corrected Item-Total Correlation	Alpha if Item Deleted
V5.2	7.1910	3.6943	.3996	.
V5.5	7.4477	3.5996	.3996	.

Reliability Coefficients

N of Cases =   822.0   N of Items = 2

Alpha =   .5690

III.1.6 Religiosität

```
RELIABILITY  ANALYSIS  -  SCALE  (ALPHA)

                     Mean        Std Dev       Cases

  1.   GLAUBE       4.0013        2.6970       793.0
  2.   GEBOTE       3.9470        2.7961       793.0

                                                 N of
Statistics for    Mean    Variance   Std Dev  Variables
     SCALE       7.9483   26.1451    5.1132       2
```

Item-total Statistics Skala Religiosität

```
                Scale        Scale      Corrected
                Mean        Variance      Item-            Alpha
               if Item      if Item       Total           if Item
               Deleted      Deleted    Correlation        Deleted

GLAUBE         3.9470       7.8179        .7329             .
GEBOTE         4.0013       7.2740        .7329             .
```

Reliability Coefficients

N of Cases =   793.0   N of Items =   2

Alpha =   .8455

Aus unserem Verlagsprogramm:

Schriften zur Sozialpsychologie

Susanne Lebek
Die Kraft der Illusion: Die Rolle antizipierter Affekte im Umgang mit Unveränderbarkeit, Persistenz und Leistung
Hamburg 2006 / 140 Seiten / ISBN 3-8300-2175-5

Andreas Glöckner
Automatische Prozesse bei Entscheidungen
Das dominierende Prinzip menschlicher Entscheidungen: Intuition, komplex-rationale Analyse oder Reduktion?
Hamburg 2006 / 278 Seiten / ISBN 3-8300-2625-0

Marco Waage
Explizite und implizite Bewertung nationaler Gruppen
Hamburg 2005 / 202 Seiten / ISBN 3-8300-2023-6

Anne Springer
Wie das Selbst das Denken steuert
Der Einfluss independenten und interdependenten Selbstwissens auf die Anwendung exekutiver Funktionen zur Steuerung und Kontrolle der Informationsverarbeitung
Hamburg 2005 / 218 Seiten / ISBN 3-8300-1858-4

Kechuang Zhang
Wertorientierung bei Studierenden
Ein Vergleich zwischen China und Deutschland
Hamburg 2002 / 334 Seiten / ISBN 3-8300-0587-3

Marita Lindner
Fremdenfeindlichkeit, Rechtsextremismus und Gewalt
Meinungen und Einstellungen von Auszubildenden der Polizei des Landes Nordrhein-Westfalen - Ergebnisse einer empirischen Studie -
Hamburg 2001 / 238 Seiten / ISBN 3-8300-0395-1

VERLAG DR. KOVAČ
FACHVERLAG FÜR WISSENSCHAFTLICHE LITERATUR
Postfach 57 01 42 · 22770 Hamburg · www.verlagdrkovac.de · info@verlagdrkovac.de

Einfach Wohlfahrtsmarken helfen!